近代社会思想コレクション
17

フリードリヒ二世
反マキアヴェッリ論

Anti-Machiavel ou Examen du Prince de Machiavel

大津真作 監訳
Shinsaku Ohtsu

京都大学
学術出版会

啓蒙専制君主の典型フリードリヒ二世
Lord Dover : *The Life of Frederic the Second, King of Prussia*, New York, 1832, vol. 1, p.3.

サン・スーシー宮に招いたヴォルテールに話しかけるフリードリヒ二世。
Wolfgang Drews : *Lessing*, Rowohlt Taschenbuch Verlag GmbH, 1962, p.69.

凡例

一、本書は、プロイセンの啓蒙専制君主、フリードリヒ二世が王太子時代にフランス語で著わしたマキアヴェッリの仏訳本『君主論』に対する批判の書（*Anti-Machiavel ou Examen du Prince de Machiavel*）の全訳である。底本としては、ヴォルテールによる削除、補足、訂正を盛り込んだガルニエ版と一八三四年のハンブルク版を用い、その他、一七四一年版、一七五〇年版、さらに直筆訂正版である一七八九年版などを参照した。

二、ガルニエ版には諸版からの補足、訂正が示されており、必要な場合には、それらを採用した。

三、『君主論』の翻訳にあたっては、邦訳（一四参照）のほか、イタリア語版数版、アムロ訳、およびフリードリヒが使ったとされるアンリ・デボルド版を参照した。

四、参考のために、各章の冒頭に『君主論』の仏訳（アンリ・デボルド版）から要点を訳出しておいた。

五、文中、L.とあるのは、原文がラテン語、I.とあるのは、原文がイタリア語である。

六、必要と思われた箇所に訳注を付けた。

七、訳注で岩波22とあるのは、河島英昭訳、岩波文庫版『君主論』のページ数、中公22とあるのは、池田廉訳、中公文庫版『君主論』のページ数を示す。

八、本文中、［　］は訳者による簡単な注記または補足である。

九、ガルニエ版編集者による注記のうち必要と思われたものは、適宜省略しつつ訳注に入れ、（編注）と断った。

一〇、マキアヴェッリの『君主論』をフランス語に訳し、出版したアムロ・ド・ラ・ウセーの訳書への序文を訳出しておいた。

一一、補録として、ヴォルテールの『習俗試論』から、サヴォナローラとアレクサンデル六世に関する、興味深い計三章を訳しておいた。底本としては、ガルニエ版で、*Essai sur les mœurs et l'esprit des nations et sur les principaux faits de l'histoire depuis Charlemagne jusqu'à Louis XIII*, Tome II, 1963. を用いた。

一二、ヴォルテールの死去に際してフリードリヒがアカデミーに送った賞讃演説をフリードリヒの著作集から翻訳しておいた。底本は一三に記す。

一三、フリードリヒの思想を紹介するために、付録としていずれもフランス語の著作のなかから六点を選び、訳出しておいた。これらの著作はすべて、トリーア大学所蔵の『フリードリヒ大王著作集』(*Œuvres de Frédéric le Grand-Werke Friedrichs des Großen*, Berlin, 1846–1857) 全三〇巻中、第七巻から第九巻までに含まれている。必要な場合には、原注も、その旨表記して訳しておいた。

一四、『反マキアヴェッリ論』と「統治体の諸形態と君主の義務」という論考については、すでに英訳からの重訳(長瀬鳳輔訳『君主經國策批判』、平凡社、一九一七、同、「政體の別及び君主の職務」、第三篇所収)があるので、それを参照した。

一五、翻訳にあたっては研究会に参加している七人(川合清隆、壽里竜、野原慎司、北田了介、上野大樹、阪本尚文、草野善太)が担当する部分の下訳を作り、それを全体の検討に付したのち、最終の校閲を訳者代表の大津真作が担当する形式で進めた。解説、解題も含め、本書における他の邦訳への参照については、適宜、訳文を変更していること、また、本文と同じく、解題でも、訳者代表の大津が表記の統一を図ったことを付記しておく。

目次

補録　ヴォルテールの『習俗試論』より

啓蒙君主フリードリヒの反マキアヴェッリ論
――『君主論』の批判的検討

フランス語版『君主論』への訳者アムロ・ド・ラ・ウセーの序文

マキアヴェッリは、多くの人びとに向けて本を書いている著作家でもなく、多くの人びとの手に届くような著作家でもない。それだから、世人が彼に対して、きわめて厳しい予断を持っていても、なんら驚くべきことではない。私は「予断」と言った。というのも、この著作家を検閲してみた人びとのなかに、あなたが見出すのは、彼を一度も読まなかったと打ち明ける人びとであり、また、彼を読んだと言っている人びとでも、書いてあることが一度もわからなかったと言っている人びとであるからだ。例えてみれば、さまざまな文章に彼らは文学的な意味を与えることによって、政治家たちは、違ったふうに解釈するすべを知っているようだと言うに等しいのである。だから、本当のことを言えば、マキアヴェッリは、誤解されているから検閲を受けたにすぎない。また、正確無比な理解力があるとされている多くの人びとが先入観を抱いて読んでいるから、彼は誤解されたにすぎない。それとは反対に、彼らが裁判官となって、言い換えると、マキアヴェッリと敵対者とのあいだで公平な天秤を持っている人間として、マキアヴェッリを読んでいたとしたら、偉大なコジモ・デ・メディチ[1]の言うところによれば、ロザリオを手に、必ずしもいつも自分たちの国家を統治することができているとは限らない君主たち[2]には、彼がくどくど言っている諸格率が絶対に必要欠くべからざるものであることがわかるであろうに。ヴィックフォール[3]が言っているように、マキアヴェッリは、君主がやらなくてはならないことではなくて、やっていることをほとんどいたるところで語っている、と想定しなければならないのである。「というのも、人間は」と、彼は『君主論』第一五章で言っている。「完全に善人であることを標榜しようと思っても、ほかのたいていの人間はそうではないのだから、そんな人間は必ず滅んでしまうだろう。したがって、君主が自己の維持を望むのなら、善人であってはいけないときに、善人にならないすべを学ぶことが君主にはまさしく必要なのである」。そして、彼の第一八章では、約束を守っていては、君主の利益が損なわれるときには、君主は自分の約束を守る必要はないと言ったあとで、彼は正直にこう打ち明けている。「この格言は、すべての人間が善人であれば、与えるのに適してはい

（1）　コジモ・デ・メディチ（一三八九―一四六四）。フィレンツェの名家の出で、富裕な商人。長子系の創始者。父ジョヴァンニが一三九五年にローマに銀行を開設したので、銀行業を手伝う。二年後、ジョヴァンニは、フィレンツェ、ヴェネツィアなどにも銀行を設立するとともに、一五世紀初頭には、法王庁に貸付を行なう金融業者となり、国際的な影響力を持つようになる。ジョヴァンニは、対立法王ヨハネス二三世（在位一四一〇―一五）を擁立し、莫大な利益をあげたが、ヨハネス二三世が逮捕拘禁されたので、釈放に奔走。メディチ家の繁栄の基礎を築いたのち、このジョヴァンニが一四二九年に亡くなり、そのあとをコジモが引き継ぐ。一四三三年九月の政変で、コジモは政敵アルビッツイに敗れ、フィレンツェを追放されるが、巻き返しに成功し、一年後には帰還。フィレンツェ政界の黒幕として影響力を行使したほか、フィレンツェ・ルネサンス文化最大のパトロンとして、文化芸術の発展に寄与した。プラトンに傾倒し、マルシリオ・フィチーノ（一四三三―九九）を庇護したほか、アカデミー設立にも寄与した。祖

国の父との称号を贈られた。
(2) 本訳書で、頻出する「君主」という訳語に相当するフランス語は二つあり、prince と souverain である。一般には、souverain を「君主」と訳し、prince の方は「王侯」と訳すのだが、ほかでもなく、マキアヴェッリの『君主論』の仏訳では、prince が用いられているので、本訳書でも、この語をしばしば「君主」と訳しておいた。しかし、フリードリヒの意識のなかでは、prince と souverain とが明確に区別されている場合もあり、その場合は、「君侯」ないし「小君主」とした。というのも、彼は、マキアヴェッリの『君主論』で想定されている君主が一八世紀ヨーロッパの君主よりもはるかに弱小の小君主であると考えているからである。
(3) ヴィックフォール、アブラム・ド(一六〇六―八二)。アムステルダムの富裕な商人の息子。ブランデンブルク公に外交の才を認められ、ルイ一三世の宮廷へ派遣される。フロンドの乱では、情報を収集する一方で、マザラン卿の蔵書を収集したが、コンデ公との親密な関係を疑われ、結局イギリスに亡命した。その後、ヤン・デ・ウィットの庇護を受け、ハーグで暮らした。フランス軍の侵略で、ウィットが失脚したのち、年金が打ち切られ、一六七五年には、イギリスのスパイと疑われ、財産没収の上、永久刑に処されたが、脱獄に成功。ブランズウィック公を頼り、隠棲を決意。一六八一年に『大使とその役割』(*L'Ambassadeur et ses fonctions*, La Haye, 1682.) という著作を残した直後に死去した。大使の任務を説いた本書のなかで、例えば、彼は次のように言っている。「スペインの代表は、この職業で成功するには、少しばかり芝居の俳優でなければならないと言った。それは、大使が善人であることを私が望んでいないからではない。私が望むのは、道徳と政治とが非常にうまく混合されたものを作り上げる性質を、真の徳とならんで、大使が持っていることである。これらの性質がなければ、使節は広い世間で、非常に邪悪な姿を呈することになるが、しかし私は、世紀の腐敗のなかでは、こうしたものが絶対に必要なことではない、と言うことを恐れない。また、大使は偉大なうわべを持ち、見事な外見をしていれば十分で、徳そのものよりもはるかに顕著な利益をそこから引き出せればよいと言うことを私は恐れない」(五ページ)。彼には、さまざまな呼び名があるが、ここではフランス風の呼び名を採用した。

ないだろう。しかし、人間がみな悪人で、詐欺師であれば、君主の安全のためには、他人に見習うすべも心得ておくべきである」。それなくしては、君主は自分の国家を失うであろう。したがって、彼の名声を失うであろう。君主が、一方を失っても、他方を維持しているなどということは不可能であるので、そう言うのだ、とマキアヴェッリは言っている。しかし、この第一八章は、たしかに彼の書物全部のなかで、一番微妙で、一番危険なものであるが、私がこの章にさしかかってしまったからには、ここで、これを奇貨として、彼がこの章で君主に与えている教訓をどう理解したらいいかを言わなければならないと思うのである。彼は君主に言う。「あなたは、私が言ってきた性質のすべてを持っている必要はないが、しかし、それらをあなたが持っているようなふりをしなければならない。あなたは、情け深く、誠実で、愛想がよくて、清廉潔白、そして信心深いように見える必要がある。この最後の性質については、それを備えているように見えることがことのほか重要である」。世人が、マキアヴェッリは神を冒瀆していた、あまつさえ、無神論者だった、という意見を抱いている根拠がここにある。そして、実に、弱い精神〔軽信者〕にとっては、そこに見かけが存在するわけである。しかし、マキアヴェッリの言葉の意味をよくよく考えてみると、世間から発言を責められるほどのことを、彼が言っているわけではまったくない。彼は、宗教心を持つ必要がまったくない、と言っているわけではなくて、ただ、君主が宗教心をまったく持たないとしても——ときには、そのようなことが起こることもあるが——、宗教は、君主と臣民のあいだに存在して、両者をつなぐもっとも強力な絆である以上、君主たるものはそう見えないように気をつけなければならない、ということを彼は言おうとしているにすぎない。また、臣民が君主への服従を拒否するときには、宗教心の欠如は、もっとも正当な理屈となるということ、あるいは、そこまでは行かないにしろ、服従を拒否するための立派な口実にはなるということを言おうとしているにすぎないのである。しかるに、悪徳が巷間に広く知られるよりも、悪徳は隠されている方がはるかにましなので、君主は公然たる瀆神者であるよりも、偽善者である方が比較にならないほど値打ちがあるということである。世人はみな瀆神を見はするものの、偽善に気づく人はほとんどいない。そして、「見る自由はすべての人間が持っているが、しかし、じかに触れる自由を持つ人間は、ほぼ皆無である。つまり、君主がどのように見えるかなら、だれもが見ているが、しかし、実際に君主がどのようであるかをほとんどだれもが知らない、ということである」とマキアヴェッリが付け加えるとき、私の見解では、マキアヴェッリが言いたいのは、次のようなことである。われわれは、目の前のものをよく見るけれども、君主がその心の襞《ひだ》になにを持っているかをけっして見ることはない、とは、あるローマの騎士がティベリウス(4)に、よく言っていたことである。心の襞《ひだ》に持っているものを見ようとして、なにをしても無駄

(4) ティベリウス・クラウディウス・ネロ(前四二―後三七)。第二代ローマ帝国皇帝(一四―三七)。同名の父と、のちに(前三八年)アウグストゥス(前六三―後一四)の妻になるリウィア(前五八―後二九)とのあいだに生まれた子。アウグストゥスとリウィアとのあいだに生まれた娘ユリア(前三九―後一四)と再婚。アウグストゥスの養子となり、ローマ帝国皇帝となる。陰謀により二七年に引退。後継者に指名したカリグラに帝位を譲らずに、その後も寵臣セヤヌス(前二〇頃―後三一)を使って政治を仕切ったが、陰謀と毒殺と処刑の混乱のなかで、みずからも毒殺されたと言われる。

だろうと言うのである。おまけに、考えておかなければならないのは、マキアヴェッリが全体としては、政治家として理論を組み立てているということである。言い換えると、彼は、君主が臣民に命令するのと同じく絶対的に、国家利益が君主に命令することに従って推論しているということなのである。当代の有能な大臣の言によれば、君主は彼らの国家よりも、彼らの良心を傷つける方を好むようだが、こんなことまで、考えておく必要がある。そして、どの政治家よりもマキアヴェッリの方を、現代においては、より高く買っている、とユストゥス・リプシウス[5]が正直に打ち明けていながら、学問と政略に劣らないだけの敬虔さと宗教心を彼が備えていたために、マキアヴェッリの教説に文句をつけているのも、まさしくこの点である。マキアヴェッリが瀆神であることを疑われたり、あるいは、無神論を疑われたりしたことがほとんどなければ、リプシウスもこんなことを言うのは差し控えたであろうに。この点に次のことを付け加えてみられたい。マキアヴェッリの『君主論』がもし瀆神の書であったのなら、彼は、久しくメディチ家からの愛顧を願ってきていたのだから、あえて、彼の『君主論』を、現役の法王レオ一〇世の甥にあたるロレンツォ・デ・メディチ[6]には、けっして捧げようとはしなかったはずである。また、もし彼が信仰を失った人間として通ってきたのであれば、数年後、彼の『フィレンツェ史』を献辞とともに法王クレメンス七世[7]に献呈することはなかったであろう。彼は、この献辞のなかで、自分は「猊下が聖なるご同意という盾によって保護していただけるものとご期待申し上げている[8]」とまで言っているのである。そして、ついでながら私が言っておきたいのは、彼の『[ティトゥス・リウィウスの最初の一〇巻に関する]講話』の第一巻、第一二章[9]を読む人びとは、彼がそこで、どれほど神信仰を維持することが大事であるかを示しているのを読むだろうし、第三巻の

第一章を読めば、そこで彼が聖フランチェスコ(10)と聖ドミニクス(11)の修道会を、高位聖職者の悪徳が損なってしまったキリスト教信仰の再興者として賞讃している(12)のを読むだろうから、いかにマキアヴェッリが俗人らし

（5） リプシウス、ユストゥス（一五四七―一六〇六）。ストア主義者として知られるベルギーのユマニスト。セネカやタキトゥスの校訂で知られる。宗教信仰においては変転めまぐるしく、当初はルター派、二年後の一五七九年には、改革派、さらには一五九二年にはカトリックに改宗した。

（6） ロレンツォ二世・デ・メディチ（一四九二―一五一九）。豪華王と称されたロレンツォの孫。メディチ家の当主で、フィレンツェの僭主。ウルビーノ公。ローマ法王レオ一〇世を財政的に支援した。娘は、フランス国王アンリ二世に嫁ぎ、権勢を振るったカトリーヌ・ド・メディシス。マキアヴェッリは、彼に『君主論』を献呈した。

（7） クレメンス七世（一四七八―一五三四）（在位一五二三―三四）。世俗名はジウリオ・ディ・ジウリアーノ・デ・メディチ。フィレンツェのメディチ家出身。政敵パッツィ家の陰謀で、父ジウリアーノが暗殺されたのち、一ヶ月して生まれた私生児。祖父の豪華王ロレンツォによって育てられ、いとこがレオ一〇世としてローマ法王に選出されたあと、法王を補佐して高位聖職者となる。一五一三年に枢機卿となった。一五二三年にはローマ法王となる。法王としては、英国のヘンリー八世を破門したため、英国のカトリックからの離反を招いた。マキアヴェッリの『フィレンツェ史』は、アムロの序文にあるように、彼から依頼されたもの。

（8） 『フィレンツェ史』の邦訳では、「聖下の聖なるご判断という軍団によって…保護していただけるものとご期待申し上げている」（齊藤寛海訳、岩波文庫、上、一五ページ）となっている。

（9） 邦訳、『政略論』、永井三明訳、『マキアヴェッリ　世界の名著21』、中央公論社、一二一―一二五ページ。

（10） 聖フランチェスコ（一一八一／八二―一二二六）。アッシジのフランチェスコのこと。イタリアの聖職者で、聖人。一二〇八年頃に托鉢修道会であるフランチェスコ会を創始した。

くあっても、宗教については、非常に正しい意見を持っていたことを認めるだろう。したがって、人間が邪悪であり、不実であることから、ほぼ絶対に実践することが必要となる国家のいくつかの格率を、人並み以上に公平に解釈しなければならないということを彼らは認めるだろう。なおそのうえ、君主たちが非常に凝りに凝るようになってきたので、今日では、隣人たちに対して、そそくさと事を行なおうとする人間は、たちまち、それにだまされてしまうほどである。

マキアヴェッリのためには、私はさらにたくさんのことを語ろうと思えば、語ることはできる。しかし、私が作っているのは序文であって、彼のための弁明ではないので、彼を擁護することに私より多くの利益を持っている人びとか、あるいは、その能力が私よりもっとある人びとかのどちらかに、彼を擁護する仕事は任せることにする。ここでは、私は、『君主論』の翻訳について、読者に知っておいていただくと良いことを、私が言ったことに付け加えるだけにとどめておきたい。

翻訳が原本に忠実であることは、かなり難しいことだったが、これ以上は無理というぐらい忠実に翻訳したことを私は、誇りにすることができると思う。原本には、まったく意味不明の箇所も何箇所かあったが、それにもかかわらず、私の翻訳を理解するために、何度も繰り返し読むことになりかねないような箇所はまったくないほど、それは十分明晰であるとも私は思っている。過去の世紀には、フォリニョのシルヴェストル・テリとかという人がいて、この本をラテン語で出版したのだが、あまりにもくどくどと説明しすぎて、簡潔な表現を持つマキアヴェッリがそこでは、ほとんど判別不能となっている。

マキアヴェッリが君主に向かって言葉をかけるとき、彼はいつも親称のチュ［お前］を使っていて、けっして敬称のヴー［あなた］を使わない。それは古代ローマ人の話し方なのである。そして、それは『君主論』でも、『講話』でもそうなのである。マキアヴェッリがローマ人らしい性格を守りたがったのだということが私にはわかる。だから私は、それを真似なければならないと思ってきたのである。このチュは、なにかしらもっとも強力で、もっとも高貴でさえあるものを持っているからでもあり、われわれの言葉でも、たとえば、当代の凡百を集めたよりもすごく値打ちのあるアミヨ[13]とコエフトー[14]がこのようなやり方で語ったからでもある。なおそのうえ、とても納まりの良い話し方をマキアヴェッリから奪い取るようなことが私に許されているとは思えなかった。また、彼の原本に翻訳をよりいっそう似させるために、自由な雰囲気を私の翻訳から奪うことも、同じく私に許されているとは思えなかった。

マキアヴェッリの他の諸著作とナルディ[15]およびグイッチャルディーニ[16]の『歴史』から引き出されてきた数

(11) 聖ドミニクス（一一七〇以降―一二二一）。スペイン出身の律修司祭で、キリスト教聖人。アルビ派への宣教のために、一二一五年にドミニコ会を創始した。

(12) 『政略論』、前掲、四九〇ページ。

(13) アミヨ、ジャック（一五一三―九三）。フランスの文人でオセールの司教。プルタルコスの『英雄伝』［『対比列伝』］の仏訳で、彼の訳は「原文よりまさる」との評判をとった。

(14) コエフトー、ニコラ（一五七四―一六二三）。フランスの神学者で、アンリ四世の宮廷付き司祭。古代ローマのルキウス・アンナエウス・フロルス（七四頃―一三〇頃）のローマ史を翻訳した。

(15) ナルディ、ジャコモ（一四七六―一五五五）。フィレンツェの政治家で歴史家。ヴェネツィア大使を務めた。『ティトゥス・リウィウスの最初の一〇巻』の翻訳者として著名。

多くの訳注以外に私は、タキトゥス[17]のさまざまな文言をテキストの下段に置いた。タキトゥスの文章は、マキアヴェッリが言っていることに対して、証明として、あるいは、確認として、あるいは例として役立つからである。そして、これら二人の著作家の政治学に関する一種の用語索引が出来上がったのである。それを使えば、どちらか一方だけを肯定したり、断罪したりはできない仕掛けになっていることは、おわかりであろう。だから、統治の術を学びたいと思っている人びとにとって、もしタキトゥスを読むと良いのであれば、マキアヴェッリもまた、ほぼ間違いなく読むと良いということなのである。一方は、ローマの諸皇帝がいかに統治していたかを教え、そして、他方は、今日においては、いかに統治しなければならないかを教えているからである。だれかがおそらく私に問うだろう。はたして、私が、マキアヴェッリによって真似するように勧められているチェーザレ・ボルジア[18]を、良き模範としているのかどうかを。私は答える。新しい君主にとっては、彼の例はとても良い。言い換えれば、私人が簒奪によって君主となった場合には、良い例となるのである。しかし、玉座を継承することで君主となった場合には、それはとても悪い例になる、と。し

(16) グイッチャルディーニ、フランチェスコ（一四八三―一五四〇）。フィレンツェの歴史家。貴族共和制を擁護した政治家でもあった。『イタリア史』（末吉孝洲訳、太陽出版）を著した。

(17) タキトゥス、プブリウス・コルネリウス（五五頃―一二〇頃）。古代ローマの歴史家。『年代記』（國原吉之助訳、岩波文庫）でローマ帝国創成期の歴史を描いた。ただし、本書は、ティベリウス帝からクラウディウス帝までの歴史を描いたとされる第七巻から第一〇巻までが欠巻となっている。そのほか『同時代史』（國原吉之助訳、筑摩

書房）、『ゲルマニア』（國原吉之助訳、筑摩書房）など。マキアヴェッリは、「講話」という形で、『年代記』の最初の一〇巻にコメントを加えながら、みずからの政治論・軍事論を展開した。

(18) チェーザレ・ボルジア（一四七五／七六―一五〇七）。ローマ法王アレクサンデル六世の二番目の私生児で、幼くして、不道徳、欺瞞、裏切りを宮廷で学んだと言われる。陰謀、暗殺など、ありとあらゆる悪事を働いたと言われるほど権謀術数に富んだイタリアの政治家。若くして兄殺しの嫌疑をかけられ、残忍さをもって鳴る。父の法王就任の翌年に枢機卿となり、ルイ一二世のイタリア侵略の野望の片棒をかつぎ、ナヴァール王の娘と結婚し、ヴァランティノワ伯爵領を得たのち、一四九九年にルイ一二世について、イタリア遠征を行ない、ロマーニャ地方へ侵入し、次々と小国を滅ぼし、ロマーニャ地方の支配者となる。そののち、ボローニャとフィレンツェの支配権を狙ったが、失敗する。その後、ウルビーノ公の軍隊を借りて、公爵領に侵入し、そこを占領し、貴族たちの財産を没収した上に、彼らを皆殺しにする。そのあまりの残虐非道さにルイ一二世自身も恐れおののき、彼を遠ざけようとするが、彼は、即座にミラノ公国に赴き、王を説得し、引き続き、ボローニャへ攻め込もうとする。彼から被害を受けた多数の諸侯が彼に対して同盟を組むが、スイスからの傭兵三〇〇〇人をもって、その包囲網を破って、一五〇二年にはシニガッリアを占領する。このときにも、大勢の諸侯を集めて、全員を殺害する。彼の運命は、一五〇三年八月にアレクサンデル六世の死とともに、暗転し、自身も重病に陥る。ピオ三世（一四三八―一五〇三）の法王選出後、急速に権威を失墜し、諸侯に包囲され、ヴェネツィア軍のロマーニャ侵入で、逃亡せざるを得なくなって、サン・タンジェロ城へ逃げ込んで、ピオ三世の後継、ユリウス二世に逮捕される。ロマーニャの城塞をすべてコルドバ公に売り払って、スペインへ亡命したが、裏切られ、逮捕（一五〇四）。二年間の牢獄生活ののち、脱獄し、妻の里であるナヴァール王国へ亡命。そこで義兄と組んで、スペインへ侵入するが、一五〇七年三月の戦闘で、戦死。死んだときには、一文無しだったという。『君主論』のモデル。法王座を狙い、法王権力の世俗化を図ろうとしたとして、マキアヴェッリから高い評価を受ける。

かるに、本書、第七章の二箇所で、マキアヴェッリは、彼のチェーザレ・ボルジアを、簒奪者たちに対してだけ、ならうべき例として提案しているわけで、チェーザレ・ボルジアのような簒奪者にあっては、少なくともはじめのうちだけは、残忍でないと、簒奪した国家を護持しようにも、そのすべはないほど、この変革に利益を見出さない連中すべてを、彼は、敵として持っているということなのである。そして、その変革をもたらしてくれた連中でさえも、連中が要求しているすべてのものをなにからなにまで手に入れることがなければ、簒奪者たちにとっては、そんなに長いあいだ、友であり続けるわけではないのである。それとは、反対に、玉座を継承した君主の場合には、いくら彼らの統治が良くなくても、同一の血による支配に長い時間をかけて慣れきっている臣民のあいだで、みずからを維持するには、厳格さも、暴力も、使う必要がないのである。そして、ヴァランティノワ公爵（これはボルジアが手にしていた称号である）については、私は告白するのだが、彼はとても悪い人間であったし、万死に値した。しかし、彼が偉大な司令官であったし、偉大な政治家であったことも、認めなければならない。そして、彼については、パテルクルス[19]がキンナ[20]について言ったことを正確に当てはめることができるのである。パテルクルスは、善人ならあえてやろうとはしないような行為にキンナは及んだが、彼は、非常に勇敢な男でしか実行できなかったようないくつかの事業を最後までやってのけた、と言っているのである。

要するに、いたるところで人びとが暴君の先生として、マキアヴェッリの名を喧伝して回っているが、それとは反対に、彼は、彼の時代のだれひとりとして及ばないほどの暴君嫌いだったということを私は言おうとしているのだ。たとえば、彼の『講話』の第一巻、第一〇章でそれを見るのは容易い[21]。そのなかで、彼はきわめて強い口調で暴君に抗弁しているのである。そして、彼の同時代人であるナルディは、彼についてこう言っている。彼は、自由の賞讃者のひとりであったし、レオ一〇世の死後、自由を彼の祖国に返すふりをしていたジウリオ・デ・メディチ枢機卿［のちのクレメンス七世］の賞讃者のひとりであった。そして、マキアヴェッリは、ツァノビ・ブオンデルモンティ[22]やルイージ・アラマンニ[23]、コジモ・ルチェッライ[24]、そして、彼らとともに、他の自由主義者《リベルタン》（リベルタンというのは、フィレンツェで自由を維持しようと望んでいた人びと

(19)　パテルクルス（前一九頃―後三一頃）。古代ローマの歴史家。ローマ史に関する歴史著作があり、一五二〇年にスイスで公刊された。

(20)　キンナ、ルキウス・コルネリウス（?―前八四）。古代ローマの政治家。カエサルの最初の妻の父。紀元前八七年暗殺されるまで、執政官を務めた。民衆党を率い、病死したマリウスを継いで独裁政治を展開。暗殺された。

(21)　第一〇章の章題自体が「僭主政治の始祖はのろわれるべきである」となっている。僭主とは暴君のことである。

(22)　ブオンデルモンティ、ツァノビ（一四九一―一五二七）。フィレンツェの文学者。ディアチェットの弟子。一五二二年の反ジウリオ陰謀の首謀者のひとり。陰謀失敗後は、ルッカからヴェネツィアへ亡命。その後イタリア各地を転々とした。一五二七年にメディチ家追放後フィレンツェに戻った。彼は、ルチェッライと並んで、マキアヴェッリから『ティトゥス・リウィウスの最初の一〇巻講話』を献呈されている。

(23)　アラマンニ、ルイージ（一四九五―一五五六）。フィレンツェの詩人で、文学者・政治家。ジウリアーノ枢機卿に対する叛乱を企てた。陰謀が失敗したのち、フランソワ一世の宮廷を頼り、フランスに亡命した。スペイン大使などを務めた。一五二七年にメディチ家追放後フィレンツェに戻った。ここでもジェノヴァ、フランスの大使を務め、最終的には、フランスに定住した。

に対してメディチ家支持派が付けた名前である）とのあいだに持っていた緊密な関係ゆえに、この枢機卿に対して企てられたジャコモ・ダ・ディアッチェート[25]の陰謀の共犯者ではないかと疑われたのである。そして、おそらく、この疑惑こそが、彼の献辞書簡のはじめの部分で彼が示しているように、彼の『フィレンツェ史』が同じ枢機卿の命令で編纂されたにもかかわらず、対価の支払いを彼が受けるのを妨げたのであった。マキアヴェッリの人となりと彼の書物についてお知らせする必要があると思ったことはこれで全部である。あとは、各人にお任せするので、各人は、今後、気に入ったことがあれば、どのようなことでも、これらの資料をもとに、自由に判断してもらいたいと願っている。

（24）　ルチェッライ、コジミーノ（一四九五—一五九一）。フィレンツェの文学者。ルチェッライ家は、フィレンツェの名家で、メディチ家のプラトン・アカデミーを引き継ぎ、「ルチェッライ庭園の集い」を主宰したが、彼は、この「集い」の主宰者ベルナルドの孫に当たる。コジミーノが主宰した頃の「集い」では、文学だけでなく、政治や歴史の話題もとりあげられたので、ブオンデルモンティやアラマンニなど、のちに反メディチ家の陰謀を企てる人物がこのアカデミーから生まれた。彼は『ティトゥス・リウィウスの最初の一〇巻講話』をマキアヴェッリから献呈された。

（25）　ディアッチェート、ヤコポ・ダ（一四九四—一五二二）。フィレンツェの文学者。自由の大義をかかげ、一五二一年にジウリオ枢機卿に対する陰謀を企てた。陰謀が露見し、ルイージ・アラマンニのいとこととともに、同年六月七日に斬首刑に処された。

『反マキアヴェッリ論』へのヴォルテールの序文

『マキアヴェッリに関する批判の試み』を公刊することは、人びとに奉仕することだと私は思う。この反駁の高名な著者は、その格率と模範によって人類を徳へと導くために、天が作り上げた稀有で、偉大な魂のひとつである。彼は著述を通じて、みずからの思考を表現したが、彼の心が命じていた計画である、真理を書くということだけで、数年かかっている。彼は、まだ非常に若かった。当時の彼は、英知と徳へと自分を成長させることのみを欲していた。彼は教訓を自分自身のみに与えようとした。しかし、彼が自分に与えたこの教訓は、あらゆる王の教訓となるにふさわしいし、人びとの幸福の源泉になることができる。彼は、私に原稿を送るという栄誉を私に与えてくれた。そこで、それを公刊する許可を求めるのが私の義務だと考えた。マキアヴェッリの毒は、あまりにも周知のことであったが、その解毒剤も周知のものにならなければならない。人びとは、手書き写本をわれがちに奪いあった。間違いだらけの状態で、写本はすでに流布していた。私が正確な写本を提供する手を打たなければ、作品は歪曲された状態で、世間の目に見え続けたことであろう。私は、私が送った写しに本屋[1]が従うことを望んでいる。かくも高貴で、かくも勢いがあり、概して、かくも生粋の文体のフランス語を書いた人物が、フランスに来たことのない、若き外国人であることを私が読者に伝えたら、おそらくだれもが驚くことであろう。彼の反駁のかたわらに印刷しておくことに私がしたアムロ・ド・ラ・ウセー(2)のマキアヴェッリ『君主論』の仏訳よりも、はるかに見事に彼が自分の意見を述べていることがそこに見出されさえするだろう。それは前代未聞の事柄である、と私は正直に打ち明ける。しかし、私が公刊した作品の著者が論及したあらゆることにおいて、彼が成功を収めたということも前代未聞のことであった。イギリス人か、スペイン人か、イタリア人かは、彼にとって重要なことではないし、彼にとって問題なのは祖国ではなく、著作なのである。彼の著作は、マキアヴェッリの著作よりもよくできており、よく書けていると私は信ずる。最終的に悪徳よりも美徳できれいに彩られた人類は幸せなのである。

『反マキアヴェッリ論』という、この貴重な預かりものの持ち主として、私は、フランス語的ではないものの、そのままにするに値するいくつかの表現をわざと残しておいた。しかし、この著作には、われわれの言語とわれわれの習俗とを同時に完成させる力があるとあえて私は言っておきたい。他方、あのイタリア人は、彼の著作の全体で、罪悪を説きすすめたわけではないので、『反マキアヴェッリ論』という著作のすべての章が同様に、マキアヴェッリへの反駁にあてられているわけではない。私が提示したこの著作のいくつかの箇所には、マキアヴェッリに反対するというよりも、マキアヴェッリにもとづいてたびたびなされた省察がある。それこそが、『マキアヴェッリに関する批判の試み』*Essai de critique sur Machiavel*という表題を本書に私が付与した理由なのである。

この高名な著者は、マキアヴェッリに対して十分に答えたので、これをもってアムロ・ド・ラ・ウセーの

『君主論』仏訳への序文に対して、少しばかり答えたことにはなるだろう。

この翻訳者は自分を政略家であると思わせたかった。しかし、本書でマキアヴェッリと戦っている人物こそが、アムロがそう見えたかったものなのだと断定してもよいだろう。

アムロについて語りうるなかで、おそらく最大限のほめ言葉は、マキアヴェッリの『君主論』を彼が翻訳したということであり、その格率を支持したということである。しかし、その意図ということになると、それは、この著作について納得を勝ち取るというよりも、むしろ売りさばこうという意欲から出たものであっ

(1)　オランダのハーグ（デン・ハーハ）で出版業を営んでいたヤン・ファン・デューレンのこと。ヴォルテールは、ハーグ近郊のプロイセン領に住んでいたので、一七四〇年の夏に『反マキアヴェッリ論』の出版を出版業者のファン・デューレンに持ち込み、一夏をかけて原稿の添削に取り組んだ。書物は、フリードリヒの即位直後の九月に出版されたが、タイミングが最悪であったために、フリードリヒは、本書の出版を差し止めようとした。その後、王とヴォルテールと出版者の三者のあいだで本書は係争事となる。

(2)　アムロ・ド・ラ・ウセー、アブラム・ニコラ（一六三四―一七〇六）。フランスの歴史家。一六六九年にヴェネツィア大使秘書官に任ぜられる。ヴェネツィアの政治史を執筆し、一六七八年に出版する。この著作が王権を批判したとして、バスティーユに三ヶ月間投獄される。再版を出すも、禁書となり、かえって洛陽の紙価を高める結果となり、三年で数十版を重ね、翻訳も出される。一六八三年には、トリエント公会議史をイタリア語から訳し、出版する。同じく、一六八三年にマキアヴェッリの『君主論』を訳し、アムステルダムで出版。スペイン語からバルタザール・グラシアン（一六〇一―五八）の『宮廷人』を仏訳し、数版を重ねる。その後も翻訳書の公刊で、好評を得る。

た。献辞において、国家的理由《レーゾン・デタ》について彼はたびたび述べている。しかし、この人物は、駐ヴェネツィア共和国フランス大使館書記官として、難局を切り抜ける秘訣を持たず、私に言わせれば、国家的理由を誤解していたのである。

ユストゥス・リプシウスの証言によって、アムロは、著者マキアヴェッリを正当化しようとしている。アムロは、リプシウスが知識や政治学と同じほどに敬虔さも、宗教心ももっていた、と述べている。私が注意したいのは、次の点である。

一　ユストゥス・リプシウスとあらゆる学者は、人類にとって有害な主義に有利なように証言を行なっているが、それはむなしいこと。

二　敬虔と宗教心は、ここでは下手くそな身の飾りようをしており、それらとは、まったく逆のことを教える羽目に陥っていること。

三　ユストゥス・リプシウスは、カトリックに生まれ、ルター派となり〔一五七七年〕、次にカルヴァン主義者となり〔一五七九年〕、最後には再びカトリックに戻った〔一五九二年〕。彼は、聖母に対して非常に下手くそな詩を捧げたが、宗教心ある人間として通用することは一度もなかったこと。

四　リプシウスの政治学に関する大部な著作[3]は、ほかでもなく皇帝や王や君主たちに捧げられたにせよ、彼の著作のなかでもっとも冷たくあしらわれた作品であること。

五　アムロがリプシウスに言わせたかったこととまさに正反対のことを、リプシウスは、はっきりと述べている。プランタン版[4]の九ページで、ユストゥス・リプシウスは、「マキアヴェッリは、『徳と名誉の殿堂に彼の君主を導けば良かったのに（L.）[5]』、功利にしか走っていないので、高潔さの王道から、彼はひどく離れたのである」と言っている。アムロは、これらの言葉をわざと削除した。当時の文章作法では、いい加減な引用をしても構わないことに、まだ、なっていた。しかし、これほど重要な一節を変更することは、単なる衒学趣味とは言えないし、錯誤しているということでもない。それは中傷である。私が編者をしている偉大な人物は、まったく引用ということをしない。しかし、私がかなり間違いを犯しているか、それとも彼が理性と正義を愛するあらゆる人びとによって、いつまでも引用されるか、どちらかだ。

マキアヴェッリが瀆神ではないことを証明しようとアムロは努めているが、ここでまさに問題なのは敬虔ということだ。マキアヴェッリという人物は、世間に暗殺と毒殺を教訓として与えたが、翻訳者は当該人物の信心についてあえて語ろうとしているのだ。

読者がだまされることはない。この著者がコルドリエ会[6]修道士とドミニコ会[7]修道士を大いに賞讃していることについて、アムロは十分に言及しているが、そこでの問題は、修道士などではない。マキアヴェッリな

（3）『政治論または市民論、全六巻』*Politicorum sive Civilis doctrinae libri sex*（1589）のこと。一国一宗教論を唱えた。

（4）プランタン、クリストフ（一五二〇頃—八九）。フランス生まれの出版業者。若くしてアントワープで出版業を営む。リプシウスの友人で、彼の著作の出版をたびたび引き受けた。

（5）リプシウスの原本はラテン語である。

（6）コルドリエ会。フランチェスコ会原始会則派修道士のフランスにおける別称。一三世紀初頭、アッシジのフランチェスコ（一一八一／八二—一二二六）の教えを受けて、イタリアに誕生した托鉢修道会であるフランチェスコ会のなかで、とくに厳格な清貧の戒律を守ろうとする宗派。

くしては、だれも悪人になる技術をそんなには知らないものだ。だから、この著者が教訓を垂れようとした君主のことが問題なのだ。

他方、宗教への非常によき意見を持っているなどと言うことによって、ミルウィッツ(8)やカルトゥーシュ(9)やジャック・クレモン(10)やラヴァイヤック(11)などの輩については、十分に正当化されたと思うだろうか。そして、犯罪のなかで、もっとも恐ろしい王殺しを隠すために、神の聖なる覆いをつねに利用せよ、とでも言うのだろうか。チェーザレ・ボルジアは、新しい君主、言い換えると王位簒奪者にとってのよきモデルである、とこの翻訳者も述べている。メディチ家は新しい君主になった。王位簒奪の咎《とが》で、人びとは彼らを非難することはできなかった。第二に、つねに嫌悪され、たびたび不運であったアレクサンデル六世(12)の私生児の例は、あらゆる君主にとって極悪非道のモデルである。最後に、マキアヴェッリが暴君を嫌っていたとウセーは主張する。おそらく、あらゆる人びとは暴政を嫌悪するが、暴政を嫌いながら暴君に教育を施そうとすることは、腰抜けきわまりないことであり、とても恐ろしいことである。

彼については、これ以上多くは述べないでおこう。その意見と表現を弱めることのみを私がした有徳な著者の方に、耳を傾けなければならない。

ハーグにて、一七四〇年一〇月一二日

F・ド・ヴォルテール

注記　私は、原稿の原本に署名をして預けたが、それをハーグにあるフランス人教会の司祭、小シリル氏に預けた。彼のところにある原稿の原本は『マキアヴェッリに関する批判の試み』と

(7)　ドミニコ会。スペイン出身の律修司祭で、キリスト教聖人のドミニクス（一一七〇以降―一二二一）がアルビ派への宣教のために、一二一五年にフランスのトゥールーズに説教訓練所兼本部を設置したのが始まり。アウグスティヌスの戒律を会則として、ローマ法王ホノリウス三世（一一五〇頃―一二二六）の承認を得て、一二一六年に正式発足した。

(8)　ミルウィッツ。一八世紀ロシアの暗殺者。ヴォルテールの『ロシア帝国史』でとりあげられている。

(9)　カルトゥーシュ、ルイ・ドミニク（一六九三―一七二一）。フランスの悪党。一八世紀初頭のパリを荒らし回って捕縛され、生きながら焼き殺された。

(10)　クレモン、ジャック（一五六七―一五八九）。フランスのドミニコ会修道士。一五八九年八月一日にアンリ三世を襲い、翌日王を死に至らしめる。

(11)　ラヴァイヤック、フランソワ（一五七八―一六一〇）。アングレームの宮廷の召使いで、イエズス会にも入会を断られるほど狂信的カトリック教徒だった。アンリ四世を刺殺。生きながら焼かれたあと、馬に四肢をつながれ八つ裂きになった。

(12)　アレクサンデル六世（一四三一―一五〇三）。ローマ法王（一四九二―一五〇三）。俗名ロドリーゴ・ボルジア。スキャンダラスな聖職者で、聖職者でありながら、何人もの愛人と、その間に生まれた子どもを持った。稀代の毒婦として知られるルクレツィア・ボルジアはその娘。権謀術数に優れ、一族を高位聖職者に任命し、権勢を振るった。しかしながら、フランス王シャルル八世に攻めこまれ、チェーザレ・ボルジアを人質にとられたりしたため、その復讐のために、のちのルイ一二世と手を結んだりした。大航海時代の初期に、スペインとポルトガルの世界分割を実現するなど、外交にも手腕を発揮した。チェーザレ・ボルジアは、彼の二番目の私生児。

題された本と完全に一致する。他のすべての版には欠陥があるので、出版者は現在の版に完全に従うようにすべきだろう。

マキアヴェッリ『君主論』駁論への序文（一七四〇年）

道徳についてのマキアヴェッリの『君主論』は、信仰についてのブノワ・スピノザ[1]の著作に相当する。スピノザは信仰の基礎を掘り崩し、宗教という建築物を覆すことをひたすらに目指した。マキアヴェッリは、政治を堕落させ、健全な道徳の諸戒律を破壊しようとした。前者の誤謬は思弁の誤謬にすぎないが、後者の誤謬は実践にかかわる。とはいえ、以下のことは明らかであろう。神学者たちが教会の早鐘を鳴らし、スピノザに対して武器を手に取るように叫び、彼の作品を論駁し、スピノザの攻撃に対して、神性を主張してきたのに、マキアヴェッリは、幾人かの道徳家に執拗に攻撃されてきたにすぎない。彼らの批判にもかかわら

(1)　スピノザ、バルーフ・デ（一六三二―七七）。オランダ生まれのユダヤ人哲学者。徹底した一元論者で、汎神論的世界観を主張した。「無神論の帝王」と恐れられ、ほとんどの著作が宗教当局から禁書処分を受けた。しかし、匿名で出版された『神学＝政治論』という著作は、一八世紀のフランスで密かに出回り、その無神論を模した反宗教的非合法出版物もおびただしく流布した。また、一八世紀末には、ドイツでスピノザ・ルネサンスが起き、ヘーゲルなどのドイツ哲学者に大きな影響を与えた。

ず、また、マキアヴェッリの道徳が有害であるにもかかわらず、今日まで『君主論』は、政治学の講壇で認められてきたのだ。

私は、人間性を破壊しようと望むこの怪物に対して、僭越ながら、人間性を擁護しようと思う。僭越ながら、私は、理性と正義を詭弁と犯罪とに対置しようと思う。私は、マキアヴェッリが記した『君主論』を一章ごとに考察し、あえて、毒のすぐにそばに解毒剤があるようにしようと思う。

私は、マキアヴェッリの『君主論』が、世界中に広まった諸作品のなかで、もっとも危険なもののひとつであるとつねづねみなしてきた。これは、君主と政治学を好む者が当然のごとく手に入れることになる書物である。野心に富んだ若者は、善と悪とを確実に区別するのに十分なほどの良心と判断力とが形成されていないから、格率が彼らの激しい情念を煽る場合には、いとも簡単に彼らは腐敗するのである。こうしたことに貢献するかもしれない本はみな、絶対に有害で、人間の幸福に反対するものとみなされなければならない。

しかし、世事にわずかしか影響を与えないものの、個人の無垢な心を誘惑することは悪なのだとしたら、臣民を統治し、司法を管理し、臣民に模範を示し、善性と寛大さと慈悲とを通じて、神性の生き写しにならなければならない君主を堕落させることは、いっそうの悪である。そして、君主たちが王たるは、彼らの栄誉と権勢によるよりはむしろ、彼らの個人的な資質と美徳によるのでなければならない。

諸地方を荒廃させる洪水や街を灰塵に帰すすさまじい大火や諸州を悩ます致命的で、伝染性のペスト禍よりも、諸王の危険な精神と抑制のきかない情念の方が、世界にとっては、はるかに破滅的である。天災は一時的に続くだけであり、いくつかの地方を荒廃させるにすぎない。その損害は、どれほど悲惨なものであっても回復される。しかし、諸王の犯罪は、むろん臣民全体を長きにわたって苦しめるのである。というのも、諸王は、善を行なおうとする意志を持っているときには、それを行なう権限を彼らは持っているのであるが、同じように、彼らが悪を行なおうと望んだときには、それを実行するかどうかは、彼らにしか依らないからである。

臣民が君主権の濫用を恐れてばかりいたり、臣民の財産が君主の貪欲の餌食になったり、臣民の自由が君主の気まぐれの餌食になったり、臣民の平安が君主の野心の餌食になったり、臣民の安寧が君主の背信の餌食になったり、臣民の生命が君主の残虐の餌食になったりするとき、臣民の状況がこれ以上嘆かわしくなるようなことがあろうか。これが、マキアヴェッリが構想した君主が統治する国家の悲劇的光景である。

しかし、作者の毒気が玉座にまで滑りこまないときでさえ、私は、これほど忌まわしい書物を忌み嫌わせるには、マキアヴェッリとチェーザレ・ボルジアにただひとりの弟子がいるだけで、十分だと主張する。マキアヴェッリは、君主がなにをすべきかではなく、むしろ君主がなにをしているのかを書いていたのだと信じている人びとが存在してきた。この考えは、それがなにか真実の見かけを持っているように見えるからこそ、気に入られてきた。人びとは、けばけばしい嘘に満足してきた。もう一度、人びとがそう言ってきたから、私は繰り返し言っておく。

誹謗したがる手合いに反対して、君主の大義を取り上げることを許していただきたい。そして、人間の幸福のために働くことを唯一の仕事としなければならないと思っている君主を、もっとも恐ろしい非難から救い出そうとしている私を許していただきたい。

私はこの序文を書き終える前に、マキアヴェッリは、君主がなにをすべきかではなく、なにをしているのかを書いたのだと信じている人びとに、ひとこと言わなければならない。この考え方は風刺が効いていたから、多くの人の気に入るところとなった、ということである。

君主に対して、この判決を下した者たちは、マキアヴェッリの引用した、幾人かの悪徳君主たちの例とイタリアの小君主たちの歴史と政治のあの危険な掟を実践してきた、幾人かの暴君たちの生きざまによって、誘惑されてきたと思われる[2]。私は、それに対してこう答える。すなわち、どの家族にも、男前の人間や猫背の男や盲人や足が不自由な人間がいるように、いずれの国にも、正直な人間と不誠実な人間とがいる。したがって、君主のあいだには、その神聖な名前を付けるにはふさわしくない怪物もいたし、つねにそうした怪物はいるだろう。私は、さらにこう付け加えることができるだろう。玉座の誘惑は、非常に強力であるからこそ、それに抵抗するには、公徳心以上のものが必要であり、だから、良き王は、ほとんど見出されないこともなんら驚くべきことではない、と。しかしながら、きわめて軽率に判断を下す人びとは、思い出さなければならない。ネロ[3]、カリグラ[4]、ティベリウスのような人物がいる一方、世間の人びとは、ティトゥス[5]、トラヤヌス[6]、アントニヌス[7]のような、徳が聖別した皇帝の名を、喜んで再び思い出すのである。四肢の一部にしか当てはまらないことが、身体全体に存在すると認めることは、明確な不正である。

良き君主の名のみを歴史にとどめ、他の諸君主の名は、その怠惰と不正と犯罪とともに、永遠に葬り去らなければならない。実のところ、歴史書が大いに薄くなるとしても、人類はそこから利益を得るであろう。

(2) ヴォルテールは、ここを次のように簡略化した。「マキアヴェッリの引用した、彼の同時代のいく人かの王たちの例と人類の恥辱であった暴君たちの生きざまによって、誘惑されてきたと思われる。」(編注)

(3) ネロ、ルキウス・ドミティウス・クラウディウス(三七―六八)。ローマ帝国皇帝(五四―六八)。母はゲルマニクス(前一五―後一九)の娘のアグリッピナ(小アグリッピナ、一六―五九)で、ネロを帝位につけるために自分の夫のクラウディウス帝(一〇―五四)を毒殺したが、ネロは、帝位についたのち、母を殺害。以後史上稀有な暴君として、ローマ大火(六四)の犯人に擬せられる。属州の叛乱のなかで、追い詰められて自殺。なお、この部分は、ガルニエ版には依らなかった。

(4) カリグラ、ガイウス・ユリウス・カエサル・アウグストゥス・ゲルマニクス(後一二―四一)。第三代ローマ帝国皇帝(三七―四一)。カリグラは幼少期の愛称で、「小さな軍靴」を意味する。ゲルマニクスとアグリッピナ(大アグリッピナ、前一四―後三三)のあいだに生まれた子。ティベリウスの死後、帝位につき、ヘレニズム時代を模した皇帝専制政治を確立する。神政一致をめざし、みずからを神とする。元老院と結んだ属州総督によって暗殺される。

(5) ティトゥス・フラウィウス・サビヌス・ウェスパシアヌス(三九頃―八一)。ローマ帝国皇帝。ウェスパシアヌス帝(九―七九)の長男。ゲルマニア・ブリタニア戦役ののち、七〇年にユダヤ戦役でエルサレムを奪取し、ユダヤ教の聖都を破壊した。七九年に帝位に昇ったが、ウェスウィオ火山の噴火やローマの大火、疫病の蔓延など悲惨な大事件が相次いだ。

(6) トラヤヌス、マルクス・ウルピウス(五三―一一七)。ローマ帝国皇帝(九八―一一七)。五賢帝のひとり。軍事能力に優れ、各地を征服し最大版図を実現した。

(7) ティトゥス・アウレリウス・フルウス・ボイオニウス・アントニヌス・ピウス(八六―一六一)。ローマ皇帝(一三八―一六一)。五賢帝のひとり。ハドリアヌス帝の養子となり、帝位を継ぎ、善政を敷いた。

歴史のうちに生きる名誉と数世紀から未来永劫まで名が残るのを見る名誉とは、徳の報酬にほかならないであろう。マキアヴェッリの書物が政治学の学園を汚すことは、もはやないであろう。この書物につねについて回る嘆かわしい矛盾は、蔑視されるに違いない。マキアヴェッリが厚かましくも『君主論』で読者に提示した、支離滅裂な恐怖と裏切りに満ちた体系よりも、世界は、正義、怜悧、善性にのみ基礎づけられた君主の真の政治学があらゆる意味で好ましいことを確信するであろう[8]。

（8） 最後のパラグラフは、一七四七年版による。

反マキアヴェッリ、あるいはマキアヴェッリの『君主論』を検討する[1]

第一章　どれくらいの種類の君主国があるか。どのような手段で、それらは獲得されるか［君主に服従する諸国家のあいだにある相違について、それを所有するための手段にはどのようなものがあるか[2]］

世界中のすべての国家は、いつも、共和政体か、君主政体か、どちらかの形で治められてきた。君主政体のうちいくつかの政体は世襲であり、君主は先祖から彼にやってきた継承物としてのみ、その政体を持っているにすぎない。ときによって、それまでは、一私人であったのに、ひとりの君主が一気にこの権威ある座に到達する場合がある。……しかし、注意しなければならないのは、これらの新しい征服国家は、自由国家であったか、あるいは、ひとりの君主に従属していたかのどちらかであったということである。そして、自分自身の武力で主人となるか、あるいは、同盟者の武力で主人となるかどちらかであるということである。さらに、それらの国家を運命によって従属させることができるか、あるいは、力量によって従属させることができるか、どちらかである。

この世界で正しく推論しようと思うかぎり、自分が語ろうとしている主題の性質を究めることから始めなければならないし、さまざまな物事の第一原理について知るには、できるだけその起源にまで遡らなければならない。そうすれば、その起源から生じることが可能な展開とあらゆる帰結を演繹することは容易である。君主のいる諸国家の差異を明らかにする代わりに、マキアヴェッリは、諸国家の権力の源である君主たちの起源を吟味し、自由な人びとが主人に身を委ねることを可能にする理由について論じた方がよかったように私には思われる。

犯罪と暴政に関する学説を立てることをたくらむ書物では、いったいなにが永久に暴政を破壊するに違いないかについては、おそらく言及すべきではなかっただろうに。民衆は、自分たちの安寧と生存のためには、裁判官を設けて、彼らのあいだの紛争を処理し、保護者を設けて、敵から財産の所有権を維持し、君主を設けて、彼らの相異なる利益のすべてを唯一の共同利益に統合することが必要だと思ったから、彼らのなかでもっとも賢明で、公平で、無私無欲で、人間的で、勇気があると思った人びとを選出して、それらのものを管理しようとした。などとマキアヴェッリは言っているけれども、不承不承ながらそう言わざるをえなかったのだろう。

したがって、正義を君主の主要な目的にしなければならないし、君主が他のあらゆる利益よりも選好しなければならないものは、彼が統治する臣民の財産である、と言ってしまえばよかったのだ。となると、君主が増大させなければならないのは、あるいは、臣民に欠けている場合に、君主が彼らに与えなければならないのは、臣民の幸福と至福である。それでは、利益・偉大さ・野心・専制といった観念はどうなるのか？君主は、彼が支配下に置く臣民の絶対的な主人ではなく、彼自身臣民の第一の下僕[3]にすぎないと思われる。そして、臣民が君主の名誉であるのだから、君主は、臣民の至福の手段でなければならない。マキアヴェッリは、このどうでもいいような細目が彼を恥辱で覆ってしまいかねないこと、この細目の追求が、彼の政治学のなかに見られるみじめな矛盾の数を増すばかりであることには、よく気づいていたのである。

（1）一七四〇年初版のタイトルは「反マキアヴェッリ、あるいはマキアヴェッリの『君主論』に関する批判的論考」となっている。一七四七年版では、それが「マキアヴェッリの『君主論』を検討する」となり、一八三四年のハンブルク版では、「反マキアヴェッリ、あるいはマキアヴェッリの『君主論』を検討する」となった。したがって、「批判的論考」というタイトルは、ヴォルテールの「検閲」を経たものであり、それ以後の版はヴォルテールの手を経ていないということがわかる。その意味で、もっとも正確なタイトルは、ハンブルク版につけられたタイトルであると判断した。なおガルニエ版は、「マキアヴェッリの『君主論』反駁」というタイトルをつけている。

（2）『君主論』の仏訳の章ごとに検討している反マキアヴェッリ論の原文には、章タイトルは付いていない。わかりやすくするために、アムロ版の章題を訳し、デボルド版からの章題を［　］に補って訳しておいた。

（3）ヴォルテールは、この「下僕」というフリードリヒの言葉を「為政者」に置き換えた。しかし、この言葉は、のちに彼自身の座右の銘になるから、ヴォルテールの訂正は受け入れがたかったであろう。

マキアヴェッリ[4]の格率は、デカルト[5]の体系がニュートン[6]の体系とは、正反対であるのと同じように、良き道徳とは、正反対のものである。マキアヴェッリにおいては、利害がすべてを行なう。それはちょうどデカルトにおいては渦動[7]がすべてを行なうのと同様である。この哲学上の観念が取るに足らないものであるのと同じ程度に、マキアヴェッリという政治家の道徳は堕落している。この恐るべき政治家がもっとも忌まわしい犯罪を説く際の厚かましさに匹敵するものなど存在しえない。彼の考え方に従えば、もっとも不正、かつ、もっとも残虐な行為ですら、それらの行為が利害や野心を目的とするかぎり、正当なものとなってしまう。臣民は奴隷であり、臣民の生死は、無制限に君主の意思に依存することになる。これでは、羊小屋にいる羊の群れが、その乳と毛が飼い主にとって有用だという理由だけで存在しているのとほぼ同じであり、その主人は、みずからが適切だと判断したら、その羊の首をかき切ることさえするのである。私は、誤った、有害なこの原理を詳細に反駁することを目的としていたので、いずれ順番に、章の主題が私に機会を与えてくれるのに応じて、それについては、語ることにしよう。しかし、一般的にこれだけは言っておかなければならない。私が君主たちの素性について報告してきたことは、彼らの暴力性だけから見ているので、簒奪者たちの活動を、実際よりもいっそう残虐なものに表現しているかもしれないということである。というのは、彼らの行為は、民衆の意図にまったく反しているからであり、民衆が君主に身を委ねるのは、君主が自分たちを守ってくれるからであって彼らは、こうした条件でのみ服従するものだからである。彼ら民衆は、簒奪者に服従したからと言って、しばしば非常に残虐で、つねに嫌悪されている暴君の貪欲とあらゆる気まぐれを満足させるために、自分たち自身とその財産とを捧げたわけではない。

国家の主人になる正統なやり方には三種類しかない、つまり、継承を通じてか、選挙権を有する民衆による選挙を通じてか、あるいは適切に企てられた戦争によって敵のいくつかの州を征服することを通じてかのいずれかである。

読者は、マキアヴェッリの第一章について、ここで述べたことを忘れないようにお願いしたい。なぜならこれこそが中心点であり、以下の私の全考察は、この点の周囲をめぐることになるからである。

(4) 以下の文章のほとんどをヴォルテールは抹消している。

(5) デカルト、ルネ(一五九六―一六五〇)。フランスの哲学者・科学者・数学者。心身二元論を唱えた。

(6) ニュートン、アイザック(一六四二―一七二七)。イギリスの科学者・数学者・哲学者。

(7) 宇宙の創成と運動の起源としての渦動説は、デカルトの『哲学原理』や死後出版となった『宇宙論』で主張された。ニュートンはこれを万有引力の体系で否定した。

第二章[1] 世襲の君主国について

私は、いまは共和政体については語らない。というのも、私はすでに別の著作〔『ティトゥス・リウィウスの最初の一〇巻に関する講話』〕で徹底的に論じておいたからである。私は君主政体にかかわることにのみこだわるつもりである。……私はこの種の国家をどのようにして統治すればよいのか、どのようにして保持すればよいのかについて検討することにする。……世襲の国家は、そうではない他の国家に比べると統治しやすい。……世襲国家の君主は、よほどの失政で憎まれるようになるのでないかぎりは、人びとはこの君主を愛し、同じような形でいつまでも彼は愛され続ける。

人間は、古いということなら、迷信にいたるまで、なにに対しても、ある種尊敬の念を持っている。古いということが及ぼすこの支配力が相続権に加わるなら、これ以上強固で、これ以上楽にはめられる軛《くびき》はない。同様に、世襲の王国は、統治がもっとも容易だということについて、マキアヴェッリには、すべての人が同意するはずであるから、私はマキアヴェッリには、けっして反対しない。

ただ、私がここで付け加えたいのは、世襲君主は、所有財産において、自分と国家のもっとも強力な諸家門とのあいだの親密な結びつきにより、強化されるということだけである。国家のもっとも強力な諸家門は、その大部分が、王家のおかげで、自分たちの財産と地位を保っているのだし、自分たちの確実かつ必然的な没落を見ることなしに、君主だけを没落させて放っておくことはできないので、彼らの財産は、君主の財産と不可分になっているのである。

われわれの時代では、戦時と同様に、平時にも、君主が足下に保持する多数の部隊と強力な軍隊が、国家の安全保障に寄与している。それらは隣国の君主の野心を抑える。他人の刀を鞘に納めるのは、むき出しの刀身である。

しかし、マキアヴェッリが述べるように、君主が「並の器量」(1)をしていても十分というわけではない。君主が自分の臣民を幸福にすることに思いを致すことも、また私が望むところである。満足している臣民は、叛乱を思いつくことはないはずである。幸福な臣民は、同時に自分たちの恩人でもある君主を失うことに恐れを感じるが、その恐れの感情は、当の君主がみずからの力の衰えを懸念する感情よりもはるかに強い。スペインの暴政が極端に行き過ぎていて、オランダ人よりも、もっと不幸になることは、もはやありえないというほどに、彼らが不幸でなかったら、彼らは、スペイン人に対して反抗しなかったであろうに。

ナポリ王国とシチリア王国(2)が、スペイン人の手から神聖ローマ皇帝の手へ、そして皇帝からスペイン人へと移ったのは、一回や二回のことではない。それらの征服はきわめて容易であった。というのも、どちらの支配も、ともにきわめて苛烈であり、そこの人びとは、新たな支配者のもとで解放をつねに望んでいたから

(1) フリードリヒ二世の草稿には第二章だけが欠けていて、残っていない。したがって、どの程度ヴォルテールが手を入れたのかもわかっていない。復刻されたものは、オランダの出版者がヴォルテールやおそらくはフリードリヒ二世の意向を無視して公表したものである。

である。

かのナポリ人[3]たちは、ロレーヌ人たちと比べて、なんという違いがあることか！ ロレーヌ人が支配者を変えるように強いられたとき、ロレーヌ地方[4]の全体が涙に暮れた。何世紀にもわたって、この肥沃な地方を領有し、その善意が非常に高く評価されているがゆえに、諸王の手本にも値するほどであった公爵家の子孫が絶えたことを、彼らは残念に思った。レオポルド公[5]の記憶は、いまだにロレーヌ人にとってきわめて大切なものであったので、彼の未亡人がリュネヴィル[6]を離れなければならなくなったとき、そこのすべての人びとは彼女の馬車の前にひざまずき、何度も馬を止めた。人びとは嘆きしか聞かず、涙しか見なかった。

（2） イタリア半島南部の港湾都市ナポリは、七六一年から一一三九年まで独立公爵領だった。一一四〇年以降、ノルマン朝ルッジェーロ一世（一〇三一—一一〇一）のもとで、プーリア、カラブリア、シチリアを併合したナポリ王国が成立した。ノルマン朝というのは、ルッジェーロがフランス北西部ノルマンディー地方出身だからである。一二世紀には、南ドイツのホーエンシュタウフェン家の支配を受け、フリードリヒ一世バルバロッサ（一一二〇—九〇）がスヴェーヴァ朝を開いた。これで神聖ローマ帝国及びドイツとナポリ王国は合体したが、一三世紀半ばにホーエンシュタウフェン家が断絶し、フランスのルイ八世（一一八七—一二二六）の次男シャルル・ダンジュー（一二二七—八五）がアンジョイナ朝を開き、首都をシチリア島のパレルモからナポリに移した。名実ともにナポリ王国となったが、第七代のジョヴァンナ二世（一三七三—一四三五）女王が死に、アンジュー家とスペインのアラゴン家のアルフォンソ五世（一三九六—一四五八）がナポリ王国の継承権をめぐって争い、一四四二年にアルフォンソが勝利して、ナポリ王アルフォンソ一世となり、ナポリ王国はアラゴン家の属領となった。一五〇三年にアラゴン家出身のカトリック王フェルナンドがナポリ王フェルナンド三世となり、一五一二年には、彼がカスティーリャの王となったために、ナポリ王国は以後、シチリア島を含めてスペイン帝国の一部となった。

（3） 第六章でとりあげられるマサニエッロを戴いたナポリでの反スペイン暴動のことを指す。ちなみに、オーストリア継承戦争では、フランス、スペイン、ナポリの諸王国はプロイセン側についたから、ナポリ人とロレーヌ人の比較は、フリードリヒにとっては、都合が悪かったとも考えられる。

（4） フランス北東部、現在では、ベルギー、ルクセンブルク、ドイツ、スイスと国境を接する地方。宗教戦争時代にカトリックの総帥ド・ギーズ公の支配地となり、その後、アンリ四世のもとで栄えたが、絶対王政のもとで、たびたびフランスから攻撃を受けたのち、スペイン継承戦争の係争地のひとつとなり、衰退した。

（5） レオポルド公（一六七九—一七二九）。ライスワイクの和約（一六九七）後、弱体化した王国の立て直しに努めた名君だったが、跡継ぎがなく、ロレーヌ公爵家は断絶する。そのあとを継ぐのがルイ一五世の義父のスタニスラス・レスジンスキである。

（6） フランス東部ナンシーの南東、ロレーヌ公の居城があった都市。

第三章[1]　混合君主国について［さまざまな種類から構成される君主制について］

新たに征服された国家においては、はるかに多くの困難が存在する。第一に、混合君主政体あるいは複合君主政体を世襲国家とともに構成するために、世襲国家に新たな征服された国が付け加わる場合、すべての新たに征服された国家にもともとからあった悪化傾向に世襲国家はさらされるだろう。……そのとき君主は征服によって傷つけたすべての人びとを敵に数えることになるだろう。自分自身の利益を持った人間の友情を保持することはできない。……自由に慣れていない国をまったく安全に保持していたければ、そこを支配していた君主の一族を消し去るだけで良い。彼らの旧法を保存することによって、民は平和に暮らしていく。……言葉も習慣も統治体も異なる国を征服した場合には、そこでまさに多大の困難と出くわす。それを保持するには、幸運と技巧が大いに必要である。そのためのもっともよい手段は、新しい征服者が彼の居宅をそこに作ることである。……君主が居を構えている国家を征服することは難しい。新たに征服した国を保持するには、君主が現地にいるようにしたあとで、植民団を国家の中枢となっている場所に送り込むことほど確かな手段はないくらいである。……したがって、私はこれらの植民団がいくつもの点で利益をもたらすと結論づける。……民衆に対しては、悪いことをひとつもしないか、あるいは、彼らを一気に皆殺しにしなければならないか、どちらかである。……それゆえ、復讐する力を完全に奪い取っていない場合には、だれに対しても、けっして不利益な取り扱いをしてはならない。植民団の代わりに、新たに征服した国に守備隊を置いてみたまえ。費用はかかるし、国の収入のすべてを消費してしまうだろう。……だから、どのような面から見ても、守備隊は、新しく征服した国をうまく保持するにはふさわしくない。植民団は、そのための最良の手段である。なおまた、君主が自分の相続財産とは、まったく異なる国を征服した場合には、彼は、近隣の小国家群の首長となり、庇護者とならなければならない。その他に、彼は、もっとも強力な諸国家を弱める手段を探さなければならないし、彼と同じくらい強い外国の君主が国にはいってくることを、なににもまして、妨げなければならない。というのも、不満分子は、つねに、外部のだれかに、救援をよこしてくれと訴えようとするからである。……そこから、ほとんど一度も、不正確なものになったことはない、政治学の格率を引き出さなければならない。すなわち、君主が他の君主を持ち上げるようなことをすれば、身の破滅である、ということである。なぜなら、君主は、これほどの大事業になると、とても強力であるか、あるいは、とても有能であるか、どちらかでなければ、それを成し遂げることはできないからである。そこで、新興君主は、これらの資質のどちらかを持っていると疑われるのである。

一五世紀は、いわば学芸の幼年期であった。ロレンツォ・デ・メディチ[2]は、学芸に庇護を与えることで、イタリアに学芸を復興させた。しかし、これら技芸と学問とは、マキアヴェッリの時代には、まだ脆弱で、

(1) 第三章には、二つの異なる版がある。ここでは、ガルニエ校訂版を訳しておいた。シュレージェン奪取を考えていたフリードリヒにとっては、征服を論じる第三章の手直しには、第二章の「紛失」と同じ事情があったのかもしれない。

長い病気からようやく立ち直ったばかりのようであった。哲学と幾何学的精神(3)は、ほとんど、あるいはまったく進歩していかなったし、当時の人びとは、現代人ほど一貫して推論することもなかった。学者たちでさえ、華々しい見た目と派手な輝きを持つものに惑わされていた。当時は、征服者の不吉な栄誉と大がかりで人目を引く行為の方が、温和さ、公正さ、慈悲、その他すべての徳よりも好まれていた。というのも、征服者の偉大さは、ある種の尊敬の念を人びとに抱かせるからである。現在では、征服者が示すどんな性質よりも、人間性の方が好まれている。世界に革命を引き起こし、数えきれない人びとを死なせるような猛々しい残虐な情念を褒めちぎって、それを煽り立てる狂人は、もはやいない。人びとはすべてを裁きに委ねており、征服者の勇気と軍事的な能力が人類にとって致命的なものであるときには、いつでも、それらは、嫌悪されている。

したがって、マキアヴェッリは、当時は、次のように言うことができていたのである。人間が征服を望むのは自然なことであり、征服者は栄光を獲得せずにはいられないものだ、と。われわれは、現在、マキアヴェッリに対してこう答えよう。人間がその財産を保全しようとし、正当な手段によってそれを増やそうとすることは自然なことである、と。しかし、羨望は、生まれつきひねくれた魂にとってのみ自然であり、他人から物を奪って増やそうとする欲望は、真っ当な人間の頭のなかにやすやすと現われることはないし、世間で尊敬されたいと思っている人びとに生じることもない、と。

マキアヴェッリの政治学は、たったひとりの人間と全人類の破滅にしか適用できない。というのも、次のような事情があるからだ。もし数多くの野心家たちが征服者を自認し、相互に財産を奪い合い、自分が持たないものを欲しがって、すべてを侵略し、破壊し、だれであれ、相手の持ち物を奪い取ることしか考えないとしたら、どれほどの混乱が世界に生じることか！　ついには、人びとがこの世に見出すのはたったひとりの主人のみとなり、その人がそれ以外の人びとすべての相続財産を受け取ることになるだろう。そして、彼がその相続財産を維持できるのは、ある新参者の野心がそれを彼に許してやるあいだだけなのである。

私が問うているのは、なにが人を偉大にすることができるのか、いかにしたら、自分の権力を他人の悲惨さと破滅のうえに築こうなどと試みることができるのか、いかにしたら、災禍のみを作り出すことで、みずからを名高い者にすることができると信じられるのか、ということである。ひとりの君主によって新たに征服された領土は、その君主がすでに所有している諸国家を、より豊かにするわけでも、より金持ちにするわけでもない。臣民は、征服から利益を得るわけでもなく、征服で君主がいっそう幸福になったと想像するなら、それは、彼が思い違いをしていることになるのである。彼の野心は、このたったひとつの征服では飽き足らず、それでは不満になり、それゆえに、つねに自分自身に満足することはほとんどないだろう。どれほど多くの偉大な君主たちが、自分たちの抱える将軍たちを使って、いまだかつて見たこともない地域を征服していることか！　それらは想像上の征服であり、その征服を成し遂げさせた君主たちにとって、ほとんど

（2）　ロレンツォ・デ・メディチ（一四四九―九二）。豪華王。コジモの子供で、フィレンツェの支配者。一四七八年のパッツィ家の叛乱を収拾し、支配権を確立し、フィレンツェに繁栄をもたらし、文芸の有力庇護者となった。

（3）　一七世紀以降では、数学を指す。

現実味を持たないのである。それは、全世界に知られるにも値しない、たったひとりの人間の空想を満たすために、大勢を不幸にする行為である。

しかし、この征服者が全世界を支配下に置いたと仮定しよう。首尾よく征服されたこの世界を、彼は統治できるだろうか？　彼がどれほど偉大な君主であれ、非常に限定された存在であり、ひとつの原子、この地上を蠢《うごめ》いていることさえほとんど気づかれない、みすぼらしい個人にすぎない。彼にできるのは、どうにかそれらの諸州の名前を記憶にとどめておくことだけで、その君主の偉大さとやらは、彼の実際の卑小さを証拠立てることにしか役立たないだろう。

加えて、次のような事情がある。君主に栄光を与えるのは、彼が統治する国土の大きさではまったくない。また、君主を名高くするのは、数リュー(4)分多い土地を持っていることでもないだろう。そうでないとしたら、もっとも多くの土地を持つ者がもっとも尊敬されるべきだということになってしまうだろう。ひとりの征服者の勇気、その能力、その経験、人心収攬術は、個々別々であれば、人びとに賞讃されるような特質となろう。しかし、征服者がそれらを不正に用いるなら、彼は、野心的で非常に邪悪な人間にほかならないことになろう。征服者は、公平さを維持するために才能を用いる場合にかぎり、そして、その気性によってではなく、あくまで必要に迫られて征服せざるをえない場合にかぎり、栄誉を得ることができる。

外科医たちが野蛮な手術をしても、人びとから尊敬を受けるのは、外科医が目の前の危険から人びとを救うときである。征服者も同じで、征服者が英雄であるのは、目の前の危険から人びとを救うときである。しかし、外科医が単に自分の器用さで大向うをうならせるために、自分の職人芸をひどく濫用しながら、必要もないのに手術をすれば、人びとはそうした外科医を嫌悪するだろう。

人間は、みずからの利害ばかりを考えてはけっしてならない。みなが同じくそう考えたとしたら、もはや社会は存在しないだろう。というのも、共通善のために個別の諸利益を放棄する代わりに、人間は個人の諸利益のために共通善を犠牲にするだろうからである。どうして甘美な生活と幸福な社会とを生み出す、あの魅惑的な調和に貢献しないのか。大いに他者に親切を施し、彼らに財産をもたらすことによってしか、偉大たりえないのはなぜなのか。おのれの欲せざることを人にすることなかれ、という格言をつねに想起しなければならない。これが、他者の富をけっして奪わずに、みずからの現状で満足する方法であろう。

征服者の栄光に関するマキアヴェッリの誤謬は、当時では一般的なものだったかもしれないが、しかし、彼の悪意の方は、むろん一般的なものではなかった。彼が征服地を維持するために提案するいくつかの方法ほど、おぞましいものはない。それらをよく吟味すれば、そこに一片の理も、正しさもないことがわかるであろう。「あなたがたの征服の前に、そこを支配していた君主の一族を抹殺しなければならない[5]」とこの怪物は言う。恐怖と憤りに戦慄することなしに、こうした格率を読むことができようか。これは、この世界にある聖なるものと神聖なものの一切を踏みにじることである。これは、人びとがすべての法律のなかでもっとも遵守しなければならないものを覆すことである。これは、利害のために、あらゆる暴力とあらゆる犯罪

---

(4) リューは陸の距離を示す旧単位。共通里とも言う。約二二八一トワーズすなわち約四・四四五キロメートル。

(5) 『君主論』岩波19―20、中公16。

に道を開くことである。これは、殺人、裏切り、暗殺、そして世界でもっとも憎むべきものを是認することである。どうして為政者たちは、マキアヴェッリに、彼の忌むべき政治学の公表を許すことができたのか。この世界は、いかにして、この恥知らずの悪漢を許すことができたのか。彼は、所有と安全とに関する一切の権利、人びとが持つもののなかでもっとも神聖なもの、もっとも厳かな諸法律、そしてもっとも不可侵な人間性を覆したのだ。ある君主の領土を野心家が暴力的に奪うから、野心家には、君主を暗殺したり、毒殺したりする権利があることになるのか！　だが、この征服者は、そのように行動することを通じて、彼自身の破滅にしか帰結しえない実践を、この世界に持ち込むのである。彼よりも野心に満ち、策略に長けた者が、彼を同じ刑に処するだろう。この者こそが彼の領土に侵入し、彼がその前任者を死に至らしめたのと同様の不正義で、彼を死に至らしめるだろう。なんという犯罪の氾濫、なんという残虐さ、なんという野蛮が、人間性を荒廃させることだろう！　このような君主国は、狼の帝国である。だから、マキアヴェッリのごとき、一匹の虎がその立法者たるにふさわしいというわけである。この世界に犯罪しかなかったら、犯罪は人類を破壊するに違いないから、徳なしには、人びとはけっして安全ではないのである。

「君主は新しい征服地に居を構えなければならない」[6]というのが、征服者を新たな領土において強大にするための、マキアヴェッリが置いた第二の格率である。これは残虐なことではけっしてないし、いくつかの点では、かなり適切なようにさえ見える。しかし、偉大な君主たちの領土の大部分は、君主たちが中心から離れすぎると、国全体がそのことから不安を覚えるようになっていることを考慮しなければならない。君主たちは、国という身体における第一の活動原理である。かくして彼らは、その手足が衰弱することなしには、中央を離れられない。

この政治家の第三の格率は「新しい領土に植民地を建設し、そこでの忠誠を確保することに役立つように、植民団を派遣しなければならない」[7]というものである。著者は、ローマ人たちの実例に依拠している。彼は、自分が示す例に類似した不正な例を歴史のどこかに見出すときに、勝利を確信する。このローマ人たちの実例は、古臭いのと同じくらい正しくもない。いかなる権利でもって、彼らは、家屋と土地と財産から、それらをかつて正式に所有していた人びとを追い立てたのか。マキアヴェッリが挙げる理由は次のようである。所有権をお前たちに奪われる連中は、貧しく、復讐する能力がないから、他人の所有権を奪い取っても、罰せられずに済むというのである。なんという論法か！　お前たちは強者であり、お前たちに従属する者たちは弱い。かくして、お前たちは恐れることなく彼らを抑圧できるというのだ。それゆえ、マキアヴェッリに従えば、人びとに犯罪を思いとどまらせるものは恐怖しかないことになる。しかし、ある者が、同胞に対して、絶対的な権力を僭称することによって、彼らの生命や財産を意のままにすることを可能にす

---

(6)　岩波20、中公16。
(7)　デボルド訳：「国家の鍵を握る数カ所に植民団を派遣すること」。アムロ訳：「一国家の鍵を握るひとつないしふたつの場所に、植民団を派遣することである。」岩波21、中公17。colonie には「植民地」という意味のほか、colon と同じ、「入植者」という意味がある。邦訳では、岩波版が「植民兵」としているが、植民兵の通常の意味は、現地で募集された傭兵のことである。中公版は「移民兵」としている。それゆえ、ここでは、「植民団」と訳すことにした。

る権利とは、いったいなんなのか？　彼らがいまのままで満足しているよう思われるのに、彼らの暮らしをみじめなものに変えることを可能にする権利とは、いったいなんなのか？　征服の権利は、むろんここまでの広がりを持たない。社会は、欲得ずくの、あるいは野心的で、恥知らずの激情の犠牲に資するためだけに形成されているのか？　この世界は、人でなしの暴君の無分別と執着を満足させるためだけに作られているのか？　法外な野心がその眼を眩ませ、良識と人間性の光を見えなくさせるのでないかぎり、分別ある人間がそうした大義を主張することは永遠にないと私は考える。

君主が悪事を働いても罰することができないなどとは、まったくおかしい。なぜなら、たとえ臣民が、まず君主をその悪により罰することがなく、天の雷霆《てい》による裁きが、おりよく君主をやっつけることはないとしても、君主の評判は、公衆により、それでもなお非難されるし、君主の名は、人類をぞっとさせた人びとのひとりとして引用されるだろうし、臣民の嫌悪が君主への懲罰となるはずであるからだ。なんたる政治学の格率か。中途半端に悪事を働いてはならない。一民族すべてを皆殺しにしないまでも、少なくとも、一民族を虐待したあとで、君主にとって、のちのちの脅威となることはありえないほど苛酷な隷属状態に彼らを置け。ほんのちょっとの自由の輝きもないほどに、息苦しくさせよ、財産にまで専制を押し進めよ、君主たちの生命にまで及ぶほど暴力を振るえ。いや、これ以上に恐ろしいことはありえない。政治学に関するこれらの格率は、誠実な人間を激怒させるのと同じくらい、分別ある存在を激怒させる。この事項については、第五章で、いっそう詳細に反駁するつもりであるので、そこを読者は参照していただきたい。

いまは、植民団は、著者の言うほど有用であるかどうか、彼らを定着させるために、君主に対してマキアヴェッリがおびただしい数の不正義を犯させるほど、植民団は有用であるかどうかを検討することにしよう。征服した新たな国に、強力な植民団を送り込むか、あるいは弱い植民団を送り込むかのいずれかである。もし植民団が強力なら、かなりの程度、母国の人口減となり、征服地から多数の新たな臣民を追い立てることになる。それは、あなたがたの力を弱めるものである。なぜなら、君主にとって最大の力は、服従する人間の数の多さに存するからである。もし、征服されたこの国に、弱小の植民団を送り込むなら、それは十分な安全を君主に保証しないであろう。なぜなら、これらの少人数の人間は、住民人口の多さに匹敵しえないからである。だから、あなたがたが住民を追い出して、彼らを不幸にした割には、そこからなにも益を得ることはないのである。

したがって、服従したばかりの国には、軍隊を派遣する方がはるかによい。軍隊は、規律と良き秩序のおかげで、人びとを押しつぶすこともないし、駐屯地のある町にとって重荷になることもないであろう。しかしながら、真理に背かないために、私が申し上げなければならないのは、マキアヴェッリの時代には、軍隊は、現在の軍隊とはまったく異なった状態にあったということである。すなわち、君主たちは大規模な軍隊を保持しなかったし、その軍隊たるや、通常は暴力と強奪のみをなりわいとするような強盗の集団が大部分だったということである。その当時は、平時には、兵士の勝手な振る舞いと規律のなさに制動をかけるような兵舎が知られていなかったし、他の無数の規律が知られていなかったということである(8)。

私に言わせれば、これらの厄介な案件のなかでは、もっとも穏和な手段がつねに最良の手段である、と私には思われる。

「君主は、好きな人を格上げしたり格下げしたりするために、隣国の小君主のあいだに不和の種をまくことにより、隣国の小君主をみずからに引きつけたり、保護したりしなければならない」[9]。それがマキアヴェッリの第四の格率である。そして、それが、世界が自分のためにのみ創造されたことを信じる人の政治学である。マキアヴェッリの陰険さと悪辣さは、ゴミ捨て場の悪臭のように、その著作に満ちており、それは、周囲の空気に広まる。誠実な人間なら、小君主の仲介者であるだろうし、不和を調停しただけで終わるだろうし、その高潔さと、もめごとについての完全な公平さと、人格の完全な無私とを示すことにより、信頼を獲得するだろう。彼の権力は、抑圧者ではなく、隣国の父のような存在に彼をし、その偉大さは、隣国の破壊者ではなく、その保護者に彼をするだろう。

それに、他国にまさることを望む君主は、みずからの墓穴を掘る、というのは本当のことである。われわれの世紀は、その二つの例を提供した。第一の例は、スタニスワフ[10]をポーランドの王座に引っ掛けたカール一二世[11]であり、もうひとつの例は、より最近のものである[12]。したがって、王位簒奪は、けっして栄光には値しないし、暗殺は、人類にとって、つねに嫌悪され、新たな臣民に対して不正義と暴力をなした君主は、その行為により、すべての人の心をつかむことなく、かえってそれを離反させるだろう、というのが私の結論である。犯罪を正当化することは不可能であり、犯罪を擁護することを欲するすべての人は、マキアヴェッリと同様に、みじめな推論をしているということである。推論術を嫌悪すべきやり方で用いようとするのと同様に、人類の善に反する方向へその向きを変えようとしたとたんに、彼は理性を失ったとみなされ、非難とともに語られるに十分に値する。それは、守るためにしか与えられていない剣で、自分が傷つけられることである。

(8) この文章の前後はほとんど削除されたり、置き換えられたりしている。ヴォルテールは、軍事に熱狂しがちなフリードリヒの気性を抑制しようとしたのであろう。軍事に関する細目を削除している場合が多い。しかしながら、近代の軍事学および戦争論の面からは、フリードリヒの主張には耳を傾けるべきところが多い。

(9) デボルド訳:「自分の昔からの相続財産とはまったく違う国で征服行為をした君主は、近隣諸国の長となり、庇護者とならなければならない。…もっとも強力な者たちを弱体化する手段を探し求めなければならないし、とりわけ、彼と同じくらい強い外国勢力がこの州のなかに入ってくるのを妨げなければならない。」。アムロ訳:「一州を獲得した君主は、なおのこと、より弱小である近隣諸国の長となり、庇護者とならなければならない。また、もっとも強力な者たちを弱体化することに努めなければならない。そして、とりわけ、彼と同じくらい強い外国勢力がこの州のなかに入ってくるのを妨げなければならない。」岩波22—23ページ、中公19。

(10) スタニスワフ・レシチニスキ(一六七七—一七六六)。ポーランド王スタニスワフ一世。カール一二世によってポーランド王(一七〇四—〇九)に擁立されたが、ポルタヴァの敗戦で、王位を去る。ロレーヌ地方のツヴァイ・ブリュッケンで隠棲していたが、一七二五年に、娘をルイ一五世の王妃にしたので、再びヨーロッパの政治舞台に返り咲き、一七三三年のポーランド国会で、ポーランド王位に選ばれる。しかし、ロシア軍の軍事的脅威で、ワルシャワを捨て、グダンスク(ダンツィヒ)に避難して、フランス軍の到着を待ったが、フランスの軍事的決断が遅れ、ロシアとオーストリアの連合軍にグダンスクを制せられ、やむなく変装して逃亡。プロイセンへ逃げ込み、フリードリヒ一世に匿われる。この時以来、のちのフリードリヒ二世との親密な関係が生まれる。ポーランド継承戦争の和平交渉の結果、王位を去り、ロレーヌ公爵領の継承権を認められ、余生をナンシーで送り、同地を啓蒙的文化の拠点とし、その功績を讃えられる。

第一章で述べたことを繰り返す。君主は臣民の裁判官として生まれ、まさに裁きから君主の偉大さが引き出されるということである。したがって、君主権力の基礎と君主体制の起源を否認するようなことを、君主はけっしてしてはならない。(13)

(11) カール一二世（一六八二―一七一八）。スウェーデン王（一六九七―一七一八）。軍事に熱狂し、周囲の敵（デンマーク王、ロシア皇帝、ザクセン選挙侯）と戦うために、ピョートル一世のロシア軍によるペテルブルク近郊のナルヴァ要塞攻撃から始まる北方戦争（一七〇〇―二一）に参戦。一七〇四年にはワルシャワを陥落させ、ロシアとのあいだで北方同盟を結んでいたポーランド王アウグスト二世（一六七〇―一七三三）を廃位に追いこみ、スタニスワフ・レシチニスキを王位につけた。一七〇七年八月に四万の兵を率いて、ザクセンを発ち、ロシアの分割支配をめざしてロシア遠征を開始した。モギレフで、ロシア軍に奇襲攻撃を受け、補給部隊をほとんど失う大打撃を受けた。カールは、やむなくスモレンスクを迂回して、遠くウクライナ経由で、モスクワをめざすことに方針を変更し、コサックの頭目マゼッパと合流して、ウクライナ西部に進撃し、一七〇九年六月にポルタヴァ要塞付近でロシア軍と激突、王自身も重傷を負うなど、致命的敗北を喫した。この敗北で、王は、ドニエプル河へ逃れ、そこでも、戦いに敗れて、オスマン領内のベンデルに逃げこみ、帝国に亡命。一七一五年に、本国に帰還するが、ノルウェー侵攻中に戦死。フリードリヒは彼の戦争にかかわる伝記を研究している。

(12) ポーランド継承戦争（一七三三―三八）を指す。

(13) この最後の文章をヴォルテールは削除しているが、フリードリヒにとっては、ある意味では好都合だったろう。

第四章　ダレイオスの王国を征服したアレクサンドロスが死んだあとで、どうして王国は叛乱にまったく立ち上がらなかったのか［アレクサンドロスによって征服されたダレイオスの諸国家は、彼の死後、どうしてこの征服者の後継者に対して叛乱に立ち上がらなかったのか］

オスマン帝国の全体はたったひとりの太守しか認めていない。残りはすべて奴隷である。……しかし、フランスの王が所有している帝国は、高貴な生まれの大貴族たちで満ち満ちている。これらの大貴族たちは、彼らに服従し、彼らを愛する家臣たちを持っている。そのうえ、彼らは、君主といえども、みずからを危機に陥れるのでなければ、奪い得ない特権を持っている。だから、これら二つの王政の本性を勘案するなら、トルコ人の王政を征服するのは難しいが、しかし、いったん目的を達すれば、それを保持することは容易であると言えよう。……フランスのような政体の王政では、まったく正反対になる。というのも、数人の不満を持つ大貴族を利用すれば、国に入り込むことは容易だからである。変化を好む大貴族に不足することはけっしてない。こうしたたぐいの人間が敵を国内に引き入れることができ、敵に征服を容易ならしめることができるのである。……だが、フランスのような統治がなされている王政を新しい征服者が平穏無事に持ち続けることはできない。このためにこそ、ギリシアでも、スペインでも、ローマに反抗したガリアでも叛乱が絶えなかったのである。

諸国民の気質をきちんと判断するには、それらを互いに比較するしかない。マキアヴェッリはこの第四章で、トルコ人とフランス人を比較した(1)。両者は、慣習、習俗、意見において非常に異なっている。前者の帝国の征服は困難なことだ、とマキアヴェッリはしているが、いったん征服されれば、それを維持するのは容易だとして、そのさまざまな理由を検討している。同様に、彼は、苦労しないでフランスを服従させるのに役立つことができるものはなにかについて指摘している。それは、フランスを絶えざる騒乱で満たすことによって、フランスの所有者の安息をつねに脅かしつづけるというものである。

この著者は、ひとつの観点からしか物事を見ていない。彼は、統治体の国制にしか気を留めない。どうやら彼は、トルコとペルシアの帝国権力が、これらの国の全般的奴隷制にしか、しかも、たったひとりだけが首長として高い地位に就くことにしかもとづいていなかったと考えているようだ。ひとりの君主がなんの困難もなく統治したり、自分の敵に断固として抵抗したりするためのもっとも確実な手段は、十分に確立された、制限のない専制であると彼は考えている。

マキアヴェッリの時代には、フランスにおける大小の貴族は、君主と権力をいわば分かち合う小君主であるとみなされていた。このことが分裂を引き起こし、党派を強固にし、度重なる叛乱を助長していた。しかし、私は、トルコの太守《スルタン》は、フランスの国王よりはむしろ退位させられる危険性にさらされていないと言えるのかどうかはまったくわからない。両者のあいだにある違いは、トルコの皇帝は、通常、近衛兵(2)らによって絞殺され、命を落としたのに、フランスの国王は、修道士によって暗殺されるのが習わしだったということだ。しかし、マキアヴェッリは、むしろ、この章において、こうした個別事例というよりは、全般的な革命について語っている。彼は、実際のところ、非常に複雑なある機械のバネを見抜いていたのである。しかし、彼は政治家としてしか語っていない。哲学者としてなにが付け加えられるかを考えてみよう[3]。

風土と食べ物、そして、人間の教育の違いは、生活の仕方と思考様式における全面的な違いを打ち立てる。そこから、アメリカの未開人がシナの文人とはまったく異なる行動をとる、ということが起ってくる。また、深遠だが、ヒポコンデリーのイギリス人気質がスペイン人のセネカ[4]の勇気とも、また、愚かで笑うべきスペイン人の高慢とも、まったく異なることにもなるし、猿の活気が亀の冷静さとまったく似ていないのと同じくらい、フランス人はオランダ人とは、似ても似つかないということにもなる。

東洋諸国民の気質は、彼らの振る舞いから、そして彼らの勤行と彼らの古来の習慣から、固定不変の精神だと言われてきた。彼らが彼らの慣行と古来の習慣から離れることはいまだかつてなかった。彼らの宗教

(1) 岩波34―37、中公28―30。

(2) ヨーロッパ人に恐れられたオスマン帝国のイェニチェリ軍団のこと。独特の徴兵制度（デウシルメク）により成立した常備軍で、帝国領内のキリスト教徒の少年を選抜し、奴隷軍人として訓練をほどこし、皇帝直属の近衛部隊とした。

(3) ヴォルテールは、「哲学者として」以下の文章を「だが、どうやら彼はその諸原理を検討しなかったようである」と書き換えている。（編注）

(4) セネカ、ルキウス・アンナエウス（前四―後六五）。スペインのコルドバ出身のローマ帝国の哲学者・政治家・著作家。ストア派の哲学を修め、弁護士となり、雄弁を謳われたが、失脚し、一時コルシカ島へ追放。ローマへ呼び戻されて、ネロ帝の家庭教師となる。六五年にピソの陰謀に加担したとして、ネロ帝に死を命ぜられ、毒を仰いで自死。『セネカ哲学全集』（岩波書店）、『悲劇集』（小川正廣他訳、京都大学学術出版会）

は、ヨーロッパ人のそれとは異なり、いわば、彼らの主人の利益に反して、彼らが不信心者と呼ぶ人びとの企てを助長しないように、また、みずからの宗教を傷つけ、自分たちの統治を転覆させるあらゆることをどうにかして避けるように仕向けている。したがって、彼らの宗教における感覚的快楽と、彼らの習慣に人びとを堅く縛りつけておく無知とは、彼らの主人の王位を、征服者の野心から守っているのである。彼らの思考様式は、彼らの統治以上に、彼らの君主権力の永続性に貢献している。

フランスの国民気質は、イスラム教徒のそれとはまったく異なっており、完全に、あるいは少なくとも部分的には、この帝国で頻繁に起こる叛乱の原因となっている。軽率さと無節操は、つねにこの愛すべき国民の性格を形作ってきた。フランス人は心配性で、放縦で、彼らにとって目新しいとは思えない、あらゆるものに退屈する傾向が非常に強い。変化に対する彼らの愛は、もっとも厳粛なものにさえ現われている。フランス人たちから嫌われつつも評価されている、この帝国を相次いで支配してきた枢機卿たちは、大貴族の力を抑えるためにマキアヴェッリの格率を利用し、臣民の軽率さがたえず諸君主の王位を脅かす恐れのあった度重なる騒乱をかわすために、国民気質についての知識を利用したのである。

リシュリュー卿[5]の政策は、国王［ルイ一三世］の支配力を高め、それを専制の基礎として役立てるために、もっぱら大貴族を弱めることを目的としていた。彼はこれに見事に成功したので、現在もはやフランスには、領主・貴族の支配力の残滓も、大貴族が時折、濫用していたと国王たちが主張していた権力の残滓も存在しない。

マザラン卿[6]は、リシュリュー卿の跡をたどった。彼は、多くの反対意見に遭遇したが、うまく切り抜け、さらに高等法院から古来の大権を奪った。その結果、この敬われるべき団体は、今日では、もはや古来の権威の影法師しか持たない。高等法院は、みずからが十全に団体である可能性を持っていると想像することが、なお時折あるとしても、概して、みずからの誤謬を悔やむことを強いられる幽霊である。

これら二人の大人物をフランスにおける絶対的専制の確立に至らせたのと同様の政治学は、フランス国民の牙を抜くために、その軽佻浮薄さを利用して、彼らの気をそらせる術策をも二人に教えた。無数の取るに足らない小事、些細な事柄、そして快楽がフランス人の精髄に変化をもたらした。その結果、これら同じ人間――カエサル[7]のもとで反逆し、ヴァロア朝[8]当時、外国に救援を求め、アンリ四世[9]に対抗して互いに同盟[10]を

(5) リシュリュー、アルマン・ジャン・デュ・プレシー・ド(一五八五―一六四二)。フランス絶対王政確立期の枢機卿宰相。国内の大貴族とユグノー教徒を押さえこみ、ルイ一三世(一六〇一―四三)のもとでフランスの宗教的統一を基本的に実現した。彼はマキアヴェッリの『君主論』を秘かに愛読していた。

(6) マザラン、ジュール(一六〇二―六一)。イタリア人で、ジウリオ・マザリーニが本名。リシュリューと同じく聖職者で、フランス大使を務めている際に、リシュリューによってその政治的才能が認められ、枢機卿となり、宰相(一六四三―六一)を務める。大貴族の権力をそぐことに努め、陰謀をめぐらしたために、反感を買い、フロンドの乱(一六四八―五三)を招いたが、乱を鎮圧し、ルイ一四世の絶対主義王政の基礎を作った。

(7) カエサル、ガイウス・ユリウス(前一〇〇―前四五)。古代ローマの政治家、軍人。カエサルのガリア征服は前五八年から。その記録を『ガリア戦記』(近山金次訳、岩波文庫)として残した。ガリア平定ののちローマに呼び戻され、ポンペイウスと対決。内戦ののちポンペイウスを追い払い、前四八年から独裁官。共和派によって暗殺される。ここでは、ガリア人の叛乱のことを言っている。

結びあい、少数派になると、陰謀を企てたはずの同じフランス人――が、現在、なにをして過ごしているかと私はもう一度言いたい。彼らは、激流のように変わる流行を追い求め、非常に念入りに趣味をとり替え、昨日敬服したものを今日には軽蔑し、軽佻浮薄さをすべて自家薬籠中にし、愛人を、住所を、娯楽を、意見を、道楽をとり替える。これですべてではない。というのも、強力な軍隊と膨大な要塞とがこの王国を永久に保持することを、君主たちに請け負っているからである。彼らは現在、内戦についても、隣国が彼らに対して行なうかもしれない征服についても、まったく恐れることはない。

フランス政府は、マキアヴェッリのいくつかの格率にとても満足したのちは、まったき正道に留まることはないし、この政治家のあらゆる教訓を欠かさずに実践するだろうと思われる。諸問題の舵取りを担っている大臣の知恵と巧みさとをみれば、フランス政府の成功を疑う理由はない。しかし、コリニャックの司祭[11]が述べたように、愚かなことを言うといけないので、ここでやめておこう。

(8) フランスの王朝で、カペー朝を継いで、一三二八年から一五八九年まで続いた。ここでは、フランスにおける宗教戦争のさなかに、カトリック勢力がスペイン帝国に救援を求めたことを言っている。

(9) アンリ四世（一五五三―一六一〇）。フランス国王（一五五三―一六一〇）。フランス・ブルボン王朝の祖。ナヴァール王で、新教徒の首領だったが、シャルル九世の妹マルグリットと結婚し、サン・バルテルミの虐殺時にカトリックに改宗。その後、ナヴァール王国に戻り、ふたたび新教に改宗するが、アンリ三世の死後、王位を継承し、内乱に勝利して、シュリの勧めにより、三度カトリックに改宗。ナント勅令を発し（一五九八）、新教にも一定の信教の自由を認めた。絶対王政の礎を築く一方、新大陸にも進出し、ケベック植民地を創建した。一六一〇年に狂信的なカトリック教徒のフランソワ・ラヴェヤック（一五七八―一六一〇）に暗殺された。

(10) カトリック大同盟のこと。神聖同盟とも言う。一五七六年にフランスの宗教戦争のさなかに結成された反ユグノーのカトリック過激派組織。ギーズ公アンリ一世が組織した。

(11) 一七世紀リベルタン作家のシラノ・ド・ベルジュラックが書いた『太陽諸国と諸帝国の滑稽譚』（一六六二年死後出版）に登場する司祭。

第五章　征服される以前に、固有の法律によって統治されていた都市や君主国をいかにして統治しなければならないか［征服されてしまう前には自由であった諸国家をどのようなやり方で統治しなければならないか］

君主が征服以前に自由のなかで暮らしていた国家の主人となったときには、支配を奪われないためには三つのやり方しかない。第一は、国家を完全に破壊すること、第二には、そこに実際にとどまるためにそこに赴くこと、最後は、その国家の法律のもとで、国家を生かし続けることである。

「人間とは、二本足の、羽根のない理性[1]を有する動物である」。このように、スコラ哲学は、われわれの存在について判断を下した。この定義は、幾人かの個人に関しては正当かもしれないが、大多数の人間については完全に誤っている。というのも、理性を有する者はほとんどいないし、たとえある主題については理性的である者がいたとしても、他の無数の主題については正反対だからである。人間は観念を抱き、それらを組み合わせる動物であるとさえ、言えるかもしれない。このことは人類全体に、一般的に当てはまる。賢者を狂人に、正しく考える人間をまちがって考える人間に、人類の友を迫害者の友に、尊敬に値するカンブレー大司教[2]をフィレンツェの下劣な政治家[3]に近づけることができるのもそのせいである。

ひょっとしてマキアヴェッリが理性を放棄しているとしたら、そして、ひょっとして彼がその存在にふさわしくない仕方で考えているとしたら、それはこの章においてである。というのも、彼は、君主に征服されようとしている自由な共和国を保持するために、ここで三つの方法を提唱しているからである。第一の手段では[4]、かえって君主が安全ではない。第二の手段は[5]、通常、猛り狂った狂人だけのためのものである。第三の手段は[6]、他の二つの手段よりはましだが、障害がないわけではない。なぜこの共和国を征服するのか。なぜ人類全体を鉄鎖につなぐのか、なぜ自由な人びとを奴隷状態に陥れ

(1) スコラ哲学のこの人間の定義では、父なる神と子と聖霊の三位一体のうち、聖霊が念頭にある。つまり、人間には聖霊と同じように理性があるが、しかしながら、聖霊たる天使とは異なって、羽根がない分だけ聖霊より劣る存在であるとしているのである。

(2) 啓蒙の先駆とも言われるフェヌロンのこと。

(3) もちろん『君主論』の著者マキアヴェッリのこと。

(4) デボルド訳:「征服以前には自由のなかに暮らしていた国家の支配者となる君主は、その所有権を失わないためには、なすべき三つの事柄がある。」アムロ訳:「征服された国家が自由と諸法律に慣れているのであれば、この国家を保持するには、三つの手段がある。第一の手段は、国家を破壊することである。」岩波39、中公32。

(5) デボルド訳:「第二の事柄は、実際に、居住しに行くことである。」アムロ訳:「第二の手段は、そこに居住することを目的として、そこに赴くことである。」岩波同、中公同。

(6) デボルド訳:「最後の事柄は、国家に貢納をさせ、国家をあなた方のために保持してくれる少数の人間権力として確立することによって、彼らの諸法律のもとで、彼らを暮らさせることである。アムロ訳:「第三の手段は、貢納をさせ、少数の人間に従わせるということを条件として、そのまま彼らに固有の諸法律を彼らに残すことである。」邦訳参照、岩波同、中公同。

るのか。地上全体にあなたがたの不正と悪意とを顕示するためである。市民を幸福にしていたはずの権力を、あなたがたの利益になる方向に持っていくためである。この忌むべき格率が多くの信奉者を生み出せば、必ずや世界は破壊されることだろう。マキアヴェッリがどれほど良き道徳に反しているかを、みながたっぷりと目にしている。いまは、彼がいかに分別と怜悧とに反しているかを見てみよう。

「新しく征服した自由な国家には、あなたがたのためにその国家を保持してくれる少数の人間を権威としてそこに確立することで、租税を取り立てるようにしなければならない」[7]。第三の手段は政治家の第一の格率だが、これによっても君主は、けっして安全を保障されない。というのも、単に新君主に付き従う少数の人びとによって押え込まれているだけの共和国は、君主に忠実であることが明白ではないからである。共和制は、当然のことながら、奴隷状態よりも、自由の方を好んでいるし、共和国から租税を取り立てようとする者の支配力から逃れようとするに違いない。したがって、最初の好機が訪れるやいなや、すぐに革命に至るであろう。

マキアヴェッリ[8]によれば、「征服された自由な国家を保持するのに、それを破壊する以上に良い手段はない[9]」。それは、一切の反抗をはなから恐れないためのもっとも確実な手段である。幾年か前に、ロンドンで、気が触れてひとりのイギリス人が自殺した。彼の机のうえには、一枚のメモがあった。彼は、このメモで、みずからの奇妙な行動を正当化して、病気にならないためにみずからの命を断ったのだと書いていた。治療が病気より悪いものでないかどうかは、私にはわからない。国家を失わないために、国家を破壊する君主もこれと同じ例である。マキアヴェッリのような怪物と一緒になって、人間性について語ることを私はしなかったが、そんなことをすれば、徳を冒瀆することになる。宗教と道徳の助けを一切借りなくてもマキアヴェッリを、彼自身によって、かの利害によって、やり込めることができるし、彼の作品の精髄と彼が崇める唯一神である政治学と犯罪の神をやり込めることができる。

マキアヴェッリよ、君主は新しく征服した自由な国を、より確実に保持するためには、それを破壊しなければならない、とあなたは言う。しかし、私に答えてくれ。そのような征服を、あなたはいかなる目的で企てたのか。それは権力を増大させ、みずからをより強固にするためである、とあなたは私に言うに違いない。それこそは、私が聞きたいことである。このようなことを言うのは、あなたの格率に従うと、まったく反対の結果を招く行動を君主がとることになる、ということをあなたに示すためである。なぜなら、そのような征服を行なうことで、君主は自滅し、みずからの損失の埋め合わせになることができるただひとつの国を、征服したあとに破滅させるからである。

荒廃させられ、略奪され、社会や諸都市に、すなわち国家を構成するあらゆる部分に住民がいない国は、君主を、みずからの植民地によって、強固で力強くすることができることはない。このことをあなたも私に認めるだろう。リビアとバルカ[10]の広大な砂漠を保持する君主は、ほとんど恐れるに足らないし、一〇〇万匹

---

(7) この『君主論』の引用は、前記の注（5）の自由な引用である。

(8) ハンブルク版はここから第五章が始まる。

(9) デボルド訳：「第一の事柄は、国家を完全に破壊することである。」岩波39、中公32。

のヒョウとライオンとワニは、一〇〇万人の臣民、豊かな都市、貿易船で満ちた港湾都市、勤勉な市民、軍隊、より人口の多い国が生み出すすべてのものに値することはないと私は信じる。一国の力は、国境線の長さではなく、住民の多さに存することは衆目の一致するところである。

オランダとロシアを比較してみられたい。大洋のただなかに浮かぶ沼地の不毛な諸島、奥行き四〇リュー、南北四八リューしかない小共和国を見よ。しかし、この小さな身体には大いに活気があり、多数の人間のいるこの民族、勤勉な民族は、非常に強力で豊かである。この民族は、その当時ヨーロッパ最強の君主国であったスペインの支配の軛《くびき》を振り払った。この共和国の貿易は、世界の果てにまで及び、諸王のあとにすぐに姿を現わす。多数のよく保たれた船団を勘定に入れずとも、この共和国は、戦時には一〇万人の戦闘員のいる軍隊を保持することができる。

他方、ロシアに目を向けてもらいたい。それは、あなたがたの目に示される通り、広大な国であり、混沌から抜け出したときの地球に似た世界である。この国は、一方では、大タルタリア[11]と大インドに境を接し、他方では、黒海、ハンガリー、ヨーロッパ側と境を接しており、その国境は、ポーランドとリトアニア[12]とクールラント[13]に及んでいる。そして、スウェーデンが北西側からこの国の境界を定めている。ロシア、東西の横幅が三〇万ドイツ・マイル[14]であり、南北の縦が三〇万マイル[15]である。国は小麦を豊かに産し、生活に必要な食料品のすべてを、主としてモスクワ近郊と小タルタリア[16]に供給している。しかしながら、それらの利点にもかかわらず、この国は、せいぜい一五〇〇万人の住民しか収容していない。かつては野蛮であったこの国民は、ヨーロッパに現在は姿を現わし始めているが、海軍と陸軍においては、ほとんどオランダぐらい

(10)　古代ギリシア人はエジプト西方の沿岸地方をリビュアと呼んだが、これがリビアの語源。バルカはこのリビアの東北部で、エジプトと国境を接する。古代にはキュレナイカと呼ばれた。南にバルカ砂漠が迫るが、この地方のとりわけ北部は、豊かに灌漑された田園地帯である。しかし、一八世紀までのヨーロッパ人は、この地方を不毛の砂漠地帯と誤解していた。

(11)　チンギス・ハーンが打ち立てたモンゴル帝国の中央部分を指す。「タタール人の国」という意味である。ヨーロッパ人はモンゴル系諸民族をタタール人と呼んで恐れた。ギリシア神話で天国と冥府の中間に置かれた暗黒地帯のタルタロス（Τάρταρος）とシベリアからシナにかけて分布する民族の名称であるタタールとが音韻上類似していたからである。

(12)　一四世紀以来、バルト海から黒海に及ぶ広大な版図を持つリトアニア（リトヴァ）大公国を形成し、一五世紀半ばには、ポーランドと合併して、ポーランド・リトアニア王国を形成したが、一七世紀半ば以降、近隣のロシア帝国への影響力を失うとともに、ウクライナ以東の領土を放棄して衰退した。フリードリヒの時代には、リトアニアは、ロシア帝国の行政管理地域になっていた。

(13)　現在のラトヴィア西部地方で、バルト海に面する。リトアニア・ポーランド王国やスウェーデン王国、デンマーク王国、ドイツ騎士団、ロシア帝国の係争地。

(14)　プロイセン・マイルとも言う。七四〇七メートルに相当する。だから、二二二万二一〇〇キロメートルになる。一八世紀には、陸海の長さの単位は、名称は同じでも、各国で異なる数値を表していた。

(15)　原文では「ドイツ」とは限定していないので、フランスのマイルだとすると、イギリスにならって一六〇九メートル。だから、四八万二七〇〇キロメートルになる。ロシアの縦横が同じマイルということはありえないからである。

(16)　正確には、モンゴル系民族の王国があったクルイム（クリミア）半島を指すが、ここでは、キプチャク汗国など、モンゴルのヨーロッパ遠征で占領された黒海北西部からカスピ海西部の草原地帯を指す。

の力しかなく、豊かさと資力ではオランダに劣っている。

したがって、一国の力は、国の広さにではなく、広大な人気のない場所や広大な荒野を所持することにでもなく、住民の豊かさと住民の多さに存する。君主の利益は、したがって国の人口を増やすことと、国を栄えさせることにあり、国を荒廃させたり、国を破壊したりすることにあるのではない。マキアヴェッリの意地悪な言葉が恐怖を生じさせるのに対し、マキアヴェッリの推論の方は哀れを催させる。彼にとっては、みずからの怪物的な政治学を教えることよりも、正しく推論することを習った方が良かっただろう。

「君主は新しく征服した共和国にみずからの居宅を構えるべきである」[17]。それがこの著者の第三の格率であり、この格率は、他の格率よりも穏和なものである。しかし、第三章で、私は、それに対抗して設けることができるいくつかの困難について示しておいた。

正当な理由から戦争をしたあとで、共和国を征服することになった君主は、その共和国を罰することで満足し、その後は、その国に自由を返さなければならないように、私には思われる。そのように思う人はほとんどいないだろう。人びとが別の意見を持っていたとしても、強力な駐屯地を新たな征服地の主要な場所に設け、他方で、すべての自由を享受することを臣民に許すようにすれば、彼らは征服地を保全することができるようになるだろう。

われわれはなんと非常識なことか。あたかもわれわれは、すべてを所持すべきときが来るがごとく、そして、われわれの生命の時間という条件に終わりがないがごとく、すべてを征服しようと欲している。われわれの生涯は非常に速く過ぎ去る。われわれは、自分のためにしか働いていないと信じているときに、たびたび、不肖の恩知らずな後継者のために働いているのである。

（17）　第三章の訳注（6）参照。

第六章　君主がみずからの勇気とみずからの軍隊で獲得した新しい国家について［みずからの勇気とみずからの軍隊でなされる新たな征服について］

それゆえ、私は、新たな征服者がどれほどの力量を持っているかに応じて、新たに服従した国家のなかで、彼が安泰であることにどれほどの困難が出てくるかが決まってくると言っておくのである。

人間に情念がなかったとしたら、マキアヴェッリが人間にそれを与えたいと思ったことは許されるだろう。それなら、彼は、なにも感じないし、人類に幸福をもたらすこともできない自動人形に命を与えるために、天空の炎を奪った新なるプロメテウス(1)のような人物になったことであろう。実際には、事態は、まったくそうではない。なぜなら情念をもたない人間など存在しないからである。それらの情念が穏当なものであるかぎり、それらはすべて社会の幸福に寄与するだろう。しかし、制動装置を緩めると、それらはその瞬間から有害なものとなり、しばしば非常に危険なものともなる。

われわれの魂をほしいままに支配しているすべての感情のなかで、度外れな野心や誤った栄光への極端な欲望ほど、その衝動を感じている人たちにとって、有害で、人間性に反し、世界の安寧にとって致命的なものはない。

そのような傾向をもって生まれるという不幸を抱えた人は、狂人よりもいっそうみじめである。彼は現在には無関心で、未来にしか生きていない。彼の想像力は、たえず未来に対する漠然とした観念で養われ、彼の有害な情念は限界をもたないので、世界にあるどんなものも、彼を満足させることはできないし、野心という名のアブサン(2)は、つねに快楽の甘さに苦みを混ぜる。

野心的な君主は、少なくとも、野心的な個人と同じくらい不幸である。なぜなら君主の狂気は、彼の権勢に比例して、より漠然としたものとなり、御しがたく、飽くことを知らぬものにならざるをえないからである。個人の情念に名誉や権勢が養分として役立つとすれば、他方、諸州や諸王国は帝王の野心を育む。王国を征服するより、職務と役職を手に入れる方が簡単なので、野心的な君主よりも、個人の方がむしろ満足を得やすい。

世間では、どれほど多くの騒々しく、落ち着きのない精神の持ち主が認められていないことか！　強大になりたいという彼らの血気と欲望は、この地上を転覆させることを望んでいるようだ。そして、この地上では、間違った、むなしい栄光への愛は、あまりにも深すぎる根からしか、芽を出してくることはなかった。

---

(1)　ギリシア神話のなかで、ティタン族（巨人族）に属する神で、人間に火を教えたために、ゼウスからコーカサス山頂に鎖で繋がれ、大鷲にその肝臓を毎日食べられるという罰を受けた。

(2)　ニガヨモギで味付けされ、アルコール度七〇パーセントのリキュールの一種で、大衆酒。毒性があり、古代ギリシアでは「飲めない酒」とされていた。

これらは注意深く消さなければならない松明である。だから、火事にならないように用心して、振り回してはならない。マキアヴェッリの諸格率は、こうした精神の持ち主にとって、ますます危険なものである。というのは、それらが彼らの情念をくすぐるからであり、また、おそらく、マキアヴェッリの助けがなければ、みずからの知恵の泉からは、まったく汲み取ることのできない諸観念を、彼の諸格率が生まれさせるからである。

マキアヴェッリは、モーセ、キュロス、(3) ロムルス、(4) テセウス、(5) そしてヒエロン(6) という例を君主に対し示している。この一覧を、ムハンマドやウィリアム・ペン(7) のような幾人かの宗祖たちにまで拡張することは容易にできる。パラグアイのイエズス会宣教師たち(8) を英雄の一員に加えることで、ここで彼らにわずかな空間を与えることが私には許されるだろう。そのことは、彼らにとっては栄光でしかありえない。

この著者の例の取り上げ方に悪意があることは、指摘さるべきである。この卑劣な誘惑者の策略・術策のすべてを白日の下に晒すことが望ましい。

誠実な人間なら、一面的にのみ対象を紹介してはならない。そうではなく、なにものも読者に対して真実を偽ることがないようにするために、彼は、たとえこの真実が自分の諸原理に反していたとしても、真実のあらゆる面を示さなければならない。マキアヴェッリは、逆に、美しい光の下でのみ野心を見せる。太陽の光から注意深く遠ざけられ、夕方に蝋燭《ろうそく》の灯のもとにしか姿を見せないものは、化粧をした顔(9) なのである。

(3) アケメネス朝ペルシア帝国の創建者、キュロス二世大王（在位、前五五〇―五三〇）のこと。

（4）都市国家ローマを創建したと伝えられる神話上の人物。

（5）アテナイの神話上の国民的英雄。数々の怪物を征伐し、アテナイ王となる。王位を狙う政敵を、一門であっても、次々と殺害し、古代ギリシアの覇権を掌握した。ギリシア人の解放者とされている。

（6）ヒエロン（前三〇六頃―二一五）。シチリア島シラクサの王ヒエロン二世（在位、前二六五―二一五）のこと。第一次ポエニ戦争でカルタゴと組んでシラクサを占領し、第二次ポエニ戦争のあいだはローマと和解し、繁栄をもたらした。

（7）ペン、ウィリアム（一六四四―一七一八）。イギリスの宗教指導者で、絶対平和主義を唱えたクエーカー教の宗祖。編注によれば、この一覧からヴォルテールは、わざとペンを外し、インカ帝国皇帝や北方神話のオディンで置き換えている。それは、彼がペンの理性宗教に親近感を覚えていたからだろうと言う。

（8）パラグアイにイエズス会宣教師たちが布教活動を展開したのは、現在はアルゼンチン領となっているトゥクマン地方の司教の招きに応えて、イエズス会士たちが大西洋を渡った一五八九年以降のことだった。スペイン政府は、ドミニコ会士ラス・カサス（一四七〇―一五六六）らの活躍もあって、一五四二年に、インディオの奴隷化を禁じた、いわゆるインディアス新法を制定し、キリスト教の布教を柱とした平和的植民活動へと路線転換を図った。その流れのなかで、一六〇三年には、パラグアイの先住民グアラニー族が居住する、アルゼンチン、ブラジル、ウルグアイとの国境地帯のパラナ河流域に、布教と先住民の文明化を軸とした宣教活動の拠点とインディオの居住村を設立することがイエズス会に認められた。一七世紀半ばには、パラグアイにおけるイエズス会の宣教活動は大きな成果を収め、なかでもインディオによる楽器製作はヨーロッパでも名声を博した。イエズス会嫌いの啓蒙主義者たちでさえも、パラグアイにおけるイエズス会士の活動を好意的に評価するほどであった。しかしながら、一八世紀の半ばにポルトガルを皮切りに、カトリック諸国で相次いだイエズス会追放令の影響で、パラグアイの布教活動にも終止符が打たれ、修道士たちは逮捕され、居住村を始めとする諸施設も破壊され、インディオは再び奴隷となるか、逃亡するかどちらかの道をたどった。

彼は幸運に支えられた野心家についてしか語らないし、情念の犠牲になった者たちについては深く沈黙する。女子修道会が少女たちを勧誘するときに、前もってあらゆる天の安らぎを味わわせる一方で、地上で彼女らに対して修道院がもたらす苦しみと辛さについて語ることがないのと、それはほぼ同様である。このことこそが世間をだましたのだ。これが公衆を欺くことを望むということである。本章では、マキアヴェッリが犯罪的な山師のみじめな役を演じていることだけを見出すことができる。

なぜマキアヴェッリは、みずからの企図を成就させたユダヤ人の立法者[10]、ギリシア人の解放者、メディアの征服者、ローマの建国者たちについて語りながら、幾人かの不幸な党派の指導者たちの例をそこに一切付け加えないのか。もし付け加えれば、野心は、幾人かを立身出世させるにしても、大多数の人びとを破滅させることが示されるだろうに。たとえば、モーセの幸運は、ローマ帝国を破壊した最初のゴート人たちの不幸と対置され、ローマ建国者の成功は、ナポリ出身の極悪人マサニエッロ[11]——大胆にも王国に叛乱を起こしたが、みずからの罪の犠牲となった——の不運に対置され、ヒエロンの王冠への野心は、ヴァレンシュタイン[12]の罰当たりな野心と対置されなければならない。国王弑逆者クロムウェル[13]の血塗られた玉座に、ブロワ城で暗殺された尊大なギーズ[14]の転覆された玉座を並べて置いてもよいだろう。この毒と隣り合わせの解毒剤は、危険な結果を予防するだろう。これが痛みを与えつつも、傷を癒してくれるアキレウスの槍[15]なのである。

そもそもマキアヴェッリは、モーセを、ロムルス、キュロス、テセウスときわめて軽率に並置したように思われる。モーセは神感を受けたか、さもなければ、受けていなかったかのどちらかである。もし彼が神感を受けていなければ、大極悪人、偽善者、ないし作者が困っているときに劇に大団円をもたらしてくれる機械仕掛けの神《デウス・エクス・マキナ》を用いる詩人のように、神を利用していた詐欺師[16]としか、モーセをみなしえない。そもそもモーセはたいへん稚拙だったので、ユダヤ人を導くのに、六週間で非常に容易に通れたはずの道に四〇年も

---

(9) 街頭に立つ娼婦のこと。

(10) 二パラグラフ前で挙げられた例が下記のそれぞれに相当する。最初から順番に、モーセ、テセウス、キュロス、ロムルスである。このうち、キュロスは、メディア地方を征服した(前五五〇)。メディア地方は、カスピ海の南西地方で、イラン高原一帯を指す。

(11) マサニエッロ(一六二二―一六四七)。トマゾ・アニエッロが本名。イタリアの漁師で、ハプスブルク家スペインのナポリ支配に反抗して、一六四七年七月に叛乱を起こした。叛乱は成功したが、マサニエッロは瀆神の罪で惨殺された。その後、ナポリの支配権は、一時、市民が掌握し、フランスの庇護の下、ナポリ共和国を宣言したが、翌年、八月にスペイン支配が復活した。なお、マサニエッロは、その後、市民的自由の象徴的人物となり、たとえば、スピノザもみずからをナポリの漁師マサニエッロに擬した自画像を作らせている。

(12) ヴァレンシュタイン、アルブレヒト・フォン(一五八三―一六三四)。名前は、ドイツ語の「森の石」に由来。チェコのプロテスタント貴族の家柄であったが、カトリックに改宗し、ボヘミアの皇帝に仕え、スウェーデンを北ドイツから駆逐するなど武功を挙げたが、実業家でもあり、銀行家としても成功した。個人的野心からボヘミア皇帝を裏切ったと疑われ、部下に暗殺される。

(13) クロムウェル、オリヴァー(一五九九―一六五八)。イギリスの政治家で、ピューリタンを中心に編成された議会軍を率い、ネーズビーの戦い(一六四五)で勝利し、チャールズ一世(一六〇〇―一六四九)を処刑したのち、共和制を施行し、護国卿となり、独裁者となった。航海条例で、英蘭戦争を引き起こした。晩年は不人気で、彼を継いだ息子のリチャードは、一年経たぬうちに政権を投げ出さざるを得なかった。

かかった[17]。彼は、エジプト人たちの知識をほとんど利用しなかった。この意味で、彼は、ロムルス、それにテセウス、そしてかの英雄たちよりも、はるかに劣っていた。モーセが神感を受けていたのであれば、みずからは目が見えない、神聖なる全能の神の道具としてしか、彼をみなしえない。ユダヤ人たちの先導者は、ローマ帝国の建国者、ペルシア帝国の大王、ギリシアの英雄たちよりも、はるかに劣っていた。というのも、前者は神に直接助けられてそれを達成したが、後者はそれよりもはるかに偉大な活動を、みずからの勇気とみずからの力量で成し遂げたからである。

われわれがいま言及した人物たちと肩を並べようとすると、天分、勇気、抜け目なさ、指導力が必要であることを、私は一般的に、そして先入観なしに認める。しかしながら、「有徳な」という形容詞が彼らにふさわしいかどうかは、私にはまったくわからない。勇気と抜け目なさは、街道にいる盗賊にも、英雄にも、等しく見られる。彼らのあいだにある相違は、征服者が名だたる盗賊であり、彼らはその行動の壮大さによって強い印象を与え、その権勢で自分を尊敬させるように仕向けるのだが、普通の盗賊は、無名の下衆《げす》だということである。後者の場合には、彼が下劣であればあるほど、人びとは軽蔑する。前者は、その暴力の対価として月桂冠を受け取り、後者は極刑で処罰される。われわれは、事柄をその正しい価値でけっして判断してはいないし、無数の暗影でわれわれの目は曇らされている。後者において非難する同じ事柄を、前者のなかでは讃美する。極悪人が有名でありさえすれば、彼は大部分の人びとの賛意を当てにできる。

世界に新機軸を導入しようと望むたびに、それを妨げる幾多の障害物が彼の前に現われること、そして、預言者が、「蛮人のあいだで、あるいは低級な人びとのあいだで[18]」議論のみでもって戦う場合よりも[19]、軍隊

(14) ギーズ公、アンリ・ド・ロレーヌ（一五五〇―一五八八）。フランスの名門貴族の出自で、第三代ギーズ公のこと。内乱で顔に負傷し、「刀傷の男」と呼ばれて、人気があった。一六歳でトルコと戦うためにハンガリーに赴く。ドイツ軍との戦いで、顔に傷を負う。宗教改革以後分裂したフランス王国におけるカトリックの軍事指導者。一五七二年八月末のサン・バルテルミの虐殺の首謀者。一五七五年にカトリック同盟を結成し、王位への野望を隠さず、正統王位継承者アンリ・ド・ナヴァールと覇を競う。ローマ法王とスペイン王国の支援を受け、アンリ三世と戦い、一五八八年五月の「バリケードの日」で彼をルーヴル宮に包囲したが、逃亡を許し、王位には就かなかった。その直後に、アンリ三世によってブロワ城での三部会に呼び出され、暗殺された。編注によると、ヴォルテールは、この悪党の列挙を、再洗礼派をはじめとする宗教狂信者の列挙に変えている。

(15) トロイア戦争で、トロイアの総大将ヘクトルの首を貫いたアキレウスの槍は、引き抜くと死ぬとされていたから、痛みにこらえながら、生きることを意味するようになった。

(16) 啓蒙時代の地下文書のなかに、いくつかの『三詐欺師論』があり、幻の書とされている。そのなかで、もっとも古い文書は、一三世紀に作られたと言われ、モーセ、イエス、マホメットを宗教的詐欺師として告発していた。一八世紀の初めにも、スピノザ哲学の紹介を兼ねた書物のなかに、同名のラテン語パンフレットが登場した。それを材料に、ドルバック男爵が世紀半ばに、フランス語で『三詐欺師論』（『啓蒙の地下文書1』所収、三井吉俊訳、法政大学出版局）を編集し、秘かに普及させた。この地下文書では、モーセ、イエス、マホメットという三人の宗祖の宗教的欺瞞を暴いている。逆に、キリスト教の側からは、マキアヴェッリ、ホッブズ、スピノザの三人を無神論の帝王として弾劾する『三詐欺師論』も書かれた。

(17) モーセに率いられたユダヤ民族が捕囚の地、エジプトを去り、カナンの地へ赴くのにかかった日にちを言う。旧約聖書、『出エジプト記』、第一六章、第三五節。

(18) この部分は不正確なフランス語で、**in barbara ou in ferio** と記されているので、他の諸版は省略している。文意から推測した。

を率いる預言者の方が、より多くの改宗者を作るだろうということは事実である。その証拠に、議論のみで支えられているキリスト教は、ひ弱であったし、抑圧されもした。また、幾多の血が流されたあとでしか、キリスト教は、ヨーロッパに広がらなかったことも、その証左である。しかし、そうだとしても、それでもなお、ほとんど苦労せずに、臆見と新機軸が自由に流れていくということもやはり事実なのである。どれほど多くの宗教と宗派がまったくいとも簡単に新規にもたらされたことか！　新機軸を流布させるのに、狂信ほどふさわしいものはなにもない。そして、マキアヴェッリはこの主題について、あまりにも決めつけた調子で語っているように私には思われる。

ヒエロンは、みずからの計画の執行を助けてきた友人と兵士を厄介払いした。彼は、新たな親睦を結び、無縁だった人間のあいだから軍隊を徴募した。マキアヴェッリと忘恩の徒には反して、ヒエロンの政治術策は非常に悪いものであること、確証の持てない見知らぬ人を信頼するよりも、試練済みの勇気を持っている軍隊と体験済みの忠誠心を持っている友人を信頼することの方に、大いなる慎重さがあるということを私は主張する。このような推論をいっそう先へ押し進めることは、読者に委ねたい。恩知らずであることを嫌い、親愛を知るほどに幸福なすべての人びとは、この主題にとどまって無駄な時間を過ごすことはしないであろう。

とはいえ、マキアヴェッリがもろもろの片言隻句に異なった意味を付与していることに注意を向けるように、私は読者に警告しなければならない。「好機がなければ、勇気は無に帰す[20]」などと彼が述べるとき、それについて誤解してはならない。このことが、この極悪人において意味するのは、有利な状況がないと、ペテン師と向こう見ずな輩には、みずからの才能の用い方がわからないということである。この軽蔑すべき著者の難解さを説明できるのは罪の数だけである。

一般的に、この章の結論として、一個人が幸運を夢見ても、犯罪に走らなくて済むことのできる唯一の機会とは、選挙王制のもとで生まれたとき、あるいは抑圧された民衆が自由の解放者を望むときだと私には思われる。栄光の極みとは、民衆を救済したあとで、自由を民衆に返すことである。しかしながら、コルネイユ(21)の英雄に即して人間を描かないようにしよう。ラシーヌ(22)の英雄で満足し、それで十分だということにしよう。

(19) この「武器なき」預言者とは、もちろん、フィレンツェに現われて、説教で都市の支配権を掌握した修道士ジローラモ・サヴォナローラのことである。

(20) デボルド訳からの引用。アムロ訳:「好機を欠くと、彼らの勇気も実らない。」岩波45:「好機がなければ彼らの心に宿る力量も消えてしまったであろう」。中公36:「チャンスがなかったら、彼らの胸に意気込みが生まれなかったであろう」。

(21) コルネイユ、ピエール(一六〇六—一六八四)。フランス一七世紀最大の劇作家。イエズス会で教育を受けた。代々法曹家の家柄に生まれ、自身も弁護士を務めたのち、官吏に転じた。その間に数々の戯曲を著す。彼の悲劇に登場する英雄は、多分に理想主義的で、偉大な霊魂の持ち主である。

(22) ラシーヌ、ジャン(一六三九—一六九九)。フランス一七世紀最大の悲劇作家で。三一致の法則に基づく古典主義悲劇を完成した。コルネイユとは逆に、ジャンセニスムの薫陶を受けたのち、パリで演劇人と交わり、悲劇作家となる。喜劇作家のモリエールとは友人関係にあったが、仲違いし、ジャンセニスムの牙城ポール・ロワイヤルの旧友とも激しい応酬を交わした。劇作家として名声を得たあと、官吏に転じた。ラシーヌが描く英雄は、人間的情念を持っている点で、理想化されていないとされる。

第七章　他者の武力によって、あるいは、幸運によって獲得された新たな君主国について［外国の武力によって、そして幸運によってのみなされる征服について］

ただ、幸運に恵まれただけで、私人の身から君主の身分に登りつめた人びとはそれを維持するのに大いに苦労する。……私は幸運によって君主となるか、功業によって君主となるか、この二つの方法について、現代に起こった二つの例について報告しないではいられない。一方はフランチェスコ・スフォルツァで、他方はチェーザレ・ボルジアである。最初の例は、以前は私人であったのに、ミラノ公となった。しかし、それは、大いなる功業を通じて、適切な段階を踏んで、そうなったのである。彼は幾多の労苦で獲得したものを、取り立てて苦労もせずに享受した。チェーザレ・ボルジアはヴァレンティーノ公と呼ばれていたが、彼の父が幸運なことにローマ法王だったので、君主となったのである。幸運を欠いたとき、息子は、勇敢で有能な人間が使えるあらゆる手段を用いたにもかかわらず。権力の根拠を維持し、固めることはできなかった。……第一にチェーザレ・ボルジアは、自分が奪った国の君侯たちの血統をすべて根絶やしにした。……とはいえ、ボルジアはきわめて精力的で、勇敢だった。彼は、人間をどうしたら滅ぼせるが、どうしたら獲得できるかを熟知していた。……だからボルジアの行動のすべてを全体として検討してみるなら、彼を非難することは難しい。それどころか、反対に、他人の武力と幸運を当てにして国家を獲得する人間すべてに模範例として、彼は推薦されなければならない。

著者にしてみれば、自分の気質の根底にあるものを隠しておくことは非常に難しい。彼はあまりに語りすぎ、多くの主題について説明を加えるので、いくつかの軽率な言動がつねに漏れ出てくる。そして、それらの言動は、暗黙のうちに、彼の品性を描き出すのである。

ド・フェヌロン猊下(1)の君主とマキアヴェッリの君主とを比較してほしい。あなたがたは、前者に、宮廷人《オネットム》の特徴、すなわち善良さや正義や公平といったものの一部、ひと言でいえば、傑出したところにまで押し上げられたあらゆる美徳を見ることになる。これは思うに、純粋な知性の一部であって、それについては巷

(1) フェヌロン、フランソワ・ド・サリニャック・ド・ラ・モット（一六五一―一七一五）。フランスのペリゴール地方出身の高位聖職者で、作家。啓蒙主義の先駆と呼ばれる。古代ギリシアを理想とし、ブルゴーニュ公（一六八二―一七一二）の師傅として君主教育のための著作『テレマックの冒険』（朝倉剛訳、現代思潮社）を著した。その間、ギュイヨン夫人（一六四八―一七一七）と親交を結び、自身もスペインの神学者ミゲル・モリノス（一六二八―一九六）の唱導する異端的なキュイエティスム（静寂主義）に帰依する。フェヌロンは異端嫌疑で投獄された夫人を弁護する護教論を著している。一六九五年にカンブレーの大司教に任命されるが、引き続き傅育官の任務をヴェルサイユで果たす。しかし、『テレマックの冒険』を刊行した一六九九年以降は、事実上、カンブレーへ流謫の身となる。本書の暴君ピグマリオンはルイ一四世で、姦婦アスタルベは愛人マントノン夫人と言われている。絶対王政を忌み嫌いながらも、ジャンセニスムに対しては反駁の書を著している。

間、英知が世俗の統治を監視する役割を引き受けていると言われている。

後者、つまりマキアヴェッリの君主には、極悪さ、狡猾さ、不実、裏切り、そしてあらゆる犯罪を見ることだろう。それは、つまるところ、怪物であって、地獄でさえも、それを作り出すには苦労したと考えられる代物なのだ。とはいえ、ド・フェヌロン猊下の『テレマックの冒険』を読めば、われわれの本性が天使のそれに近づくように思えるが、マキアヴェッリの『君主論』を読むときには、われわれの本性は地獄の悪魔へと近づいていくように見えるのである。マキアヴェッリのヴァランティノワ公(2)チェーザレ・ボルジアは、著者が形作った君主像の雛形である。マキアヴェッリは、仲間と武力の助けによって俗界で、のし上がろうとする人びとの模範として、恥知らずにも、こんな人物を雛形として示しているのである。それゆえ、英雄というものについて、そして、この英雄を褒め讃える著者について、人物像を抱くには、チェーザレ・ボルジアがどのような人物かを知ることがぜひとも必要なのである。

チェーザレ・ボルジアが犯すことのなかったどんな罪もないし、彼が範を示さなかったどんな極悪さもないし、彼が罪を負うことのなかったどんな襲撃もない。彼は世俗での栄光と妹の屋敷での情事(3)のために、彼の兄(4)と対抗者を暗殺させた。彼は自分の母親を侮辱した何人かのスイス人に対する復讐のために、法王のスイス人傭兵を抹殺させた。彼はみずからの強欲を満たすために、無数の枢機卿と富者たちの身ぐるみを剥いだ。彼は、領主のウルビーノ公(5)からロマーニャ地方(6)奪い、彼の縮小版の暴君だった残忍なオルコ(7)を死へと追いやらせた。彼はセニガッリア(8)で、生きていては、彼の利害に反すると考えた幾人かの君主に対して、恐ろしい裏切りを働いた。彼は、ヴェネツィアのある貴婦人を、さんざん弄《もてあそ》んだのちに、溺死させた。しかし、

どれほど多くの残虐行為が彼の命令によって行なわれなかったというのか！　彼の犯した罪のすべてをだれ

（2）　ヴァランティノワは、フランス南西部ドーフィネ地方のヴァランスを中心とする伯爵領。イタリア攻略を企図していたフランス王ルイ一二世は、ローマ法王アレクサンデル六世とのあいだで、ジャンヌとの結婚の無効特免と引き換えに、ローマ法王の私生児チェーザレ・ボルジアのために、イタリアと国境を接するここに公爵領を設けた。一四九八年のことである。したがって、ヴァランティノワ公（イタリア語ではヴァレンティーノ公）とは、チェーザレ・ボルジアのことである（岩波53、中公41）。

（3）　チェーザレの妹は、ルクレツィア・ボルジアで、彼女自身は、父と二人の兄に愛されたと言われている。

（4）　チェーザレは、彼の兄ガンディア公ジョヴァンニが父アレクサンデル六世の身内びいきで栄進したのに嫉妬し、一四九七年に兄を暗殺し、死体をテヴェレ河に投げ込んだと言う。

（5）　グイドバルド・ダ・モンテフェルトロ（一四七二―一五〇八）のこと。傭兵あがりで、フランス王シャルル八世の侵入には、法王側について戦った。一四九七年にチェーザレの奸計に引っかかり領地を失うが、アレクサンデル六世の崩御とともにウルビーノ公に返り咲く。なお、ウルビーノは、イタリア中部マルケ地方のアペニン山脈山麓都市で、古くから、ローマ法王と世俗諸侯との係争地のひとつだった。

（6）　イタリア北部、ボローニャ南東の地方。

（7）　オルコ、レミーロ。チェーザレのロマーニャ侵略の先兵となり、サディスティックな虐殺行為で、悪名を轟かせた。しかし、治安が確保されてからは善政を布いて、名声を得たために、チェーザレの反感を買い、チェーザレは、「ある朝、レミーロを一刀両断にし、そして、死体をバラバラにして、杭にそれを打ち込み、血みどろの短刀を脇において、チェゼーナ広場に晒した。」（アムロ訳）

（8）　イタリア中部マルケ地方のアドリア海沿岸都市。旧名ではシニガッリア。地理的に、古くからローマ法王と世俗諸侯との係争地で、幾度も所有者が双方で交代した。

が数え上げることができるというのだろう！　以上のような人物が、同時代のどんな偉大な才能よりも、また古代の英雄たちよりも、マキアヴェッリが好む人間なのであり、運命を上昇させる者にとっての模範たるに値する生き方と行動をマキアヴェッリが見出す人間なのだ。

私は、人間性を破壊しようと欲する党派に抗して、人間性の党派にあえてつこうとしている。また、私は、マキアヴェッリのように考える人びとがもはや逃げ道を見出すことがないように、そして彼らの悪辣さを守る一切の砦が残ることがないようにするために、より細かい事柄に立ち入って、マキアヴェッリと戦わなければならない。

チェーザレ・ボルジアは、イタリアの君主たちの紛争を利用する形で、みずからの覇権拡大のための計画を打ち立てた。彼は、君主たちの戦利品から利益を受けるために、君主たちのあいだに、揉め事を起こさせようと決心した。それは、入り組み、絡みあった恐ろしい犯罪の山である。ボルジアは、彼の野望が彼に語りかけていた際には、なんらの不正義も見出すことはなかった。しかし、彼自身によって引き起こされた没落は、また別の没落をもたらしていたのである。私の隣人たちの財産を簒奪するためには、彼らを弱体化させなければならない。そして彼らを弱体化させるためには、彼らを仲違いさせなければならない。極悪人たちの論理とはこのようなものなのだ。

ボルジアは、後ろ盾を確保することを望んでいた。そこで、アレクサンデル六世は、ルイ一二世(9)に息子の手助けをさせるために、王の結婚を解消するための特免状を付与しなければならなかった。聖職者たちは、天上の利益のためにひたすら身を捧げているように見えるけれども、このように、しばしば人びとを愚弄し、自分たちの利益だけを考慮しているのである。ルイ一二世の結婚[10]が当然破綻すべきものであったなら、そこに政治的駆け引きが介在する余地はなく、法王はそれを破綻させなければならなかったろう。一方で、もしこの結婚が当然に破綻するものでなかったなら、ローマ教会の長にしてイエス・キリストの代理人に、あのような決心をさせるようななにごともなかったはずである。

ボルジアは、側近を作らなければならなかった。彼は、贈り物と大盤振る舞いとを通じてウルビーノ家の一味徒党の買収もした。買収する人間は、ある意味で、買収された人間と同じくらい罪深い。なぜなら、前

(9) ルイ一二世(一四六二―一五一五)。イングランドで虜囚生活を送っていたオルレアン公シャルルが三度目の結婚でもうけたただ一人の男子。一四七六年にルイ一一世の命令で、その娘ジャンヌと結婚。義弟のフランス国王シャルル八世に叛旗を翻して、投獄の憂き目をみるが、シャルル八世の急死とともに、フランス国王となる。ブルターニュへの野心から、ジャンヌ(一四四七―一五一九)との結婚を無効にする特免状をアレクサンデル六世から得たのち、アンヌ・ド・ブルターニュと再婚した。イタリア征服を企図し、一五〇〇年にミラノ公国を占領し、ナポリ王国にも攻め込んだが、スペイン軍によって南イタリアから駆逐された。一五一三年には、ローマ法王の呼びかけで結成された神聖同盟によって、イタリアから追い出された。娘クロードの夫は、日の沈まぬ帝国を作り上げたスペインのカール五世。内政面では、賢明な政策を実行し、人身税(タイユ)を下げる一方で、全国的な道路網を整備し、キリスト教界の刷新にも尽力するなど、民衆のあいだに人気があった。こうした領土拡張政策での成功と内政面での善政から、「臣民(民衆)の父」の称号を一五〇六年に総身分会議(三部会)から授けられた。したがって、文中の「臣民の父」のなかに、ルイ一二世も入っているということである。ちなみに、ヴォルテールは、ルイ一二世の統治を高く評価している。フランス革命の初期には、ルイ一二世は「民衆の父」としてパンテオンに祀られたこともある。

者は、誘惑者の役割を果たしているからであり、この誘惑がなければ、後者が誘惑に身を委ねることはないはずだからである。しかし、ボルジアのうちに犯罪をことさらに探し出すことは、一切しないでおこうではないか。そして、彼の買収を見過ごそうではないか。これは、少なくとも買収が施しに幾分かは似ている、という理由からにすぎない。ただし、買収者は自分自身に大盤振る舞いをするが、施しをする者はただひたすら、他人のためにそれをする、という違いがあるのは確かである。ボルジアは、ウルビーノ家の幾人かの王子たち、すなわちヴィテロッツォ(11)、オリヴェロット・ダ・フェルモ(12)らを追い払いたいと思っていた。ボルジアは、セニガッリアに彼らを誘い出し、裏切って殺害させるだけの怜悧を有していた、とマキアヴェッリは言うのである。

人びとの善意につけ込み、悪意を隠し、下劣な術策を用い、裏切り、誓いを破り、暗殺すること——これが、この悪辣な博士が怜悧と呼ぶものである。私は、彼と宗教について語っているわけでも、道徳について語っているわけでも一切なく、単に利害について語っているのである。私にとっては、彼をやり込めるには、それだけで足りよう。私は、どうしたら信頼を欠くことができるのか、どうしたら誓いを破ることができるのかを人びとに示すことに、怜悧があるのかどうか問うている。あなたがたが善意と誓いを覆すなら、あなたがたが持つことになる人びとの忠実さを、逆に保証するものはなんだろうか？　あなたがたが誓いを覆すなら、臣民と諸国民にあなたがたの支配を尊重するように義務づけることを望めるだろうか？　あなたがたが善意を根絶やしにするなら、どのようにしてあなたがたは、だれに対してであれ、信頼を持ち、人と交わす約束を確かなものにできるというのか？　裏切りの見本を示してみよ。そうすれば、つねにあなたがたを模倣する裏切り者が現われるだろう。背信の見本を示してみよ。そうすれば、どれほどの数の背信者があなたがたに同じ背信を返さないことがあろうか！　暗殺の模範を示してみよ。あなたがたの後継者のひとりがあなたがた自身の身体で、小手調べをするのではないかと恐れよ。そして、あなたがたには、犯罪のなかで抜きん出る利点しか残されていないし、あなたがたと同じくらい人でなしの怪物に対して、その犯罪の

(10)　ルイ一二世は、王女ジャンヌ・ド・ヴァロアと離婚し、故シャルル八世の未亡人アンヌ・ド・ブルターニュと結婚することを望んでいたが、そのためにはカトリックでは禁じられている離婚を法王が許可することが必要だった。こうした場合、法王は、贖宥状の一種である特免状を発行して、それを王に付与するのが通例であった。こうして、特免状と引き換えに、アレクサンデル六世は、息子のチェーザレのための領地をフランス国内に確保することができたのである。

(11)　ヴィテッリ、ヴィテロッツォ（一四五八—一五〇二）。カステッロの領主。ピサの戦いで裏切りを疑われ、処刑されたパオロ（一四六一—九九）とカミッロ（一四五九—九九）とは兄弟。アレクサンデル六世が迫害していたオルシーニ家の防衛に尽力し、ウルビーノで法王軍に勝利し、法王の長男を捕らえることに成功した（一四九八）。その後、フィレンツェ共和国にも仕え、ピサ攻囲作戦を指揮したが、裏切りを疑われ、兄の処刑の報を聞いてピサに逃亡。しかし、徐々に勢力を盛り返し、一五〇二年には、ルイ一二世の援護のもとにトスカナ地方の一部を支配する。この頃、ボルジアの裏切りを疑い、反ボルジア同盟を結成するが、奸計に引っかかり、一五〇二年末に、オルシーニ家の面々、それにオリヴェロット・ダ・フェルモとともにセニガッリアで殺害される。

(12)　オリヴェロット・ダ・フェルモ。軍人でチェーザレ・ボルジアに仕えたが、残忍な性格で、叔父の一族を謀殺した。ボルジアをも裏切り、セニガッリアで、ボルジアの返り討ちに遭い、殺される。

なかで抜きん出る道を教えたという栄誉しか残されていないことを恐れよ。かくして、悪徳は、混じりあい、悪徳にふける者を不名誉で覆い尽くし、悪徳にふける者にとって有害で危険なものになる。君主だけが犯罪を独占するなどということは永遠にない。したがって、彼は、悪辣さのための免罪特権を見つけることはけっしてないだろう。犯罪は岩の一部が剝がれたようなものであり、道で出会うものすべてを破壊し、最後には自分の重みで自壊する。いかなる忌まわしい過ち、いかなる理性の迷妄であれば、嫌悪すべき、異常な格率であるのと同じくらい人間性に反する格率をマキアヴェッリに味わわせることができるというのか？

ボルジアは、ロマーニャ地方で無秩序とそこで行なわれていた窃盗と暗殺を抑え込むために、残虐なオルコを総督にした。なんたる惨めな矛盾！　ボルジアは、自分に許していた悪徳を、他人については罰している点を恥じるべきであった。簒奪者のなかでもっとも恐るべき者、不実な者のなかでもっとも間違っている者、暗殺者と毒殺者たちのなかでもっとも残虐な者は、縮小版の形と小さな器量で、自分たちの新たな主人の性格を真似る掏摸《すり》と極悪人に、どうして死刑を宣告することができたのか？

ポーランドの例の王[13]は、死んだときにはヨーロッパのいたるところにたくさんの厄介事を引き起こしたけれども、自分のザクセン臣民[14]に対しては、非常に首尾一貫しており、高潔に振る舞っていた。ザクセンの法律は、あらゆる姦通に対して斬首を申し渡すことになっていた。この野蛮な法律は、ドイツ人よりも嫉妬心の強いイタリア人の方にこそふさわしいとも思えるのだが、しかしながらここでは、その起源については問題にしないでおく。さて、この法律を不幸にして侵犯してしまったある人物が有罪宣告を受けた。愛情がその人物を慣習と少なからぬ刑罰とに立ち向かわせたわけだ。アウグストは死刑判決にサインをしなければならなくなった。しかし、彼は、愛情と人情に敏感だったので、犯罪者に恩赦を与えた。そして、署名すべきこの種の判決が出るたびに、この法律は、暗に王自身を有罪としていたので、彼はこの法律を廃止した。それ以来、ザクセンでは色恋沙汰は無罪放免という特権を獲得したのである。

この王の行動は情緒豊かで、人情味に溢れる人間のそれであった。チェーザレ・ボルジアのそれは、極悪人、暴君のそれである。前者は、臣民〔人びと〕の父(15)として、あの弱さが人間性から分かちがたいことを彼が理解したうえで、それを赦している。後者は、つねに厳格で、つねに獰猛だったので、自分の臣民の弱さ

(13) スタニスワフ・レシチニスキとポーランド王位を争ったアウグスト二世（一六七〇―一七三三）のこと。スウェーデン王カール一二世によって、廃位に追い込まれたあと、一七〇四年にザクセン地方へ逃げ込み、復位のための叛乱を起こし、カール一二世に敗北し、正式に退位した。その後、カール一二世のモスクワ遠征失敗後、ロシアのピョートル一世の助けを借り、スタニスワフを追い出し、復位した（一七〇九）。しかし、国内統治を巡ってピョートルと対立し、イギリスとオーストリアに頼って対抗しようとしたが、プロイセンと組んだピョートルに敗北した。アウグストの死後、国内の貴族（シュラフタ）は、王位に、縁戚関係のあったルイ一五世のフランスが支持するスタニスワフ・レシチンスキを再び選出したが、これがポーランド継承戦争の引き金となった。文中の「ヨーロッパ中に引き起こした厄介事」とは、王位継承戦争のことを言う。

(14) エルベ河中流地域の領邦国家。現在では、ドレスデンを中心とするドイツ東部地方。金印勅書で神聖ローマ帝国選帝侯となり、一四九五年以降、アルベルト系マイセン辺境伯家の支配下で繁栄した。アウグスト二世も当地の王でもあった。フリードリヒはこの旧領への野心を持っていて、のちに戦争を仕掛けた。

を責め立てた。彼がそうしたのは、悪徳が自分自身の悪徳に似ることを心配していたからである。前者は自分の弱さを見つめることができ、後者は自分の罪をあえて見ようとはしなかった。ボルジアは、自分の意図を完全に汲んだ残虐なオルコをばらばらにして殺したのだが、それは、野蛮で残虐な行為の数々の源泉を罰することで、臣民に対してみずからの印象をよくするためであった。暴政の重みは、暴君が自分は無実であるという見せかけを身にまといたいと思っている場合と、圧制が法の下で行なわれている場合以上に重くのしかかることはけっしてない。暴君は自分の不正義を知るというわずかな慰めを、臣民に残しておくことを望むことさえしない。自分の残虐な行為の無実を証明するには、他人は有罪でなければならないし、また他人はその罰を背負わなければならない。私は、大衆の眼をごまかして、自分の罪が消せると信じている人殺しが、自分の狂気の手先を炎のなかに投げ入れているのを見ているようだ。これこそ、君主たちの犯罪に似つかわしくない大臣たちを待ち受けるに違いない運命である。たとえ彼らの欲望が満たされたとしても、彼らは、遅かれ早かれ、主人の餌食となる。チェーザレ・ボルジアのようなペテン師を軽々しく頼る人びとと、徳に対する尊敬の念もなく、無条件で、自分たちの主君に仕えることに専心する人びとにとっては、よい教訓にもなることである。このように、犯罪はつねに罰を携えているのだ。

ボルジアは、彼の父にあたる法王が死んだあとのことにまで推測をたくましくしていたから[16]、財産を奪い取ってきた人びとをひとり残らず、皆殺しにすることから手を付けた。新しい法王が彼らを利用して、ボルジアに刃向かってくることができないようにするためであった。この犯罪の連続を見よ。出費をまかなうためには、財産を持っていなければならない。財産を得るためには、財産の所有者からそれを強奪しなければならない。そして、それを安心して享受するためには、彼らを皆殺しにしなければならない。グレーヴ広場で処刑されたホールン伯爵[17]でも、もっとうまく語れたわけではあるまい。鹿の群れのように、間違った行動というものがある。鹿の一匹が罠を飛び越えると、他の鹿が皆それに続く。だから、最初の数歩には用心しなければならない。

ボルジアは、数人の枢機卿を毒殺するために、彼らに彼の父の邸宅で夜食をとるように願い出た。法王と彼は、この飲み物を間違って飲み、アレクサンデル六世はそれで死に、ボルジアは虎口を脱した。毒殺と暗殺の当然の報いだ。

そこにこそ、マキアヴェッリが飽きることなく褒め讃えることのできた怜悧と才知と巧みさともろもろの徳がある。モーの著名な司教[18]、ニームの有名な司教[19]、トラヤヌス帝の雄弁な賞讃演説者[20]でも、マキアヴェッ

---

(15) これは善政を布いた国王にキリスト教会から与えられる称号であるが、とくにルイ一二世に対して、**père du peuple** という称号が送られた（訳注9参照）。本文では、**père de ses peuples** と、**peuple** が複数形になっている。

(16) デボルド訳：「ユリウス二世が法王に選ばれたあとで、彼は私［マキアヴェッリ］に、自分は自分の父が死んだ場合、到来するかもしれないすべての事柄について考えて、それに備えておいたが、同時に、今度は、自分の番で、病にかかって死にそうになるはずだとは、まったく思ってもみなかった、と語った。」アムロ訳：「ユリウス二世が選ばれたあとで、彼は私に、自分はアレクサンデルの死後、起こりうるすべての事柄について考え、対策をすべて打ってきたが、自分の父が死ぬと同時に、自分まで死の危険にさらされなければならなかったとは予測もしなかった、と語った。」岩波61、中公49。

りがチェーザレ・ボルジアのために語った以上にうまく、彼らの英雄のために語りはしなかったであろうに。彼がチェーザレ・ボルジアに送った讃辞が頌歌か、あるいは修辞学の比喩かでしかなかったとしたら、彼の選択を嘲りながらも、彼の精妙さは褒め讃えられたことだろうに。しかし、実際は、まったく逆である。それは、もっとも遠く隔たった後世にまで渡されるはずの政治学論考であり、非常にまじめな作品であり、その作品のなかで、マキアヴェッリは、地獄が地上に吐き出した、もっとも忌むべき怪物への讃辞に同意するほど恐ろしく恥知らずなのである。それは、人類の憎悪と誠実な人間の嫌悪に平然と身をさらすことである。

マキアヴェッリに言わせると、サン・ピエロ・アド・ヴィンクラ[21]の枢機卿[22]を法王座に就けることに、チェーザレ・ボルジアが署名しなかったなら、彼は完璧だったであろうに、というのである。「なぜなら」と彼は言う。「偉い人間にとっては、現在の恩恵が過去の被害をけっして打ち消さないからである[23]」。著者は偉い人間を定義しているのだが、その定義に則した偉い人間とは、どういう人間のことか、私にはまったく想像がつかない。復讐心、忘恩、あるいは背信によってのみ、偉さにふさわしくなりえたのであれば、正しく思考する人間はすべて、偉さという肩書きを永久に放棄したことであろう。

強大化と野心のためにチェーザレ・ボルジアがした苦労と配慮は、あまり報われなかった。というのも、法王の死後、彼は、ロマーニャ地方と彼の財産とをすべて失ったからである。彼は、スペインのナバーラ

(17) ホールン伯爵、アントワーヌ・ド（一六九八―一七二〇）。フランスの摂政オルレアン公フィリップ（一六七四

一七二三）の親戚（従兄弟）で、フランドル地方出身の貴族。パリに姿を現わし、イタリア人共犯者とともに、一七二〇年三月二〇日、ローのブームで大儲けした株屋（ユダヤ人）をナイフで殺害し、金品を奪ったが、召使があげた恐怖の叫び声に慌てふためき、窓から逃げようとして、自分の足首をねじってしまい、地面に投げ出されたところを、逮捕された。彼は、貴族であるにもかかわらず、一般の強盗犯として、一七二〇年三月二六日にグレーヴ広場で車責めの刑に処せられた。この刑は、車輪に四肢をくくりつけ、公衆に晒す残酷な刑罰として知られており、サン＝シモン公（一六七五―一七五五）の『回想録』でもとりあげられているほどの一大ニュースとなった。オルレアン公フィリップは、貴族の身分を考慮した斬首刑の約束を破ったという。フリードリヒは、この事件を聞き、強盗犯のように、初動を誤ると、すべてを台無しにするという教訓を導き出したのである。

(18) モーの司教とは、フランスの著名な護教論者ボシュエ（一六二七―一七〇四）のことである。

(19) ニームの司教とは、同じくフランスの著名な説教者エスプリ・フレシエ（一六三二―一七一〇）のことである。

(20) トラヤヌス帝の賞讃演説者とは、小プリニウス（六一―一一四頃）のことである。

(21) アムロ訳では、マキアヴェッリが引用する古いイタリア語の San Piero ad vincula をフランス語に直訳し、ad vincula を aux liens と綴っている。vincula はラテン語から来ていて、絆（liens）の意味である。なおサン・ピエロ・アド・ヴィンクラは、現在では、サン・ピエトロ・イン・ヴィンコリと呼ばれている。聖ペトロ（ピエロ、ピエトロ）をつないだ鎖があることからその名がついたローマの大聖堂およびその教区を指す。

(22) サン・ピエロ・アド・ヴィンクラの枢機卿とは、最初の法王選挙で選出されたピウス三世（一四三八―一五〇三）が急逝したことを受けて、第二回目に法王に選出された、アレクサンデル六世の政敵で、コンクラーベに敗れたためにフランスに亡命していたジュリアーノ・デッラ・ローヴェレ（一四四三―一五一三）すなわちユリウス二世のこと。岩波61、中公49。

(23) デボルド訳からの引用。アムロ訳：「新たな恩恵がお偉方に昔の侮辱を忘れさせると信じる者は、それほどに欺かれるのである。」岩波63、中公51。

王国[24]の王を頼って亡命したものの、彼が生涯のあいだ、幾度となく用いた裏切りのひとつによって命を落とした。

こうして、怜悧をもって構想され、秘密として隠された、野心的なおびただしい計画とおびただしい目論見とが消え去った。こうして、おびただしい数の戦争と殺人と残虐行為と偽りの誓いと背信が役立たずとなった。ボルジアが幸運にも切り抜けた、数多くの個人的な危険、数多くの厄介な状況、数多くの紛糾した事態は、彼の運命の打開には、ひとつも役立たない代わりに、彼の没落を、いっそう大がかりな、いっそう特筆すべきものにした。これが野心というものである。この亡霊が約束するのは、自分には与えることができない財産であり、また、自分自身が所有していない財産である。野心的な人間は、第二のタンタロス[25]のようなものである。彼は、まさに河で泳いでいるのに、渇きを癒やすことはできないし、また、将来とも、けっして渇きを癒やすことはできないだろう。

野心家が追求するのは栄光だろうか？　この栄光は偽《にせ》ものである。なぜなら、偽《にせ》の栄光とは、背後から追いかけられる栄光のことであり、本当の栄光とは、わずかな煙にすぎないからである。いくつかの小さな川から集められた水は、川底で水が流れているかぎりは、目につくが、しかし、河口では、その水が広大な海の波とひとつになることで、視界から消え去ってしまう。これと同じように、われわれの時代の偉い人間とは、偉大で英雄的な行為をした無数の人びとのなかで、見えなくなるものである。

だったら、野心家が追求するのは、幸福だろうか。彼らは、幸福を、栄光よりもはるかに劣るものだと思うことだろう。彼らの道には、棘《とげ》と荊棘《いばら》がまき散らされている。そして、彼らは、数知れない気がかりと心痛と辛苦にしか出会わないだろう。ヘクトル[26]の身体がアキレウスの戦車の上にあるときと同様、本当の幸福は、自然な形で、幸運につながれることはほとんどない。人間自身のなかにしか、人間にとっての幸福は存在しないし、英知だけが人間にこの宝物を発見させるのである[27]。

(24) ピレネー山脈の両斜面に中世以来存在した王国。この頃は、スペイン領だった。のちにフランス領にもなった。フランス語ではナヴァール王国で、アンリ四世の母国。チェーザレの妻の母国でもある。チェーザレは、最初、復権を図るためにナポリに亡命しようとしたが、法王によって阻止され、スペインのフェルナンド五世アラゴン王(一四五二—一五一六)のもとで幽閉の身となった。一五〇六年に幽閉されていた城から脱出することに成功し、彼の義兄フアン三世(一四六九—一五一六)ナバーラ王のもとへ亡命した。チェーザレ・ボルジアは、義兄のために叛乱鎮圧に出征し、戦死したという。

(25) ギリシア神話の王。巨富を有し、神がみの寵愛を受けていたが、罪を犯し、地獄に落ちて永劫の罰を受けた。それが、池のなかに首までつかっているのに、水が飲めないという罰であった。

(26) トロイア戦争におけるトロイア側の総大将で、アキレウスの槍に首を突きぬかれて死んだ。アキレウスは、彼の死体を皮ひもで戦車に繋ぎ、市中を引き回したという。

(27) 九〇ページ最後のパラグラフ「マキアヴェッリに言わせると、サン・ピエロ・アド・ヴィンクラ……」から章末までほとんどの文章が抹消されている。

第八章　犯罪によって君主となった人びとについて［犯罪によって君主権力に成り上がった人びとについて］

君主になるには、まだ二つの方法がある。……ひとつは、犯罪と裏切りによって絶対権力を奪い取る方法であり、もうひとつは、同僚市民の支持を得て共和国の主人となる方法である。第一の例は、シチリアのアガトクレスである。彼は民衆の身分から身を起こし、シラクサの王となった。彼は、運命のあらゆる段階で極悪人だった。……この男の行動を振り返ってみると、彼の出世には運命がほとんど役割を果たしていないことがわかるだろう。とはいえ、彼は徳を備えた人とは言えないだろう。というのも、彼は同胞を殺害し、友を裏切り、信用も、名誉も、宗教も持たなかったからだ。……慎重さを欠く形で残酷さが使われているのである。……したがって、国家の簒奪者が守るべき規則というものがここにある。彼が当然やるべき残酷行為の一切を一気にやってしまわなければならない、ということである。

ヨーロッパでは、ラ・グランジュ氏[1]の『ピリッピカ』は、これまで書かれたうちでもっとも強力な中傷文のひとつとみなされており、実際、それで間違ってはいない。しかし、マキアヴェッリに向かって私が言わなければならないことは、ラ・グランジュ氏が言ったことよりも激しい。なぜなら、この作品は、そもそもフランスの摂政に対する中傷にすぎないからであり、私がマキアヴェッリに対して非難しなければならないことは、真実だからである。私は、マキアヴェッリをやり込めるために、彼自身の言葉を使う。彼は犯罪によって最上級の偉大さへと登りつめた人びとに政治学の規則を与えたのだ、ということ以上に、私は彼に向

（1）ラ・グランジュ＝シャンセル、ジョゼフ・ド・（一六七六―一七五八）。正式には、ジョゼフ・ド・シャンセル・ド・ラグランジュ。フランスの風刺詩人。イエズス会の学校で教育を受け、幼くして悲劇作家の才能を示した。パリに出てから、古代ローマに材をとった悲劇で名声を博し、宮廷ともつながりを持つ。軍人になる一方で、劇作を続け、高く評価された。しかし、彼の運命は、諷刺詩『ピリッピカ』の発表とともに激変する。元来、『ピリッピカ』は、アテナイの大弁論家デモステネス（前三八四―三二二）が古代マケドニアの王ピリッポス「フィリッポス」二世「アレクサンドロス大王の父」の侵略主義的政策を強烈に弾劾した演説集のタイトルであった。以後、弾劾演説の代名詞となったほどのこの激越な弾劾演説集を、オルレアン公フィリップの摂政時代の一七二〇年に、ラ・グランジュは、ピリッポス（フィリッポス）二世との語呂合わせで、フィリップをピリッポス二世に模して痛烈に風刺した中傷文に換骨奪胎してしまったのである。本書でラ・グランジュは、国璽尚書局から漏れ伝え聞いた情報をもとに、政敵の毒殺を含めた、ありとあらゆる犯罪の元凶にフィリップを仕立てあげた。この中傷文が写本の形でパリに出回ったときに、フィリップの後ろ盾だったサン＝シモン公がそれを手に入れ、フィリップに見せた。フィリップは怒りの余り卒倒したとも言われる。弾圧を恐れてラ・グランジュは、アヴィニョンに逃げ、その地で逮捕、島流しに会う。そこを脱出して、各国を旅したのち、フィリップの死後、変装して秘かにフランスに戻った。フィリップをネロやヘリオガバルスなどに模して、悪罵の限りを尽くした『ピリッピカ』は、没後一〇〇年の一八五八年にも再版されたという。

かって、どんなひどいことが言えるだろうか？　これが、この章の表題である。

　マキアヴェッリが極悪人どもの神学校《セミナリオ》で犯罪を教えているのであれば、また、彼が裏切り者たちの大学で背信の教義を説いているのであれば、彼がこうした類の科目を扱っていても、驚かないだろう。しかし、彼はすべての人間に向かって語っているのだ。なぜなら、本を出版させる著者は、世間全体と意思疎通をしているからであり、彼は主として、人びとのなかでも、他人を統治するよう運命づけられているために、もっとも有徳でなければならない人びとに向けて語っているからである。そうであれば、彼らに裏切り、背信、殺人、ありとあらゆる犯罪を教え込むこと以上に恥知らずで、無礼なことがあろうか？　人びとの幸福のためには、マキアヴェッリが好んで引用するアガトクレス[2]とオリヴェロット・ダ・フェルモに似た例には、けっしてお目にかからないこと、あるいは、少なくとも人間の記憶から永久にその思い出を抹消することを望むべきだろう。

　こうした悪い見本ほど魅惑的なものはない。アガトクレスやオリヴェロット・ダ・フェルモの生きざまは、自分でもよくわからないうちに、ひとりの人間のうちに宿ったあの危険な種を、その人の本能が極悪非道へと成長させるのを助ける力を持っている。どれだけの若者がそのたぐいの小説を読むことで、精神を滅ぼしてしまい、もはやガンダリーン[3]やメドール[4]のようにしか物事を見ないし、考えもしないようになっていることか！　そうした考え方には——私に自分の考えを表明することが許されるなら——ある精神から別の精神へと伝わっていく疫病のようなものがある。例の常軌を逸した人間、かの王、古い騎士道に似つかわしい冒険家、さすらいの英雄、自分のすべての徳を極端にまで押し進めて悪徳に転じてしまう、かのカール一二世は、要するに、そのもっとも敏感な幼少時代から、アレクサンドロス大王[5]の伝記を持ち歩いていたのである。この北方のアレクサンドロスを個人的に知っていたかなりの人びとは、ポーランドを荒廃させたのはクインツス・クルティウス[6]であり、スタニスワフは、アブドロニュムス[7]の例にならって、王となり、アルベ

---

(2) アガトクレス（前三六一頃―二八九）。シチリア島シュラクサイの僭主。寡頭政治と戦い、前三〇四年に王位を僭称した。シチリア島におけるギリシア人、およびその援軍となったカルタゴの勢力と戦い、彼らの拠点都市セゲスタを破壊し、権力を不動のものにした。アガトクレスの評価に関しては、岩波65―68、中公52―54、参照。

(3) スペインの騎士小説で、ドン・キホーテの従者サンチョ・パンサに当たる若い従者。ドン・キホーテに当たる騎士はアマディース・デ・ガウラで、この小説は一六世紀スペインでよく読まれた。小説のもっとも古い版は、『徳高き騎士アマディース・デ・ガウラの四巻本』というタイトルで、一五〇八年にサラゴサで発見されたが、元来は、ポルトガルの作家が著したものと言われている。

(4) イタリアの詩人アリオストが著した長編叙事詩『狂気のオルランド』[『狂えるオルランド』、脇功訳、名古屋大学出版局」（一五一六）を換骨奪胎したフランス語の文学作品、『狂気のローラン』（一五四三）の主人公で、サラセンの若者。十字軍に虐殺された主君の遺骸を取り返すために、超人的な活躍をする。アリオストの『狂気のオルランド』の仏訳と称された『狂気のローラン』はフランスでは広範な読者を獲得し、フリードリヒもこれを愛読したらしい。しかし、フリードリヒは、ガンダリーンのように、メドールが主君のために盲目的に行動し、残虐行為も平気で犯したことを例に取り、極悪非道の主人は、若者に悪影響を与えることを示したかったのである。

(5) アレクサンドロス大王（前三五六―三二三）。マケドニア王のピリッポス二世の息子で、アジアへ遠征を行ない、大帝国を築き上げた。二〇歳で父王を継ぎ、インド遠征途中で病に倒れ、戦陣でなくなった。

ラの戦い[8]がポルタヴァの敗北を引き起こしたのだ、と断言する。

あれほど偉大な例から、より卑小な例に降りていっても構わないだろうか？　私には、人間精神の歴史を問題にするときには、環境と身分の違いは消え去り、諸王は、哲学的には、ただの人間にすぎないし、すべての人間は平等であるように思われるのである。重要なのは、いくつかの外的原因が一般に人間精神に対して生み出してきた印象あるいは変様だけである。

英国全土は、何年か前にロンドンでなにが起こったかを知っている。その地で、『カルトゥーシュ[9]』という演目の、非常に出来の悪い芝居が上演された。この作品の主題は、この名高い盗賊が繰り返した抜け目なさとペテンの模倣であった。上演が終わると、多くの人びとは、自分たちの指輪や嗅ぎタバコ入れがなくなっていることに気づいたそうである。カルトゥーシュは次から次へと弟子たちを作り出し、その弟子たちは、一階後方の立見席でも、師匠の教えを実践してみせたのである。そのため、警察は、この芝居のこれほど危険な上演を禁止せざるをえなくなった。例を示す際にはいくら用心深く慎重になってもしすぎることはないこと、悪い見本を引き合いに出すことがいかに危険かということを、このことは十分に証拠立てているように私には思われる。

アガトクレスとフェルモに関するマキアヴェッリのはじめの考察は、彼らが残酷な所業に及んだにもかかわらず、彼らの小国家のうちで、彼らを支えているもろもろの理由をめぐって展開されている。著者マキアヴェッリは、そうした考察をした理由が、ちょうど良いときに、これらの残虐行為を彼らがなしたことにあると認めている。ところで、怜悧ゆえに野蛮に振る舞うこと、そして暴政を実行することは、この忌むべき政治家に従えば、自己利害からして有益と判断されるあらゆる暴力と犯罪とを同時にかつ一挙に実行することを意味するのである。

あなたがたにとって疑わしい者どもを、信用のおけない者どもを、そしてあなたがたの敵であることを宣言した者どもを暗殺させよ。しかし、復讐をけっして先延ばししてはならない。マキアヴェッリは、シチリアの晩鐘[10]やサン・バルテルミ[11]のおぞましい虐殺――そこでは残虐行為が行なわれ、人類を赤面させた――といったような行為を是認する。この奇怪な怪物は、これらの犯罪のおぞましさをなんとも考えていないし、犯罪が民衆に畏怖の念を抱かせるような仕方で、また、犯罪からときを経ていない場合には、おびえさせる

---

(6) クルティウス・フルス、クィンツス。一世紀頃のローマの歴史家で、アレクサンドロス大王の伝記を書いたとされる。この大王伝は、全一〇巻よりなるが、冒頭の二巻が散逸していて、現存する『アレクサンドロス大王伝』(谷栄一郎・上村健二訳、西洋古典叢書、京都大学学術出版会)は第三巻より始まる。

(7) 中東、地中海に面したフェニキア人の古代都市シドンの王で、アレクサンドロス大王のおかげで、王位に登った。この人名を、フリードリヒは、アレクサンドロス大王のインド侵略に登場する古代インドの王ポロスと記しているが、諸版によると、フリードリヒの記憶違い。

(8) 紀元前三三一年に古代ペルシアの都市ガウガメラで起こり、アルベラで終結したダレイオス三世(?―前三三〇)の主力軍との戦い。アレクサンドロス大王は激戦を制し、ペルシア帝国を滅ぼしたのだが、反対に、北方のアレクサンドロスと呼ばれたカール一二世は、用意周到に待ち構えていたロシアの大軍を前に、ポルタヴァの戦いで大敗北を喫し、オスマン帝国に逃げ込まざるを得なかったのである。

(9) ヴォルテールの序文、訳注(9)参照。

ような仕方で行なわれてさえいればよいのである。マキアヴェッリが理由として挙げるのは、公衆にあっては、次々と連続して行なわれる君主たちのこれらの残虐行為ほど容易に消え去る観念はないということである。君主たちは、生涯全体を通じて、彼らの獰猛さと野蛮さの記憶を普及させる。それはまるで、一日で千人もの人びとを殺させることも、あるいは彼らを断続的に暗殺させることも、どちらも同じくらい悪いことではないし、忌むべきことでもないかのようである。前者の迅速にして断固とした野蛮は、よりいっそうの恐怖と恐れを刻み込む。後者の、よりゆっくりとした、より熟慮された極悪さは、よりいっそうの嫌悪感とおぞましさを吹き込む。皇帝アウグストゥス[12]の一生は、マキアヴェッリによって引き合いに出されるべきであった。玉座に登ったこの皇帝は、市民たちの血によって嫌悪感をもよおさせ、追放の裏切りによって汚れてはいたが、しかし、多くの残虐行為を犯したのちは、マエケナス[13]やアグリッパ[14]の助言を受け入れて、その統治は穏やかになり、人びとは彼に関して、けっして生まれるべきではなかった、生まれてきたのなら、けっして死ぬべきではなかったと言ったのだった。おそらくマキアヴェッリは、アウグストゥスが、始まったことを、よりよく終わらせたことに関して、幾ばくかは残念に思っていたのであろう。だからこそ、アウグストゥスを偉人たちのうちに位置づけるには値しないと考えたのである。

しかし、どのような忌むべき政治学がこの著者の政治学ではないというのか。一個人の利害は世界を混乱させるだろう。彼の野心は悪意ある行為を選択させるだろう。野心は、彼を善行にも、犯罪にも、同じように踏み切らせるだろう。怪物どものぞっとするような怜悧――彼らは自分自身しか知らないし、世界のなかで自分以外のだれをも愛さないし、彼らの気まぐれと放蕩の激烈な氾濫に従うために、正義と人間性のあらゆる義務に背く。

マキアヴェッリの忌むべき道徳をやり込めるには、これがすべてではない。なおまた、それが誤りであり、間違った信念であることをマキアヴェッリに認めさせなければならない。

第一に、マキアヴェッリが伝えるとおり、アガトクレスが平穏のうちに犯罪の果実を享受したというのは誤りである。彼はカルタゴ人とほとんどつねに戦争状態にあった。彼は、アフリカでみずからの軍隊を放棄

(10) シャルル・ダンジュー（一二四六—一二八五）の圧政下のシチリア島で起きた島民叛乱で、フランス兵が虐殺された。一二八二年の復活祭で、晩鐘を合図にフランス兵の虐殺事件が生じたことから、その名がある。
(11) フランスのカトリックとユグノーが繰り広げた宗教戦争のさなか、ユグノー派の指導者アンリ・ド・ナヴァール（のちのアンリ四世）と王妹マルグリット・ド・ヴァロワ（一四九二—一五四九）の結婚に危機感を募らせたカトリック勢力がユグノー派の指導者と貴族を襲撃し、虐殺した事件。
(12) アウグストゥス（前六三—後一四）。ガイウス・ユリウス・カエサル・オクタウィアヌスが名前で、ローマ帝国初代皇帝に登ってから、アウグストゥスを名乗った。カエサルの甥で、次々と政敵を亡き者にしたが、帝位に就いたのちは、善政を敷いたと言われる。
(13) マエケナス、ガイウス・キルニウス（前六七頃—後八）。オクタウィアヌスが権力を掌握し、皇帝となるのを助け、彼が帝位に就いたのちも、寛大な統治を献策し、善政に寄与した。私生活では、エピキュリアンと言われ、文芸を庇護したことから、マエケナスの英語読みで文芸庇護者をメセナと呼ぶようになった。
(14) アグリッパ、マルクス・ウェスパシアヌス（前六三—前一二）。ローマの将軍で、オクタウィアヌスを補佐し、彼の娘ユリアと結婚した。アクチウムの海戦（前三一）では、海軍を率い、エジプト軍に勝利した。

せざるをえなくなりさえしたのであり、そのため、彼が出立したあと、彼の子供たちは殺されてしまうのである。そして彼自身、彼の孫が飲ませた毒杯によって死んだ。オリヴェロット・ダ・フェルモは、ボルジアの裏切りによって落命したが、それはみずからが犯した罪悪の当然の報いだった。出世を果たして、一年が経って、またたくまに彼は没落したが、没落の時期は、あまりにも早まったかのごとく見えた。なぜなら、公衆の憎悪が彼に用意していたものがなにかを、懲罰によってそれが事前に見せたことになったからである。

だから、オリヴェロット・ダ・フェルモの例は、著者によって引かれるべきではけっしてなかったのである。というのも、その例はなにも証明していないのだから。しかるに、マキアヴェッリは、犯罪がうまく実行されたということを望んだのであり、この例によって、そのことを信じ込ませるだけの十分な理由があるとうぬぼれているのである。あるいは少なくとも、この例は、持ち出すにふさわしい、まずまずの論拠だと彼はうぬぼれているのである。

しかし、そうした犯罪が確実に実行できるかもしれないと仮定してみよう。そして、暴君がその極悪非道な行ないを罰せられることなく、実行できるかもしれないと仮定してみよう。たとえ彼が悲劇的な死をまったく恐れないとしても、人類の恥辱である自分を見ることは、やはり不幸だと思うだろうし、彼に反して証言するみずからの良心の内なる証言を、彼はかき消すことなどできないだろう。それに、暴君の法廷と同じように、王たちの玉座に聞こえてくるこの力強い声に、沈黙を押しつけることなど彼にはできないだろう。また、あの悲痛なるメランコリーを免れることなど彼にはできないはずだ。というのも、このメランコリーは、彼の想像力を強く打ち叩いて、彼の残忍な行ないが墓場へと下らせた血なまぐさい死者たちの霊魂を、墓場から出させて、彼に見えるようにさせるだろうからである。それらの霊魂は、彼に対し、現世における死刑執行人として役立ち、彼らの死後、その不幸で悲劇的な最期の汚名を晴らすためにだけ、自然の掟を無理やり破ったかのように思われるだろう。

ディオニュシオス一世[15]、ティベリウス、ネロ、ルイ一一世[16]、イヴァン・ヴァシーリエヴィチ[17]といった人びとの伝記を読んでいただきたい。そうすれば、これらの気の狂った凶暴な怪物どもの、このうえなく悲惨で

---

(15) ディオニュシオス一世（前四三〇頃―三六七）。シチリア島シュラクサイ（シラクサ）の僭主。軍人出身で、人望があり、王位を僭称し、軍備を整え、イタリア半島南部にまで支配地を広げ、全シチリアの王を名乗った。紀元前三六七年のカルタゴとの再度の戦いの戦陣で病死する。

(16) ルイ一一世（一四二三―八三）。フランス国王（在位、一四六一―八三）。父王シャルル七世（一四〇三―六一）に反抗し、ブルゴーニュ公のもとへ逃げ込まざるを得なかった。即位後、ブルゴーニュ公シャルル豪胆王（一四三三―七七）を中心とする大貴族の勢力と戦い、敗北する。一四六八年にはシャルルに逮捕され、投獄される。解放後、イギリスのエドワード四世（一四四二―八三）と組み、その援軍とともに国内の大貴族と戦う。シャルルの死にもかかわらず、結局、ブルゴーニュ地方とピカルディー地方を割譲せざるを得なかった。内政面では、三部会を一度しか開かないなど、王権の伸長に努め、産業の振興にも尽力した。

(17) イヴァン・ヴァシーリエヴィチ（一四四〇―一五〇五）。ロシア帝国皇帝イヴァン三世のこと。モスクワ大公としてロシアの統一をほぼ完成し、東方のモンゴル系大オルダ国の「タタールの軛《くびき》」からロシアを解放し、ビザンツ帝国最後の皇帝の姪を娶って、カエサル――ロシア語ではツァーリ――の称号を得た。西方では、リトアニア大公国の内紛に乗じて、戦争を仕掛け、領土を拡大した。晩年は、後継者問題に巻き込まれ、失意の内に世を去った。

不幸な末路を見ることだろう。残忍な人間は、人間嫌いで気難しい気質なのだ。もしその人が若いときから、身体のこうした不幸な性向と戦わないのであれば、必ずや彼は凶暴かつ無分別な人間にならざるをえないだろう。したがって、たとえ地上に正義など存在せず、天には神が存在しなくとも、それならなおのこと、人間たちは、よりいっそう有徳でなければならないはずだ。というのも、徳のみが人びとを結びつけるのであって、徳こそが彼らの生存のために絶対的に必要であり、犯罪は彼らを不幸にしかせず、自滅させるものでしかないからである。

マキアヴェッリは、感情、誠実さ、さらには理性をも欠いている。私は、マキアヴェッリの悪徳と不実さを、彼の引用している事例で詳しく説明してきた。今度は、甚だしく露骨な矛盾で、そのことを説明しようと思う。このうえなく大胆な注釈者、あるいはきわめて巧妙な解釈者が、ここでマキアヴェッリを彼自身と和解させられればよいのに。

彼は、第八章において次のように述べている。「アガトクレスは、英雄的な勇気で、みずからの栄光を支えたのだ。しかし、それでも彼がかかわった数々の殺人と裏切りには徳という名を与えることはできない[18]」。それに対して第七章では、チェーザレ・ボルジアについて、彼は、こう述べている。「ボルジアはオルシーニ派[19]を追い出す機会を待ち望んでいたので、彼はその好機を慎重に利用した[20]」。「かりに、ボルジアのあらゆる行ないを概括して吟味するとしても、それらを非難することは難しい[21]」。「彼が行なったそのことを、彼が別の仕方で行なうのは不可能であったのだ[22]」。どういった点でアガトクレスはチェーザレ・ボルジアと異なっているのかを、私は、著者に問うてみてもよいものだろうか。私は両者のうちに、同じ犯罪と同じ悪意しか見出せない。もし両者を比較するとすれば、二人のうちどちらかをもっとも凶悪な人間だと決めかねて、困惑するしかないだろう。

しかしながら、真実は、マキアヴェッリが告白するのを時折強いる。その告白で、彼は、徳に対してみずからの非を認めているように思われる。証拠の力は、彼に次のように言わせる。「君主はつねに一貫した仕方で振る舞うべきである。それは不幸な時期に、彼の臣民たちを喜ばせるためになにかを緩めざるをえなくなる羽目に陥らないためである。というのも、そうなってしまった場合、無理強いされた寛大さは価値なきものであるはずだし、臣民たちは、そのことで彼になんら感謝していないはずだから」と。それゆえ、マキアヴェッリ、すなわち残酷さ、そして畏怖させる技術は、あなたがたがそのことをほのめかしているように見えるのだが、政治学に備わる唯一のバネなどではまったくない。また、あなたがた自身が認めているよう

(18) デボルド訳：「彼は、英雄的な勇気で…彼が徳を持っていたということはできない。なぜなら、この名は、同国人を暗殺し、友人を裏切り、信仰も徳義も宗教も持たない男に与えられるべきではないだろうから。」岩波67―68、中公54。

(19) 一二世紀以来のローマの名家（ゲルフ党）で、ローマ法王座をコロンナ家（ギベリン党）と争い、三人のローマ法王を出した。イタリア語で、武力の象徴である「熊」を意味する orso（オルソ）が語源。コロンナ家は、イエスが笞刑に処されたときにくくりつけられた円柱（イタリア語で colonna）の断片を持ち帰ったとされることから、その名がある。

(20) デボルド訳からの引用。岩波56、中公44―45。

(21) デボルド訳からの引用。岩波61、中公50。

(22) デボルド訳からの引用。岩波61、中公50。

に、人心収攬術こそ君主の信頼と臣民の忠誠のもっとも堅固なる基盤である。私はそれ以上のことは要求しない。わが敵の口から、こうした告白がなされれば、私は満足すべきなのだ。脈絡もなく、秩序もなく、矛盾に満ち溢れたままの、形定かならぬ著作を執筆し、出版することが、自分自身と公衆の尊敬を買うことなどほとんどない。マキアヴェッリの『君主論』は、有害な彼の道徳を省いたとしても、著者への軽蔑に貢献するだけである。それはまさしく、あらゆる類の観念が互いにぶつかり合い、衝撃を与えあう、ひとつの夢にすぎないのであって、時折、あいだに良識を差し挟むような、狂人の激発の度重なる発作なのである。

以上のようなものが極悪非道の報いとなる。徳に反する犯罪に付き従っていく人びとが、法の厳格さからさえも逃れるなら、マキアヴェッリのように、判断力と理性を失うのだ。

第九章　文民的君主制について［共和制のなかで獲得される君主権力について］

君主が民衆を手なずけなければならないのは、彼らなしには支配が成り立たないからだ。他方、貴族については、君主は彼らなしで済ますことはいとも簡単である。というのも、彼は気に入ったときに貴族を作り、廃し、破滅させ、信用を失墜させることができるからだ。……民衆の支持で玉座に登るやいなや、絶対に民衆から愛されるようにしなければならない。

自由を欲する感情ほど、われわれの存在と分かちがたい感情はない。もっとも洗練された者から野蛮な者にいたるまで、みなに等しくこの感情は浸透している。というのも、われわれは生まれたときには、鎖につながれていないので、束縛されることなく生きることを求めるとともに、自分自身にだけ頼ろうとするので、けっして他人の気まぐれに服することを望まないからである。この独立自尊の精神こそが、世界中で多くの偉人を育み、共和主義的と呼ばれる、ある種の統治形態を生み出してきた。この精神こそが、賢明な諸法律をよりどころにして、市民の自由を抑圧するかもしれない一切のものに対して、市民の自由を支えるのである。そして、この精神こそが、共和制の構成員のあいだに一種の平等を打ち立てる。その結果、共和制では、彼らは大いに自然状態に近づく。

本章で、マキアヴェッリは、卓越した政治学上の良き格率を、共和制の指導者たちあるいは民衆の助けをえて最高権力に登りつめる人びとに与えている。このことは、私に二つの省察――ひとつは政治について、もうひとつは道徳について――をもたらす。

この著者の格率が同胞市民のおかげで登りつめる者に非常に適しているとしても、にもかかわらず、この種の登位の先例は、歴史上非常に稀であるように、私には思われる。過度に自由を渇望する共和主義の精神は、それに足かせをはめることができるものすべてに対して不安を抱き、支配者という発想に触れるだけで、それに反撥する。われわれは、幸福な独立を享受するために、暴君たちの軛《くびき》を振りほどいた諸国民を、ヨーロッパにおいては、知っている。一方、われわれは、かつて自由であったのに、自発的奴隷制に服した諸国民を一切知らない。

多くの共和制は、時間が経つにつれて再び専制に陥った。このことは、すべての共和制を待ち受けている避けがたい不幸であるように思えさえするし、この世のあらゆる事物が味わう変転と変化の結果にすぎないようにさえ思えるのである。というのも、共和制なら、どうして自由を掘り崩す原因すべてに永久に抗し続けることができようかと思うからである。共和制がみずからの内で育くむ大貴族の野心――この野心はたえず蘇り、永遠に滅びることはない――を、いつのときでも、どうして抑えつけることができようか？　どうして長きにわたって隣人たちの誘惑と闇にまぎれた陰謀を監視し、構成員の買収を監視することが、共和制にできようか――利益ばかりが人びとのあいだで幅を利かせているかぎりは。共和制が継続せざるをえなくなる戦争から、いつも成功裏に抜け出すことをどうして共和制に期待できようか？　自由にとってのあの厄介な状況、危機的かつ決定的なあの瞬間、そして、向う見ずな連中と大胆な輩を利するあの偶然を防ぐことが、どうして共和制にできようか？　もしその軍隊が卑怯で臆病な指揮官たちに指揮されるなら、敵の餌食になるに違いない。そして、もしその軍隊が勇猛果敢な人間を統率者に戴くとき、彼らは、平時にも戦時と同じくらい積極果敢であろう。それゆえ、彼らの体質的欠陥は、早晩、軍隊に死をもたらすだろう。

しかし、内乱が君主制国家にとって有害であるとすれば、自由な国家にとっては、なおいっそう有害である。それは両者を死に至らせる病である。内乱のおかげで、スッラ[1]のような人物は、ローマで独裁官制度を維持し、カエサルのような人物は、彼らの手に譲り渡された武力を用いて支配者となった。そしてクロムウェルのような人物は、玉座に登りつめることに成功した。

共和制は、そのほとんどすべてが暴政の深淵から自由の頂点に登りつめた。そして、ほとんどすべてがこの自由から奴隷制へと再び転落した。デモステネス[2]の時代に、マケドニアのピリッポス[3]を嘲ったあのアテナイ人たちでさえ、アレクサンドロスの前には這いつくばった。諸王を追放したのち、王制を憎悪したあの

（1）　スッラ・フェリクス、ルキウス・コルネリウス（前一三八―七八）。古代ローマの将軍で、政治家。マリウス（前一五七?―八六）の配下で、ユグルタ戦争（前一一二）で戦功をあげたのち、前八八年にローマのコンスルになり、ポントス王ミトリダテス（前一三二頃―六三）征討軍の総司令官に就任。バルカン半島を転戦するうちに、ローマで政変が起き、前八三年にイタリアに上陸、ポンペイウス、クラッススと協力して、政権に復帰。政敵の掃討は残虐を極めた。前八二年から前七九年まで独裁官（ディクタトル）として、護民官の権限を縮小し、元老院の権限を拡張するなど、保守的改革に辣腕を振るった。

ローマ人たちでさえ、数世紀にわたる革命ののちには、彼らの皇帝たちのあらゆる残酷な仕打ちをじっと我慢して耐えた。そして、自分たちの権利が侵害されていたという理由で、チャールズ一世[4]を処刑したあのイングランド人たちでさえ、彼らの護国卿［クロムウェル］の横柄な権力のもとで、その剛直な勇気を萎えさせた。これらの共和制では、みずからの選択で主人が決められたのではない。そうではなく、陰謀好きな男たちがなんらかの好都合な状況に助けられ、共和制を、その意に反して力づくで、屈服させたのである。

人間が生まれ、しばらく生き、そして、病か加齢かで死ぬように、共和制もまた形成され、数世紀にわたって繁栄すると、ついにはひとりの市民の大胆な企てによって、あるいは敵の武力によって滅びる。すべてにその期限がある。すべての帝国、そして最大の君主制でさえ、存続するのは一時である。そして、この世界には変化と破壊の法則に従っていないようなものは、ひとつもない。専制は自由に致命傷を与え、早晩共和制の命運を終わらせる。ある共和制はその体質の力によって他の共和制より、もっと長く持ちこたえる。そうした共和制は、自分で左右できるかぎりにおいて、みずからの破滅の運命的瞬間を先送りにし、みずからの運命を延長するために、英知が教えるあらゆる手段を活用する。しかし、結局は、自然の永遠不変の法則に屈しなければならない。そして、諸事件の連鎖が共和制の消滅を導きいれるときに、共和制は滅びなければならない。

なにより、自由をあきらめるように提案しなければならないのは、幸福であるとはどういうことかを知っている人びと、幸福になりたいと望んでいる人びとに対してではない。

王がみずからの義務をまっとうしようとするとき、彼の意思と力は彼の善性を有効にするので、君主制は最良の政体である、とカトーあるいはリトルトン卿[5]のような共和主義者に説いたところで、彼らはけっして納得しないだろう。それは認める、と共和主義者なら、あなたがたに言うだろう。しかし、そのフェニックスのような君主をどこで見つけるのだね？　それはプラトン[6]の描くような人間であり、ひとりの巧みな彫刻

(2)　デモステネス（前三八四頃―三二二）。古代アテナイの雄弁家で政治家。若いときから法廷の弁論作成の仕事で稼ぎ、やがて、法廷と議会で雄弁家として名声を勝ち取る。前三五一年からマケドニアのピリッポスの侵略主義に対する激烈な弾劾演説を行なう。一時、追放の憂き目をみたが、復活し、アレクサンドロス大王没後も、ギリシア再興を呼びかけて各地を遊説した。前三二二年のアテナイの降伏で、死刑を宣告されたが、みずから毒を仰いで死んだ。なお『ピリッポス弾劾演説』の邦訳は、『デモステネス弁論集Ⅰ』（加来彰俊、他訳、京都大学学術出版会）に収録されている。

(3)　ピリッポス（前三八二頃―三三六）。マケドニアの王ピリッポス（フィリッポス）二世（前三五九―三三六）。テーバイに人質として差し出され、そこで成長した。父王の死後、跡目を継いだ兄が死んで、摂政となり、王位を簒奪した。密集隊形を編み出し、バルカン半島に遠征して勝利し、トラキア地方を版図に入れ、金山を獲得し、アテナイの植民地を脅かした。エピロスと同盟を結び、全ギリシアの征服を企てる。テッサリア地方からアテナイに迫る。カイロネイアの戦い（前三三八）でアテナイ＝テーバイ連合軍を撃破し、翌年のコリントス会議で、スパルタを除く全ギリシアの覇権を握る。ペルシア遠征軍総司令官に任じられたが、その後暗殺される。

(4)　チャールズ一世（一六〇〇―四九）。ピューリタン革命で処刑されたイギリス・スチュアート朝の国王（一六二五―四九）。ネーズビーの戦い（一六四五）に敗れたのち、翌年にスコットランド軍に降伏し、議会側に引き渡されたが、一六四七年にワイト島に逃れ、再起をはかる。一六四八年八月に議会軍に敗北を喫し、監禁され、裁判を拒んで、翌年一月に処刑された。

家が、四〇もの異なる美人の断片を寄せ集めて作り上げたメディチ家のウェヌスだ(8)。しかし、結局、それも大理石のなかにしか存在しなかった。われわれは人間性になにが備わっているかを知っている。そして、みずからの欲望を無制限に満たす権力に抵抗でき、玉座の誘惑に抵抗できるような有徳な人間はほとんどいない。あなたがたの言う形而上学的な君主制は地上の楽園だろう。そんなものがひとつでも存在していればの話である。しかし、現実に存在している専制主義のように、いずれにせよ、遠からず専制主義がこの世を真の地獄に変えてしまう。

私の第二の省察は、マキアヴェッリの道徳に関連する。マキアヴェッリによれば、利害は、良いものであるにせよ、悪いものであるにせよ、人間のあらゆる行動を引き起こす活力であるのだが、私はその点で彼を非難しないではいられない。専制政体においては、利害が大きな役割を果たし、正義と誠実はなんの役割も果たさないというのが、たしかに世の通念である。しかし、健全で純化された道徳の格率に従わない嫌悪すべき政治学は永久に根絶しなければならない。マキアヴェッリは、この世では、万事が利害からできあがっていることを望む。それはまるで、イエズス会士が、神の愛を言わずにもっぱら悪魔を恐がらせることによってのみ、人間を救おうとするかのごとくである。徳こそがわれわれの行動の唯一の動機とならなければならない。なぜなら、徳を説く者は道理を説く者だからである。両者は分離できない。首尾一貫した行動をとろうとするとき、両者はつねに不可分であるだろう。それゆえ道理をわきまえよう。というのも、われわれと獣《けだもの》を隔てるものは、わずかな理性にすぎないからであり、かの無限に善良な存在から、われわれすべての存在が由来する以上、かの存在にわれわれを近づけるのは、ひとえに善性だからである。

(5) カトー・ウティケンシス、マルクス・ポルキウス(前九五―四六)。ローマの共和主義政治家で、曽祖父の大カトー(と区別して、小カトーと称せられる。ストア哲学に造詣が深く、政治的には保守主義で、ローマの共和制を守りぬこうと、カエサルに敵対し、ポンペイウスの敗死後は、北アフリカに渡って、抵抗を続けたが、追い詰められてウティカで自殺した。

(6) リトルトン卿(一五八九―一六四五)、エドワードチャールズ一世時代の国璽尚書。一六二八年に弁護士と知恵、権利の請願に加わり、人民の自由の拡大に貢献した。一六四〇年に国璽尚書に任命され、貴族院議員の身分を与えられ、合わせてリトルトン卿、マウンズロー男爵の称号を授与された。一六四一年に国王の意に反して、軍隊の招集と民兵の現役化に賛成したために、王の不信感を買ったが、死ぬまで役職にとどまった。

(7) プラトン(前四二八/二七―三四八/四七)。ギリシアの哲学者。アテナイにアカデメイアを開いた。「形而上学的君主制」とは、彼が『国家』(藤沢令夫訳、岩波文庫)で唱えた哲学者王の支配する理想的国家のこと。

(8) 少なくとも一六世紀の半ばからメディチ家に伝わるヘレニズム様式の大理石彫刻で、愛の神ウェヌス(アプロディテ)を現実の女性と等身大(背丈一五三センチメートル)の全裸像で表現した複製作品。腕の部分を復元したのは、イタリアの彫刻家エルコレ・フェッラータ(一六一〇―一六八六)。アプロディテが海から生まれた瞬間の驚きのポーズとされ、足元のイルカがそのことを表現している。前一世紀頃のアテナイで作成されたブロンズ像の模写と推定されている。原物も、前四世紀頃のアテナイの彫刻家プラクシテレスの作品(クニドスのアプロディテ)を模倣したものと推定されている。プラクシテレスは、アプロディテを全裸で表現した初めての彫刻家と言われ、当初は、コス島の住民が購入しようとして、全裸であったために小アジアのクニドスの住民に転売したとされるいわくつきの作品。

第一〇章　君主国の戦力をどのようにして測るべきか

国家を十分に知るには、君主が十分な国土を持っているか、自分が他人の助けなしで、独力で自分を守ることができるかどうか、それとも、他人の助けなしには、なにごとも企てることができないかを知らなければならない。……このことからわかるように、食料と兵站とを欠くことがなければ、君主には、籠城戦が続くあいだも、民衆の支持を保つことは容易である。

マキアヴェッリが彼の『政略的君主論』を書いていた時代から、世界は大いに変わったので、世界は、もはや見分けがつかなくなっているほどである。当時、焼け跡の残骸から復活し始めた技芸と科学は、いまだに野蛮の名残をとどめていた。そこでは、キリスト教の樹立と度重なるゴート族[1]のイタリアへの侵攻と残虐かつ血なまぐさい一連の内乱が技芸と科学を野蛮な状態に陥れていた。現在では、諸国民は、古いしきたりを新しいものに変え、弱かった君主たちも強大となり、技芸は完成し、ヨーロッパの様相は、マキアヴェッリの世紀とはまったく変わっている。

遠い昔のあの時代の哲学者が再びこの世に蘇ったとしたら、彼は自分のことを、非常に愚かで無知な者と思うだろう。彼は、新しい哲学の専門用語さえもわからないだろう。彼は、天も地も新しくなったと思うだろう。ああした静止、すなわち、彼がわれわれの天体に抱いていた静寂に代わり、この世界とあらゆる星々が放物運動と引力の法則に従い、異なる楕円を描きながら太陽の周囲を回り、また太陽も自分の軸の周りをらせん状に回っているのを彼は目の当たりにするだろう。奇妙な大言壮語――その傲慢な誇張が思考の不合理さで愚かさを覆い、傲慢な無知を隠していた――に代わって、彼には、真理と証明が単純かつ明晰に教えられるだろう。物理学に関する彼のみすぼらしい絵空事の代わりに、彼には、見事で、確実な、驚くべき経

（1）チュートン（ドイツ）系の民族で、ドナウ河周辺に分布していたゲルマン人の一派。地理学上、東西のゴート族に分類され、東ゴート族は、南ロシア地方に居住し、西ゴート族は、ドニエストル（ドネストル）河とドナウ河のあいだに居住していた。三七五年に、北東からフン族の侵入を受け、ローマ帝国国境に向けて移動を開始した。これがいわゆるゲルマン民族の大移動である。東ゴート族は、フン族の王アッティラ（三九五頃―四五三）とともにヨーロッパを劫掠したが、アッティラの死後は、パンノニア地方に住みつき、東ローマ帝国の支配下にはいった。東ローマ帝国皇帝ゼノン（四二六頃―四九一）の要請で、テオドリック（四五五頃―五二六）に率いられて、イタリアに侵入。オドアケル（四三三頃―四九三）の王国をラヴェンナに滅ぼし、その地に東ゴート王国を創建。テオドリックの死後、東ローマ帝国によって、六世紀の半ばに王国は滅ぼされる。一方、西ゴート族は、ドナウ河を越え、東ローマ帝国に侵入（三七六）、アドリアノープルの戦い（三七八）で、東ローマ帝国皇帝ウァレンス（三二八―三七八）を敗死させ、後継のテオドシウス一世（三四七―三九五）とのあいだで、盟約を結び（三八二、三九二）、トラキア地方に一時住みついた。しかし、北方からフン族による圧力を受け、アラリック（三七〇頃―四一〇）に率いられ、再び民族移動を開始し、西ローマ帝国に侵入。四一〇年には、ローマを攻略し、アラリックは、アフリカ攻略を目指して、さらに南進し、陣中に没した。アラリックの後継者は、ローマを捨て、ガリア地方に侵入、さらにピレネー山脈を越えて、スペインへ侵入して、トゥールーズを首都とする西ゴート王国を創建した。

験が与えられるだろう。

ルイ一二世の敏腕なひとりの指揮官がわれわれの時代に再び現われたら、すっかり途方に暮れるだろう。彼は、無数の軍隊を引き連れて戦っている指揮官を、目撃するだろう。その軍隊の数があまりに多いので、しばしば遠征で糧食を補給することさえできない。しかし、君主たちは、戦時と同様、平時も、彼らを養わなければならない。彼の生きていた時代には、断固たる措置を取り、大規模な攻撃をするには、ごく一部の人間がいれば十分で、しかも戦争が終われば、すぐに彼らには暇が出されていたというのに。彼も使い方を知っているああした鉄の服［鎧］や槍やマスケット銃(2)の代わりに、彼が見出すものは、軍服や小銃や銃剣であり、戦争遂行のための新しい方法であり、要塞を攻撃し、防御するための無数の殺人用の発明であり、かつては敵を打ち負かすための技術が必要であったのと同じくらい、現在ではまったく必要なものになっている、兵隊たちを生かすための技術である。

しかし、マキアヴェッリ自身はなんと言うだろうか！ もし、彼が、ヨーロッパに新しい形態の政体を見たり、当時のヨーロッパでは、無に等しい存在だったが、現在では、世界に頭角を現わしている、あれほど多くの偉大な君侯たちを見たり、堅固に確立された諸王の権力や君主たちの交渉術を見たり、すべての宮廷で相互に持ちつ持たれつの関係にある、特権を与えられたあの密偵たちを見たりすることができたなら、彼はなんというだろうか。また、野心を抱いた君主に対抗するために、幾人かの重要な君侯たちが同盟を組むことによって、ヨーロッパに打ち立てたあの勢力均衡を見たりすることができたなら、彼はなんと言うだろうか。この同盟が英知によって生き延び、力の平等を保っているのを見れば、マキアヴェッリ自身はなんと言うだろうか。

これらすべては、あまりに広い、世界的な変化をもたらしたので、われわれの近代的な政治に対しては、マキアヴェッリの格率の大部分を適用不可能にし、それらを無用の長物とする。これこそ、この章が主として示していることである。私はこのことについて、いくつかの例を報告しなければならない。

マキアヴェッリは「ある君主が国を拡張し、それとともに多くのおかねと軍隊を持っている場合、同盟国の助けがまったくなくても、敵からの攻撃に対して彼自身の軍事力だけで持ちこたえられる[3]」と想定している。

あえて非常に控え目にではあるが、私が異を唱えたいのはこの点である。それ以上のことを私は言う。私は次のように主張する。ある君主が、たとえどれほど恐るべき存在であっても、たったひとりでは、強力な敵たちに抵抗しようとしても、抵抗することはできないし、彼は、ある同盟者の助けを必要としないわけに

(2)　一六世紀から一七世紀にかけてヨーロッパで用いられた大口径の歩兵銃。前装式滑腔銃が基本制式で、施条していないため、命中率は低かった。火打石で発火し、射撃するので、雨中では使えなかった。一七世紀初頭の三〇年戦争では、スウェーデン王グスターヴ＝アドルフ（一五九四―一六三二）が紙製弾薬包を採用し、弾薬盒（ごう）を用いて、銃の携行を可能にした。一九世紀初頭まで、歩兵銃の主流であった。

(3)　デボルド訳：「ある君主は、十分な臣下と十分なかねがあって、彼を攻撃しに来るであろう、いかなる敵に対しても、戦いを繰り広げる能力を持つような軍隊を整備しているときには、自力で自分を守ることができる。」岩波81、中公64。

はいかない、ということである。ヨーロッパ中でもっとも偉大な、もっとも並はずれた、もっとも強力な君主、すなわちルイ一四世[4]がスペイン継承戦争[5]で、壊滅寸前になったときも、また、同盟関係が彼にはなかったので、彼を叩きつぶそうと思っている無数の国王と君侯に抵抗できなかったときも、ましてや彼よりも弱い君主なら、だれもかれもが大きな危険を冒さずには、良好で強力な同盟関係を持たないで、孤立状態にとどまることはできない。

次のようなことも言われている――また、このことはじっくりと考えることもなく繰り返し言われている。条約などなんの役にも立たない。なぜなら、条約のすべての条項が満たされることはほとんど一度もないからだし、条約においては、わが世紀の方が他のどの世紀と比べても几帳面でないからだ、と。そのように考える人びとに対して、私はこう答える。古代にも、また非常に最近でも、自分の約束を正確に果たさなかった君主の例が見出されることは、まったく疑いようがないが、それにもかかわらず、条約を結ぶことはつねに非常に有益であるということ、あなたがたが手を結ぶ同盟者は、なにごともなければ、少なくとも、あなたがたにとって、同じくらい強力な敵にもなるだろうということ、彼らがあなたがたにとって、まったくなんの助けにもならない場合でも、あなたがたは、つねに、そして確実に、彼らが適切な中立状態にあり続けるように、彼らを追い込まなければならないということである。

マキアヴェッリは、つづけて「小君主たち」(I.)について語る。彼らは小さな国家しか持たないし、軍隊を遠征に出すこともまったくできない。そして、この著者は、戦時には軍隊とともに立てこもることができるように、自分たちの首都の防備を固めなければならないことを大いに強調する。

マキアヴェッリが語る君侯たちは、厳密に言うと、君主と個人のヘルマプロディトス(6)にすぎない。彼らが大主人の役割を味わえるのは、自分たちの召使に対してのみである。みずからの偉大さについて、また、自

(4) ルイ一四世(一六三八―一七一五)。フランス国王(一六四三―一七一五)。絶対主義体制のもとに侵略戦争を何度も引き起こしたが、ほとんどが失敗で、財政破綻を来した。

(5) ルイ一四世の孫フェリペ五世(一六八三―一七四六)がハプスブルク家のカルロス二世(一六六一―一七〇〇)の死後、スペイン王位を継承(一七〇〇)したことから、オランダのウィレム三世が呼びかけてハーグで結成されたヨーロッパ連合(一七〇一)とフランス・スペインとのあいだに起こった王位継承戦争(一七〇一―一七一四)。当初フランス側が優勢だったが、王位主張者カルロス(一六八五―一七四〇)がスペインに上陸し、一時マドリードを占領、カルロス三世を名乗り(一七〇六)、勢いを盛り返した。しかし、カルロス三世は不評を買って、まもなくマドリードを撤退。その後、フェリペ五世が連合軍を破り(一七〇七)、領土を回復したが、一七〇九年にはフランス軍が各地で敗退を重ねたために、ルイ一四世は和平に傾いた。しかし、翌年には、ビラビシオーザの戦いで、フェリペ五世が自力で勝利を得て、スペイン王位を不動のものにした。その直後に、神聖ローマ帝国皇帝ヨーゼフ一世(一六七八―一七一一)が死去したことにより、カルロスがカール六世として帝位を継ぐことになり、連合国側もカール六世に権限が集中することを恐れ、彼を無視して、一七一三年にユトレヒト条約を結び、フランスとの和平を実現した。翌年には、カール六世がラシュタット条約を締結し、フェリペ五世はオランダやイタリアのスペイン領土をすべて失い、インドと北米大陸の植民地も失った。なお、ヨーロッパと時を同じくして植民地で繰り広げられた、フランスと英蘭連合軍の戦争はアン女王の戦争と呼ばれる。

(6) ギリシア神話で、両性具有の神。ヘルメスとアプロディテの語尾を男性化した形との合成語。

分たちの古くて傑出した家系に対して持っている極端な尊崇の念について、自分たちの紋章に対して持っている不可侵の熱情について、彼らが抱いている果てしない臆見を、少しばかり減じることが君侯たちに勧めることができる最良のことであるように私には思われる。分別ある人間なら、次のように言う。彼らは、とても裕福に暮らす個人としてのみ世間に存在した方が良い。また、自分の慢心が乗っかっている竹馬をきっぱりと捨て去る方が良い。そして、城に食料を求めるほど多くの飢えた人がいる場合には、みずからの城から盗人を追い出すのに十分な防備しか維持しない方が良いし、城壁と城塞を取り壊し、彼らの邸宅に要塞の雰囲気を与えるあらゆるものを取り壊した方がましだ、と。

そこにはいくつかの理由がある。ほとんどの小君主、とりわけドイツの小君主たちは、おのれのうわべの権勢に酔いしれて、その収入に比して過大な浪費を行ない、破綻していく。彼らは家名を守るがゆえに沈みゆき、虚栄心から窮乏と救貧院への道を歩んでいる。自分がルイ一四世に似ていると考えない者は、親王領地を与えられる傍系の端くれに至るまで存在しない。そういう人間は、自分のヴェルサイユを建設し、自分のマントノン(7)に口づけをし、自分の軍隊を養う。

実際に、偉大な一族の親王領地を与えられたドイツの小君主たちがいる。彼らは権勢の極みに達して、王家を構成する軍隊の全部隊を任務につかせた状態で維持しているが、非常に極小化されているので、この部隊をそれぞれ個別に見るためには、顕微鏡が必要である。彼らの軍隊は、おそらくヴェローナの舞台(8)上で演じるには、十分強力なのだろう。しかし、それはいいのだが、それ以上のものを彼らに求めてはいけない。

第二に、私は、小君主たちが自分たちの居住地を城塞化することはまずいと述べたが、それはまったく単純な理由からだ。彼らは同胞に包囲されるかもしれないというような事態には追い込まれないのである。というのは、自分たちより強力な隣人たちが、まず、もめ事に介入し、彼らには拒めない仲裁を買って出るからである。こうして血を流す代わりに、ペンを二度走らせることで、小競り合いは終了する。

それでは、小君主たちの城塞はなんの役に立つのだろう？　たとえ、彼らの城塞が、群小の敵軍に対しては、トロイアの包囲と同じくらい長期間、持ちこたえるとしても、強力な王や帝王の軍隊を前にすると、エリコ[9]の包囲のように、彼らの城塞は持ちこたえられないだろう。さらに大規模な戦争がその近隣で行なわれれば、彼らは、中立でいられないか、あるいは完全に滅ぼされるかである。また彼らがある好戦的な勢力と同調するなら、首都がこの君主の戦場となる。

いま述べてきた部類の君侯よりも、その能力においてはるかに優れていたヴィットーリオ・アメデーオ[10]は、イタリアにおけるすべての戦争で、城塞についてかなり困難な運命に見舞われていた。トリノもまた、

---

(7)　マントノン、ド、フランソワーズ・ドービニェ、侯爵夫人（一六三五―一七一九）。フランスの詩人アグリッパ・ドービニェ（一五五二―一六三〇）の孫娘で、早くに両親を亡くし、カルヴァン派のなかで育てられたが、一六四九年に棄教した。経済的困窮から喜劇作家で、滑稽詩人のスカロン（一六一〇―六〇）と結婚した（一六五二）。夫を亡くしてのち、ルイ一四世の子どもを育てる役職につき、のちにその愛人となる。王妃の死後、秘密結婚。

(8)　イタリアのヴェローナには、有名な劇場があった。

(9)　エリコ（ジェリコ）は旧約聖書、『ヨシュア記』に登場するヨルダン渓谷南端の大きな要塞都市。イスラエル人ヨシュアの侵攻を受け、城壁を崩され、なかにいた人間のみならず、牛、羊、ロバに至るまですべての生き物が剣の犠牲になった（『ヨシュア記』、第六章、第二〇―二一節）。

ある時にはフランスの、またある時には神聖ローマ皇帝の支配の盛衰のようなものさえ味わっていた。

無防備都市の利点は、戦時には、だれもそれらに気をとられることはないし、それらを役立たずとみなし、そして、それらを所有している人びとに、平穏無事に所有権を預けておく点である。

マキアヴェッリがわれわれに提示するドイツの帝国都市についての考え方は、いまある都市のあり方とはまったく異なっている。これらの都市の主人になるのに十分な爆薬装置は備わっているだろうが、それがなくても、皇帝の命令書で十分である。こうした都市は欠陥だらけの要塞で、大部分は、あちこちに大きな塔を古ぼけた城壁と隣り合わせで持ち、崩れ落ちた土でほぼ完全に塞がれてしまった堀によって囲われている。これらの都市には、ほとんど守備隊がいないし、そこに収容された人びとも、ろくな訓練を受けていない。将校たちは、ドイツの屑であり、もはや軍役につけない年老いた連中である。帝国都市のいくつかは、十分に優れた大砲を備えている。しかし、〔神聖ローマ帝国〕皇帝に立ち向かうにはけっして十分ではなかったし、頻繁に、彼らに自分たちの脆弱さを感じさせることが習わしとなっている。

ひと言でいえば、戦争をすること、戦闘を仕掛けること、城塞を攻撃し、防御することは、もっぱら大君主の関心事である。その能力を持たずに、偉大な君主をまねようとする者たちは、雷鳴を偽り、それによりローマの人びとに、自分こそユピテルであると説得しようとしたドミティアヌス帝(11)の愚かさにはまり込む。

（10）　ヴィットーリオ・アメデーオ二世（一六六六―一七三二）。イタリアのサヴォイア公国の君主（一六七五―一七三〇）で、サルデーニャ王国の王（一七一八―三〇）。啓蒙専制君主で、封建的諸特権、教会特権と戦い、中央集権的統治を目指すとともに軍事力の育成に努めた。息子に家督を譲ったあと、巻き返しをはかり、投獄される。

（11）　ドミティアヌス、ティトゥス・フラウィウス（五一―九六）。ローマ帝国皇帝（八一―九六）。ウェスパシアヌス帝の第二子で、兄のあとを継いで即位。恐怖政治とキリスト教迫害で恐れられた。大火にあったローマを再建。絶対権力を確立するために、ローマの貴族を徹底的に押さえこみ、知識人を苛酷な弾圧にさらした。その残忍さは、ネロをしのぐと言われた。解放奴隷のひとりに暗殺された。

第一一章　教会君主国について(1)［教会国家について］

これまでの二人の法王は武器の力で法王領を栄えあらしめたが、レオ一〇世の神聖な支配は、法王の善性と偉大なあらゆる性格によって栄えあるものとなり、崇敬されるものとなるだろう。

私は常日頃から非常に奇妙に思ってきたことがある。使徒の後継者を自称する人びと――自己卑下と改悛を説く幾人かの乞食のことを私は言っている――が多大な財産を所有し、洗練された贅沢な生活を送っていること、そのうえ、彼らは人生の空しさと救済の業《わざ》について深く考えなければならない人間が占めるべき地位よりも、虚栄と権勢を誇示することで満足を得ようとする当代の人間どもにこそふさわしい地位についていることがそれである。とはいえ、ローマ教会の聖職者は、途方もなく金持ちで、司教たちは、最高君主と同じ地位を占めている。そして、キリスト教徒の第一司教［ローマ法王］の世俗的かつ霊的権力は、いわば、彼を国王の裁判官、神性の第四の位格に祭り上げているのである。

聖職者あるいは神学者は、魂の諸属性を肉体の諸属性から、他のいかなるものにも増して、細心の配慮を払って区別する。しかし、彼らの議論が反駁されなければならないのは、彼ら自身に野心があるからである。彼らに向かって次のように言えるだろう。あなたがたの使命には、霊的なものへのあなたがたの仲介の義務が含まれている。それなのに、あなたがたは、それを世俗のものと、どうしてこれほど粗雑に混同したのだろうか。あなたがたは、あなたがたのまったく知らない精神とあなたがたがほとんど知らない物質とが問題となるとき、あなたがたは「区別」(L.)を非常に微妙に使いこなすが、あなたがたの利害が問題になると、その区別を放棄してしまうのは、どうしてなのか。それは、これらの猊下たちには、自分たちがわけのわからない隠語で語っていることがほとんど気にならないが、彼らが引き出す大きな利得については大いに気になるからである。それは、彼らの行動の仕方が彼らを活気づけている諸情念に合致しているように、彼らの推論の仕方が正統の教義に合致していなければならないからである。それは、現世の現実的な幸福が来世の理想的な幸福にまさるのと同様に、自然の触知可能な諸対象は英知的な対象よりまさるからである。

聖職者たちのこの驚くべき権力が本章の主題である。そこには彼らの世俗的統治に関連する一切のことが含まれる。

マキアヴェッリの考えでは、聖職者の君主たちはたいへん幸福である。というのは、彼らは家臣たちの反逆も、隣人たちの野心も、恐れる必要がないからである。彼らは神という崇敬すべき威圧的な名前によって、彼らの利害、彼らの権勢に対立しうるすべてのものから守られている。彼らを攻撃する世俗の君主たちは、ティタン族の運命[2]をたどることを恐れ、彼らに反抗する民衆は、瀆聖の末路に怖じ気づく。この種の君

(1) 本章はヴォルテールによって大幅に手直しされている。最初の五つの段落――フリードリヒとしてはとりわけ風刺的な――は歴史的考察へと変えられている。(編注)

(2) ギリシア神話で巨人族と言われたティタン族は、ゼウスを中心とするオリュンポス一二神族との戦いに敗れ、タルタロスに幽閉される。

主たちの敬虔な政治学は、デプレオー(3)が、「コタン(4)を愛さない者は神も王も愛さない」という詩句で見事に表現したことを、人びとに納得させようと一所懸命になる。

奇妙なことに、これらの聖職者の君主たちは、十分な数のだまされやすい人間を簡単に見つけている。彼らの信じやすさは、彼らの真心にもとづいており、聖職者たちが信じ込ませるのが適切と判断することを、どんな検証もなしに受け入れる。

けれども、聖職者の国々以上に、乞食がひしめき合う国はないということは確実である。そこでこそ、あらゆる人間的悲惨の胸を打つ絵画を目にすることができる。ただし、それは世俗の君主たちの気前の良さと施しが引き寄せるあの貧者たち、金持ちにまとわりつき豪奢のうしろに這い回るあの虫けらたちの絵画ではない。そうではなく、民衆は、余計なものを持つと、そのために腐敗し堕落するのが常であるので、それをあらかじめ防ぐために、司教たちが慈善の名目でその必需品を奪ってしまう、あの痩せこけた乞食たちの絵画である。

これらの聖職者の統治が基礎を置いているのは、おそらく、貨幣が禁止されていたスパルタの法律であろうが、しかし、スパルタとの違いを除かなければならない。高位聖職者は、臣民から実に敬虔な態度で財貨を剝ぎとって、そののち財貨の使用を独占するからである。貧しきものは幸いなるかな、と彼らは言う。というのは、天上の王国を相続するのは、彼らであろうから！　そして、高位聖職者は、世界中の人間が救われることを望むので、世界中の人間を赤貧に陥れるように配慮する。ああ、聖職の敬虔さよ、あなたがたの賢明な先見性が及ばないところはどこにもない。

教会の指導者たち、あるいはイエス・キリストの代理人たちの物語以上に教化的なものはなにもないはずである。われわれはそこに非の打ちどころのない神聖な習俗の実例を見出すと確信している。ところが、事実は正反対だ。そこにあるのは、ただ、猥褻と嫌悪、そして醜聞の発生源ばかりである。われわれは法王たちの残酷と背信を嫌悪せずに、彼らの伝記を読むことはできないだろう。

要するに、われわれは、彼らが野心に駆られて彼らの世俗的権力と彼らの権勢を増大させているのを目の当たりにしているということである。彼らは、そのさもしい貪欲によって、巨万の富を、不正で不誠実な口実で、彼らの家族の手に引き渡し、彼らの甥や愛妾あるいは私生児を富ませている。(5)

あまり物事を深く考えない人びとにとっては、諸国民がこの種の君主の抑圧をあれほどの従順さと忍耐心で耐えていること、自分たちを堕落させる聖職者たちの悪徳と過誤に目を開かないでいること、また、頭に桂冠を戴いている者に対してはけっして許さないことを、頭を剃髪している者には許すことは、奇妙なことに思える。ところが、この現象は、無知蒙昧な連中に対する迷信の影響力と人間精神に対する狂信の効果を知っている人びとにとっては、さほど不思議なことではない。宗教は古くから存在し、けっして摩滅することのない機械であり、それはあらゆる時代において、民衆の忠誠心を確保し、人間理性の反抗心を抑えるた

(3) フランスの古典主義詩人、文芸批評家のニコラ・ボワロー゠デプレオー(一六三六―一七一一)のこと。新旧論争で、ボワローは古代派の総帥だった。

(4) コタン、シャルル(一六〇四―八二)。フランスの滑稽詩人。モリエールが高く評価した。

(5) 本書、補録、『習俗試論』第一一〇章、第一一一章の訳参照。

めに役立てられてきた。そして、どんなに慧眼を備えた人間でも、誤りには、盲目となる可能性を持つということをこうした人びとは知っている。また、自分たちの企図を実現するために、天国と地獄、神と悪魔を作動させる人びとの政略以上に、勝利をもたらすものはなにもないことも知っている。このような具合で、われわれのあらゆる幸福のもっとも純粋な源泉である真の宗教でさえ、あまりにも嘆かわしい濫用によって、しばしば、われわれのあらゆる不幸の起源と原理となるということは、実に本当の話なのである。

著者は、きわめて正当に、なにが法王庁の権勢の高まりにもっとも貢献したかを述べている。著者によれば、その主たる理由は、アレクサンデル六世に帰せられる。みずからの残酷と野心をとてつもない次元にまで押し上げ、正義といえば裏切りしか知らなかった、かの法王に帰せられる。それゆえ、この法王の野心が打ち立てたものと神の御業《みわざ》とを、冒瀆に似た言葉を吐かずには、混同しえないだろう。それゆえ、この世俗的権勢の高まりにおいて、天が直接関与したなどということはありえない。それは、きわめて邪悪で、堕落したひとりの男の仕業にすぎない。こういうわけで、聖職者たちに関しては、彼らがどんな地位を占めていようと、神の命令を告げるなかで神の言葉を取引するあくどい商人を、つねに入念に、自分たちの情念を満足させることしか考えない場合に壊敗してしまう人間から、区別することにまさる善行はしようと思ってもできないくらいである。

レオ一〇世(6)への讃辞がこの章の結論となっている。しかし、マキアヴェッリは、この法王と時代を同じくする人間だったので、彼の讃辞にはほとんど重みがない。臣民からその主人に対する、あるいは作家から君主に対するすべての讃辞は、人がどう言おうと、まったくお追従に近いものに思えてくるからである(7)。われわれの当たり外れを決するのは、われわれが存在する限りでは、情念も利害もなしに裁く後世の人びとでなければならない。マキアヴェッリは、他のだれよりも、お世辞を言わないでいることができたはずである。彼は、徳とはなにかということさえ知らなかったのだから、人間の真価についての権限ある裁判官ではなかった。マキアヴェッリによって賞讃されるか、非難されるか、どちらがレオ一〇世にとって有利であったかは、私にはわからない。私はこの問題を読者に委ねる。それを判断すべきは読者である。

（6）レオ一〇世（一四七五―一五二一）。ローマ法王（一五一三―一五）。世俗名はジョバンニ・ロレンツォ・デ・メディチで、イル・マニーフィコ（華麗王）と称されたロレンツォ・デ・メディチの次男にふさわしく、法王庁の財産を蕩尽して、文学や芸術を庇護した。第五回ラテラン公会議を実りがないまま閉じたことから宗教改革が始まり、ルターの九五箇条の提題（一五一七）で、強烈な批判を浴びたときの法王。

（7）この文章をヴォルテールは次のように書き換えている。「マキアヴェッリは、まさにこうした特質によって彼を讃えているのではなく、ただのご機嫌伺いをしているだけであり、こういう君主たちにはこういうへつらい者がお似合いである。マキアヴェッリは、レオ一〇世を讃え、『臣民の父』であるルイ一二世への讃辞は拒否している」。フリードリヒという「君主」に「作家」が贈る「讃辞」は「お追従に近い」という表現は、もちろんヴォルテールの気にいるはずもなかった。（編注）

第一二章　民兵と傭兵のさまざまな種類について［あらゆる種類の民兵について。第一に、外国人部隊と傭兵部隊について］

君主が身を守るには、第一に、自国軍によるか、傭兵によるか、支援軍によるか、これらの混成軍によるかしか手立てはない。支援軍と傭兵は、絶対に役に立たないうえに、危険でさえある。こうした類の軍隊にしか支えられていない国家はすべて安全ではけっしてない。これらの軍隊は、なかでお互いに分裂離反し、無規律で、おのれの利益しか考えず、不忠で、民衆に対して粗暴で、野獣的だからである。……なぜなら、イタリアの没落は、長年にわたって、傭兵軍にのみ頼り切りになってきたことにしか起因しないからである。……傭兵隊長は、イタリアを悲惨と屈辱で満たした。

世界ではすべてが変種である。自然の豊穣さは、同一の種にもかかわらず、お互いに異なる産物を作り出すことで、みずからの姿を示すことを好む。自然の豊穣さは、植物や動物や風景や、人間の特徴とその肌の色とその姿とその体質のみに見られるのではなく、自然のこの作用は、非常に普遍的であり、一般的であるので、そのように表現することが許されるなら、諸帝国と君主制諸国の体質にまで及ぼされている。一般的に、帝国の体質という言葉で、私は、帝国の面積、そこに住んでいる人の数、隣国との関係から見た情勢と、そこでの交易、習慣、法律、強み、弱み、豊かさと資源のことと理解している。

統治のこの差異は、非常に顕著であり、そして、仔細にまで立ち入るとき、その差異は無数にある。医師には、あらゆる病気を治療するいかなる秘訣も、いかなる万能薬もなく、あらゆる体質に適合した治療もないのと同様に、もっとも熟達し、もっとも巧妙な政治家でも、あらゆる形態の統治と個別の国に適用して使えるような政治学の一般的規則を立てることはできない。

このようなことを考えたために、私は、おのずから、外国軍と傭兵についてのマキアヴェッリの意見を調べるように導かれた。この著者は、外国軍と傭兵の利用を完全に拒否している。その際、彼がよりどころとしている例は、それらの軍隊に国家が助けられた例ではなく、むしろ、それらを用いたことで、国家が損害を受けたということを証明しようと彼が目論んでいる例である。

経験が示してきたように、一般に、どんな国家であれ、最良の軍隊が自国軍であることは確かである。この意見を支えるには、三つの例を挙げることができるかもしれない。ひとつは、テルモピュライ峠でのスパルタ王レオニダス(1)の勇敢な抵抗の例である。もうひとつは、同じラケダイモン［スパルタ］人の奴隷たちがラケダイモン人のために戦っているときには、他のギリシア人たちの下にラケダイモン人が立った例である。さらに、もうひとつは、軍隊がローマ市民のみから構成されていたときには、ローマ帝国が驚異的な拡

(1)　レオニダス（?—前四八〇)。スパルタ王（在位、前四八八—四八〇)。前四八〇年の第二回ペルシア戦争で、少数のギリシア連合軍を率いてテルモピュライ峠を死守したが、ペルシア軍に峠を迂回され、挟撃されて敗退。自身は戦場にとどまって戦死し、英雄として讃えられた。

大を成し遂げた例である。全世界を、その至高で、強力な共和国の支配のもとへと服従させたのは、自国軍であって、外国軍ではなかった。したがって、マキアヴェッリのこの格率は、国を守るために十分な数の兵士を供給できるほど多くの住民がいるあらゆる国にとっては、適用することができる。この著者のように、帝国では、傭兵は不十分にしか役に立たず、国が保持する兵士の忠誠と勇気は、傭兵をはるかに上回ることに、私は納得している。戦争と戦闘の艱難辛苦が隣人を戦争に慣れさせているときに、怠惰により、臣民を不活発にして、衰弱するに任せ、そして柔弱になるに任せることは、非常に危険である。

内戦から抜け出た国家が彼らの敵よりも無限にまさるということは、一度ならず指摘されてきたことである。というのも、内戦においては、すべての人間が兵士だからであり、そこでは、寵愛とは別に、武功の方が際立つからであり、人間が習慣の動物だからである。そうした動物にあっては、習慣が万事を決定するのである。とはいえ、この規則には例外が必要になると思われる場合もある。王国ないし帝国がその国の軍隊として必要な、そして、戦争で使い尽くすのと同じだけのおびただしい数の人間を生み出さないのであれば、国家の欠乏を補う唯一の手段として、傭兵に頼らざるをえなくなるだろう。

その場合、これは、大部分の困難を取り除く緊急措置と見られている。そして、これは、マキアヴェッリがこの手の民兵のなかでも、質が悪いと考えているものである。この手の民兵が注意深く自国軍と一体化させられるのは、一部の民兵が隊列から離れないようにし、同じ命令と同じ規律、同じ忠誠に慣れさせるためである。また、外国人の数が自国民の数を超えないことに、主たる関心が向けられる。

北方の国王(2)は、この種の混成軍からなる軍隊を持ち、かの国王は、他の国に劣らず強力で、恐るべき国王である。ヨーロッパの兵隊の大部分は、自国軍と傭兵とからなっている。土地を耕す人びとも、村に暮らす人びとも、自分たちを守ってくれるはずの兵隊を維持するために一定額の税金を支払っているので、もはや戦争には行かない。兵士たちを構成するのは、臣民のなかで、もっとも卑しい部分の人間であり、働くよりも無為に過ごすことを好む怠け者であり、軍隊に放埒と免責特権を求める放蕩者であり、両親に対する素直さと従順さを持ち合わせていない連中であり、なにも考えずに兵役につくが、軽率さから兵役についただけなので外国人と同じくらい主君に対する好意も愛着も持たない粗忽な若者たちである。こうした兵隊は、世界を征服したローマ人たちとなんと異なっていることか！ 現代では、兵士の脱走は、あらゆる軍隊のなかで、非常にありふれたことになっているが、しかし、ローマ人たちのあいだでは、ついぞ知られることのないものだった。自分の家族のため、守護神(3)のため、ローマ市民のため、さらには彼らの人生でもっとも大事に思っているすべてのもののために戦う人間は、たった一度の臆病な脱走によって、それほどの利益を一気に裏切ることなど考えないものである。

ヨーロッパの偉大な諸君主の安全となっているのは、彼らの兵隊が、ほぼ似たり寄ったりであること、その点に関して互いになんの優位も持っていないということである。同時に市民であり、農夫であり、兵士で

(2) これは、プロイセン王自身のことを指している。フリードリヒによれば（『同時代史』第一章）、プロイセンは一七四〇年に七万六〇〇〇人の軍隊を擁し、うち二万六〇〇〇人が外国人部隊だった。（編注）

(3) ラテン語でペナテス。通常の守護神よりもさらに格が上の神で、財産の分配者でもある。

もあるのはスウェーデンの兵隊だけである。(4) しかし、彼らが戦争に行くとなると、土地を耕すために内地にとどまる者はいなくなる。したがって、彼らの威力はまったく恐れるに足りない。なぜなら彼らは敵よりも早く自滅することなしには、その期間、なにもなしえないからである。

傭兵については、以上の通りである。偉大な君主が戦争をする際にとるべきやり方については、私はマキアヴェッリの見解にまったく同調する。実際、偉大な君主が率先して自分の部隊の指揮をとり、みずからの家のなかでと同じく、軍隊のなかでも長を務めるように仕向けない理由とはいったいなんだろうか！　君主の利害、君主の義務、君主の栄光、それらすべてが、君主にそうするように仕向けるのだ。彼は配分的正義をつかさどる者なのだから、等しく自国民の庇護者にして防衛者である。彼は臣民を守ることを、彼の任務のなかでもっとも重要な目的とみなすべきである。君主は、こうした理由から、自分だけを頼りにすべきである。彼の利害から考えれば、彼みずからが軍隊のなかにいるのが当然である。なぜなら、すべての命令は彼個人から発せられるからであり、軍隊のなかにいれば、彼の決断とその執行はきわめて迅速に行なわれるからである。軍隊にとって非常に致命的で、君主の利益にとっても有害な、将軍同士の軋轢に終止符を打つのも、この君主の厳かな存在である。君主が軍隊に実際に居合わせることは、武器庫、弾薬、戦争の補給に関して、はるかに多くの秩序をもたらす。こうしたことをやらないのであれば、一〇万の戦闘員たちの先頭に君臨するカエサルのような人物でも、偉大なことも、英雄的なことも、なにひとつなしえないだろう。戦争を始めるのが君主である以上、戦争の遂行を指揮し、戦いの現場にいることで、勇敢さの気概と自信を兵士たちに伝えるのも、同じく君主の役目であることは確かである。勝利が彼の戦闘計画からどれほど切り離せないものであるか、幸運がどれほど君主の怜悧に鎖でつながれているかを示すのは君主の役目である。義務と名誉心と不滅の名声が要求するときには、脅威や危険はもとより、死をさえも、どれほど軽蔑しなければならないかを、輝かしい模範とともに兵士たちに示すのも、君主の役目である。

君主が敵の侵入から自分の諸州を防衛し、君主が勇気を出して巧妙に敵の暴力的な企てに勝利するとき、そして、敵が不正と簒奪を通じて諸権利に異議を唱えようとするのに対して、怜悧と武勇をもって、君主が断固として諸権利を維持するとき、君主の練達と英知と勇気に、いったいどれほどの栄光が伴わないことがあろうか！

これらの理由をすべて取り集めてみると、君主に次のことが義務づけられているに違いないように、私には思われる。つまり、君主自身が部隊の指揮をとり、君主たちのせいで脅威と危険にさらされている臣民とともに、それらすべてを分かち合う責任を、君主たち自身が負っているということである。

とはいえ、だれもが兵士に生まれつくわけではないし、多くの君主には、軍を指揮するのに必要な才覚も経験もない、と言う人もいるだろう。このことは真実であると、私は告白する。だが、この反論を受けて私が大いに狼狽せずにはいられない、というわけではない。というのも、つねに軍の内情を知る将軍たちがいて、君主は彼らの助言に従いさえすればよいのだから。このときには、戦争は、将軍が政府の監督下に置かれるときよりも、つねに成功に導かれるであろう。政府は、軍には属してはいないし、物事を判断できない

(4) フリードリヒによれば、スウェーデン人は正規軍七〇〇〇人、民兵三万三〇〇〇人を擁していた。(編注)

し、もっとも練達した将軍を、しばしばその能力の証《あかし》が示せない状態に置くのである。(5)

本章を終えるにあたって、私には非常に奇妙に思われたマキアヴェッリの一文を挙げておこう。「ヴェネツィア人たちは、彼らの部隊を指揮していたカルミニョーラ公(6)に疑念を抱き、彼をこの世から去らせざるをえなかった(7)」と彼は言う。

だれかをこの世から去らせるとはどういうことなのかを――彼を裏切る、彼を毒殺する、彼を暗殺する、要するに彼を殺害させると言うのでないかぎりは――まったく理解できないことを、私は告白する。かくして、この極悪な博士は、用語の意味を弱めることで、もっとも陰鬱《うつ》で罪深い行動を無実にできると信じているのである。

ギリシア人は、内心で恐れを感じることなしには、別の世界が持っている恐ろしい一切のものに耐えかねたので、死について語るときには、婉曲的な表現を利用する習わしがあった。マキアヴェッリの知性に反して、彼自身の心は、彼が説く忌まわしい道徳を完全に生のままでは消化できないからこそ、彼は犯罪を婉曲的に表現するのである。

自分のありのままの姿を認めて赤面し、自分自身が見つめられる瞬間から逃げ出すとは、なんと悲しい状況であることか！

(5) 以下のどうでも良い言葉の使い方に関する批判を除けば、本章では、マキアヴェッリとフリードリヒとのあいだに完全な一致がみられることを指摘しておこう。(編注)

(6) カルミニョーラはトリノのピエモンテ王国に属する都市。この都市で一三九〇年に生まれたカルミニョーラ公の名前は、フランチェスコ・ブッソーネで、両親は不明。一兵卒として、ミラノ公フィリッポ・マリア・ヴィスコンティ(一三九一—一四四七)の軍隊にはいり、たった一度の戦闘でミラノ公の目に留まり、軍の高官となり、伯爵にまでなったが、一四二四年の戦役へ出発しようとしたときに、その忠誠を疑われ、軍の指揮権を剝奪された。なおも自分の軍隊を動員しようとしたときに、今度は叛乱を疑われ、ミラノを逃亡、ヴェネツィアに赴き、反ミラノ公の戦いを組織し、一四二六年の戦争で勝利した。その翌年も戦いに勝利したが、捕虜に寛容だったために、今度は、ヴェネツィア人の疑いを招き、それに、一四三一年のポー河での海戦での敗北が重なり、旧土への憐憫からわざと戦いに敗れたのではないかと疑われ、一〇人委員会に呼び出され。拷問の末、無実だったにもかかわらず、裏切りを告白したために、一四三二年に首を刎ねられた。処刑のときには、真実を語らせまいとして、口に猿ぐつわをはめられたと言う。彼の莫大な財産は没収されたが、その息子二人には年金が与えられた。

(7) 岩波97、中公72—73。

第一三章　援軍、混成軍、自国軍について［援軍、混成軍、国自身の軍隊について］

もうひとつの役に立たない軍隊の例は、援軍である。……こうした類の軍隊は、良いことは良いのだが、いつでも、援助を乞うた側にとって危険である。なぜなら、援軍が負けるとあなたも負け、援軍が勝利を得れば、あなたは彼らの言いなりになり、虜《とりこ》になってしまうからだ。……そこで結論である。外国軍でしか支えられていないすべての国家は、けっして安全ではない。逆境のときに、自分で自分を守ることができる軍隊を持たなければ、運命の気まぐれに完全に依存することになろう。

古代のあらゆる哲学者のうちで、もっとも賢明な、もっとも分別ある、そしてもっとも中庸を心得た哲学者たちというのは、異論の余地なく、新アカデメイア(1)の人びとであった。おのれの決断において慎重な彼らは、ある物事について、慌てて否定することも、肯定することもなかったし、慢心による思い違いによっても、気性の激しさによっても、彼らの同意が左右されることはなかった。

マキアヴェッリがこうした哲学者たちの穏健さを利用し、理性と良識への道を頻繁に誤らせる想像力の激しい噴出に身を委ねなければよかったのに、と思う。

マキアヴェッリは、怜悧な君主が外国の援軍とともに勝利するよりも、自軍とともに滅びる方が好ましいと主張することで、誇張法を極端な点にまで押し進めている。それ以上のざれごとを発することはできないし、また、私が主張しているのは、マキアヴェッリの『君主論』が良書あるなどという主張以外に、開闢《びゃく》以来馬鹿げたことは語られたことがなかったということだ。

著者の命題と同じくらい危なっかしい命題は、彼に非難しか引き寄せることはできない。その命題は経験にそぐわないのと同じくらい政治学にもそぐわない。自国を保全するうえで、恩義を受けている諸手段と人材を無視して、自国の保全よりも、その破滅を選好する君主とはなにものであろうか?

溺れそうになっている人間が自分の命を自分自身ではなく、他人のおかげで救われるのは、よくないと言ってみたり、他人が差し出したロープや杖をつかむよりは、死ぬべきであると言ってみたりする人びとの弁舌に耳を貸してはいけない。人間の第一関心事は自己保存であり、第二の関心事は自分自身の安寧であるということを、経験はわれわれに示している。このことは、著者の誇張法的な偽推理を完全に論破する。

（1）　プラトンがアテナイで紀元前四世紀の初めに開いたアカデメイア（学園）を引き継いで、古アカデメイアと称する最初の弟子たちによる学園が成立した。アリストテレスもこれに属し、ほぼ紀元前四世紀全体を通じてプラトンとピュタゴラス的傾向とを混合したとされる。続いて、紀元前二六四年にアルケシラオス（前三一五頃―二四一）が懐疑主義的傾向の強い中アカデメイアを創始した。著名な懐疑論者ピュロン（前三六〇―一七五）などもこの学派に属する。最後に、新アカデメイアが、紀元前三世紀半ばに成立し、カルネアデス（前二一九頃―一二八）の蓋然論を中心に、絶対的懐疑主義を排しながらも、フリードリヒが指摘しているように、極めて慎重な判断を旨とする学派が確立された。末期にはキケロなどもこの学派に属したと言われる。

このマキアヴェッリの格率を掘り下げてみれば、恥ずべき風俗壊乱者が君主たちに吹き込もうとするのが偽装された嫉妬でしかないとわかる。しかしながら、これは、君主たちの配下にいる将軍たちや、あるいは彼らの救援に駆けつける援軍への嫉妬であり、彼らは、つねに自分たちの利害にとって非常に有害である栄光を分有するのではないかという恐れからそれを待ち望まない。そうした理由から、無数の戦闘が敗北で終わった。また、君主たちの敵の数が多いことと敵が優勢であることよりも、無数の小さな嫉妬がしばしば君主たちに損害をもたらす。

妬《ねた》みは、社会にもっとも害悪をもたらす悪徳のひとつであり、個々人ではなく、君主にそれが見られる場合には、まったく別の結果をもたらす。臣民への妬みを抱えた君主が統治する国は、偉大な事業を行なうための腕と能力をもった人びとではなく、精彩を欠いた市民しか生み出さないだろう。妬みを抱えた君主は、幼芽のなかでのように、天が華々しい企てのために育て上げたかに見えるその天分を押さえつける。そこから帝国は衰退し、ついには完全に没落する。東ローマ帝国の没落は、そこを統治する最後の君主たちの宗教に関する衒学的態度と同じくらい、将軍たちの幸運な成功に対して皇帝たちが示した嫉妬に起因している。経験をほとんど積んでいない指揮官が国家の滅亡を加速した。この帝国は、滅ばないわけにはいかなかった。練達した将軍たちに報いるどころか、将軍たちは、成功したために、かえって処罰された。

君主がもつべき一番の感情は、祖国への愛であり、彼にふさわしいただひとつの意志は、国家の善に役立つ重要なものごとを実行することである。まさにそのために、彼の自尊心と彼の情熱のすべてを犠牲にしなければならないし、君主が遭遇するあらゆる助言、あらゆる援助、そしてあらゆる偉人たち、ひと言でいえば、彼が臣民の幸福にとって良かれと思うことを実行するのに貢献できるあらゆるものを利用しなければならない。

混成軍あるいは援軍なしで済ますことができる大国が、みずからの軍隊からそれらを締め出すのはよいことである。しかし、ヨーロッパのほとんどの君主は、そのような状況にはないので、自国軍が数のうえで上回るかぎりは、援軍を用いてもなんら危険を冒すことにはならないと私は思う。

マキアヴェッリは、小君主のためにしか書かなかった。彼の作品は、気どった政治的表現だけから成っている。著者がみずからに反する経験をしないような箇所は、ほとんどどこにもない。私は、好結果をもたらす、援軍から成る軍隊についての無数の範例を引き合いに出すことができたし、それらの貢献を受けた君主の無数の例を引き合いに出すことでもできるだろう。

帝国所領・イギリス・オランダと手を組んだ神聖ローマ皇帝がフランスに勝利したブラバン、ライン、イタリアの諸戦争[2]は、フランス人をドイツとイタリアから追い払い、フランドル地方でフランス人を降伏させたが、これらの戦争は、援軍なしには行なわれることはなかった。北方（ドイツ）の三王がカール一二世からドイツ諸国の一部を奪い取った作戦も、同様に同盟諸国によって結成された種々の君主の軍隊をもって行なわれた。一七三四年の戦争[3]は、いつも選ばれては、いつも廃位されるポーランド王の諸権利を支持するという口実のもとに、フランスが始めたものだったが、その際は サヴォイア人[4]と結んだフランス人はミラノ[5]公国とロンバルディア地方[6]の大部分を征服した。

これほど多くの例を前にして、マキアヴェッリになにが残されているだろうか。どれほど創意工夫に富んでいようと、サウル[7]の武具に関する寓意がなになるというのか。ダビデ[8]は、ゴリアテ[9]と戦わなければならなかったとき、サウルの愚鈍さのゆえに彼の軍隊を拒んだのだったが。それは泡立てられたクリームでしかなかった。援軍が君主たちにとって迷惑になるときがあるということは認める。しかし、私は、援軍のおかげで諸都市と諸州を獲得できるときに、迷惑と心底からは思わないのではないか、と聞きたいのである。

（2）ブラバン、ライン、イタリアの諸戦争　いずれもルイ一四世が引き起こした侵略戦争。ブラバン（オランダ語ではブラバント）はベルギー中央部の地方で、北はオランダ、東はリエージュ地方、西はフラマン地方（ドイツ語ではフランドル、オランダ語ではフラーンデレン）、南はフランスと接している。ブラバン戦争は、南ネーデルラント継承戦争と呼ばれ、ルイ一四世が南ネーデルラントの相続権を主張して、一六六七年に引き起こした侵略戦争。オランダがイングランド、スウェーデンと同盟して侵略を食い止め、アーヘン和約を結び、フランスはリールなどを得た。ライン戦争は、オランダ戦争のことで、一六七二年から六年間にわたって戦われ、当初、フランス軍はライン河を渡り、オランダの諸都市を占領したが、オランダは神聖ローマ皇帝、スペイン、デンマークと同盟し、フランスを撃退し、ナイメーヘンの和約を成立させた。イタリア戦争は、プファルツ戦争のことで、一六八八年にプファルツ継承問題をきっかけにアウクスブルク同盟（ドイツ諸侯、神聖ローマ皇帝、オランダ、スペイン）とイギリス、サヴォイアに対して仕掛けた侵略戦争。九年間の戦闘の末、決着をつけることができず、ライスワイク条約で終戦になった。これらの侵略戦争で、いずれもルイ一四世は、小国の同盟軍と対峙し、決定的な勝利を得ていない。

（3）ポーランド継承戦争（一七三三―三八）を指す。第三章、訳注（10）参照。

（4）サヴォイア人　北イタリアのフランスと国境を接したサヴォイア公国と同盟したことを言う。

（5）イタリア北部、ロンバルディア地方の中心都市。一二七七年にゲルフ党がオットーネ・ヴィスコンティ大司教

（一二〇七―九五）率いるギベリン党に敗北し、ヴィスコンティ家の支配が打ち立てられ、神聖ローマ帝国に関係したオーストリア、ドイツの皇帝や諸侯と結びつきを深めた。一四世紀には、ヴィスコンティ家がベルガモ、ノヴァーラ、クレモナ、コモ、ピアチェンツァ、ブレーシア、アスティ、パルマなどを次々と支配下に収めた。一四世紀末には、公爵領となったが、一五世紀初頭から、急速な伸長に脅威を感じたフィレンツェ・ヴェネツィアの両共和国との対立抗争が開始されることになった。一四四七年にヴィスコンティ家が途絶えたのち、スフォルツァ家がミラノ公爵領を引き継ぎ、ロディの和平（一四五四）後繁栄の時代を迎えた。しかし、一五世紀末から、ミラノは、小国家に分裂した半島諸国との対立抗争に加えて、フランスのシャルル八世の侵入を皮切りに、オーストリアのハプスブルク家を含めた外国からの侵略に見舞われることになり、荒廃した。この時代のスフォルツァ家の当主はルドヴィコ・イル・ムロである。補録、『習俗試論』、第一一〇章、訳注（9）参照。

（6）　ミラノ公国の支配地域で、北部はスイスにつながる山岳地帯と丘陵地帯。南部は小麦の収穫で名高いポー平原の平野部からなる。地名は五六八年にランゴバルド族がこの地に王国を建てたことによる。

（7）　イスラエル初代の王。紀元前一〇二〇年から二〇年間在位したとされる。その事績は、サムエル記、上、第九章から第三一章までに詳しい。サムエルによって王位に就けられた。王国の基礎を築いたものの、神の教えに背くようになったという。ダビデへの嫉妬は激しく、その生命を狙った。ペリシテ人との戦闘で、三人の息子を失ったうえに、みずからも自死したという。

（8）　ユダとイスラエルの統一王国を建設し、ユダヤ史上稀に見る繁栄をもたらした王（在位、前一〇〇〇―九六一）とされる。サムエル記、上、第一六章から、列王記、上、第二章まで、および歴代誌、上、第一一―第二九章に詳しい。その知恵と力を兼備した人格と繁栄をもたらした政治手腕から、新約聖書のイエスも、ダビデの子孫に擬せられている。

（9）　ペリシテ人の巨人。サウルとペリシテ人との戦いで、非力な少年ダビデが石投げ紐で強大なゴリアテを倒したエピソードがある。サムエル記、下、第一七章参照。

これらの補助軍に言及した折に、マキアヴェッリは、フランスに仕えたスイス人傭兵に毒づいている。私は、この勇猛な軍隊という主題についてひと言いわなければならない。なぜなら、次のことは疑いの余地がないからである。すなわち、フランス人は、彼らの助けによって、一度ならず戦争に勝利したし、彼らはこの帝国に瞠目すべき貢献をしたのだった。また、フランスが歩兵軍団に仕えているスイス人とドイツ人に暇を出したなら、フランスの軍隊は、現在そうであるよりもはるかに恐れるにたりないものとなっていただろう。

判断に関する誤りについては、以上のとおりである。[10] 今度は道徳についての誤りを見てみよう。マキアヴェッリが君主たちに示す悪しき手本は、一片の価値もないもので、健全な政治学と道徳は、等しくそれらを斥けている。この章で、彼が引き合いに出しているシラクサのヒエロンは、みずからの軍隊を雇い続けるのも、解雇するのも、同じく危険だと考えて、別々の部分にすっかり分割させた。このような事実が歴史のなかに見出されると、それは反撥を招く。しかし、君主の教育に役立たなければならない本で、そのような事実が報告されているのを見ると、憤激を感じざるを得ないのである。

残酷さと野蛮さは個人にとってしばしば致命的であるから、大部分の個人は、これらを恐れる。しかし、神の摂理によって俗人の運命からは、かくも離れたところに置かれた君主たちは、残酷さと野蛮さを恐れるべきものとは思わないだけに、なおさらそれらを嫌悪することはない。それゆえ、人びとを統治しなければならない者たちに対しては、彼らが無制限な権力をあらゆることに濫用することができるので、そうした濫用から極力遠ざかることを、教え込まなければならないのである。

この章で「当人の力にもとづいて、信用と名声が築かれていないとき、そうした信用と名声ほど壊れやすいものはない」(11)と言ったその同じマキアヴェッリが、今日、味わっているのは、彼の壊れやすい名声が消え去ったということであり、そして彼の存命中はその機知によってマキアヴェッリが高く評価されたとすれば、死後はその冷酷さによって嫌われたということだった。それだから、公衆の目を眩《くら》ませることができるのも、一時のことにすぎない、というのは本当のことなのである。この公衆、すなわち名声の真の理解者

(10) フリードリヒはみずからの論駁がもつ二重の性格を非常に意識している。その論駁は同時に道徳的であり現実主義的である。この章の冒頭すべては現実主義に捧げられている。マキアヴェッリ以後の歴史的諸事実は援軍と同盟の効用を証明しているようにみえる。しかしながらそこには問題の移動がある。フリードリヒは、援助している者たちとほぼ同じ利害を援軍がもっているために、同盟が正真正銘の釣り合いを示すような例を挙げる。対するに、マキアヴェッリがとくに考えているのは、ほとんど傭兵同然の援軍である。そのような援軍は、困り果てた君主に軍役を提供しにやってきて、自分たちが守護した国家を横取りしてしまう。つまり彼らは、みずからの新たな目的にあまりにも興味をもちすぎるおそれがあるというのである。したがってフリードリヒは、ずばりマキアヴェッリの命題そのものを論駁しているのではないのだが、しかし、もし問題を広げて、『君主論』の環境を形づくる限定された歴史的諸条件のなかだけにとどまらなければ、フリードリヒにも理があるのである。(編注)

(11) デボルド訳による。アムロ訳：「自分自身に支えられていない権勢ほど、弱いものはなにもない。」もともとこの一節は、マキアヴェッリが自分自身の記憶に頼って、タキトゥスの『年代記』、第一三巻、第一九節から引用したもの。「この世の中で、権勢がそれ自身の固有の力で支えられていないときの名声ほど、不安定ではかないものはない。」(國原吉之助訳、『タキトゥス　世界古典文学全集22』、筑摩書房、二二八ページ)。

は、ある時には大目に見るにせよ、つねに大目に見ているというわけではないし、古代の人びとがエジプトの王たちを、その死後に裁いたのと同じく、公衆は、その人が占める地位がなんであれ、人びとをその死後に厳格に裁いたのである。

それゆえ、ここには、この世界で名声を保持するための確かで、けっして誤ることのない手段がある。それは、公衆に見られたいと思う姿を、現実の姿とすることである。

第一四章　軍事に関する君主の義務について(1)

君主の仕事は戦争業である。それ以外の目的を持ってはならない。……第一に自国の地形をよく知ることである。このようにすれば、自国を防衛することができるからだ。そこから引き出せる第二の利点は、国を実地に見ることに慣れることで、すぐさま地形を知ることができるということである。……理論に関しては、君主は歴史書を読むことが必要である。……大人物が戦争のときにどういうことをやっていたかを検討しなければならない。……平時にあっても、怠惰に溺れてはならない。困難なときに運命が一変しても、その打撃に不意うちをくらわないようにしなければならない。

あらゆる職業には共通した一種の衒学趣味があるわけだが、それはその仕事に専念している人びとの行き過ぎと放縦にしか由来しない。この衒学趣味がそれにかぶれた人びとに常軌を逸した振る舞いをさせ、彼らを笑い者に仕立ててあげる。

文芸共和国では、この種の荷役たちは大目に見られている。この人たちは、学問の進歩のために、古代の

(1)　ヴォルテールは、この章題を揶揄して、次のような訂正をここにほどこしている。「戦争にしか熱中してはいけないかどうか。狩猟についての余談」。(編注)

衒学的な遺物のなかに埋められて、この暗闇の奥底から、いわば人類に向けて彼らの光を放ちながら、古代の死者たち・作家たちとともに生きている。これらの荷役たちは、こうした死者と作家たちのことを、とてもよく知っているが、生者と自分たちの時代の人びとに有益なことに関しては、ほとんどなにも知らない。

一流の学者たちにおいては、この衒学趣味は、ある意味で許されている。その理由は、彼らの職業に起因する。彼らが時代に乗っていくことを妨げ、また、彼らを垢抜《あか》けさせるかもしれない世間に彼らが広がることを妨げているのは、彼らの職業の特殊性である。この衒学趣味が軍人たちにおいて、まったく容認しえないものとなるのは、それとは反対の理由によってである。

兵士が衒学的であるのは、彼があまりに些事にこだわるときか、ほら吹きか、ドン・キ・ホーテ的夢想にのめり込んでいるときかのいずれかである。これらの欠点は、埃だらけの骨とう品と古代ローマ人の国の礼儀作法が彼を学者にするのと同じくらい、兵士という職業においては、彼を笑いものに仕立てあげる。

マキアヴェッリの熱狂ぶりは、この種の笑いものに仕立てあげる危険に彼の君主をさらしている。というのも、彼は、物事をあまりにも誇張し、彼の君主がもっぱら兵士でのみあることを欲しているからだ。彼は、自分の君主を、完全なドン・キ・ホーテにしようとしている。彼の君主が持つ想像力は、戦場、塹壕、要塞の包囲の仕方、防御線の張り方、攻撃の仕方、哨所と城壁の作り方といったことばかりでいっぱいなのだ。前衛正面にいるときにはスープを、砲弾のなかではパテを、出丸のある城にいるときにはタルトを、彼の君主に食べさせようという気に著者がまったくならなかったことは、私には驚きであり、ミゲル・デ・セルバンテス(2)の描く愛すべき変人のように、彼の君主を風車、雌羊、ダチョウと戦わせなかったことが私には驚きである。

以上のことが、力学における重心のように、道徳に関して賢明な中庸から遠ざかるときに、人びとが陥るもろもろの悪癖である。

戦争術にのみ君主が没頭しているなら、そうした君主はみずからの使命の半分しか果たしていない。君主は兵士でのみあるべきだというのは明らかに誤りだ。君主の起源について、本書の第一章で私が述べたことを思い出していただければよい。君主は慣習法の裁判官である。また、君主は、将軍だとしても、将軍の紐飾りを付けているにすぎない。

ホメロスの神々は、力強く、たくましく、手強いけれども、けっして正しくなく、公正ではないように描かれている。マキアヴェッリの『君主論』もちょうどこのようである。この著者は、正義に関する教理問答すらも知らない。彼が知っているのは、利害と暴力のみである。

この著者は、せせこましい考えしか提示しない。彼の貧弱な才能は、小君主たちの政治学にふさわしい主題しか扱っていない。そうした君主たちに、狩猟を勧めようと、彼が用いているもろもろの理屈ほど哀れなものはない。[3] 彼は、君主たちが狩猟という手段によって自国の状況と通り道を知る術を学ぶのだという意見

（2） セルバンテス・サーベドラ、ミゲル・デ（一五四七―一六一六）スペインの小説家、劇作家、詩人。『ドン・キ・ホーテ』の作者。

（3） ヴォルテールは、「とりわけドイツでは」と補った。（編注）

を持っている。

もし、フランス王が、あるいはある皇帝がこのやり方で自分たちの国家の知識を得られるとでも思っているのなら、彼らには、狩のあいだ、太陽年の循環において宇宙が費やす時間と同じだけの時間が必要となるはずだ。

私がこうした事柄のさらに細かな点に立ち入ることをお許し願いたい。それは、狩猟がきっかけでなされる一種の余談のようなものになるに違いない。この狩猟の気晴らしは、貴族たちと大領主、さらには王たちにほとんど共通する道楽であるから、この余談に多少議論を割く値打ちがあると思われるのだ。

おおかたの王と君侯は、彼らの人生の少なくとも四分の三を、森を駆け抜け、動物たちを追いまわし、仕留めることに費やしている。もし、この著作が彼らの手に落ちるなら、彼らが人類の幸福のために、とても有益に用いている時間を、この本の読書のために犠牲にしようと望むだろうなどと推測するほどのうぬぼれを私は持っていない。しかし、私の意見が彼らの意見に反していると感じられる場合には、私を導く真理愛が私の意見の弁明をしても、どうかお許しいただくように、彼らにお願いしたい。私は歯の浮くような讃辞をまったく書いてはいないし、私の筆は、かねで動くようなものではない。私の意図は、この著作を書きながら、可能な自由の全部を使って、私が納得した真理や、私には理屈にかなっていると思える事柄を述べることにある。結局、まったく真理を愛していないか、マキアヴェッリの考え方に反駁することを望まないか、どちらかであるほど堕落した趣味を読み手が持っている場合には、私の本など投げ捨ててしまえばよいだけであって、だれもきっとそんな連中に、本書を読むように無理強いをしないはずだ。

私の主題に戻る。狩猟は、大いに肉体を揺さぶるが、精神にはなにも語らないあの官能的快楽のひとつである。それは身体の訓練であり、野生動物を犠牲にして、殺戮の技巧が使用されるのである。それは魂の空白を満たす持続的な気晴らしであり、騒々しい快楽である。そのあいだじゅう、魂は他のことをなにも考えられなくなる。それは、なにかの野獣を追跡する活気に満ちた、燃えるような欲望であり、かつその獣を殺すという残酷で血なまぐさい満足である。要するに、それは、肉体を頑健かつ活発にするが、精神は、涵養されず、無教養なままにしておく娯楽である。

狩猟家たちは、おそらく、私が物事をまじめすぎる調子で語っており、重々しい厳格な批評をしていると非難し、まるで聖職者のようである、と非難するだろう。聖職者たちは、彼らだけが講壇で語る特権を持っているので、反論を恐れることなく、彼らがよいと思う一切のことを簡単に証明する。

私は、そのような利点を活用するつもりはない。私は、狩猟の愛好家たちが申し立てる、もっともらしい理由をまじめに取り上げるだろう。まず、彼らは、狩猟はもっとも高貴な、もっとも古くから行なわれてきた男性の快楽であり、族長たちと他の多くの権力者さえも、狩猟者であった、と言うだろう。そして、狩によって、人間たちは、神がみずからアダムにお与えくださったその同じ権力を、動物たちに対して行使し続けているだけだと言うだろう。彼らが望むのであれば、私は、狩猟がこの世界と同じくらい古いものであると認めよう。それは、人びとが遥か以前から狩を行なってきたことを明らかにする。しかし、だからといって、古いものは、それで、より優れたものであるということにはならない。権力者は狩猟を好んだ。私はそのことを認める。彼らには弱点と同様、欠点もあった。彼らの偉大な点を模倣し、つまらない点は真似ないようにしよう。

族長たちは狩をしてきた。それは事実である。さらに、彼らは自分たちの姉妹と結婚したこと、複婚制が彼らの時代の習慣であったことも私は認める。しかし、これらの善良な族長たち、わが親愛なる父祖たちは、彼らが生きた野蛮な時代の名残を大いにとどめていた。彼らはとても粗野で、非常な無知であった。彼らは怠惰な人間であり、時間の使い方を知らなかったので、彼らにはつねに長すぎるように思えた暇をつぶすために、退屈紛れに狩に出かけた。彼らは、獣を追跡しながら、森のなかで時間を無駄に過ごした。彼らには、その時間を分別ある人びとともに過ごすという能力も精神もなかったのである。

それが見習わなければならない例なのかどうか、粗野が礼節を教化するはずであるのかどうか、むしろ他の世紀の手本として役立たなければならないのは、啓蒙の諸世紀の方ではないのかどうか、私には疑問である。

アダムは、獣に対する支配権を神から受け取ったか、あるいはそうではないかということは、私の探求しようとすることではない。しかし、われわれ自身は、獣たちよりもいっそう残酷でいっそう貪欲であり、かの支配権と称するものを、きわめて横暴に行使しているということを、私はよく承知している。もし、動物に対する優越性を、われわれに与えるものがなにかあるとすれば、それは、間違いなくわれわれの理性である。通常、狩を職業とする人びとの脳髄は、馬、猟犬、あらゆる種類の動物のことでいっぱいである。普通は、彼らは粗野である。そして彼らは、彼らの情念の熱狂に、ためらいなく身を委ねるという危険な習慣に感染する。

彼らが獣に対してもそうであるように、人間に対しても非情になることを懸念しなければならない。あるいは少なくとも、冷淡に人間を苦しめるという残酷な習慣のために、彼らが同胞の不幸に対してより鈍感になることを懸念しなければならない。快楽の高貴さをあれほど自慢するが、その実態はこれなのか？　思考する存在にかくも適した仕事がこれなのか？

次のように言って、私に反対する人もおそらくいるだろう。狩は健康に良い。狩をする人びとは、高齢まで生きるということが、経験から明らかになっている。それは罪のない快楽であり、大貴族にふさわしいものである。狩によって、彼らはその豪奢を見せびらかし、悲しみを紛らわす。狩は、平和の時期に戦争の姿を提示する。そして、君主は、狩をすることによって、地勢、抜け道、要するに彼の国に関するすべてを学ぶ、と。

もし、あなたがたが狩は情熱なのだというなら、私は他の情熱に先立ってそれを持っていることで、あなたがたに同情し、また、あなたがたをある意味で容赦しさえするだろう。そして、情熱を破壊することはできないので、単に情熱をなだめるように、とあなたがたに忠告することに、私はとどめるだろう。もし、あなたがたが狩は快楽であるというなら、あなたがたは度を過ごさないでそれを楽しむように、と私は答えるだろう。いかなる快楽であろうと、私が快楽を非難することは断じてないように！　と私は思っているからだ。私が望むのは、むしろ反対で、快楽が人間にやってくるように、魂のあらゆる扉を開きたいくらいなのだ。しかし、あなたがたの虚栄心の幻影と情熱の偽りの言語があなたがたに暗示する無数の理由のために、狩はたいへん有益でたいへん良いものである、とあなたがたが言うときには、あなたがたのつまらない理由に、私は全然満足しない。それは醜さを隠すために、野卑な顔にあなたがたがあてがおうとする化粧である、あなたがたは、言っていることを証明できないので、少なくとも相手の目をくらまそうとしているのだ、と私は答える。なにもしない怠惰な男の長い生涯は、いったい社会のなにに役立つのだろう。(4) 次のような詩句を思い出そう。

年数で測ってはならない
英雄たちの行程は(5)

ひとりの人間が怠惰で無益な日々の流れをメトセラ(6)の年齢まで引きずることなど問題にならない。彼が思索すればするだけ、彼の行動はいっそう美しく有益になるだろう。それだけ彼は生きたことになるだろう。そのうえ、狩はあらゆる気晴らしのうちで、君主にもっともふさわしくないものである。君主は、みずからの豪奢を、臣民にとってははるかに有益なやり方で示すことができる。かりに獣が多すぎ、その害で村人が破滅することがたまたまあったとしても、それらの獣をやっつける仕事を狩猟家たちに任せれば、彼らはそれを立派にやり遂げることができるだろう。君主というものは、本来、いっそう多くの知識を獲得し、さまざまな観念の組み合わせができるようになるために、自分を教化するという仕事にのみ携わらなければならない。君主の職業は、良く、しかも正しく考えることである。(7) そのことのために、君主は全員、みずからの精神を鍛えなければならないだろう。しかし、人間は、染みついた習慣にたいへん左右され、かつその仕事は、彼らの考え方に限りなく影響するので、人を残酷で粗暴にすることしかできない獣《けだもの》を同伴者とするよ

（4）　この最後の筆致は、文化と社交を愛し、肉体の鍛錬とプロイセン式教育を軽蔑したフリードリヒの気質をよくあらわしている。王太子は、少なくとも、一七四〇年まで、『反マキアヴェッリ論』の時まではそのように見える。いずれにしろ、彼は決して狩猟を愛するようにはならない。少なくともこの点では、われわれは彼の誠実さを信じることができる。（編注）

（5）　この詩は、ヴォルテール宛のフリードリヒ（当時は王子）の書簡で引用されている。『ヴォルテール全集』、第七三巻、『君主たちとの書簡集』、第一巻（*Œuvres complètes de Voltaire*, Tome LXXIII, Correspondance avec les souverains,Tome 1, Paris, Baudouin Frères, Editeurs, 1828, p.23）、プロイセン王子との書簡、第五一、一七三八年、四月一九日付。この書簡のなかで、フリードリヒは、ヴォルテールが病床に臥せったとの情報を受け取ったので、大いに心配しながらも、冒頭で、「ルソーがおそらく彼の生涯のなかで書いた、もっとも優れた二行の詩句」としてこの詩句を引用している。一七三九年八月二〇日にシャトレ夫人にフリードリヒは、マキアヴェッリを論破する著作を執筆中であると書き送っているから、マキアヴェッリとの関係で、この詩句を記憶していたらしい。

（6）　セツ系の父祖で、大洪水以前の一〇人の父祖のひとり。エノクの子で、レメクの父。父祖中もっとも長命だったとされる。創世記、第五章、第二一節。

（7）　ここで君主が知的完成にのみこだわり、哲学者が行動の必要性を喚起して、その考えを補足しているのを見ることは、刺激的である。ついでに、フリードリヒによる君主の役割の特筆すべき定義に注目しておこう。「彼らの職業は、良く、しかも正しく考えることである」。すばらしい定式である。しかし、一見して思えるほど理論的ではない。というのは、「いっそう多くの知識を獲得し、さまざまな観念の組み合わせができる」という文脈において検討するなら、フリードリヒにとって国王に必要な中心的資質は、集団を支配する能力、明晰な統合力だということが判明するからである。いまだ後見状態にあるこの若き君主には、壮大かつ限りなく正当な展望があるのではないか。（編注）

り、穏やかさを与える良識の人びとを同伴者とする方が好ましいということは、自然なように思える。というのもみずからの精神を思索の高みにまで押し上げた人びとは、みずからの理性を感覚の支配に屈服させた人びとに比べて、いかに多くの利点を持たないでいることができようか、と考えるからである。中庸を保つこと、君主たちにかくも必要なこの美徳は、狩猟家たちのもとには見出されない。狩猟を嫌悪すべきものとするには、それだけで十分であろう。

さらに、私は、考えつくことができるかぎりでの私へのあらゆる反論に答えるために、そしてマキアヴェッリに立ち戻るために、立派な指揮官であろうとすれば、狩猟家である必要はないということを付け加えなければならない。また、次のことを付け加えなければならない。グスターヴ＝アドルフ[8]、マールバラ卿[9]、オイゲン王子[10]が名だたる大人物にして練達の将校であるという、彼らの定評については、だれも文句を言わないと思う。しかし、彼らはみな狩猟家ではなかった。そして、ヤマウズラや伏せをしている猟犬や鹿やあらゆる種類の動物の一団、そして狩猟熱で気が散ってしまっているときよりも、散歩をしているときの方が、あなたがたは戦争術に関連するさまざまな状況について、より正しい、より堅固な思索を行なうこ

(8) グスターヴ＝アドルフ（一五九四―一六三二）。グスターヴ二世。スウェーデン王（在位、一六一一―一六三二）。即位前から続いていた王冠と貴族の抗争を解決するために、一六一二年の憲章を承認し、アークセル・ウクセンシェアナ（一五八三―一六五四）を首班に任命して、法制度の整備を進め、税制を確立し、スウェーデンの近代化に尽力した。一六一三年には、デンマークとのあいだにクレーネド講和を締結し、カルマル戦争を終結。軍制を近代化したのち、三〇年戦争に参戦し、戦争中期（一六三〇―三二）にドイツの戦場で活躍。軍事的才能に恵まれ、「北

方のライオン」と綽名されたが、戦死した。

(9) マールバラ卿(一六五〇—一七二二)。ジョン・チャーチル、マールバラ公爵。イギリスの将軍。はじめヨーク公に仕え、のちにジェームズ二世(一六三三—一七〇一)に仕え、オランダ戦争をフランスとともに戦う。ウィレム三世(一六五〇—一七〇二)に味方し、名誉革命を成功させる。その後、ジェームズ二世との関係を疑われ、影響力を一時失う。ジェームズ二世の娘アン(一六五五—一七一四)が王座に就いたために、復権。スペイン継承戦争の司令官として戦う。戦功によりマールバラ公爵位を授けられる。一七一一年に公金費消の罪に問われ司令官を解任される。一七一二年から一七一四年まで亡命し、この間、ハノーファー公(一六六〇—一七二七)と結んで、彼を王位(ジョージ一世)に就け、イギリスへ戻り、完全に復権を果たした。

(10) オイゲン王子(一六六三—一七三六)。オーストリアの陸軍元帥(一七〇七)で、サヴォイア=カリニャン王子。サヴォイア公とマザラン枢機卿の姪とのあいだに、パリの宮廷で生まれた。ルイ一四世に軍人としての出世を拒まれ、神聖ローマ皇帝に仕える。一六八三年から一六九九年にかけてオスマン軍との戦いで勲功をあげ、一六九七年にハンガリー方面最高司令官となる。スペイン継承戦争ではフランス軍を撃破。オーストリアの和平全権大使として、ラシュタット和約を締結。その後、再びオスマン軍と戦い、ベオグラードを占領(一七一七)。スペイン継承戦争後(一七一六)にネーデルラント総督に任じられたが、実際には、腹心のド・プリエ侯爵に統治を任せきりにしていた。オーステンデ大インド会社をめぐって、ド・プリエが設立に反対し、皇帝の不興を買ってからは、一七二四年にオイゲン自身も、ネーデルラント総督を辞任。カール六世は、オイゲンをイタリア総代理に任命。一七三三年に勃発したポーランド継承戦争に総司令官として参加したが、資金不足で戦果を挙げられなかった。啓蒙主義的思想を持っていたと言われ、国家の近代化を推進した。哲学者ライプニッツと交流したり、モンテスキューをウィーンに招いたりしたが、自身で著作に手を染めることはなかった。ヨーロッパ有数の蔵書家で知られ、蔵書数は一五〇〇〇冊を超えるという。このなかには、フランスなどで地下文書として流布していた反宗教文献も含まれている。

とができる。――以上のことも私は付け加えておく。神聖ローマ帝国軍とともに、ハンガリーで二度目の軍事行動に打って出たある立派な君主[11]は、狩で道に迷い、危うくトルコ人たちの捕虜になるところであった。さらに、軍隊では狩猟を禁止すべきであろう。なぜなら、狩猟は大いに進軍の邪魔になったからである。将校たちは、彼らの部隊に専念するどころか、彼らの義務をなおざりにし、あちらこちらと、道をはずれてしまった。分遣隊さえも、同様の理由で敵に不意を突かれ、散り散りになる危険があった。

それゆえ、重苦しい、ときには悲痛さを伴う職務からの気晴らしとして、君主がごく稀に狩に行くのであれば、許される、と私は結論する。

狩猟は本来、それを職業とする人びとにとっては、利益を得るための道具である。しかし、理性的な人間は、考え、行動するためにこの世にある。人間にとって、これほど貴重な時々刻々を、それほど無駄遣いできるにしては、人生はあまりにも短い。

君主の第一の義務は正義の執行であるということを、私はすでに述べた。私はここで、第二の義務、そして第一の義務のすぐあとに続く義務は、国家の保全と防衛である、と付け加える。

君主たちは部隊のなかに秩序と規律を維持しなければならない。さらに彼らは、戦争という職に真剣に取り組まなければならない。彼らは、軍隊の指揮を学び、疲労に耐え、野営し、どこにあっても豊かな食料を生み出させ、賢明で優れた陣を敷き、正しい迅速な決定を行ない、厄介な状況においても自分自身で方策と手段を発見し、幸運と同様、不運をも活用し、助言も用心も、けっしてないがしろにしてはならない。

実際、それは大いに人間性を要求する。しかしながら、そのことは、いずれにせよ、感官の粗野な衝動に従ってしまい、物質的にしか思考しない人びとよりも、むしろ自分の精神を強化することに注意を振り向ける君主に期待されることである。ひと言でいえば、精神も肉体と同じである。もしあなたが肉体にダンスの訓練を施すなら、肉体はその風格を帯び、しなやかで巧みになるだろう。もしあなたが訓練を怠るなら、肉体はゆがみ、優雅さを失い、重く鈍感になり、ときとともにいかなる訓練もできなくなるだろう。

(11) ロレーヌ公が一七三七年に、遠征中のセルビアで狩猟をしていて道に迷い、宿営地に帰り着くのに大変な苦労をしたことへの言及。(編注)

第一五章　人間、とりわけ君主のなにが賞讃させたり、非難させたりするのか［人間、とりわけ君主をなにが賞讃に値するものにしたり、非難に値するものにしたりするのかについて］

人がやっていることは、人がやらなければならないことからはかけ離れている。だから人間の義務に関する観念に即して人間の行動をはかる人はだれでも、途方もない無数の誤りを犯さざるをえず、結局は、自分を守る代わりに、滅んでしまわざるをえないだろう。……いくつかの悪行を犯さずには、絶対に王冠を守れない場合には、君主は悪徳という評判に立ち向かわなければならない。

画家と歴史家には共通点がある。前者は人びとの顔立ちと色つやを描き、後者は、人びとの特徴や行動をもっとも遠く離れた子孫に伝えるために、人間の精神史を描き出す。画家のなかには、見事な自然が見落としたものを、美の女神の手に操られたその絵筆で手直しを行ない、年齢による欠陥を埋め合わせ、実物の醜さを和らげる。そんな画家もいる。ボシュエ[1]のような人びととフレシエ[2]のような人びとの雄弁な言葉は、一度ならず、あのとどめの一撃を与えてきた。その言葉は、人類の持つ欠陥を正し、せいぜい大物にすぎない人びとから、同じ数の英雄を作り出した。逆に、醜いところしか捉えない画家もいる。彼らの彩色法は、もっとも美しい色合いの百合とバラを汚す。こういう画家は、彼らの模写のなかに、プラクシテレス[3]の傑作であるギリシアのウェヌスとプット[4]を、人びとが間違って見出すように仕向けるため、もっとも規則的な輪郭と顔立ちに、なんとも言えないほど不格好なものを押しつける。党派心は、著述家を同様の欠陥に陥らせる。カトリックのダニエル神父[5]は、彼の『フランス史』においてプロテスタントに関する出来事をまったくねじ曲げて描いているし、この神父様とほとんど変わらないほど節度をわきまえず、賢くもないプロテスタントの幾人かの著述家たちは、怠慢なことに、真実から出てくる公平な証言よりも、自分たちの情念が示唆する嘘の方を選び、歴史家の第一の義務とは事実を正確に語ることであって、それらを歪めたり、変えたりしてはならないということを考慮しなかった。私がたったいま述べた二種類の画家とは、はるかに異質な画家がいる。彼らは地獄が生み出すことができた怪物以上に忌まわしい怪物どもを描き出すために、歴史と虚構を混同した。彼らの筆は、悪魔の姿を捉える能力しか持っていないように思われた。もっとも豊かな、と同時にもっとも不吉な想像力は、地獄に堕ちた亡者と地獄の怪物を主題にして、闇と残忍さを作り出し、彼

(1) 第七章、訳注(18)参照。

(2) 第七章、訳注(19)参照。

(3) プラクシテレス(?—前三九〇)。古代ギリシア、アテナイの彫刻家。名前は「実践」を意味するギリシア語に由来する。アプロディテを全裸で表現した初めての彫刻家と言われる。第九章、訳注(8)参照。

(4) 正確にはアプロディテである。

(5) 原文は **le petit Amour** だが、この語はイタリア語では、**putto** と訳され、小さな妖精を意味する。

(6) ダニエル神父、ガブリエル(一六四九—一七二八)。フランスの歴史家。一六六七年にイエズス会に入り、レンヌ大学で神学教授を務める。パリに出て、ルイ一四世お抱えの歴史顧問官に任命され、年金をもらう。『フランス史』は、一七一三年の作で、全三巻の大著。

らの画布にそれらを刻み込んだ。カロ(7)のような画家やピエトロ・テスタ(8)のような画家がこの分野の絵画におけるは、マキアヴェッリが著述家のこの分野におけるに等しい。マキアヴェッリは、現世を地獄のごとく描き、すべての人間を悪魔のごとく描く。この人間嫌いでヒポコンデリーの政治家は、種全体に対する憎悪から、人類全体を中傷しようと望んでいるように思える。あるいは、彼は、ヨーロッパ大陸の全住民をおそらく自分と似た人間にするために、徳を根絶しようと努力しているかのようにも思える。

マキアヴェッリには徳がまったくわかっていないのに、その徳について彼が語るのだから、その場合には、わからない事柄について推論を行なっている人びとの嘲笑に、彼はさらされることになる。さらに、彼は、自分が他人について非難しているのと同じ極端に陥っている。というのも、幾人かの著述家が世界をあまりによいものに描いてしまったのは、マキアヴェッリが世界をあまりにも悪意に満ちたものとして描いているからである。彼は、酩酊状態で示した原理から出発しているので、そこから間違った結論しか引き出せない。最初の原理が真実でなければ、正しく推論することなどできはしない。それは、共通の中心点がない円を描くことができないのと同様である。

この著者の政略的な道徳は、他人を自分の野心の犠牲にすることがみずからの利益になると考える人びとに、悪徳を持たせることにしかならない。また、この道徳は、もっとも悪辣な行為に手を染めなければ、確実に身の破滅が訪れるために、それを避けようとして、そうした悪辣なことをする、ということでしかない。

この政治学体系では、謎を解く鍵は利害である。これは、デカルトにとっての渦動であり、ニュートンにとっての重力である。マキアヴェッリによれば、利害とはこの世界の核心であり、あらゆるものが、情念でさえもが、それに屈しなければならない。しかし、人間が自分たちの情念を手に入れたり、捨て去ったりできるなどと想定することは、世界についての認識にひどく反している。人間のからだのメカニズムは、そんな風にできていない。われわれの陽気さ、悲しさ、優しさ、怒り、愛情、無関心、節度、不摂生——ひと言でいえば、すべてのわれわれの情念は、われわれの肉体のある組織の配列、いくつかのわずかな繊維質と膜の多少なりとも繊細な構造、われわれの血液の濃さあるいは流れやすさ、血液の循環の容易さあるいは難しさ、心臓の力、胆汁の性質、胃の大きさなどに依存している。さて、こうしたわれわれの肉体の諸部分は、われわれの利害という法則に従うほど十分に従順だろうか？　そして、それらには、そんなことがまったくできないと想定する方が理にかなっているのではないか？　ところが、マキアヴェッリとくれば、カエサル（キケロの誤り？）の神よりも、エピクロス[9]の神を好む多くの異端者たちを見出すことになる。

理性的な存在を得意にさせる情念と戦うように、そうした存在に勧めることができるとすれば、その唯一の正当な理由は、彼がそこから自分自身にとって財産となるものと社会にとって利益になるものを引き出すことができるからである。われわれが情念に身を委ねるとき、それらの情念でわれわれの本性は堕落する。

（7）カロ、ジャック（一五九三—一六三五）。フランスのナンシー出身の画家で、彫刻家。ロレーヌ公から爵位を授けられた。

（8）テスタ、ピエトロ（一六一七—一六五〇）。イタリアの画家。ローマでフランスの古典主義画家ニコラ・プッサン（一五九四—一六六五）などに師事したが、傲慢な性格が災いし、敵が多く、テヴェレ河で溺死したと言われる。

（9）エピクロス（前三四一頃—二七〇頃）。古代ギリシアの哲学者で、原子論と快楽主義の哲学を打ち立てた。平静不動（アタラクシア）の境地を理想とした。

もし、われわれが情念に対する手綱を緩めるなら、そのことでわれわれは身体を痛める。情念を消し去れないまでも、それらを穏和なものにしなければならないし、単純に目標となるものを変えさせることで、情念すべてを社会的な善へと転換しなければならない。われわれが真正面から戦って、情念に勝利できないときでさえ、そのことを、われわれがわれわれ自身の上に支配権を行使することの出発点とみなして、最低限の優位を手に入れることで、われわれは満足しなければならない[10]。

私は、そのうえ、マキアヴェッリが本章で陥っている非常に粗雑な矛盾を読者に指摘しなければならない。彼は、第一五章の冒頭でこう述べていた。「人間は、やっていることからやらなければならないことまでの距離が非常に大きく隔たっているものなので、実際に自分たちがどのようであるかにもとづいて自分たちの行動を統御するのではなく、人間の義務の観念にもとづいて自分たちの行動を統御するような人間は、みな必ずや命を失うであろう[11]」。著者は第六章でどんなふうに自分の意見を表明しているかをおそらく忘れてしまったようだ。「心に抱いた模範に完全に到達することは不可能なので、賢人は、大物以外は模範としてけっして心に抱いてはならない。それは、それらすべてを模倣するだけの力量がないとしても、少なくとも彼の活動にその色合いを与えられるようにするためである[12]」と彼は述べているのである。マキアヴェッリが自分の観念と推論に関連性と一貫性とがほとんどないことをもはや二度と嘆かないにしても、自分の記憶力の悪さには嘆かなければならない。

マキアヴェッリは、おぞましい偽りの英知に発する誤謬と格率とをいっそう押し進める。人類が悪辣で、腐敗しているのと同じくらい、悪辣で、腐敗した世界では、完全な善人であろうとすれば、命を落とさざるを得ない、などと彼は主張する。三角形をした人間が神を作ったなら、できあがった神には三辺があるだろうに、と言われてきた。[13] 同様に、この世界が非常に邪悪で、非常に腐敗しているのは、マキアヴェッリが創りあげたものから影響を受けているからなのである。

貴紳《オネットム》は、超越的な精神を持つことができる。彼は思慮深く怜悧でありながら、自分の純真さを汚さないでいることができる。先見の明と洞察力とを通じて、彼は敵の意図を十分に知ることができる。策に富む英知を通じて、彼は悪意ある敵が彼に仕掛ける罠をつねに避けることができる。

ところで、極悪人たちのあいだにあって、完全な善人ではない、とはどういうことか。それは極悪人そのものであることにほかならない。もはや始まりからまったく善良ではない者は、たいてい最後には、非常に邪悪になる。彼はドナウ河の運命をたどる。ドナウ河は世界を流れるが、そのことで、よりよくなるわけではない。ドナウ河は、スイス［文明地方］で始まり、タルタリア［野蛮な地方］で終わるのである。[14]

マキアヴェッリの著作からは、まったく新しく、まったく奇妙な事柄を学ぶことになる、と私は告白す

---

(10) ここでフリードリヒは、情念の効用と利用とに関するイギリスの哲学者たちの同時代的な学説――すでにフランスで普及しており、ディドロや感覚論者たちが擁護者を自負するであろう――を展開する。ヴォルテールは、主題に弱くしか結びついていないこの一節全体を削除した。（編注）

(11) 岩波115―116、中公90―91。

(12) マキアヴェッリの実際の文章ではなく、フリードリヒの自由引用。岩波43、中公35。

(13) この三角形人に関する警句は、モンテスキューの『ペルシア人の手紙』第五九の手紙に書かれている。

る。『政略的君主論』の読者になるまで、私はあまりにも愚鈍、粗雑であったので、貴紳《オネットム》が極悪人になる可能性を持っていたことを知りもしなかった。カテリィナ(15)やカルトゥーシュやミル・ヴァイス(16)のような人びとこそが世界の模範として資することに、能天気にも、私は無知であった。大部分の人びととともに、私は徳こそが範例をもたらし、悪徳こそが報いを受ける、と確信していた。

悪徳に対して徳が、有害な嫉妬に対して慈善が、裏切りに対して高邁が優位に立っていることを示すために、なぜ論争し、なぜ議論しなければならないだろうか。思うに、分別ある人間なら、みな十分に自分の利益を知っているので、両者のうちどちらがもっとも有益かに気づくし、この問いに疑念を抱いたり、比較衡量をしたりすることを一切せずに、犯罪に手を貸すという決断をする人間を嫌悪するのである。

（14）ドナウ河は、文明の発展したヨーロッパに発するが、最後は、野蛮な小タルタリア地方を通って、黒海に流れ込むという意味の皮肉である。実際、黒海北岸には、この時代、モンゴル帝国の流れを汲む小汗国クリム汗国があった。タルタリアに関しては、第五章、訳注（11）、（16）参照。

（15）カティリナ、ルキウス・セレギウス（前一〇八頃―前六二）。古代ローマの政治家。キケロによって弾劾された元老院に対する陰謀事件の首謀者。

（16）ミル・ヴァイス・ホタク（一六七三―一七一五）。アフガニスタン南部、カンダハール地方のスンニー派部族ギルザイの部族長で、サファヴィー朝ペルシアとムガール帝国の影響力を排し、最初のパシュトゥーン人の独立王国を創建した。フリードリヒが東洋史や新世界史を含む世界史の知識に豊富なのは、宣教師や航海者や征服者や探検家の報告書のたぐいを精力的に収集していたからと推測される。

第一六章　気前の良さと倹約について[1]

気前が良いとの評判を保とうとすれば、民衆に超過負担を義務づけなければならないし、全財産没収の機会を覗わざるをえなくなり、恥知らずにもみずからの金庫を一杯にして置かなければならない。こうなると、君主は民衆からは憎まれる。……こうして、少数の者にしか気前の良さを示せないから、友が少なくなり、身を守れなくなる。……そこで、君主が賢明であれば、彼を気前がよいと褒め讃える演説に耳を貸してはならない。……現代を見れば、けちとみなされた人びと以外は、みな滅んでいるのである。

有名な二人の彫刻家、フェイディアス[2]とアルカメネス[3]は、それぞれミネルヴァ[4]の像を作った。アテナイ人たちは、そのなかからもっとも美しいものを選び、ある記念柱の上に据えようと考えた。両方の像がともに公衆に示された。アルカメネスの像が公衆の支持を得て、他方の像は造りがあまりに粗雑だなどと言われた。フェイディアスは、俗衆の判断に慌てることなく、大胆にもそれに異議を唱え、こう要求した。これらの像は、記念柱の頂上に据えられるために作られたのだから、その美しさを決めるために、両方ともそこまでの高さに持ち上げてもらいたい、と。両方の像が実際に記念柱の上まで持ち上げられると、人びとは、フェイディアスの像に、ライバルの像よりも優れた均整の規則、遠近法、輪郭の優雅さを見出した。

視点の研究と均整の研究をしたおかげで、フェイディアスは、勝利を得たということである。高いところに置かれるべきものは、平面で見られるべきものとは違った規則に服さなければならない。しかし、こうした規則は、彫刻と同様、政治学においてもよく守られなければならない。政治学においては、場所の違いが格率の違いを作り出す。ある格率のひとつを一般的に適用したいと望むことは、その格率を間違ったものにしてしまうだろう。大規模な王国にとっては感嘆すべきことでも、小国にはまったく合わないだろう。前者の興隆にもっとも役立つことは、後者の凋落にもっとも資するだろう。非常に異なる利害を混同したら、奇妙な間違いに陥り、それ自体としては正しく、有益であるかもしれない原理を、きっと間違って適用することになるだろう。富裕を生み、国家のあらゆる血管に富を循環させる奢侈は、大規模な王国を繁栄させる。産業を維持するのは奢侈である。金持ちと富裕層の欲望を通じて、貧乏人と極貧層に金持ちと富裕層を結びつけるために、この同じ欲望を増大させるのは奢侈である。大帝国にとっての奢侈は、人体との関係で言うと、心臓に脈動を与える拡張と伸縮の動きである。それは、大きな動脈を通じて血液を四肢の隅々にまで送り込み、心臓まで血液を運ぶ細い静脈を通じて血液を循環させるバネである。このバネによって、血液が、われわれの体を構成するさまざまな部分へと新たに送り届けられるのである[5]。

もし幾人かの不器用な政治家たちが大国から奢侈を追放しようなどという気を起こしたら、その国は無気力状態に陥り、かなり弱体化するだろう。用無しとなった貨幣は、金持ちの金庫に死蔵され、ものが売れなくなるので、商業は停滞し、製造業は落ち込み、産業は滅び、裕福な家は貨幣を使わず、極貧者たちは貧しさから抜け出すための手段をなんら持たないだろう。

奢侈は、まったく逆に、小国を滅ぼすに違いない。諸個人は浪費して自滅し、貨幣はその国に戻ってくる以上に、そこから、いっそう大規模に出て行き、この繊細な組織体を衰弱させ、その国は必ずや餓死するだろう。だから、小国と大国とをけっして混同しないこと——これはあらゆる政治学における必須の規則である。マキアヴェッリがこの章で重大な間違いを犯しているのは、まさにこの点においてである。(6)

彼に対して非難すべき第一の間違いとは、彼が「気前の良さ」という言葉を非常に曖昧な意味で用いていることである。浪費家と気前の良い人とのあいだには、明確な違いがある。前者は湯水のごとく、無秩序

---

(1) 章題で、「倹約」と訳したのは、economie というフランス語が用いられているからであるが、イタリア語原文では、parsimonia が用いられている。邦訳では、「けちん坊」のニュアンスが強い「吝嗇」がもちいられている。フランス語には、この語の語源であるラテン語の parsimonia から派生した言葉が存在しない。

(2) フェイディアス（前四九〇頃—前四三〇以降）。フィディアスとも呼ばれる。古代ギリシア、アテナイの彫刻家で、ペリクレスの友人。パルテノン神殿の建築総監督となり、アテナ像を完成。しかし、一連の代表作は、模像しか残っていない。横領の罪で告訴され、獄死したとされる。

(3) 紀元前五世紀半ばの彫刻家で、フェイディアスの弟子。師匠とともにパルテノン神殿の彫刻を完成した。フリードリヒがエピソードを紹介しているように、師匠より線が細やかと言われた。

(4) ミネルウァとも表記される。古代ローマ神話での知恵の神で、古代ギリシア神話では、アテナのこと。

(5) この奢侈論は一八世紀フランスでは、大部分のフィロゾーフに共有されており、ルソーのテーゼとも根本的には対立しない。これは、ディドロなら「礼節の奢侈」と呼ぶはずのもの、すなわち、社会的な地位と支払いの能力に応じた奢侈である。フリードリヒの肯定が大国に限定されていることにも注意しよう。（編注）

に、時宜を得ずに、すべての財産を使ってしまう。これは非難さるべき極端、愚行の一種、判断力の欠如である。したがって、浪費家であることは、けっして賢明な君主の資質ではない。逆に、気前の良い人とは寛厚であり、なにごとも割合で行ない、収入がその人にあっては、支出のバロメーターとなっている。賢明な君主は、節約を伴った慈悲深さを持っているにもかかわらず、不幸な人びとに対する憐れみの情に押されて、余分なものに不快を感じ、それを我慢して、彼らに尽くそうとする。彼の善意は、彼の持つ力以外の制約を持たない。私は主張する。これこそが偉大な君主と、他人の貧窮を救い、和らげるために生まれたすべての人間の最上の特質のひとつなのであると。

私がマキアヴェッリに対して非難する第二の間違いとは、根っからの誤りである。私が根っからの誤りと呼ぶものは、彼に気前の良さを、吝嗇の欠如の原因と考えさせた無知である。彼は「君主は気前の良い人間であるとの評判を維持するために、臣民に負担をかけすぎ、財産を没収する手段を探し求め、そこから、自分の金庫を満たすための恥ずべき道に至らざるをえないだろう(7)」と述べている。これは、まさしく吝嗇漢の性格である。ローマ人に税金を課したのは、ウェスパシアヌスであって、トラヤヌスではなかった。吝嗇とは、飽くことのない渇望であり、けっして満たされることがない。それは彼の周りを蝕《むしば》み、すべてを食い尽くす害悪である。吝嗇な人間は富を欲する。彼は他人の持つ富を羨み、できることなら、それを横取りしようとする。私利私欲で動く人間は、儲けという餌によって心が惑わされるがままとなり、貪欲な裁判官は、賄賂の嫌疑をかけられる。この悪徳の特質とはこのようなものなので、それが同じ対象のなかに、たまたま集められているときには、もっとも偉大な徳をも曇らせるのである。

気前の良い者は、吝嗇家とまさに対照的である。善意と憐れみが彼の寛厚の基礎になる。善を行なうのは不幸な人びとを救うためであり、有能な人間——天賦の才ほどには運命は彼に好意的ではない——の至福に資するためである。こうした資質を備える君主は、臣民から搾り取ったり、臣民たちが彼らの生業《なりわい》を通じて蓄えたものを、自分の快楽のために浪費したりするどころか、臣民たちを繁栄させる元手を増やすことだけを考える。不公正で不適切な活動がなされるのは、君主が気づかないときだけである。そして、支配地にいるすべての臣民に、彼らの置かれている状況が含み得る限りでの幸せの全体を手に入れさせようと、彼の善良な心は彼を駆り立てる。

これこそが、通常、気前の良さと吝嗇とに付与される意味である。狭隘な支配地しかもたないで、一族を背負い込んでいる小君主たちは、ほとんど目端が利かない人間であれば、吝嗇と区別できないほどまで、倹約を推し進めるがよい。いくつかの国家を持っているが、大国の君主ではない君主たちは、歳入を適切に管理するとともに、武力に応じて気前の良さを制限する義務を負っている。しかし、君主たちは強力であればあるほど、気前良くならなければならない。

（6）ここには、マキアヴェッリが持っていた情報が限られていたことに対する、フリードリヒのいつもの考えが認められる。それは、大国は、イタリアの諸国家を特徴づけているものとはまったく異なる体質を持っている、というものである。このテーゼが道徳的問題の埒外にあることには注意しよう。（編注）

（7）岩波119—120、中公93。フリードリヒの自由引用。

おそらく、フランス国王フランソワ一世[8]の例を持ち出して、私に反論する者もいよう。彼が過剰な浪費をしたことは、部分的には彼の不幸の原因となった。フランソワ一世が快楽に耽ることで、彼に栄光をもたらす資源が吸い尽くされたことは有名である。それでもなおこの反論には二つの答えが可能である。第一に、この国王の治世下のフランスは、その権力、歳入、武力に関して、現在のフランスにまったく比すべくもなかったということである。第二に、この国王は、気前が良かったわけではなく、浪費家であったということである。[9]

君主の節制と倹約を断罪したいどころか、私はそれらを推奨する最初の人間である。臣民の後見人としての君主は、公金を管理している。このことに関して、彼は臣民に責任がある。彼が賢明であれば、戦時に必要な出費を賄《まかな》えるように、新たな負担を課さざるをえなくなる前に、十分な資金を集めておかなければならない。国家の財産を管理するには、怜悧と慎重さとが必要である。国家の幸福のためには、君主は、つねに気前良く寛厚でなければならない。彼が産業を奨励し、栄光を強固なものとし、徳そのものに生気をもたらすのは、このことを通じてなのである。

もはや私に残されているのは、マキアヴェッリが陥った倫理的誤謬を指摘することだけである。「気前が良いと、貧しくなるので、見くびられるようになる」[10]と彼は言う。なんという嘆かわしい議論か。賞讃や非難に値することに関する、なんという誤った考えか。ああ、マキアヴェッリよ。富者の財宝が、公の評価に釣り合う役割を果たすだろうか！　軽蔑さるべき金属それ自体は、恣意的な価値しかないのに、それをもつ者を賞讃に値するように、この金属が変えるだろうか！　もてはやされているのは、人ではなく金塊ではな

いか！　こうした考えがものを考える力をもつ人間の脳に入ることがあるなどと思えるか。巧妙さや相続を

(8)　フランソワ一世（一四九四―一五四七）。フランス国王（一五一五―一五四七）。イタリア遠征に執着し、ミラノとの戦いに勝利した。神聖ローマ帝国皇帝のカール五世と帝位を争い（一五一九）、再度イタリア遠征を行なうが、パヴィアの戦いで敗れ、捕虜となる（一五二五）。翌年釈放されたが、条約の無効を宣言し、ローマ法王クレメンス七世（一四七八―一五三四）と結んで、カール五世と戦うが、ふたたび敗れ、カンブレー講和を締結（一五二九）。オスマン帝国と結び、三度、カール五世に挑むが、法王の調停で休戦。内政では、当初は宗教改革に寛容だったが、やがてカトリックと結び、改革派を弾圧したのち、ふたたびプロテスタントと結ぶなど一貫しなかった。しかし、フランスにおける絶対主義の確立に尽力したほか、ルネサンスを庇護した。

(9)　ここにヴォルテールは、金銭の流通に関してもっとも重要な理論のひとつを挟み込んでいる。「晩年、フランソワ一世はいくぶん吝嗇家になった。よき管理者である代わりに、彼は財宝を国庫に収めた。だが、もたねばならないのは、流通しない数々の財宝ではなく、豊富な収入であり、国庫なのである。いかなる私人であれ、国王であれ、金銭を単に山積みにし、埋蔵するばかりの者は、このことをまったく理解しない。真に豊かになるためには、金を流通させねばならない。メディチ家がフィレンツェの統治権を持っていたのは、もっぱら、一介の商人でありながら祖国の父と称される大コジモが、老練で気前がよかったからである。吝嗇家はみな小才である。私は『重大事にあたっては、金銭のことを気にしていてはならない』というレー枢機卿の言にも一理あると思う。してみると、君主は、時宜を得て多くの資金を出費できるようになるためには、臣民の貿易や手工業を援助することを通じて、時宜を得て多くの資金をため込んでおくのがよい。彼は愛され、評価されるであろう」。

(10)　岩波120、中公94。フリードリヒの自由引用。

通じて、あるいは、さらに悪いことには、暴力を通じて、富は獲得されるのである。これらの獲得された財産の一切は、人間の及ぶところにはない。人間はそれらを所有するが、失うこともある。それゆえ、徳と卑しい貨幣というそれ自体として非常に異なる対象を、どうしたら混同できるだろうか。[11]ニューカースル公、[12]サミュエル・ベルナール、[13]あるいは、こうした類の人びとは、その富で有名であるが、有名であることと評価されることとは違う。傲慢なクロイソス[14]とその財宝も、同じく、吝嗇なクラッスス[15]とその富も、その豊かさゆえに奇妙な現象として民衆の視線を集めたが、民衆の心に訴えかけるものはなにもなく、評価もされなかった。公正なアリスティデス[16]と賢明なピロポイメン、[17]最初の数世紀に存在したと見られる習俗に似つかわしいテュレンヌ元帥[18]とド・カティナ氏[19]は、彼らの同時代人の感嘆の的であり、彼らはつつましく無私無欲であったにもかかわらず、あらゆる時代を通じて貴紳《オネットム》の手本であった。

人びとの心を捉えるのは、権力、武力、あるいは富ではなく、この特別な恵みにあずかる者の人柄と善意と徳である。だから、貧困も極貧も徳の価値を下げることはできないだろうし、外面的な強みが、悪徳を高貴なものにしたり、あるいは復権したりすることはほとんどない。

俗衆と極貧者は、富にある種の尊敬を抱いているが、それは、正確な知識の欠如と無知に由来する。反対

(11) 貨幣そのものには価値がなく、富は暴力を通じて獲得されるという、フリードリヒのこの貨幣と富裕に関する痛烈な批判は群を抜いて秀逸なものである。それは、啓蒙の自由主義的見解に対する鋭い批判になっている。

(12) ニューカースル公、トマス・ペラム＝ホールズ、初代(一六九三―一七六八)。ロバート・ウォールポール(一六

七六―一七四五）のもとで国務相に任命され、以後三〇年間その地位にとどまる。ウォールポールや弟ヘンリー・ペラム（一六九四―一七五四）のホイッグ政権を支え、弟の死後は大蔵総裁（首相）となるが、七年戦争勃発直後の戦況不調から辞任（一七五六）。翌年、大ピット（一七〇八―一七七八）の協力を得て再び同じ地位に就くが、一七六二年にビュート伯（一七一三―一七九二）により政権を追われた。

(13) ベルナール、サミュエル（一六五一―一七三九）。ナント勅令廃止で、改宗したフランスの金満家。ラシャ商人から銀行家となり、海賊船の売買や奴隷貿易で莫大な財産を築き、代表的金融貴族となった。

(14) クロイソス（前五六一頃―前五四六）。エーゲ海に面した小アジア（現代のトルコ）のリディア地方の王。砂金で伝説的な巨富を築いたとされる。その豪奢を見るために、ギリシアのアイソーポス（イソップ）やアテナイの改革者ソロンなどが王都サルディスを訪れたという。ペルシアのキュロス大王によって滅ぼされるが、焚刑を宣告された時に、ソロンが彼のあまりの富裕ぶりに「彼が死ぬまでだれも幸せを口にするな」と言ったということをキュロスが思い出し、罪を許して、クロイソスをみずからの友としたという。

(15) クラッスス、マルクス・リキニウス（前一一五―五三）。古代ローマの政治家で、金満を持って鳴る。スパルタクスの乱の鎮圧者。紀元前六〇年にカエサル、ポンペイウスと第一回三頭政治を行ったが、パルティア遠征で戦死。

(16) アリステイデス（前五五〇頃―四六七頃）。古代ギリシア、アテナイの将軍で政治家。「義人」と称されるほど公正な人物だった。マラトンの戦い（前四九〇）を指導した。テミストクレスのライバルだったことから、紀元前四八〇年に陶片追放に会った。ペルシア軍の侵入とともに、呼び戻され、サラミス海戦（前四八〇）、プラタリアイの戦い（前四七九）を勝利に導き、デロス同盟を強化した。アテナイの財政運営にも私心なく貢献した。

(17) ピロポイメン（前二五二―一八三）。古代ギリシアの将軍で政治家。極めて禁欲的な節倹で知られた。アカイア同盟の総司令官に八度選ばれたほど、軍略家として優れていた。ローマとの戦いで敗れ、捕虜となり獄中で毒を仰いで自決した。

と正確にものを考える人びとは、運命あるいは偶然の恩恵に由来するものすべてをもっとも軽蔑する。この世の財産を手にしているがゆえに、彼らは、それらの儚《はかな》さや無意味さをよく知っているのである。

言ってみれば、自分の評価をかっさらうために公衆を惑わすことは重要ではないのであって、評価に値することが重要なのである。

(18) テュレンヌ子爵、アンリ・ド・ラ・トゥール・ドヴェルニュ、ド(一六一一―一六七五)。フランスの元帥。母はオランダ独立戦争の英雄ウィレム寡黙王の娘。オランダの総督オラニエ公マウリッツ(一五六七―一六二五)、同じくオラニエ公フレデリク(一五八四―一六四七)によって育てられた。三〇年戦争でトリノをスペインから奪うなど戦功を挙げた。フロンドの乱では、一時、叛乱側についたが、やがて王国側に鞍替えし、一六五二年にサン゠タントワーヌの戦いでコンデ公(一六二一―八六)を撃破した。その後、連戦連勝で、一六六〇年に、プロテスタントでありながら元帥の地位が与えられた。一六六八年にプロテスタントからカトリックに改宗した。その後、ルイ一四世の治世初期の侵略戦争のすべてに関与。一六七二年から始まるオランダ戦争でも決定的な役割を果たした。

(19) カティナ、ニコラ(一六三七―一七一二)。フランスの元帥。ルイ一四世のもとでもっとも有能な軍人と賞讃された。一六九〇年のサヴォイア戦役で劇的勝利を収めた。軍人であるにもかかわらず、人道的な性格の持主だったと言われる。

第一七章　残酷さと慈悲深さについて、恐れられるよりも、愛される方がよいかどうか［残酷さと慈悲深さについて、恐れられることと愛されることと、どちらか君主にとって利益になるか］

流血を好むという性格が平和を守り、国家への忠誠を守らせるなら、そんな評判を一切気にかけてはならない。……新たに君主の座に登った者は、残酷だとの評判が立たなくてはすまない。ウェルギリウスがディドの口を借りて語ったのもそのことである。……したがって君主は、憎まれない程度に恐れられなければならない。この二つのことは、両立できることである。この固い決意で、君主は、臣民の財産と婦女子を安全にしておかなければならない。……というのも、人は、自分の父親の死は容易に忘れることができるが、自分の相続財産の喪失を忘れることはできないからである。

君主の手に委ねられたもっとも貴重な寄託物は、臣民の生命である。君主という公職が犯罪者に死刑を宣告したり赦免したりする力を与える。君主は正義の裁きの最高裁定者である。その口から発せられるひと言が眼前で死と破壊の不気味な装置を作動させ、その口から発せられるひと言が恩寵の代理人を、すなわち福音を伝える聖職者を、助けに駆けつけさせる。しかし、かくも絶対的な権力には、けっしてそれを濫用することのないように、慎重さと怜悧と英知とが求められるのだ！

暴君どもは人びとの生命をなんとも思わない。運命が彼らを高い地位に置くが、しかし、暴君どもは、その高い地位のために、彼らがけっして知ることのない不幸な人びとに同情することはない。彼らは視野が狭く、自分の二歩先しか見えない人間と同じである。彼らには自分自身しか見えていないし、残りの人間たちがまったく見えていない。たぶん、みずからの命令によって課された体刑の恐怖や、目の届かないところで犯された残虐行為や、不幸な人の死に先駆け、また、それにともなうあらゆる事柄によって、暴君どもの感覚が揺さぶられていたなら、彼らの心は、人間性をたえず否定するほどには鈍感ではなかっただろうし、まったく心が動かされるところがないほどには、平然と非道であることもなかっただろうに。

良き君主は、臣民の生命に対する無制限なこの権力を、自身の王冠のもっとも重たい錘《おもり》とみなしている。彼らは、判決を下してやらなければならない人びとと自分自身が同じ人間であることを知っている。彼らは、過ちや不正義や侮辱は、俗世で償われるが、性急な死刑判決は取り返しのつかない悪だということを知っている(1)。君主がもし違った行動をとった場合には、もっとつらい厳格さが予想されるので、それを避けるためにのみ、厳しさに身を委ねるのである。不幸をもたらすこの解決策がとられるのは、次のような絶望的な場合に限られる。手足が壊疽にかかっているのがわかったときには、人は、自分自身に対する思いやりにもかかわらず、少なくとも、苦しい手術をして身体の残りの部分を保護し、救い出すために、手足を切断する覚悟を決める。したがって、最大限の切迫した必要がないかぎりは、君主は、臣民の生命を奪おうとしてはならない。臣民の生命こそが、君主がもっとも慎重かつ細心の注意を払わなければいけないものなのである。

マキアヴェッリは、これほど重大で、深刻で、重要な事柄を、とるに足らないものであるかのように取り扱う。彼にあっては、人の生命などなにものでもない。利害——彼が愛好するこの唯一神が、すべてなのである。彼は慈悲深さよりも残虐さを好み、新たに最高権力の高みにまで登りつめた者には、残酷だという評判をだれよりも気にすることがないように、と忠告する。

冷血漢どもこそがマキアヴェッリの英雄たちを玉座につけたのであり、強制力と暴力こそが彼らを玉座にとどまらせ続けたのである。マキアヴェッリが残虐さの見本を探すとき、チェーザレ・ボルジアは、この政治家のよりどころだった。それはまるで徳への道を伝授するときに、テレマックがフェヌロン氏にとってのよりどころだったようなものである。

マキアヴェッリは、ウェルギリウス(2)がディド(3)の口にのぼせたいくつかの詩行を引用している。しかし、この引用は、まったくその文脈にそぐわない。というのも、ウェルギリウスがディドに語らせたのは、ド・

(1) イタリアの啓蒙思想家ベッカリーアの死刑反対論に先駆けてフリードリヒがこのような見解を持っていたことは特筆すべきである。

(2) ウェルギリウス・マロ、プブリウス（前七〇—一七）。古代ローマの詩人。『牧歌／農耕詩』（小川正廣訳、西洋古典叢書、京都大学学術出版会）などのほか、『イーリアス』を真似て、トロイアの英雄の放浪を描いた長編叙事詩『アエネーイス』（岡道男、高橋宏幸訳、西洋古典叢書、京都大学学術出版会）などがある。ディドは、『アエネーイス』では、カルタゴの女王として登場する人物。マキアヴェッリの引用は「いまこのわたしがこの様に、備えを急ぎ国境の守りを広く固めるは、周囲の事情の厳しさと、国がいまだ若いため」（邦訳、前掲、一一〇ページ）である。

ヴォルテール氏がその『オイディプス』でイオカステ(4)に語らせたのと同じようにしてであったからである。かの詩人ウェルギリウスは、これらの登場人物たちに、その性格にふさわしい言語遣いをさせた。したがって、政治学概論のなかに借用されるべきは、ディドの権威でもなければ、イオカステの権威でもない。それは偉大な人びとと有徳な人びとの例でなければならないのである。

この著者に対してひと言で答えるためには、私にはひとつの省察で十分であろう。いったん最初の罪が犯されてしまうやいなや、犯罪は、次から次へと続いていく。それは、致命的な連鎖を作っているということである。だから、権力簒奪は、そのあとに、追放・迫害・財産没収・殺人を引き寄せる。私が疑問に思うのは、支配者の座にとどまるために、罪を犯さなければならないことが予測されるのなら、そこには、おぞましい苛酷さがあるのではないか、また、支配者の座を熱望することには、忌まわしい野心があるのではないかということである。私が疑問に思うのは、権力簒奪に反対する無実の人びとを消し去ろうと人に決心させなければならないほどの個人的利益がこの世にあるのか、また、いったいどのような餌《えさ》があれば、血塗られた王冠を手に入れることができるのかということである。これらの反省は、おそらくマキアヴェッリの心にはほとんど響きはしないだろう。けれども私は、世間の全部がマキアヴェッリほどには、腐敗していない、と確信している。

この政治家は、とくに軍隊に対して厳格であることを推奨する。彼はスキピオ(5)の寛大さにハンニバル(6)の厳しさを対置させ、ローマ人よりもカルタゴ人を好み、すぐに残酷さが秩序・規律、したがって軍の勝利の原動力だという結論を引き出す。この場合、マキアヴェッリは、誠実に振る舞っているとは言えない。というのも、彼は、規律に関してハンニバルと対比させるために、あらゆる将軍たちのなかで、もっとも柔和で、もっとも軟弱なスキピオを選び出しているからだ。残酷さを助長するために、この政治屋の雄弁な舌先は、残酷さとスキピオの弱さを対比しているが、マキアヴェッリ自身、大カトー[7]が彼についてローマ市民軍の風俗壊乱者だと呼んだことを認めてもいる。彼は、二人の将軍の成功の違いについて、しっかりとした判断を作り出すつもりでいたのが、結果的には、慈悲深さを非難することになっている。マキアヴェッリにあって

(3) ギリシア神話ではフェニキア人の根拠地だったテュロス(ティール)の王の娘。本来の名前はエリッサ。富豪の叔父と結婚するが、兄弟の王ピュグマリオンにその富を狙われ、夫を殺される。夫の財産を船に積み込んでアフリカに渡り、カルタゴの繁栄をもたらした。その後、カルタゴの王から求婚され、それを拒んで、自死したとされる。

(4) ギリシア神話で、テーバイのクレオンの娘。ライオスの妻となって宿命の子オイディプスを生む。のちにオイディプスの妻となり、子供をもうける。わが子との結婚を知り、絶望して自死したとされる。

(5) スキピオ・アフリカヌス、プブリウス・コルネリウス(前二三五頃―一八三)。古代ローマの政治家で将軍。スキピオは渾名で、「勝利の指揮棒」を意味する。子のスキピオと区別して大スキピオと呼ばれる。スペイン属州総督ののち、第二次ポエニ戦争(前二一八―二〇一)でローマ軍を率い、カルタゴのハンニバルをザマの戦い(前二〇二)で撃破した。

(6) ハンニバル(前二四七頃―一八三)。古代カルタゴの国家指導者で、将軍。父親の代から兵を養い、イタリア半島に侵入し、ローマを目指すが、敗北し、南イタリアで巻き返しを図り、紀元前二一六年のカンネーの戦いで、ローマ軍を殲滅した。ザマの戦いに敗北したのちも、国政改革で再起を図る。ローマに讒訴され、亡命を余儀なくされる。最初シリアを頼り、ついでビテュニアへ向かうが、そこでローマに引き渡され、毒殺されたという。

は、いつものように、過度の善意が落ち込ませる悪徳と慈悲深さとを混同しているのである。

私は、軍の秩序が厳格さ抜きには存続できないということは認める。なぜなら、自由思想家《リベルタン》(8)、放蕩者、極悪人、臆病者、向こう見ず、粗野で本能的な獣《けだもの》たちを、懲罰の恐怖が少しでも押しとどめるのでなければ、ほかにどのような手で、こうした連中を彼らの義務のうちに押しとどめればいいというのか、という問題があるからだ。

この点に関して、私がマキアヴェッリに求めることは、まさに穏健さである。それだから、彼に知ってほしいのは、誠実な人間の慈悲深さがあなたを善意へと高めるとすれば、それに劣らず、英知は、あなたを厳格さへと高めるということである。しかし、その厳格さは、腕のいい操舵士の厳格さと同じである。雷雨と大嵐が著しい危険にさらす場合にのみ、否応なく船のマストもロープ切らざるをえなくなっている姿が見られる。

しかし、マキアヴェッリは、まだくたびれてはいなかった。いま、私は、彼のもっともまことしやかで、もっとも巧妙で、もっとも目を眩ませるような議論にまで進んでいる。彼は言う。君主は自分を愛させるよりも、自分を恐れさせることで、より利益を得る。というのも、ほとんどの人びとは恩知らずで、移り気なうえに、隠し立てをし、卑劣で、吝嗇に傾きがちだからである。(9)また、愛という一本の義務の絆を、人類の悪意と低劣さが非常にもろいものにしているからである。ところが、懲罰に対する恐れの方は、よりいっそう強く、人間の義務を確固たるものにする。また、人間というものは、自分の好意を自由にできるけれども、恐れは自由にできない。だから、用心深い君主は、他のだれよりも恐怖に頼る、などと彼は言う。

こうしたことすべてに対する私の答えは、次のようである。人びとのなかには、恩知らずで、隠し立てをする人間がいたということを、私は否定しているわけではない。また、ある時期には恐れが非常に有効であるということを否定しているわけでもない。とはいえ、私は次のように主張する。自分を恐れさせることしか目的として持たないような政治を行なえば、どのような国王でもみな、奴隷に対して権力を振るうようなことになるだろう。また恐怖と臆病から行なわれることはすべて、つねに恐れの特徴を帯びているがゆえに、臣民たちに偉大な活動を期待することがまったくできなくなるだろう。また、自分を愛するようにさせる天賦の才に恵まれた君主は、臣民がこういう君主を主人として持つことに利益を見出すから、人心に対して君臨するだろう。また、偉大で、立派な活動が愛と忠誠からなされた例が歴史には無数に存在している。

---

(7) カトー、マルクス・ポルキウス(前二三四―一四九)。古代ローマの政治家。子のカトーと区別して大カトーと呼ばれる。また、風紀監察官の位にあったことから、監察官カトーとも称される。市民の奢侈を取り締まり、厳格な風紀を強制した。スキピオ・アフリカヌスの兄弟の断罪に寄与する。晩年、カルタゴに渡り。その繁栄に感動する。第三次ポエニ戦争(前一四九―前一四六)の開戦を呼びかける演説を「その上、カルタゴを破壊しなければならない」と題して行なう。

(8) 一七世紀フランスで、神を信じず、放埒無比な生活を送ったとされる人びとのこと。ギー・パタン(一六〇一―一六七二)やラ・モット・ル・ヴァイエ(一五八八―一六七二)など。

(9) デボルド訳:「「恐れられるよりも愛される方がよいかどうか。……愛されるよりも恐れられる方がより安全である。その理由は、ほとんどの人びとは恩知らず、移り気、ごまかし、卑劣、吝嗇へと導かれるからである」。岩波126―128、中公98―99。

さらに言うと、叛乱と革命というやり方は、現代では完全に終わったと思われる。まったく取るに足らない理由で、国王が臣民を恐れているなどという王国は、イギリスを除けば、ほかには一切見られない。なおまた、イギリスにおいても、大嵐を引き起こすのが国王ではないのだから、イギリス国王はなにも恐れる必要はないのだ。

だから、私は、残酷な君主が人の良い君主よりも、むしろ裏切られる危険にさらされていると結論づける。というのも、残酷さは耐えられないからであり、たちまち恐怖に嫌気がさしてくるからであり、また、善意の方は、つねに好感をもたれ、少しも飽きられることなく、愛されるからだ。

したがって、君主にあっては、善性はつねにひとつの力であり、けっして弱さではないために、世界の幸福にとっては、君主たるもの、甘すぎることなく、善良であることが望まれるべきであろう。

第一八章　君主は約束を守らなければならないか？[1]［どのようなやり方で君主は信義を守らなければならないかについて］

人間と戦うには、二つの方法しかないことを知らなければならない。ひとつは、力によるやり方であり、もうひとつは法律によるやり方である。前者は獣《けだもの》のやり方であり、後者は理性に由来するやり方である。しかるに、いつも理性だけで十分だというわけではない。しばしば、力に訴える必要が出てくる。どちらも使えるようにしておかなければならないゆえんである。……そこで、君主は時と場所によって獣《けだもの》を真似なければならない。とくに君主はライオンとキツネを範としなければならない。ライオンは網を避けるすべを知らない。キツネは狼から身を守るすべを知らない。したがって、罠を見破るためにはキツネでなければならないし、狼をやっつけるには、ライオンでなければならない。このあとの方の性格だけでは十分ではない。奸計も絶対に必要である。このことが示していることは、君主たるもの、つねに、必ず約束を守らなければならないということはない、ということである。約束を守る理由がもはや存在しないときと約束を守っていると、国家が被害を受ける場合がある。人類が究極のところ、堕落していなければ、この教えにはなんの値打ちもない。しかし、人間は極悪人だから、いつでもこいつらは信義を欠くから、あなたの側も、あなたの信義を守る必要はもはやないの

（1）ガルニエ版では、この章のタイトルは「君主は約束に忠実であるべきかいなか」となっている。

である。信義を破る正当な機会を逃してはならない。

本質的に悪いものは、ずっと悪いままであることは、事物の本性に由来する。この点に関して、雄弁をもって鳴るキケロ[2]やデモステネスのような人びとが、いくら世間にそのようなものを押しつけようとしても、彼らの技術を使い果たしてしまうのが落ちであろう。彼らの雄弁は賞讃されるが、彼らの雄弁の哀れな濫用は、非難されるに違いない。雄弁家の目的は、抑圧者に対抗して罪のない人びとの味方になったり、中傷者から彼らを守ったりすることであり、人間にひとつの決断を迫ったり、ある決定よりも好ましい別の決定をさせたりしなければならないときに、その理由を説明することであり、徳の偉大さと美しさを、悪徳が持っている卑劣で歪んだところとともに示すことである。しかし、それとは正反対の目的で雄弁を用いる際には、それを嫌悪すべきである。

マキアヴェッリという、人類のなかでもっとも意地悪く、極悪な人間は、この章において、犯罪を正しいものとして広めるために、狂気が彼に示唆するありとあらゆる議論を用いている。しかし、彼は、この恥ずべき進路において、非常にしばしば躓き、転んでいるので、彼の失敗を書き留める以外に私がなすべき仕事はないだろう。この章で出くわす混乱やいんちきな推論は、数限りなくある。著作のほかの章に比べて、はるかに多くの悪意と同時にはるかに多くの弱さが支配しているのは、まさにこの章においてである。その道徳が退廃しているのと同じくらい、その論理は悪しきものである。この犯罪の詭弁家は、偽装してでも、君主たちは、世間の人びとにつけ込んでもよい、とあえて断言する。私は、まずここから、彼に反駁し始めなければならない。

公衆がどれほど詮索好きか、ということはよく知られている。公衆とは、すべてを見、聞き、自分が見たり聞いたりしたことすべてをばらす生き物である。この公衆の好奇心が諸個人の振る舞いを詮索し始めるのは、なにもすることがないので、気晴らしをするためである。しかし、公衆が君主の性格を判断するとなると、それは自分自身の利益のためである。したがって、君主自身は、あらゆる他の人びと以上に世間の理屈や判断にさらされている。君主は、天体のようなもので、天文学者である臣民は、望遠鏡と十字儀(3)の扇形歯車をそちら側に向ける。すぐそばで、君主を観察する廷臣たちは、毎日、君主に注目する。一挙手、一瞥、一目が君主の本心を表わしてしまう。臣民は、憶測によって君主に近づく。要するに、太陽は、そのしみを、月は、その相を、土星は、その環を隠せないのと同じように、偉大な君主も、自分の悪徳と自分のありのままの性格を、無数の観察者たちの目から隠すことなどできないのである。

(2) キケロ、マルクス・トゥッリウス(前一〇六―四三)。共和制ローマ時代最大の著作家。元老院議員で、ローマの執政官(前六三)を務めた。ストア派の哲学者でもあった。閥族派からは祖国の父と呼ばれたが、民衆派のカエサルからは快い目で見られてはいなかった。カエサルが第一次三頭政治を確立した頃には、彼は閥族派に見切りをつけ、カエサル支持に回った。

(3) 十字儀 アストロラーベ。この語はアラビア人がギリシア語を借用して作った造語で、器械自体も考案していたと言われる。六分儀の前身で、船上で船の位置を測定するために用いる天体観測器。円形の縁に目盛環を持ち、円環の中心部を通る視準板二枚が十字形に交差している。観測するときには器具を太陽に向け、入射する光線の具合で、その高さを測る。

偽装のための仮面が、一時的に、ある君主のもって生まれた醜さを隠したとしても、しかしながら、その仮面を、ずっとつけっぱなしにしておくことはできない相談だろう。また、たとえ呼吸をするためであっても、時折、仮面を外したりすることも、けっしてできないだろう。好奇心の強い人びとを満足させるには、たった一度の機会で十分なのである。

だから、術策と偽装が君主の口元に住みついていても、むなしい。彼の談話と行動を策略として使っても、彼にはなんの役にも立たない。人間を判断する場合、彼の言葉で判断してはならない。言葉は、つねに欺き合うための手段だろう。そうではなく、相手の行動を全体として比較し、そして、それから相手の行動と話していることとを比較しなければならない。これにかかっては、欺瞞と偽装に、かつてなにかできたことはないに違いない。

人間というものは、自分自身であるほかない。あなたはこういう人だろう、と世間の人びとに思ってもらいたいと望む性格を本当に身につけなければならない。そうすることもせずに、公衆につけ込もうと考えている君主は、自分自身が公衆にだまされることになるのである。

シクストゥス五世[4]、フェリペ二世[5]、クロムウェルらは、世間では抜け目ない、ずる賢い、偽善的で大胆な人間で通っているが、けっして有徳な人間としては通っていない。したがって、変装することは不可能である。だとすれば、どれほど技量に優れた君主であっても、マキアヴェッリのすべての格率に従ったときでさえも、自分が身につけていない徳の看板を、自分にふさわしい犯罪に与えることなどできないのである。

マキアヴェッリ——この徳の壊乱者は、君主たちをペテン師と偽善者にするに違いないさまざまな理由については、さほどうまい推論を組み立ててはいない。ケンタウロスの寓話の巧妙だが間違った応用は、なんの結論ももたらさない。なぜなら、このケンタウロスは、半分は人間、半分は馬の姿をしているからである。そこから、君主は悪賢く獰猛でなければならない、ということになるのか？ これほど弱い論法を使うときには、そして、ずいぶん遠くからその論法を探し出してくるときには、犯罪を教義に仕立て上げたいという強い欲求を持っていなければならない。

しかし、われわれがこれまで見てきたもの全部にもまして哀れな推論がここにある。マキアヴェッリの政

---

(4) シクストゥス五世（一五二一—九〇）。もっとも偉大なローマ法王のうちのひとりと言われる。フェリーチェ・ペレッティという名で、貧しい家庭の出。一二歳のときから修道会に入り、以後、神学教授に就任するなど、頭角をあらわす。厳格な禁欲でキリスト教信仰の立て直しを図る。一五七〇年に枢機卿となり、一五八五年にローマ法王となる。オスマン帝国を滅亡させ、ヨーロッパを中心とする気宇壮大な世界貿易体制の確立を構想するとともに、カトリックの再興を図り、ユグノー＝プロテスタント討伐のために、イギリスやフランスへ兵を送るように、無敵艦隊を有していたスペイン帝国に呼びかけた。フランスの宗教戦争にも介入し、アンリ三世の暗殺を賞讃した。しかしながら、法王領がヴェネツィアに脅かされると、アンリ四世を承認し、同時にスペイン帝国からも距離を置こうとしたが、死がそれを妨げた。

(5) フェリペ二世（一五二七—九八）。スペイン国王（一五五六—九八）。神聖ローマ帝国皇帝カール五世（スペイン国王カルロス一世）とポルトガルのイサベルとのあいだの子。四度の結婚をして、ポルトガル、次いでイギリス、フランス、オーストリアとよしみを通じた。レパント海戦（一五七一）でトルコ海軍をうち破り、父のおかげもあって、地球規模の最大版図を実現したが、優柔不断な性格と言われ、一五八八年にイギリスの艦隊に無敵艦隊が敗北してから、王国の衰退を招いた。

治学は、君主がライオンとキツネの資質を持たなければならないという。彼の政治学は、狼を追い払うには、ライオンの資質を持たなければならず、悪賢くなるにはキツネの資質を持たなければならない、と語る。そして、彼は「君主は自分の言ったことを必ずしも守る必要はない、ということを示すこと[6]」と結論づける。これが前提もなしに導き出された結論である。コレージュの二年生にもなって、こんな推論をしたら、教師から厳しく罰されるだろう。そして、この犯罪博士は、こんな罰当たりな教訓をたどたどしく語って、恥ずかしくはないのだろうか？

もし、マキアヴェッリのこんがらがった思考に誠実さと良識を与えたいと思うのなら、誠実さと良識を混ぜるやり方は、おおよそ次のようになる。この世界は、ゲームの一勝負のようなものだ。そこでは正直なプレイヤーたちと同じく、いかさまをする悪賢いプレイヤーもいる。したがって、勝負をしなければならない君主がだまされないようにするには、そのゲームにおけるいかさまのいくつかの方法を知らなければならない。しかし、それは、君主がこのような教訓を実践するためではなく、他人にだまされないようにするためである。

わが政治家マキアヴェッリの間違いに話を戻そう。彼は「すべての人間は極悪人であり、彼らはいつもあなたに対して約束を破るのだから、あなたはもはや彼らに対して約束を守る義務はない[7]」と言う。まずここに言葉のうえでの矛盾がある。著者は、そのすぐあとで、つねに本心を隠している人間であれば、相当お人好しな人間を見つけて、そのお人好しさにつけ込めるだろう、と言う。どのようにしてこの二つが一致するのか？　すべての人間が極悪であるのに、あなたは、お人好しを見つけ出して、そこにつけ込めるだろうというのだから、自家撞着とはまさにこのことだ。この推論については、自家撞着以上の価値などない。なぜなら世界が極悪人だけから構成されているなどというのは、とんでもない間違いだからである。ありとあらゆる社会に数多くの正直者が存在すること、大部分の人間はよくも悪くもないこと、そして、司法が追いかけていて、もし捕まれば、厳罰が下されるはずのならず者もいくらか存在することをまったく理解しないでいるには、よほどの人間嫌いでなければならない。しかし、もし世界中の人間が極悪人だとマキアヴェッリが想定していなかったとしたら、彼はその忌まわしい格率を、いったいどのような根拠の上に築いたのか？ペテンを教義に仕立て上げるという約束のせいで、彼はこんな行動に出る名誉を持たざるをえなくなったことがわかる。彼は、だまし方を教えるときには、人につけ込むことが自分には許されていると信じた。たとえマキアヴェッリが望むのと同じくらい、人間が悪意に満ちた存在だとしても、それでも、われわれがそのような人間をまねるべきだということにはならない。カルトゥーシュが盗みを働き、略奪し、暗殺することから、私は、彼が不幸なならず者だったと結論するだけで、私も彼にならって自分の行動を決めるべきだ、などという結論は出さない。ある歴史家(8)はこう言う。この世界に、もはや名誉も徳も存在しないとしても、君主には、その痕跡が再び見出されるに違いないと。要するに、いかなる理屈であっても、それは貴紳《オネットム》に、みずからの義務から離れるように誘惑するほど十分に強力ではあり得ないということである。

(6) 岩波132、中公97。
(7) 岩波132、中公97。

(8) このように言ったのは、歴史家ではなく、ヴァロワ朝のシャルル五世賢明王（一三三七―八〇）である。

著者は、犯罪の必然性を証明したあとで、罪を犯すことの容易さによって、みずからの弟子たちを鼓舞しようとする。「本心を隠す術をよく心得ている者たちは」と彼は言う、「だまされるほど単純な人間たちをつねに見出すことだろう」[9]。これは次のように言い換えられる。あなたの隣人は愚か者である。かつ、あなたは才気ある者である。ゆえに、あなたは隣人をだますべきである。なぜならその隣人は愚か者なのだから。こうした三段論法ゆえに、マキアヴェッリの教え子たちはグレーヴ広場で絞首刑や車刑に処せられたのである。

マキアヴェッリという政略家は、自己流の推論法で、犯罪の容易さを論証するだけでは満足しないで、不実であることの歓びを称揚する。しかし不都合なことがあるのだ。それはチェーザレ・ボルジアの存在である。彼は、このうえなく極悪な人間であり、もっともひどい裏切り者にして、人間のなかでも、きわめて不実な存在である。マキアヴェッリの英雄である、このチェーザレ・ボルジアが、実際には、非常に不幸であったということである。マキアヴェッリは、この場合、彼について語らないようにうまく気配りをしている。それなら、マキアヴェッリには、代わりとなる事例が必要であるはずだ。しかし、どこからそれを持ってくるというのか。刑事訴訟簿からか。それとも法王たちの伝記からか。マキアヴェッリが選んだのは後者であり、そこから、彼はこう断言する。アレクサンデル六世――この非常に腹黒く、その時代にあって、もっとも不敬虔な男は、つねにその数々の悪巧みで成功した。というのも彼は、軽信にもとづく人間の弱さを完璧に知っていたからだ、と。

あえて断言しよう、この法王の企みを成功させたのは、人間の軽信よりもむしろ、いくつかの出来事と偶発的状況である、と。すなわち、フランスとスペインとが抱いていた野望の対立、イタリア名家の分裂と憎しみ、ルイ一二世の煩悩と弱さ、そして猊下がゆすり取り、その権力を強力なものとするのに役立った大金――こうしたことがそれに劣らず彼の企みに寄与したのだった。

狡猾さも、行き過ぎれば、政治手法においては、ひとつの欠点にさえなる。私が引用するのは、ある偉大な政治家の権威、すなわちマザラン枢機卿の権威である。彼は、ドン・ルイス・デ・アロ[10]についてこう語っていた。アロには政治家としてある大きな欠点があった。それは彼がつねに狡猾であったことである、と。この同じマザランがド・ファベール[11]氏をある厄介な交渉事に起用しようとしたところ、ド・ファベール元帥は彼に言った。「私がサヴォイア公爵をだますのをお断りしますことをお許しくださいませ。瑣末なことでしかありませんので、なおのことなのです。私が正直者であることは世間で知られておりますし。フランスの安全にかかわるいざというときのために、どうか私の誠実さをお守りください」。

いまは、私は、誠実さについても、徳についても語らないで、もっぱら君主の利益だけを考察して、次のように述べておくことにとどめる。君主の側からすれば、狡猾であることと世間をだますこととは非常に悪

（9） 岩波133、中公97。

（10） アロ、ドン・ルイス・デ（一五九九―一六六一）。スペインの政治家で、一六四八年にオランダの独立を認め、一六五九年にフランスとのあいだにピレネー和平条約を締結した。

（11） ファベール、アブラム・ド（一五九九―一六六二）。フランスの軍人で元帥。一六五四年に対プロテスタント戦争で輝かしい勲功を挙げた。スダンの地方長官を務め、私費で城塞を築いた。

い政治学なのだ、と。一度でもだまそうものなら、すべての君主に、彼らへの信頼を失わせるからである。

ある宣言書において、ある強国は、はっきりとみずからの振る舞いの理由を明言した。しかし、その強国は、そのあとで、宣言書とは正反対の仕方で行動したのである。[12] これほど驚くべきやり方は、完全に信頼を失わせるということを私は率直に告白する。というのも、矛盾が直後に続いていけばいくほど、いっそう矛盾は、膨らんでいくからだ。ローマ教会はこうした矛盾を避けるため、きわめて賢明なことに、教会が聖人と定める人びとに対して、死後一〇〇年の修練期間を設けた。そうすれば、彼らの過失や突飛な言動の記憶、つまり、彼らの弱さの記憶は、彼らとともに死ぬからである。そして、彼らの生涯の証人たちは、彼らに不利な証言をするかもしれない人びととともに、もう生き続けてはいない。こうして、公衆に与えることが望まれている聖なる観念に対立するものがなにもなくなるのである。

とはいえ、余談をお許しいただければと思う。君主が条約や同盟の破棄を手控えることができないような不都合な緊急事態があることを私は認める。しかしながら、君主は、時期をみて、同盟国に知らせながら、それを上手にやらなければならない。臣民の安全ときわめて甚大なる必然性が彼にそうさせてしまうこともあるのだ。

いましがた、私は、ある強国に対して、隣り合った矛盾を非難したばかりである。しかし、これほどひどく隣り合った矛盾は、マキアヴェッリには、かなりの数で存在する。同一のパラグラフのなかで、はじめは、彼は「情け深く、忠誠で、優しく、敬虔で、実直に見えることが必要である、そして実際にそうでなければならない」と言う。しかし、それに続いて、彼は言う。「君主が人びとを善人だと通用させるものすべてを保持するのは不可能である。それゆえ、君主は運命の風向きと気まぐれに順応する部分を持っていなければならないし、できることなら、けっして善から離れてはならない。だが必然が彼にそうすることを強いるなら、時折、善から離れているように見えても構わない」[13]。正直に打ち明けなければならないが、これらの思いつきは、訳のわからない話に、狂ったように持っていこうとしているのだ。こうしたやり方で推論をする人間は、自分自身でもわかっていないのであり、彼の出す謎を解いたり、その混沌を解きほぐしたりする労苦を払ってもらうに値しないのである。

私は、ひとつだけ考察をして、この章を終えたいと思う。もろもろの悪徳がマキアヴェッリの両手のなかで増殖してゆく、その繁殖力に注意してもらいたいのである。彼にとっては、君主が不信仰であるという不幸を抱えこむだけでは十分ではない。さらに、彼は、君主の不信仰に、偽善という冠をかぶせたがってさえいる。マキアヴェッリの考えでは、臣民たちは、自分たちが君主から蒙っている悪い取り扱いよりも、ルク

---

(12) スタニスワフ・レシチニスキ公に王位を与えるためにポーランド継承戦争を企てたのに、その後、彼と縁を切ったために、かえって、彼にロレーヌ地方を与え、死ぬまでこの地方を保証する羽目に陥ったフランスの外交政策の失敗が念頭にある。フリードリヒは、しばしばフルーリのこうした技巧に立ち戻った。彼はそこに悪どさや述べられた言葉への背反を看取しているふうに装っているけれども、おそらく、彼は、マキアヴェリズムから望まれる一つのモデルをそこに秘かに見て取っている。それゆえシュレージエンの所有を彼に保証した二つの単独講和の際、彼はフルーリからその着想を得たのだと仮定することは誇張ではないだろう。(編注)

(13) 岩波133―134、中公104―105。

レティウス[14]に関するポリニャック[15]に君主が与える好みに、いっそう感動させられるはずだということになる。[16]彼のような意見に同意する人はいるだろう。私としては、思弁の誤りが心情の頽廃を続いて引き起こさないときには、ある程度、それに対しては寛容であるべきだと思う。また不信仰ではあるが、誠実であり、臣民を幸せにする君主の場合も、そうである。極悪かつ意地悪なキリスト教正統派よりも、こうした君主の方が臣民には好まれるのである。君主たちの思いつきではなく、君主たちの行動こそが、人びとを幸せにする。

(14) ルクレティウス・カルス、ティトゥス（前九八頃―五五）。古代ローマの詩人でエピキュロス主義者。唯物論者で、『物の本質について』（樋口勝彦訳、岩波文庫）が主著として伝わっている。

(15) ポリニャック、メルシオル・ド（一六六一―一七四二）。フランスの枢機卿で、外交官。法王庁とフランスとの関係を修復するのに功績を挙げたが、一六九六年にポーランド問題で王の信用を失い、一時期逼塞していた。しかしやがて復権し、ユトレヒト和平（一七一〇―一七一三）に参加。一七二六年に大司教となる。彼のラテン語著作『反ルクレティウス』は未完。

(16) 暗にルイ一五世を指している。ルイ一五世は、当時未刊ではあったが、すでに宮廷では知れ渡っていたポリニャック枢機卿の『反ルクレティウス』をとても好んでいた。（編注）

第一九章　どのようにして軽蔑され、憎まれるのを避けるべきか［どのようにして憎しみと軽蔑を避けるべきか］

権力者を憎むべきものにするのは、臣民の財産に不正に手をつけたり、臣民の婦女子の貞節を傷つけたりしたときである。あらゆる物事のうちで、一番避けなければならないのがこれである。というのも、臣民全体がこれら二つのものの所有権を維持するかぎり、それ以上のことを彼らは要求しないからである。というわけで、君主は、少数の野心家の陰謀から身を守らなければならないということになる。これはさほど分別を要することではない。……外患については、良い軍隊と良い同盟者がいれば、身を守ることは容易である。……しかし、外国人は平穏であっても、唯一恐れるべきは国内の秘密の罠である。この害悪につけるほぼ間違いない薬は、侮られたり、憎まれたりしないことである。……そこで結論づけるとすれば、君主は臣民から愛されてさえいれば、陰謀を恐れる理由はほとんどないということである。

体系の精神は、いつの時代にも人間理性の宿命的な暗礁であった。それは、真理をつかんでいると思い込んだ人びとを欺いた。また、いくつかの工夫を凝らした観念にのぼせあがった人びとを欺いた。彼らは、彼らの意見の根拠にこうした観念を置いてしまったからである。体系の精神は、真理の探究にとっては、どのような代物であれ、つねに致命的であるような偏見を通じて、彼らの心を占拠した。その結果、体系作りの職人たちは、論証を行なう代わりに、むしろ小説を書いたのである。

古代人の惑星天、デカルトの渦動、ライプニッツ[1]の予定調和は、この体系的精神が引き起こした知性の誤りである。これらの哲学者たちは、ある国の地図を作成すると主張したが、彼らはその国を知りもせず、また知ろうとする努力さえしなかった。彼らはいくつかの町やいくつかの川の名前を知っていたので、想像力の赴くままにそれらを配置した。これらの哀れな地理学者にとっては、かなり屈辱的なことではあるが、やがては、好奇心旺盛な連中がその見事に記述された国々を旅行することとなったのである。それらの旅行家たちには、二人の案内人がいた。そのひとりは類推と呼ばれ、他のひとりは経験と呼ばれた。そして彼らは、それらの町、それらの川、その配置、場所の隔たりが、あらゆる点で、地理学者の記載したものと違っていることを発見して、大いに驚いた。

体系への偏執的熱狂は、哲学者だけにとって置かれた道楽ではなかった。それは政治家の道楽にもなったのである。マキアヴェッリは、だれよりも深くその道楽に感染した。彼は、君主は意地悪でペテン師でなければならないことを証明しようとした。それが彼の哀れな体系における肝心要の言葉である。マキアヴェッリは、ヘラクレスが打ち倒した怪物たちの悪意をすべて持っているが、ヘラクレスと同じだけの力はないので、ヘラクレスの大槌[2]を持って、彼を倒そうとする必要はない。というのも、君主たちにとって、正義と善意以上に単純で、自然で、適切なものがなにかほかにあるだろうか、と考えてみれば良いからである。そのことを証明するために議論をして、疲れる必要はないと、私は考えている。だれであってもそのことに納得する。それゆえ、政治家が反対のことを主張するなら、必然的に敗北する。というのも、ゆるぎない玉座についた君主は、残酷で、ペテン師で、裏切り者、等々でなければならないと政治家が主張するなら、君主を悪者にしても、無駄になるからである。簒奪を打ち固めるために、これらすべての悪徳を玉座に登る君主にまとわせようと政治家が望んでいるのであれば、著者が与える忠告のせいで、すべての君主、すべての共和国が彼に反対して蜂起することになるだろう。というのも、国家の主権者である君主をその地位から追い落とすことによってか、あるいは、共和国の主権を簒奪することによってかでなければ、一個人が君主の座に登ることがどのようにしたらできるだろうかということが疑問として残るからである。ヨーロッパの諸君主がマキアヴェッリを理解する仕方がこのようなものではないことは確かである。そして、もしマキアヴェッリが大道の泥棒のために詐欺の手管集を書いたとしても、彼はこの著作以上に非難さるべき作品を書きはしなかっただろうに。

しかしながら、私は、本章に見出される間違った推論と矛盾を指摘しておかなければならない。マキアヴェッリは、君主をおぞましいものにするのは、彼が臣民たちの財産を不正に奪うとき、そして、臣民たち

---

(1) ライプニッツ、ゴットフリート。ヴィルヘルム(一六四六―一七一六)。ドイツの哲学者・数学者。万学の天才と称された。外交官としても活躍した。生涯最後の時期にハノーファー家に仕えた。世界は神によって最良のものとして作られたという予定調和説を唱えた。『単子論』(河野与一訳、岩波文庫)など。

(2) ギリシア神話の英雄で、一二の功業を成し遂げ、神になる。ヘラクレスの主要な武器は、大きな棍棒だったとされている。

の妻の貞操を犯すときであると主張している。[3] 利害にとらわれた、不公正で、乱暴で残酷な君主が間違いなく憎まれ、庶民たちに嫌悪されるようになることは、確かである。しかし、色事については、ことは同じではない。ユリウス・カエサルはローマですべての妻たちの夫、そしてすべての夫たちの妻と呼ばれていた。ルイ一四世は大いに女たちを愛した。ポーランド王アウグスト一世[4]は、自分の家臣たちと女を共有した。しかし、これらの君主たちは、彼らの色恋のために憎まれたのではなかった。そして、カエサルが暗殺され、ローマの自由が彼の脇腹に短剣を突き刺したのは、カエサルが簒奪者だったからであり、カエサルが女たらしだったからではない。

おそらく、マキアヴェッリの意見を支持するために、ルクレティア[5]の貞操に対してなされた攻撃に関連して、ローマから王たちが追放されたことを私への反論とする人がいるだろう。しかし、私は次のように答える。若いタルクィニウス[6]のルクレティアへの愛ではなく、この愛を遂げようとする暴力的なやり方が、ローマの人びとの蜂起のきっかけとなった。そして、さらに、この暴力は人民の記憶のなかにタルクィニウス家の人びとが犯したその他の暴力沙汰を思い出させたので、彼らはその仕返しをすることを真剣に考えたのである。

私はこのことを君主たちの色恋沙汰の弁解のために言っているのではけっしてない。それは道徳的には悪いことであろう。私は、ここでは、色恋沙汰は、君主たちをけっしておぞましいものにはしないということを示すこと、ただそのことにこだわっているだけである。人びとは良き君主たちにおける恋愛をひとつの弱さとみなしている。教養人がニュートンの他の著作のなかの『黙示録』[7]についての注釈を弱点とみなしていると同様に。

しかし、少し反省してみるのが適切と私に思えること、それは君主たちに女を禁欲することを説くこの博士はフィレンツェ人であったという点である。マキアヴェッリが持っていたその他の立派な資格の上に、彼はさらにイエズス会士の資格まで持っていたのだろうか。

ここで、君主たちが軽蔑されたりしないために、彼が与えている忠告の検討に入ろう。マキアヴェッリによれば、君主は勝手気ままであったり、変わりやすかったり、卑怯であったり、女々しかったり、不決断であったりしてはならない。その点では、彼は間違いなく正しい。しかし、続けて彼は、見かけ上の偉大さ、

(3) 岩波137、中公107。

(4) ポーランド王アウグスト二世のことで、フリードリヒ＝アウグスト一世でもあった。軍事の才覚にも恵まれていたが、同時に豪奢を好み、色恋沙汰も派手だったほか、陶磁器に凝っていて、錬金術士を側近にしていた。ことわざに「アウグストが酒を食らったら、ポーランドが酔っ払った」と言われるほど大酒飲みだった。

(5) ローマ王政の最後の王ルキウス・タルクィニウスの家臣ルクレティウスの美貌の娘。

(6) タルクィニウス、セクストゥス（前六世紀後半）。ローマ建国史によれば、厳格なローマ法を制定したとされる第六代ローマ王セルウィウス・トゥッリウスを殺害して王位を簒奪したルキウス・タルクィニウスの息子。王の忠臣ルクレティウスの娘ルクレティアを凌辱した。息子の乱行は、民衆の反感を招き、古代ローマ王政の終焉を画した。

(7) 晩年のニュートンは新旧聖書の預言研究に打ち込んだとされる。その成果は、*Observations on Daniel and The Apocalypse of St. John*（1733）にまとめられている。ちなみにこの指摘は、フリードリヒが無神論的な科学主義者であったことをうかがわせる。

荘重さ、勇敢さ、堅固さを大いに示すように忠告している。勇敢であることは良い。しかし、なぜ君主たちは、それらの美徳を見せかけることで満足しなければならないのか。むしろ、なぜ彼らはそれらを実際に持っていてはならないのか。もし君主たちが実際にそれらの資質を所持していないなら、それらを持っているように見せかけるのにたいへん苦労するだろう。そうなれば、俳優と彼が演じる英雄とは別個の二人の人物として人びとに感じられることだろう。

マキアヴェッリが、さらに望んでいることがある。君主の意見を変えられるほど、彼の精神に十分な影響力を及ぼす人間がいるとはだれも想定できないように、君主はだれからも支配されることがあってはならない。たしかに彼は正しい。しかし、世間の人は、必ず、より多く支配されるか、より少なく支配されるかである、と私は主張する。噂では、かつてアムステルダムの町は一匹の猫に統治されていた。猫だって？　ひとつの町が猫に統治されることなどどうして起こるのか、と人は言うだろう。では、次のような好意の漸次的増減を見てから、判断して欲しい。町の主席市長は会議で第一声を発し、高い評価を得た。この主席市長にはひとりの女があり、市長は彼女の忠告に盲目的に追随した。そして、ひとりの女召使がこの女に対し、また一匹の猫がこの女召使に対し、絶対的な影響力を持っていた。それゆえ、町を統治するのは猫であった。

しかしながら、君主が振る舞いを変えることは名誉でさえあるような場合がある。彼が自分の誤りに気づくときには、たえずそうすべきである。もし君主たちが、法王がそうだと信じるように、不可謬であったなら、彼らがみずからの感情に対し禁欲的な決断を持つことは良いことであろう。しかし、君主たちは人間のあらゆる弱さを持っているので、彼らはみずからの行動をたえず正して、完成させることを考えなければならない。思い出していただきたい。カール一二世は、度を越した決意と頑固さによって、ベンデル[8]で命を落としそうになった。彼の企図を失敗させたのは、いくつかの戦役での敗北以上に、この揺らぐことのない頑固さであった。

さらに、マキアヴェッリには次のような誤りもある。彼は言っている。「自分の軍隊を頼りにできるかぎり、君主は優れた同盟を結び損ねることはないだろう[9]」。これは、「この軍隊と彼の言葉を」ということを付加しないかぎり、誤りである。軍隊は君主に依存する。そして、同盟の成就やその軍隊の活動は君主が誠実であるか、それとも、不誠実であるかに左右されるからである。

しかし、次のような形式上の矛盾がある。政治学では「君主は自分の家臣に愛されるようにして陰謀を回避しなければならない[10]」ということが望まれる。ところが、一七章では、彼はこう言っている。「君主は自

(8) 現在のモルドバ南部ドネストル河沿岸都市。軍事に熱狂したカール一二世は、無謀なロシア侵攻を企て、スモレンスクからの攻撃を企図したが、ロシア軍に押し返され、やむなく長駆、ウクライナ経由でモスクワをめざすことにし、ウクライナ西部に侵攻したが、一七〇九年六月、ハルコフ郊外のポルタヴァ要塞付近でロシア軍五万三〇〇〇と激突。三万の兵力しかなかったカールは、自身も重傷を負うなど致命的敗北を喫し、当時オスマン帝国領だったドネストル河沿岸都市ベンデルに逃げこみ、オスマン帝国に亡命した。フリードリヒの軍事戦略にとっては、ことのほかカール一二世の失敗は、教訓となるべき悪例だったようである。

(9) 岩波138、中公108。引用はほぼ正確。

(10) 岩波139、中公108―109。引用はほぼ正確。

分を畏怖させなければならない。なぜなら、彼は自分の一存で決まることを当てにできるが、臣民の愛着については同じではないからである」[11]。二つのうち、どちらが著者の本当の意見なのか。彼は神託の言葉遣いで語っている。だから、望むように彼を解釈することができる。しかし、ついでに言えば、この神託の言葉はペテン師の言葉である。

この機会に、私は一般論として次のように言わなければならない。陰謀と暗殺は、現代世界ではもうほとんど企まれない。君主たちはこの点では安心である。この犯罪は使い古され、流行遅れとなった。マキアヴェッリが引き合いに出す理由は非常に優れている。もし暗殺があるとしたら、せいぜいのところわずかな修道者たちの狂信が、敬神か神聖性によって彼らに恐ろしい罪を犯させるくらいである。陰謀に関連してマキアヴェッリが述べている優れたことのなかで、とりわけ良いことがひとつあるが、彼の語り口では、悪くなってしまう。それは次のようなことである。「謀反人は彼を脅かす処罰の恐怖で心を乱される」と彼は言う。「そして、国王たちは支配の威光と法の権威によって支えられている」[12]。しかし、この政治的作家が法を語るのは不適切であると私は思う。彼は利害、残酷さ、専制、簒奪といったことしかほのめかさない。マキアヴェッリはまるでプロテスタントのようなことをしている。プロテスタントは、カトリックの化体［聖変化］を論破しようとして、不信心者の論拠を用い、不信心者を論破するために、カトリックが聖変化を支持するのと同じ論拠を用いる。なんと柔軟な精神であることか[13]。

そのため、マキアヴェッリは君主たちに、自分を愛させること、また、こうした理由から、わが身をいたわること、そして貴族や臣民の好意を等しく獲得することを勧める。二つの身分の一方の憎悪を引き出すかもしれないものを他方へと押しつけ、その結果、臣民と貴族のあいだに司法官を据えるよう、彼らに助言することは正しい。彼はその手本としてフランスの統治体を引き合いに出す。専制主義と権限の簒奪というこの極端な友人は、フランスの高等法院がかつてもっていた権力を認めている。個人的に思うに、今日そのお手本として、英知を推奨することができるような統治体が存在するとすれば、それはイギリス政府である。イギリスにおいて、議会は臣民と国王の調停者であり、また国王は善を行なうためのあらゆる権力は持つが、悪を行なうための権力はまったく持たない。

マキアヴェッリは、続いて、君主の性格について述べたことに対してなされると彼自身が思っている異論

(11) 岩波130、中公101。

(12) 岩波140、中公109。引用はほぼ正確。

(13) フリードリヒは、巧みな技巧で、マキアヴェッリを自己矛盾に陥らせている。彼はおそらくいくつかの用語を、字義通りの意味に取りすぎている。ここでは「法」という用語、前の方では「愛」という用語。しかしながら、彼は二つの問題点を見抜いている。実際に、マキアヴェッリは、最初、愛より恐怖を好んだ。次に、彼は君主たちの唯一の不動の支えとして民衆の愛着を薦めている。最初の観念は軍隊の規律に関して提出され、他方は政治的権威に関するものである。しかし、誰しも両者を和解させたくなるであろう。「法の権威」について言えば、指揮権が新参の君主によって簒奪された国家においては、かなり弱いものとなることを認識する必要がある。いずれにしろ、マキアヴェッリは権力の征服からかなり隔たった時点に自分を位置づけ、簒奪それ自体に反対して弁じている。(編注)

(14) マルクス・アウレリウス・アントニヌス(一二一—一八〇)。ローマ帝国皇帝(一六一—一八〇)。五賢帝のひとり。『自省録』を著し、哲人皇帝とも呼ばれる。

に答え、マルクス・アウレリウス帝[14]から二人のゴルディアヌス帝[15]までのローマ皇帝の生涯についての長大な議論に入っていく。彼の推論を検証するためにそれをたどってみよう。この政治家は、頻繁に生じた政変の原因を、帝国の売官制度に求める。皇帝の職務が皇帝護衛隊[16]によって売り払われて以来、皇帝たちが自分の命にもはや確信がもてなくなっているのは確かである。軍人たちは、その職務を意のままにし、それを与えられた者は、彼が暴虐の擁護者や暴力の遂行者でなかったら、命を落としていた。したがって善良な皇帝は兵士たちに惨殺され、悪しき皇帝は陰謀や元老院の命令によって惨殺された。またそれに次のことを付け加えよう。この時代には帝位への就きやすさが頻繁な政変の大きな原因となっていたということ、また当時は、今日なおアメリカ大陸のいくつかの地方で、父親が年齢を重ねすぎた場合には息子が父親を窒息させるように、皇帝を殺害することがローマでのやり方であったということ。人びとに対する慣習の力はそれほどであり、慣習に従うことが重要な場合には、情念を超えて本性そのものを変化させる。そこにペルティナクス帝[17]の生涯についての考察があるが、彼は著者がこの章のはじめに提示した教訓にうまく適合しないような人物である。著者は「おのれの王冠をなにがあっても保持しようとする君主は、やむをえず『正義や善意』という言葉から遠ざからざるをえないときもある[18]」と述べている。私は、悪しき時代において、皇帝の善意も重罪も彼らを暗殺から守ってくれないということを示したと考えている。コンモドゥス帝[19]はマルクス・アウレリウス帝の後継者であるが、その先人にまったくふさわしくなく、民衆や兵士から蔑《さげす》まれて、死ぬことになった。セウェルス帝[20]については、本章の最後で述べることにする。そこでカラカラ帝[21]にすすむのだが、彼は、残酷さのおかげで命を保つことができなかった。また彼は、自分が犯した実弟ゲタ[22]の殺害を忘れさせ

(15)『君主論』では引用されていないので、フリードリヒが正確化したものと思われる。マキアヴェッリがとりあげる皇帝がマルクス・アウレリウスから始まって、二三八年に暗殺されたマクシムスまでなので、マクシムス帝のもとで叛乱を起こした二人のゴルディアス帝の名があげられた。叛乱を起こした二人のゴルディアスとは、二三八年に帝位についたマルクス・アントニウス・ゴルディアヌス(一五七頃—二三八)、通称大ゴルディアヌスまたはゴルディアヌス・アフリカヌスとその息子のマルクス・アントニウス・ゴルディアヌス・センプロニアヌス(一九二頃—二三八)のことである。

(16) ラテン語ではプラエトリアヌスと言う。初めは将軍の護衛隊だったが、のちに皇帝の護衛隊となる。ペルティナクス帝も護衛隊に殺された。

(17) ペルティナクス、プブリウス・ヘルウィウス(一二六—一九三)。ローマ皇帝(在位、一九三、一—三月)。コンモドゥス帝暗殺後、心ならずも護衛隊と元老院に帝位に祭り上げられたが、綱紀粛正に取り組んだために、かえって護衛隊に殺された。わずか二七日間帝位にあっただけだった。

(18) 岩波145—146、中公114。引用はほぼ正確。

(19) コンモドゥス、ルキウス・アエリウス・アウレリウス(一六一—一九二)。ローマ皇帝(在位、一八〇—一九二)。マルクス・アウレリウス帝の息子。膂力に優れるが、生来の怠け者で、肥満体質の小男だったと言われる。度外れの漁色と途方もない野蛮さのために、みずからを生けるヘラクレスとして崇拝させ、帝国を大混乱に導いた。ペスト、ローマの大火、属州の叛乱と不幸が続き、最後には、妻に暗殺された。

(20) 一九三年に成立したローマ皇帝の家柄を指すが、初代皇帝(在位、一九三—二一一)は、ルキウス・セプティミウス・セウェルス(一四六—二一一)。アフリカ出身で、ペルティナクス帝の暗殺後、兵士から推薦されて帝位につき、世襲の王朝を創始した。軍事的遠征を旺盛に行ない、東方を平定した。ブリタニア遠征の陣中で死去し、息子のカラカラ、ゲタと帝位は継承される。

るために、父親が蓄えた財産をすべて惜しげもなく兵士たちに使った。マクリヌス帝[23]とヘリオガバルス帝[24]については、二人とも殺されることになったうえに、彼らは、後代のいかなる注意にも値しない人物なので触れずにおく。彼らの後継者であるアレクサンデル帝[25]は良き資質を備えていた。マキアヴェッリは、彼が女々しかったために命を落としたと信じているが、実際は、前の皇帝たちの怠慢がまったく無視していた兵士たちのあいだの規律を回復させようとしたために、命を落とした。規律を守らなかったために、抑えのきかなくなった軍隊が、彼らに命令が下されようとするのを聞いたときに、皇帝を処分した。マクシミヌス帝[26]はアレクサンデル帝のあとに続く。彼は偉大な戦士であるが、玉座を保てなかった。マキアヴェッリはその理由を、彼の生まれの卑しさと非常な残酷さに求める。残酷さについてはその通りであるが、生まれの卑しさについては大きな間違いである。よりどころなしにのし上がり、先人に自分が取って代わる人間は、個人的に優れた功績が必要だと言うことは、普通に推測される。また、彼がおのれの名声を自分の力量からしか引き出せないのだから、それだけますます彼は評価される。さらに、生まれながらの人柄が軽蔑されるということはしばしば起こるが、それは人柄のなかに偉大なものがまったくなく、高貴さという観念に応える人物ではまったくない場合に起こる。

ここでセウェルス帝に立ち戻ろう。彼についてマキアヴェッリは「獰猛なライオンであり、狡猾なキツネであった[27]」と述べている。セウェルスはたいへんな資質を備えていた。彼の不誠実や背信は、マキアヴェッリにしか是認されないだろう。さらに彼が善良であったとすれば、偉大な皇帝であっただろう。この場合、指摘されるのは、ティベリウス帝がセイヤヌス[28]に操られていたように、セウェルス帝は、寵臣であるプラウ

(21) カラカラは通称。彼が愛用していたガリア風のマントに由来する。正式には、マルクス・アウレリウス・アントニウス・バッシアヌス(一八八—二一七)。ガリア出身。セプティミウス・セウェルスの息子で、弟ゲタとともに、帝位に就いたが、弟を暗殺し、単独皇帝となる。父に似て軍人皇帝で、各地に遠征を行なったが、皇帝護衛隊のマクリヌスに暗殺された。

(22) ゲタ、プブリウス・セプティミウス(一八九—二一二)。セプティミウス・セウェルスの息子で、共同帝位(在位、二一一—二一二)に就いたが、兄によって暗殺された。

(23) マクリヌス、マルクス・オペリウス(一六四頃—二一八)ローマ皇帝(在位、二一七—二一八)。カラカラ帝を暗殺し、東方兵力によって帝位に就いたが、優柔不断で、軍事的敗北を機に部下の兵士によって殺された。

(24) ヘリオガバルス(二〇四—二二二)。ヘリオガバルスは通称。古代シリアの太陽神(バール)信仰のなかで、崇められていた黒い石エル・ゲバルをギリシア語風(ヘリオガバロス)に読み替えたもの。正式には、セクストゥス・ワリウス・アウィティウス・バッシアヌス。ローマ皇帝(在位、二一八—二二二)。カラカラ帝の甥で、一四歳のときにシリア軍団に担がれて帝位に就いた。マクリヌスを滅ぼしたあと、血みどろの処刑を重ね、国家挙げて太陽神崇拝を強要した。実際の支配は、母親にして祖母のユリア・マエサの手にあり、養子にいとこのアレクサンデルを迎えさせられたのち、母親の差金で、護衛隊によって虐殺され、死体はテヴェレ河に投げ込まれた。

(25) アレクサンデル、マルクス・アウレリウス・セウェルス(二〇八頃—二三五)。ローマ皇帝(在位、二二二—二三五)。ヘリオガバルス帝のいとこで、一三歳で帝位に就いたが、実質権力は母親にして祖母のユリア・マエサが握った。ササン朝を撃退したが、ゲルマン人との戦いに敗れ、母親ともども部下の兵士に殺された。その後は、いわゆる軍人皇帝乱立時代を迎える。

(26) マクシミヌス・トラクス、ガイウス・ユリウス。ローマ皇帝マクシミヌス一世(在位、二三五—二三八)。トラキアの羊飼いだったが、騎士身分となり、セウェルス・アレクサンデル帝を暗殺したあと、帝位に就く。軍事的才能に優れていたが、部下の兵士に殺された。

(27) 岩波147—148、中公117。

ティウス[29]によって操られていたということ、またこの二人の皇帝は、どちらも軽蔑されてはいなかったということである。誤った推論を行なうことが、政治著作家に非常によく起こるように、セウェルス帝をきっかけにして、マキアヴェッリにもこうしたことが起こってしまった。というのも、彼は、この皇帝の名声が「彼の行なった強奪の規模の大きさを消し去り、彼を公衆の憎しみから保護することになった[30]」と言っているからだ。私には目下の強奪や不正義こそ、いまある名声の大きさを消し去るものだと思えるのだが。それを判断するのは読み手である。セウェルス帝が玉座に就いたことは、軍律を確立したハドリアヌス帝[31]の恩恵を、なにかしらの形で受けていた。また、セウェルス帝のあとに続く皇帝たちが自分の地位を保てなかったのは、セウェルス帝による規律の乱れが原因であった。セウェルス帝は政治上の大きな過ちをも犯した。セウェルス帝は、ペスケンニウス・ニゲル[32]軍の兵士を追放刑に処したために、彼らの多くがパルティア人[33]たちのところへ退き、そこでパルティア人たちに戦争術を伝授したのである。このことは、のちに帝国に多大な損害をもたらすことになった。慎み深い君主は、目先の治世を考えるだけでなく、将来的な治世のために、現在の失態の悲惨な帰結を予見しておかなければならない。

それゆえ、マキアヴェッリが、セウェルス帝の時代には、支持を得るために兵士を甘やかすだけで十分だと信じていたとき、彼が大きな過ちを犯したということを忘れるべきではない。というのも、この皇帝たちの歴史は、マキアヴェッリの思いこみと矛盾しているからだ。われわれが生きているこの時代には、指揮、命令しなければならないすべての身分の人びとを、君主は、別け隔てなく、平等に扱わなければならない。そうしないと、君主の利害にとって致命的な嫉妬心を引き起こしかねないからである。玉座に登りつめる人

(28) セイヤヌス、ルキウス・アエリウス（前二〇頃―後三一）。ティベリウス帝の寵臣。二七年にティベリウス帝をカプリ島に隠居させ、ローマ帝国の支配権を握った。皇帝の息子を次々と暗殺し、ティベリウス帝に取って代わろうとするが、ティベリウス帝に気づかれ、元老院で裁かれ、処刑された。

(29) フルウィウス・プラウティウス。アフリカ出身の軍人で、セウェルス帝の寵臣。ペルティナクス帝によって追放されたが、セウェルスとの友情のおかげで復権。金銭欲を満たすために残虐行為に走る。暴君的振る舞いと色情狂のうえに大食漢で名を馳せる。さすがのセウェルス帝もプラウティウスの乱行に気がとがめたが、属州に建立されたプラウティウス像を撤去しただけに終わった。セウェルス帝は、彼を帝位に就けようとしていたと言われ、息子のカラカラに彼の娘を嫁がせている。しかし、カラカラがプラウティウスの野心を見抜き、彼を二〇五年に殺害する。それでもセウェルス帝は、彼の死を惜しみ、葬儀を丁重に行なったという。

(30) 岩波148、中公117。

(31) ハドリアヌス、プブリウス・アエリウス（七六―一三八）。ローマ皇帝（在位、一一七―一三八）。トラヤヌス帝の養子となり、帝位を継承。トラヤヌス帝の最大版図を守るために、軍規を厳格にするなど、軍事面での支配を強めた。ユダヤ人の叛乱を抑え、一三五年にエルサレムを植民地とした。

(32) ペスケンニウス・ニゲル、ガイウス（一三五頃―一九五）。ローマの将軍。ペルティナクスの死後、兵士によって帝位に就けられるが、同じく兵士に担がれて帝位に就いたセウェルスと、最初は和解に務めたが、セウェルスが戦争を仕掛け、イッソスでの戦いに敗れて、兵士によって殺された。

(33) イラン系の遊牧民。彼らは、紀元前三世紀の中頃に、カスピ海東南部、セレウコス朝の領土にパルティア王国を建て、その後、イランとメソポタミアを支配した。メソポタミアの支配をめぐって、紀元前二世紀末頃からローマ人と激しい戦いを繰り広げた。三世紀にササン朝ペルシアによって滅ぼされた。

間にかかわって、マキアヴェッリが提示した、セウェルス帝というお手本は、それゆえ、マルクス・アウレリウス帝というお手本が彼に好都合でありうるのと同じくらい、まずいことである。しかしお手本として、どうしてセウェルス帝、チェーザレ・ボルジア、そしてマルクス・アウレリウス帝をまとめて提案することができるのか？　それはもっとも純粋な英知と力量を、もっともひどい悪辣さと結びつけようとすることである。

もうひとつ指摘せずには、本章を終えることができない。すなわち、チェーザレ・ボルジアが残酷さや背信にもかかわらず、不幸な最期を遂げたということと、マルクス・アウレリウス帝、つねに善良かつ有徳なあの帝冠を戴いた哲学者が、死ぬまでいかなる不運も経験することはなかったということである。

第二〇章　君主には有益と思える城塞、その他の諸手段は、本当に有益なものであるか［城塞、その他、君主がしばしばやっている事柄は有用であるか、有害であるか］

ある君主は、臣民が武器を持ち、軍事技術の訓練をすることを禁じた。……ある君主は城塞を作った。……われわれが言った通り、君主が国家のなかに城塞を築く場合がある。私は、これは古くからある習慣なので、反対はしない。……城塞が有用で害を与えないのは、場合によるということである。……外国人よりも臣民を恐れる君主は城塞を築かなければならない。しかし、臣民より外国人を恐れる君主は、城塞を築くべきではない。現代にあって、城塞がだれかの役に立った事例はない。

異教［古代ギリシア＝ローマの宗教］はヤヌス(1)を二つの顔で描いたが、それは、異教が過去と未来に関して持っていた完璧な知識を意味していた。この神の似姿は、寓意的な意味で受け取るなら、君主たちには、とてもよく当てはまるものとなりうる。君主たちは、ヤヌスのように、自分たちの背後に過ぎ去った世紀すべての歴史を見てとらなければならない。そうした過去の世紀は、行動と義務に関して、ためになる教訓を彼らに与える。君主たちは、ヤヌスのように、洞察力とならんで強さと裁きのあの精神で自分たちの行く先を見てとらなければならない。この精神は、あらゆる関係を結びつけるとともに、現在の局面のなかに、あとに続くはずの局面を読み取る。

君主たちにとっては、過去に学ぶことはとても必要なことである。なぜなら、その学習が彼らに高名で有徳な人間の例を与えてくれるからだ。それゆえ、それは英知の学校なのである。(2) 未来について学ぶことも、君主たちにとっては有益である。なぜなら、それは、恐るべき不幸や備えるべき思わぬ巡り合わせを彼らに予見させるからである。それゆえ、それは怜悧の学校である。船員たちを導いていく羅針盤とコンパスが、操舵手には必要であるのと同様に、この二つの徳が君主たちには必要なのである。

歴史の知識は、観念の数を自然に増やすのに役立つので、いっそう有用である。その知識は、精神を豊かにし、一幅の絵のように、運命の浮き沈みのすべてを提示し、頼みの綱となり、有益な模範を示して、その場をしのがせてくれるのである。

未来を深く知ることはよいことである。というのも、この洞察は、ある仕方で、われわれに運命の謎を見破らせてくれるからだ。そして、われわれの身の上に起こるかもしれない、すべてのことを予想して、実際に事件が出来したときに、やることができるかぎりでもっとも理にかなった対応をとることができるように、われわれに心構えをさせるからだ。

マキアヴェッリは、本章で、領土を征服してしまう君主に対しても、自分たちの領地のなかで支配を盤石なものにすることだけを考えた政治を行ないたいと思う君主に対しても、五つの問題を提起している。過去を未来に結びつけるとともに、つねに理性と公正さによって決定されながら、どんなことがもっともよいことだと、怜悧が勧めることができるかを見ていくことにしよう。

第一の問いはこうだ。君主は征服された諸国民の武装を解除すべきであるかいなか。私は次のように答えよう。マキアヴェッリ以降、戦争の仕方がどれだけ変わってきたかをつねに考慮しなければならない、と。君主の国を守るのは、多少の差はあるものの、いずれにせよ強力で、規律ある君主の軍隊である。武装した農民の一団なら大いに侮っても構わないだろう。さらに、都市市民が武器を手に取らなければならないことになるのは、攻城戦のときだけだ。しかし、普通は、攻城軍は、都市市民が兵役に就くことを許さない。そして、都市市民が兵士となることを妨げるために、攻城軍は、都市市民を砲撃や灼熱弾で脅す。もっとも、こうしたことは、主として攻城軍の側に、恐れるべきなにかがある場合、奪取した都市の市民を、最初の時期に武装解除するのは慎重なやり方だと思われる。ローマ人たちは、大ブリテン島(3)を征服したが、国民の乱暴で攻撃的な気質のせいで、かの国に平和を保つことができていなかった。ローマ人

(1) ギリシア神話で、家の守護神。家の外と内とで二つの頭を持つという。

(2) フリードリヒは、歴史に学ぶことが君主たちに与える利益について、何度も言及している。一七五一年、『ブランデンブルクの歴史に関する覚え書』の「緒言」において、次のように書いている。「歴史は君主たちの学校としてみなされるべきだ。歴史は君主たちの記憶に、祖国の先祖であった支配者たちの支配や、祖国を荒廃させた暴君たちの支配を描くのだから。そしてまた帝国の拡大や、その退廃の諸原因を指し示してくれるのだから」。これと同様の考えが、より現実的なニュアンスを帯びて、『当代の歴史』の一七七五年の「序文」末尾にも見出される。(編注)

(3) いまの英国。ハドリアヌス帝のときに、ブリタニアと呼ばれた大ブリテン島の一部がローマ帝国によって征服された。

は、彼らの持つこうした攻撃的で凶暴な本能を穏和にするために、国民を軟弱にすることに決めた。そして、ローマが望んでいたとおり、そのことはうまくいった。コルシカ人たちのなかでも、一握りの人間はイギリス人たちと同じくらい勇敢で毅然としている。コルシカ人に優しさを持って接しなければならないのであって、勇気によっては、彼らはまったく手懐《なず》けられはしないだろう。私が思うに、コルシカ島の支配権を維持するためには、住民たちの武装を解除し、彼らを柔弱にしておくことがぜひとも必要であると思われる。コルシカ人の話をしたので、ついでに言うなら、彼らの事例を通してわかることは、自由への愛が人びとに勇気と徳を与えるのではないということ、そして、自由への愛を抑圧することが危険でありかつ不当であるということである。

マキアヴェッリの第二の問いは、新しい国の支配者となったのちに、君主がとりわけ臣民に対して持つべき信頼をめぐって展開される。新しい臣民のなかで、彼が支配者となることを助けた人びとを信頼すべきか、あるいは、自分たちの正統君主に忠実であって、当の新しい君主には、もっとも歯向かった人びとを信頼すべきか、否か、という問題である。

幾人かの市民の内通と裏切りとを通じて、ある都市を獲得する場合、裏切り者を信頼することは、非常に軽率なことだろう。裏切り者があなたがたのためにしてくれた悪行――これを裏切り者は他の者のためにやる準備がいつでもできている。悪行に打って出るかどうかを決めるのは機会である。それに反して、正統な君主に対する忠誠が際立つ人びとは、当てにできる人間が持つ、強固な一念の模範を提供している。必然的に見捨てざるをえなくなった主人のために、かつて彼らがやってきたことを、新しい主人のために彼らはやってくれるに違いない、と推測しなければならない。しかし、よくよく注意せずに、軽々しく意中を打ち明けないことが怜悧の点からは望まれる。

ところで、抑圧されていたために、暴君の軛《くびき》を振りほどかずにはいられなかった人びとが、陰謀をめぐらすことなく、彼らを統治してくれるように、他の国の君主を呼び寄せるような事態を、一瞬でもいいから、想像してみよう。思うに、この君主は、彼に対して示されている信頼に全力で応えなければならない。また、所有しているもののうちで、もっとも貴重なものを彼に委ねた人びとに対して、この場合、信頼を抱かないなら、このことは、自分自身の名声を必ずやしなびさせないではおかない、忘恩というもっとも恥ずべき行為となろう。オラニエ公ウィレム(4)は、イギリスを統治する手綱を彼の手中にもたらした人びとへの友情と信頼とを、彼の生涯が終わるまで保持した。そして、彼に反対した人びとは、祖国を棄て、ジェームズ王(5)に従った。

選挙の大部分で陰謀が行なわれ、王冠が売買される選挙王国においては、だれがなんと言おうとも、新し

(4)　ウィレム、オラニエ公（一六五〇―一七〇二）。オランダ王としてはウィレム三世（在位、一六七二―一七〇二）。イングランド王としてはウィリアム三世。ウィレム二世の息子で、ルイ一四世のオランダ侵入（一六七二）を受けて混乱するヤン・デ・ウィットを顧問とする共和制を覆し、みずから総督となる。一六七八年にはナイメーヘン和約を成立させ、領土を回復した。ジェームズ二世の娘婿としてイギリスの王に招かれた。

(5)　ジェームズ二世（一六三三―一七〇一）。英国国王（一六八五―八八）。一六八八年に名誉革命で、本国を追われた。

い支配者は、即位後、自分を選出してくれた人びとに気に入られるようにしたのと同じように、自分に反対した人びとを買い取ることは、たやすいことであろう。ポーランドは、われわれにその例をもたらしてくれる。そこでは、あまりにも大々的に王冠が取引されているので、王冠の購入は、まるで公設市場でなされているかのようである。そして、ポーランド国王の気前の良さは、自分が進む道から、あらゆる反対を取り除いている。彼は、宮廷侯領[6]と封土（スタロスチ）[7]と、その他、彼が授ける役職を通じて、大貴族を獲得していく名人である。しかし、ポーランド人は、恩恵を施されたことを、すぐに忘れてしまうために、しばしば、施しをやり直さなければならない。ひと言でいえば、ポーランド共和国は、ダナイスたちの甕[8]のようなものである。もっとも気前の良い国王が彼らに施しを、いくら幅広く与えても無駄である。彼は、彼らを満足させることがけっしてできないだろう。しかし、あるポーランド国王は、施すにしては多すぎる恩恵の対象を持っていたので、気前良くするのは、彼が富ませた家門を必要とする場合に限ったために、資金を頻繁に用いないで済ませることができている[9]。

マキアヴェッリの第三の問いは、厳密には、世襲王制における君主の安全性に関するものである。臣民のあいだに団結を維持するのがよいか、それとも敵対を維持するのがよいか、という問題がそれである。

この問いは、フィレンツェにおいて、おそらくマキアヴェッリの先祖の時代には生じえたかもしれないが、今日ではいかなる政治家であれ、薄めることなしに、完全に生のままでは、それを採用することはないと思われる。ここでは、ローマ人を再びひとつにした、メネニウス・アグリッパ[10]の美しく名高い弁明を引けば足りよう。しかしながら、諸共和制は、なんらかの仕方で、構成員のあいだの嫉妬を維持し続けなければならない。というのも、もしも彼らがみなひとつにまとまるなら、統治形態は君主制へと変わるからである。分裂が害をもたらしかねないような個人には、このことは明かされてはならないが、しかしながら、もっともたやすく団結できるために、最高権力を奪い取る力を持っている人びとだけには、伝えられなければならない。

自分の利益のためには、大臣たちの分裂が必要だと信じている君主がいる。憎悪から、大臣たちがお互いの行為をますます警戒しあうようになれば、そのぶん大臣たちに裏切られることは少なくなる、とこの君主

(6) ここで用いられているフランス語は palatinat であるが、この言葉は、palais すなわち宮殿を語源とする。通常は、大文字で使われ、神聖ローマ帝国皇帝を選挙する権限を持っていた宮中伯の所領（南ドイツ地方）を指す。

(7) 古いポーランド語では、王国役人を表わすスタロステが語源。スタロステが封建領主となり、一八世紀では地方総監を意味するようになった。

(8) ダナイスたちの甕　ダナイスたち（ダナイデス）は、ギリシア神話で、リビアの王ダナオスの五〇人の娘のこと。ダナオスは、兄弟で、同じく五〇人の息子を持つアイギュプトスと争い、アルゴスに逃げ込み、現地の王となる。娘たちは、父の命令で、初夜に夫を刺殺するように命じられていたことから、地獄に落ちたとされ、その刑罰に、穴の空いた容器で、水を汲む永久に終わることのない劫罰を受けたという。

(9) ここには、ポーランド政府にたいするフリードリヒの軽蔑と将来の分割のある種の道徳的起源を見出せる。（編注）

(10) ローマの執政官。紀元前五〇二年に平民が元老院から引き上げ、山にこもったときに、『四肢と胃袋』と題した演説を行なって、平民をなだめ、平民代表として元老院議員に選出された。執政官となり、平民の利益を守る護民官制度を創設した。

は考えているのである。しかし、これらの憎悪が、一方で、こうした効果を生み出すとしても、それは、他方で、同じ君主の利益にとってきわめて有害なものをも生み出すのである。というのも、これらの大臣たちは、君主の利益にも貢献しなければならないのに、そうせずに、互いに傷つけあうことしか視野になく、国益にもっともかなう意見や提案を邪魔し、私的な論争をするなかで君主の利益と臣民の安寧とを混同することがあるからである。

だから、もはや全構成員の、親密で切り離せない結びつき以外に、君主の力に寄与するものはないし、それを築きあげることが賢明な君主の目的でなければならない。

私がいま、マキアヴェッリの第三の問いに答えたことは、ある意味において、彼の第四の問題を解決するのに役立つだろう。しかしながら、検討し、判断したいのは、君主が自分自身に歯向かう謀反をあおる必要があるかどうか、また臣民の親愛を手にする必要があるかどうかである。二言で片づけよう。

敵を打ち負かすために、わざわざ敵を作り上げることは、怪物と闘うために、わざわざ怪物をでっち上げることである。友人を作ることは、より自然であり、より道理にかない、より人間的である。友愛の甘美さを知る君主は幸せである！　臣民からの愛や情愛を受けるにふさわしい者はもっと幸せである！

さて、君主は要塞と城塞を構えなければならないか、あるいはそれらを取り払わなければならないか、どちらであるかを知るというマキアヴェッリの最後の問いにやってきた。

第一〇章で、小君主に関しては、私の意見を語ったと思う。今度は、諸王の行動にかかわることへと向かおう。

マキアヴェッリの時代には、世界には、全般的に不満が渦巻いていた。蜂起と叛乱という心的傾向が至るところにみなぎっていた。また、叛乱する都市、騒乱を起こす臣民、君主と国家のために紛争と戦争を起こす臣民しか、目にすることはなかった。この頻発し、絶え間なく続く革命は、都市の高台の上に城塞を築きあげることを君主に余儀なくさせるが、それはこうしたやり方によって、住民の不安な気持ちを抑え、また、彼らを辛抱に慣れさせるためであった。

このような野蛮な時代以来、人間たちが互いに破壊しあうことと血を流すことに困憊《ぱい》したにせよ、あるいは、彼らがより思慮深くなったにせよ、もはや蜂起や叛乱について、それほど語られはしないし、この不安な意識は十分働いたので、いまでは平穏な安定のなかに置かれていると言うことができるだろう。したがって、都市と国への忠誠を保証するのに、もはや城塞は必要とされない。しかしながら、敵から身を守るための、また、国家の平安をより長く保証するための城塞や築城術は、これと同じではない。

軍隊と要塞は、君主にとって同等の有用性がある。というのも、君主が自分の軍隊を敵に対峙させ、それが負け戦になった場合、その軍隊を要塞の大砲の下で守ることができるからだ。また、この要塞を敵が攻撃する攻城戦は、新たな戦力を回復し、集めるための時間を君主に与えてくれるし、それを間に合うように集めれば、君主は、敵に包囲を解かせるために、その戦力をもう一度用いることができるだろう。

神聖ローマ帝国皇帝とフランスのあいだで行なわれた、ブラバン地方での最近の戦いは、多数の堅固な陣地の存在によって、ほとんどなにも進展しなかった。何万もの人間から勝ち取られた何万もの人間の会戦には、ひとつないし二つの都市の占領が続くのみである。戦いののち、損害を回復する時間を手に入れた敵は、再び戦場に現われ、数年前に決着がついていたことに再び異を唱えるのが普通である。多くの堅固な陣地がある国々では、二マイル先まで埋め尽くす軍隊が戦争を三〇年にわたって繰り広げることになろう。またその軍隊が幸運に恵まれれば、二〇回の戦闘の代価として、一〇マイルの領土を獲得することになろう。

要塞のない国々では、一回の戦闘か二回の野戦の帰趨が勝者の運命を決定し、王国全体を勝者に委ねることになる。アレクサンドロス、カエサル、カール一二世――彼らの栄光は、彼らが征服した国々には要塞化された陣地がほとんどみられなかったおかげである。インドを征服した者［アレクサンドロス大王］は、その輝かしい軍事行動において、二回しか攻城戦を戦わなかった。ポーランドの調停者[11]はけっしてそれ以上の攻城戦を戦わなかった。オイゲン王子、ヴィラール[12]、マールバラ、リュクサンブール[13]は、カール一二世とアレクサンドロスよりもすばらしい指揮官であった。しかし、要塞は、カール一二世とアレクサンドロスの成功の輝きを、ある意味で鈍らせる。しっかりと判断される場合、その成功は、アレクサンドロスやカールの成功よりも好ましい。フランス人は、要塞の有用性をよく知っている[14]。というのも、ブラバン地方からドーフィネ地方まで、堅固な陣地が二重の鎖のようにつながっているからだ。フランスのこの国境線は、ドイツに向かってライオンの口が開いているように見え、二列の威嚇的な恐ろしい牙をドイツに向けていて、すべてを飲み込もうとしているように見える[15]。

要塞化された都市の大きな効用を示すには、これで十分だ。

(11) スウェーデン王カール一二世のことで、彼は、一七〇四年にワルシャワを陥落させ、ロシアとのあいだで北方同盟を結んでいたポーランド王アウグスト二世(一六七〇―一七三三)を廃位に追いこみ、スタニスワフ・レシチンスキ(一六七七―一七六六)を王位につけた。

(12) ヴィラール公爵、ルイ＝エクトル、ド(一六五三―一七三四)。フランスの軍人で元帥。フランス随一の将軍のひとりと言われる。若くしてオランダ戦役で功績をあげ、ルイ一四世によって引き立てられた。ルイ一四世の戦争(第一三章訳注(2)参照)では、ほとんどすべての戦争の指揮を取った。

(13) リュクサンブール公爵、フランソワ＝アンリ・ド・モンモランシー＝ブトヴィル、ド(一六二八―一六九五)。フランスの軍人で元帥。コンデ公爵の副官から昇格したが、フロンドの乱で、王から遠ざけられる。叛乱の収拾とともに、許されて、一六七二年のオランダ戦争に参加。テュレンヌ死後、陸軍元帥となる。引退の年に亡くなる。

(14) 実際、フリードリヒはフランスをまねて、各地に要塞線を構築した。

(15) この最後のイメージは、フランスに対する皇太子の羨望を図らずもあきらかにしている。彼の即位に先立つこの数年間、フランス王政の権勢は(神聖ローマ帝国の権勢とともに)、二つある主要な懸念の一つになる。その時から彼の気持ちのなかで二重の統治プロジェクトが形づくられたと考えられる。すなわち帝国の勢いを弱めることとフランスの勢いを弱めること。本章の後半において、マキアヴェッリへの反駁からいかに外れていったかはお気づきであろう。われわれは現代ヨーロッパについての一連の打ち明け話にかかわっているのであり、その詳述によってそこへの関心が失われることはない。(編注)

第二一章　尊敬されるために、いかにして君主は統治を行なうべきか［世界においてみずからを重要人物たらしめるためには、君主はどのような道をとるべきか］

大事業と類まれな行動ほど、君主に衆望を集めるものは存在しない。……君主たる者、諸科学と芸術に対する畏敬の念を欠いてはいけない。臣民のひとりひとりがそれぞれの仕事に不安なく取り組めるように臣民を励まさなければならない。……没収と不正を恐れて、臣民が土地を改善するのを怠るようなことがないようにしなければならない……。塩税と租税で打ちひしがれる恐れを臣民に抱かせないようにしなければならない。

世間を騒がせることと栄誉を獲得することとのあいだには違いがある。評判というものの悪しき鑑定人である俗人は、偉大で驚異的なものの外観によって簡単に誘惑される。彼は、良い行ないと度外れな行ない、富と功績、目立つものと堅実なものとを混同する。啓蒙された人びと、そして賢明な人びとは、まったく異なった判断をする。彼らのふるいにかけられることは、手強い試練である。彼らは、解剖学者が死体を解剖するように、偉人たちの生涯を解剖する。彼らの意図は誠実であったかどうか、彼らは正しかったかどうか、彼らは、人びとに対して、善よりも悪の方を多く行なったかどうか、彼らの勇気は彼らの英知に従ったかどうか、あるいは、激昂する気質であったかどうか。彼らは原因によって結果を判断し、結果から原因を判断しない。彼らは光り輝く悪徳によって目を眩まされることはない。彼らは美質と美徳のみが栄誉に適すると判断する。

マキアヴェッリが偉大で評価に値するとみなすものは、俗人の判断をびっくりさせるかもしれない、あの偽りの輝きである。彼は、臣民の精神で、しかも、もっとも卑しくかつ唾棄すべき臣民の精神で、本書を書いている。しかし、モリエール[1]と同様、彼にも、このようなつまらない考え方を、誠実な紳士たちの気高い心や趣味に結びつけることは不可能であろう。『人間嫌い』を賞讃できる人びとは、『スカパンの悪だくみ』をそれだけいっそう軽蔑するだろう。

マキアヴェッリのこの章には、よいことと悪いことが含まれている。私は最初に、マキアヴェッリの誤りを指摘する。次いで、私は彼の言ったよいこと、賞讃できることを確認する。続いて、当然本題に属するいくつかの話題に関連して、私の意見を思い切って述べることにする。

（1） モリエール（一六二二―七三）。フランスの古典主義喜劇作家。本名ジャン・バティスト・ポクラン。タピストリー職人の家柄に生まれた。厳格なイエズス会のコレージュに学び、弁護士を目ざしたが、途中で学業を放棄し、喜劇の世界に飛び込んだ。一六五九年の『才女気取り』で気取りのブームを巻き起こし、大成功を収める。『人間嫌い』は、お追従や虚礼を嫌う青年アルセストが社交界に浮名を流す美貌のセリメーヌに恋をすることから巻き起こる騒ぎを描いた恋愛コメディー。『スカパンの悪だくみ』は、恋と従者スカパンの金儲けの悪だくみとを組み合わせた恋愛コメディー。

著者は、大計画と稀有で度外れな行動で自分を目立たせたいと望む人びとへの手本として、アラゴンのフェルナンド(2)およびミラノのベルナボ(3)の振る舞いを提案している。マキアヴェッリはなにがすばらしいかを計画の大胆さ、実行するにあたっての迅速さのなかに求める。それは立派なことだ、と私は認める。しかし、賞讃することが可能になるのは、征服者の企てがどれだけ正しいか、その割合に応じてのみである。「一方あなたは、盗賊を討伐しに来たと豪語しているが、あなたが訪れたすべての国にとってあなたこそ盗賊だ」とスキュタイ人(4)の大使たちはアレクサンドロス大王に言った。「あなたは打ち負かしたすべての国民を略奪し、荒廃させた。もしあなたが神なら、人間に恩恵を与えるべきであり、財産を奪い取るべきではない。逆に、もし人間なら、自分がそういうものだということをいつも肝に銘じておくがいい(5)」。

アラゴンのフェルナンドは、単純に戦争をすることだけで、良しとはしなかった。彼は自分の意図を隠すための覆いとして、宗教を利用していた(6)。もし、この王が信仰者であったとしたら、彼は途方もない瀆神行為を犯していたことになる。彼は、私的憤激の口実に、神の大義を使おうとしたからだ。もし、彼が不信心者であったなら、彼は、詐欺師、ペテン師として行動していたことになる。彼の偽善が臣民たちの信じやすさを、彼が抱いていた野心の利益になる方向へそらさせたからである。

議論のために戦うことは正しいと臣民に教えることは、君主にとっては、非常に危険である。それは、間接的に聖職者階級を、戦争と平和の主人にし、君主と臣民との裁定者にすることである。西ローマ帝国の滅亡［四七六年］は、部分的には、宗教論争のせいであった。フランスでは、ヴァロワ家(7)最後の数世代の統治下で、狂信と間違った熱狂という気風の不吉な諸結果が見受けられた。私が思うに、君主の政治学が望むこ

(2) フェルナンド・エル・カトリコ、二世(一四五二―一五一六)。カスティーリャ=レオン王(在位、一四七四―一五〇四)。アラゴン、バレンシア、マジョルカ、シチリア、サルデーニャ王、バルセロナ伯爵(一四七九―一五一六)。ナポリ王になったのは一五〇三年。アラゴン王としては、フェルナンド二世、カスティーリャ王としては、フェルナンド五世。アラゴン王フアン二世の息子で、シチリア王位を継承した(一四六八)。翌年、カスティーリャ王フアン二世の娘イサベルと結婚。異母兄エンリケ四世の死後(一四七四)、イサベルがカスティーリャ王位を継承したのに伴い、翌年女王と同等の権利を持つカスティーリャ王となる。イベリア半島におけるアラビア人最後の王国グラナダを陥落させ(一四九二)、カトリック勢力によるスペイン統一を完成した。国内からユダヤ人を追放し、異端審問所を設け、カトリックによる思想統一を図り、絶対主義体制を築きあげた。コロンブスを支援し、世界帝国への足がかりを作った。

(3) ヴィスコンティ、ベルナボ(一三二三―八五)。イタリアのミラノの僭主。ミラノ大司教の死後、二人の兄とミラノを共同統治した。好戦的で、神聖ローマ帝国皇帝カール四世と敵対したほか、異端嫌疑で、ウルバヌス五世によって二度破門された。残忍さで知られる。最後は、甥によって逮捕され、三度にわたり毒殺されかかり、結局幽閉されて死んだ。チョーサーのカンタベリー物語にも暴君の典型として登場する。

(4) イラン系の古代民族とされる。考古学的には、分布は広大で、カフカス、中央アジア、シベリア地方においても、スキュタイ式の武器や土器・青銅器・鉄器・貴金属などが出土している。元来、ヴォルガ河東側部分に居住していたが、その一部が黒海北方および北西部のステップ地帯(スキュティア)に移住しきて、ヘロドトスをはじめとする古代ギリシア人史家に記録されるようになった。

(5) クィンツス・クルティウス・ルフス、『アレクサンドロス大王伝』、邦訳前掲第七巻、第八章、二九〇―二九一ページ。

(6) もちろん、マキアヴェッリは、第二一章で、宗教を民衆支配の道具として使った点も含めて、フェルナンドを「新しい君主」として褒め讃える。マキアヴェッリにとって、キリスト教を本気で信じるか否かは問題ではない。

とは、臣民の信仰を侵害しないこと、君主の一存で可能な限りにおいて、自分の国家の聖職者と臣民を穏健と寛容の精神へ連れ戻さなければならないということである。この政策は、同胞に対する平和と謙遜と慈愛のみを説く福音の精神と一致するだけでなく、君主の利害とも合致する。なぜなら、間違った熱狂と狂信を国家から根絶することで、君主は、路上のもっとも危険な躓《つまず》きの石ともっとも恐れなければならなかった暗礁から遠ざかるからである。というのは、俗人の忠誠心と善意は、宗教への偏愛と狂信への熱情には打ち勝てないからである。狂信は殺人者に対してさえ、彼らの犯罪の代償として天国への扉を開き、彼らが受ける処罰への褒賞として殉教者の栄冠を約束する。

したがって、君主が、本来的には言葉の争いにすぎない聖職者たちのつまらない論争に対し、いくら軽蔑を示しても示しすぎることはない。その論争が背後に従える迷信と宗教的偏愛を手抜かりなく窒息させるために、どれほどの注意を払おうとも払いすぎることはない。

マキアヴェッリは、二番目に、ミラノのベルナボの例を持ち出している。彼がほのめかそうとしていることは、君主たちは派手な仕方で、褒美を与えたり処罰したりしなければならない。そうすれば、君主のすべての行為には、偉大さの性格が刻印されるということである。とりわけ、彼らの気前の良さが、彼らの虚栄心ではなく、彼らの魂の偉大さの結果であるときには、気前の良い君主は必ず評判となるであろう。

彼らの心の善良さは、他のいかなる美徳にもまさって、彼らを偉大にすることができる。キケロはカエサルに次のように言っていた。「あなたの力を超えた偉大なものを幸運によって手に入れられるわけではない。できるだけ多くの人びとを救いたいと願うあなたの本性ほど立派なものはないのである」(8)。それゆえ、君主が加える刑罰はつねに罪より軽くなければならない。また君主が与える褒賞はつねに奉仕以上のものでなければならない。

しかし、ここにはひとつの矛盾がある。政治学の博士は、本章において、君主たちが同盟関係を維持することを望んでいる。そして、一八章においては、彼は、君主たちにはっきりと約束を解消させていた。[9] 彼は、ある人たちには白と言い、また別の人たちには黒という占い師のように振る舞っている。

マキアヴェッリは、いまわれわれが述べたすべてのことに関して間違った推論をしているとはいえ、君主たちが自分より強力な他の君主と軽々しく交渉を持つべきではないという用心については、正しく語っている。自分より強力な君主は、彼らを助ける代わりに、破滅させることができるだろうからである。

そのことは、味方からも敵からも等しく評価されたドイツの大君主[10]が承知していたことである。その大君主がフランスに対して行なっていた戦争において、低ライン地方[11]で神聖ローマ帝国皇帝[12]を助けるために全部隊を率いて自国から遠ざかったとき、スウェーデン人が彼の領邦に侵入した。[13] 君主の大臣たちは、このス

（7）　フランスの王家で、シャルル四世（一二九四―一三二八）のカペー朝断絶を受けて、一三二八年にフィリップ・ド・ヴァロワ（一二九三―一三五〇）が創始した。ヴァロワ家最後の王はアンリ三世で、文字通り宗教戦争のさなかの一五八九年に暗殺された。

（8）　邦訳、「リガーリウス弁護」、久保田忠利訳、『キケロ選集1、法廷政治弁論集I』所収、岩波書店、三六二ページ。フリードリヒの自由引用を訂正した。

（9）　『君主論』第一八章の主題が、君主は約束を守らなくても良いと説くことにあった。

ウェーデン人の突然の出現の知らせで、ロシアの皇帝に救援を求めるように君主に忠告した。(14) しかし、大臣たちより鋭敏なこの君主は、彼らにこう答えた。モスクワ人は、一度放免したら、二度と鎖につなげない、熊のような連中であり、彼らの鎖を解いてはならない。彼は毅然としてみずから報復の手はずを実行し、それを悔いることはなかった。

私が来るべき世紀に生きていたなら、それにふさわしいいくつかの省察によって、この項目をきっと長々と引き伸ばせることだろうに。しかし、現代の君主たちの行動を裁くのは、私の役割ではない。世間では、適切に語り、また適切に口をつぐむことを知らなければならない。

中立の問題は、君主連合の問題同様に、マキアヴェッリによって巧みに論じられている。はるか昔から、経験は次のことを証明してきた。中立の立場を取る君主は、自分の国を好戦的な二国の不正な攻撃にさらすことになり、彼の国家は戦争の舞台となる。彼は勝利するための堅固なものをなにも持たないので、中立によってつねに破滅する。

君主が強大になるのを可能にする二つのやり方がある。ひとつは征服というやり方である。この場合には、好戦的な君主は彼の支配地の限界を、みずからの軍隊の力を使って後退させる。もうひとつは良き統治というやり方である。この場合には、勤勉な君主は、領邦のなかですべての技芸、すべての学問を栄えさせ、その結果、君主の領邦はより強力になり、より文明化される。

この書物の全体は、強大になるためのこの第一のやり方に関するさまざまな論拠だけで満たされている。しかし、第一のやり方よりも罪がなく、より公正で、劣らず有益な第二のやり方について、いくらか付言しよう。

生きていくのにもっとも必要な技芸は農業、貿易、そしてマニュファクチュアである。人間精神にとって

(10)　ブランデンブルク選帝侯フリードリヒ・ヴィルヘルム(一六二〇—一八八)のこと。大選帝侯と称される。ポーランド王国から祖国プロイセンを解放した偉大な王として、フリードリヒも彼を国父と呼んで尊敬している。プロテスタントで、オランダ総督ヘンドリクの娘と結婚し、ウィレム三世の後見人となった。常備軍を設置、ポーランド・ロシア連合軍を一六五六年にワルシャワの戦いで破った。一六七二年のルイ一四世によるオランダ侵略に対し、和睦したのち、再び叛旗を翻し、一六七四年にアルザスで、神聖ローマ帝国軍とともにフランス軍と戦ったが、テュレンヌの奇襲で、敗北した(トゥルクハイムの戦い)。翌年、スウェーデンの侵入と戦い、これを撃退し、大選帝侯と呼ばれるようになった。一六七九年にスウェーデンとのあいだに、サン=ジェルマンの講和を結び、プロイセンから最終的にスウェーデンの脅威を取り除いた。一六八五年にはポツダム勅令を発し、フランスのユグノーの亡命を促し、自国の経済を発展させた。彼が残した常備軍の兵力は三万人と言われ、フリードリヒの軍事力を支える土台となった。

(11)　南ドイツで、フランスとの国境付近の地方。ここではアルザス地方。

(12)　スペイン王カルロス二世(一六六一—一七〇〇)のこと。

(13)　好戦的なスウェーデン王カール一一世(一六五五—九七)が神聖ローマ皇帝と組んで、北方からポンメルン領の回復を図って、プロイセンに仕掛けた戦争。フリードリヒ・ヴィルヘルムは、一六七五年にフェールベリンの戦いで、スウェーデンに勝利し、その偉業をたたえて大選帝侯の栄誉を送られた。

(14)　ロシア皇帝フョードル三世(一六六一—八二)のこと。先王アレクセイ・ミハイロヴィチ(一六二九—七六)が一月に亡くなり、生来の病弱に加えて、後継者争いのなかで即位したため、支持基盤が脆弱だった。

最高の名誉となる学問は、地理学、哲学、天文学、雄弁術、詩学、そして芸術の名で理解される一切のものである。

すべての国は非常に異なっているので、ある国では農業に利点があり、他の国ではワイン生産、また他の国ではマニュファクチュア、また他の国では貿易が有利ということになる。また、これらの技芸はいくつかの国では同時に栄えることさえある。

より強力になるために、この穏やかで無害なやり方を選ぶ君主たちは、主として彼らの国の国柄を研究しなければならないだろう。そうして、これらの技芸のうちのどれがそこで成功を収めるのにもっとも適しているか、そして結果的にどの技芸をもっとも奨励すべきかを知らなければならないだろう。フランス人とスペイン人は、自分たちには貿易が欠けていることに気づいた。この理由から、彼らは、イギリス人の貿易を破滅させる手段について考え抜いた。フランスがそのことに成功すれば、イギリスの貿易の破滅は、二〇の町と一〇〇〇の村々の征服よりもはるかにフランスの力の増強に資するに違いない。イギリスとオランダという世界でもっとも美しくもっとも豊かなこれら二国は、病人が消耗して、痩せこけて死ぬように、知らず知らずのうちに衰退していくだろう。

小麦と葡萄が富の源泉となっている国々では、守るべきことが二つある。ひとつは、どんな小さな土地からも利益を引き出せるように、すべての土地を丹念に開墾することである。もうひとつは、より大量の、より広範な販路を心がけることであり、これらの商品の輸送費をより安くすること、より安い値段で売ることを心がけることである。

どんな種類のものであっても、およそマニュファクチュアというものは、国家にとってもっとも有益で、もっとも多くの利益をもたらすだろう。というのは、マニュファクチュアによって、住民たちの必要や奢侈は満たされ、隣国の人びとさえも、あなたがたの巧みさに税を払わざるをえないからであり、また、マニュファクチュアは、一方で貨幣が国外に出ることを妨げ、他方で貨幣の還流を促すからである。(15)

私はつねづね確信してきたが、南の国々にあれほど頻繁に侵攻した北の国々、ゴート族やヴァンダル族(16)の驚異的な移住は、部分的にはマニュファクチュアの欠如によって引き起こされたのだ。あの遠い時代には、技芸としては農業がスウェーデン、デンマーク、そしてドイツのほとんどの地域において知られていただけ

---

(15) フリードリヒは別の書物で次のように書いている。「ある国が輸出する産品をほとんど持たず、しかも、隣国の産業に頼らなければならないとき、貿易の秤はその国に好ましくないものとなる。この不都合を防ぐには、マニュファクチュアを増大させる以外の手段はない。」(*Mémoires depuis la paix de Hubertsbourg*, **chap. II.**)(編注)

(16) 古いドイツ語で「流浪」を意味するヴィンタンに由来するゲルマン人の一派。オーデル河下流とヴィスワ河下流にはさまれたバルト海沿岸地方に居住する民族として、一世紀頃にローマの史書に登場する。二世紀末にはパンノニア地方に移動したが、ローマ帝国によって、東のダキア地方(ルーマニア)に追いやられ、四世紀初頭までこの地にとどまる。民族大移動とともに、ゴート人に追われ、ローマ帝国に侵入。ガリア地方に侵入したのち、スペインへ進攻し、ローマ帝国の属領を再建(四一一)。西ゴート族に圧迫され、アフリカに渡り、ヴァンダル王国を樹立(四四二)。四七四年には、スペイン東方のバレアレス諸島からコルシカ島、サルデーニア島、シチリア島を含む広大な王国を築く。

である。土地を耕していた一定数の地主のあいだで、耕作可能な土地は分割されていた。そして、土地は彼らを養うことができていた。

しかし、人類は、これらの寒冷な土地においては、つねに繁殖力が豊かであったので、そこには、耕作で養える人口の二倍の住民が存在するようなことが起こった。そこで、良家の次男たちは、集団を作り、必要に迫られて名高い山賊となり、他の国々を略奪し、そこの主人たちの財産を取り上げた。こうして、東西の帝国の歴史においては、これらの野蛮人は、通常、彼らの生存に必要なものを自給するために、耕作する畑のみを要求したのである。北方の国々の現在の人口は、当時よりも減少しているわけではない。しかし、奢侈が幸いにも、われわれの欲求を数倍にも高めたので、諸国民全体を存続させるマニュファクチュアやあらゆる技芸を誕生させるきっかけとなった。もし違っていたら、他の土地に生存の手立てを求めざるをえなかっただろう。

したがって、国家を繁栄させるためのこれらのやり方は、君主の英知に委ねられたもろもろの才能のようなものである。君主はそれらの才能を働かせ、価値あるものにしなければならない。賢明な統治のもとで、幸福で、豊饒で富める国であるというもっとも確実なしるしは、芸術や学問が国内で誕生するときである。それはめぐまれた空の下、肥沃な大地に咲く花々である。しかし、旱魃や熾烈な北風はそれらの花々の生命を断ってしまう。

君主に庇護されて開花する芸術ほど君主の統治を輝かせるものはなにもない。ペリクレス(17)の時代は、アテナイに生きたフィディアスやプラクシテレス、その他多くの偉人たちによって有名であり、それは同じアテナイ人たちによって当時勝ち取られた戦争による名声にも劣らない。アウグストゥスの時代は、この冷酷な皇帝の粛清によってよりも、キケロ、オウィディウス[18]、ホラティウス[19]、ウェルギリウスによって、より知られているのである。結局、この皇帝の名声はその大部分がホラティウスの詩のおかげである。ルイ大王の時代は、あの誇張されて語られるライン渡河[20]や、ルイ王みずから出陣したあのモンスの攻囲[21]や、ド・マルシャン氏[22]の書斎からの命令のせいでオルレアン公[23]を敗北させたあのトリノ戦役[24]による以上に、コルネイユやラシーヌ、モリエール、ボワロー、デカルト、コイペル[25]、ルブラン[26]、ジラルドン[27]といった人びとによってはる

(17) ペリクレス（前四九〇頃—四二九）。古代ギリシア、アテナイの政治家でペロポネソス戦争勝利の立役者。デロス同盟の盟主としてアテナイの黄金時代を築いた。

(18) オウィディウス・ナソ、プブリウス（前四三—後一七／一八）。古代ローマの作家。エロティックな著作（『愛の技法』、邦訳『恋愛指南』、沓掛良彦訳、岩波文庫）を得意としたほか、古代ギリシア神話をモチーフとした『変身譜』（中村善也訳、岩波文庫）など。著作が不道徳と断罪され、追放され、流浪する。追放中の日々を歌った著作に『悲しみの歌／黒海からの手紙』（木村健治訳、古典叢書京都大学学術出版会）がある。

(19) ホラティウス・フラックス、クイントゥス（前六五—前八）。古代ローマの詩人。『歌章』（藤井昇訳、現代思潮社）、『風刺詩』、『書簡詩』など。邦訳では『ホラティウス全集』（鈴木一郎訳、玉川大学出版部）も出版されている。

(20) ルイ一四世は、一六七二年六月一二日にオランダ侵略を企図し、フランス軍一二万人を率いて、みずからの自然国境説を裏書きすべく、ライン河をわざわざ、オランダ南東部アルネム南東のロビト付近で渡河した。

(21) ルイ一四世はベルギーのフランドル地方モンスにあった要塞を一六九一年に陥落させた。その後も、一七〇一年と一七〇九年の三度にわたって陥落させた。

かに知られている。

王たちは、人類に最高の名誉をもたらす人びとを顕彰し、彼らに褒賞を授けるときには、人類を敬っているのである。人類の名誉を作る人びととは、われわれの知識を完成に導き、真理への信仰に献身し、思索の技術をより完璧にするために、彼らの持っている物質的なものを等閑視する、あの優れた精神の持ち主たちでないとすれば、いったいだれであろう。賢者たちが世界を明るく照らすように、彼らは世界の立法者となるにふさわしい。

みずから学問をよくし、あのローマの執政官、祖国の解放者、雄弁の父であるキケロのように思索する君主たちは幸せである。「文学は青春期を形成し、老年の魅力を生み出す。隆盛はそれによっていっそう輝き、敵対はそれから慰めを得る。自分の家庭で、他人の家庭で、旅の渦中で、孤独のなかで、どんなときにも、どんな場所でも、文学はわれわれの人生を甘美にする」[28]。

ロレンツォ・デ・メディチというイタリア国民最高の偉人は、イタリアに平和をもたらし、学問の再興者となった。彼の誠実さは、すべての君主の全面的信頼を彼にもたらした。ローマのもっとも偉大な皇帝のひ

(22) マルシャン伯爵、フェルディナン、ド(一六五六―一七〇六)。カタロニア生まれのフランスの軍人で、元帥。一六八八年のトリノ戦役では旅団長。その後、軍功を挙げ、元帥に昇進した。再度のトリノ戦役では戦死。フリードリヒはMarsinと綴るが間違い。

(23) オルレアン公フィリップ(一六七四―一七二三)。ルイ一四世の弟オルレアン公フィリップ一世(一六四〇―一七〇一)の長男。ルイ一五世のためにルイ一四世から摂政位を授けられる。オランダ戦争やモンスでの戦いで軍功を挙げるなど、歴戦の英雄となり、父と同じくルイ一四世か

ら疎まれ、一六九七年以降、スペイン継承戦争の際のトリノ会戦まで、戦争に参加しなかった。トリノ会戦では勇敢な気質を発揮したと言われる。化学実験が趣味で、ルイ一四世の跡継ぎの死に関与したと噂される。摂政時代にはジョン・ロー（一六七一―一七二九）を重用し、経済恐慌を招いた。大の陰謀好きとされ、本書第八章冒頭でも示されるように、強烈な風刺の対象となった。

(24) このトリノ戦役は、一六八八年にプファルツ戦争の一環でトリノを中心に戦われたサヴォイア家に対する戦争のことではなく、「オルレアン公を敗北させた」という記述から見て、オルレアン公の指揮のもとでオーストリア軍と戦うように命令されたスペイン継承戦争における一七〇六年九月七日のトリノ会戦のことを指している。戦争のベテラン、オイゲン王子に率いられた三万のオーストリア軍は、八万の大軍によって守られたフランス軍の長大な防衛戦をずたずたに打ち破り、マルシャンも敗死した。戦後、敗北の責任がフィリップにあるのか、それともマルシャンにあるのかをめぐって議論が戦わされたルイ一四世晩期の重大な敗戦のひとつ。フリードリヒは、王太子らしく敗戦の責任をマルシャンに帰しているが、ナポレオンは、逆にマルシャンをかばい、最高司令官としてのフィリップに責任ありとしている。

(25) コイペル、ノエル（一六二八―一七〇七）。フランス古典主義時代の宮廷画家で、工芸家。ルイ一四世の官房の調度品を制作した。ヴェルサイユ宮殿の礼拝堂に天井画を描いた。

(26) ルブラン、シャルル（一六一九―九〇）。フランス古典主義時代の宮廷画家。財務卿フーケ（一六一五―八〇）の邸宅を贅沢に飾った。

(27) ジラルドン、フランソワ（一六二八―一七一五）。フランス古典主義時代の宮廷彫刻家。ルブランにも可愛がられた。大法官セギエ（一五八八―一六七二）、財務総監コルベール（一六一九―八三）の庇護を受けた。

(28) 「文学は、青年の精神を研ぎ、老年を喜ばせ、順境を飾り、逆境には避難所と慰めを提供し、家庭にあっては娯楽となり、外にあっても荷物とならず、夜を過ごすにも、旅行のおりも、バカンスにも伴となる」（「アルキアース弁護」、谷栄一郎訳、『キケロ選集2、法廷政治弁論集 II』所収、岩波書店、83ページ）。

とり、マルクス・アウレリウスは、幸運な戦士であるのに劣らず賢明な哲学者であった。彼はみずから告白する信仰に、最高度に厳しい道徳の実践を結びつけていた。彼の言葉で締めくくろう。「正義によって導かれる王は世界を自分の神殿としてもつ。そして善人がその神殿の祭司であり、供犠者である[29]」。

(29) これは、マルクス・アウレリウスの『自省録』、第三巻の次の言葉を言い換えたものだろう。「単純で善意に富み、社会性を持つ人間にふさわしいものであることや、また君が快楽に無関心で、あらゆる享楽的な思いや競争意識や嫉妬や疑惑やその他すべて君が自分の心の中にあるというのを赤面するであろうようなことは、いっさい考えていないことがただちに明らかになるであろう。まことにこのような人間は、つまりすでに今からもっとも優れた人間の一人であるべく努める人間は、いわば一種の祭司であり、神々の仕えびとであって、また自分の内に座を占める者にも奉仕するのである。」(神谷美恵子訳、岩波文庫、三八ページ)。なお、編注は、フリードリヒが再び雄弁調で、紋切り型の表現に陥っているが、しかし、マキアヴェッリには、完全に欠落している王国経済論を強調する点で、『君主論』の過度に個人的見地に限定された見方への最高の反駁となっている、とフリードリヒを高く評価している。

第二二章　君主の秘書官について［君主の大臣について］

君主の力量がどれくらいあるかを最初に見きわめさせるのは、君主のもっとも身近にいる人物の性質がどのようなものであるかである。

世界には二種類の君主が存在する。すなわち、一方には、自分の目ですべてを見、そして、自分自身で国家を統治する君主がいる。他方には、大臣の誠意を当てにし、自分の考えに影響力を及ぼす人間に統治を委ねる君主がいる。

第一の種類の君主は国家の魂のようなものである。アトラス(1)の背中にのしかかる世界のように、統治の重心は、その人にだけのしかかっている。このような君主は内政も外交も同じやり方で決着を付けている。すべての命令、すべての法律、すべての勅令は彼自身から発せられる。そして、彼は、司法長官と軍隊の将軍と財務総監の役職を同時に果たし、そして、政治に関係する可能性を持つほぼすべての役職を果たしている。意志を実行するために、人間よりも優れた知性を行使する神の例にならって、彼は、彼の意図を実行

(1)　ギリシア神話で、北アフリカの大西洋岸で地球全体を背負っているとされる巨人神。大西洋もアトラスの海が語源となっている。

し、彼がおおまかに企てたことを細かく遂行するために、慧眼で、勤勉な精神を持っている。彼の大臣は、文字通り賢明で巧みな主人の手にある道具でしかない。

第二の種類の君主――彼は天分の欠如あるいは生まれつきの怠惰から、気力の失せた無関心のなかに沈められているようである。バルサム(2)を含んだ霊的な強い芳香が気絶した身体に再び生命を呼びさます。同様に、君主の脆弱さによって機能不全に陥っている国家は、その主人の欠点を補うことのできる大臣の英知と活発さによって支えられなければならない。この場合、君主はもはや大臣の一器官でしかなく、君主はせいぜい、空虚な幻か王の威厳かを臣民の目に映すことにしか役立たないのである。大臣の人格が国家にとって必要なのと同様に、君主の人格は国家にとって無用である。第一の種類の君主においては、よい大臣を選べば、君主の仕事をやりやすくはできるけれども、臣民の幸福にそれがさほど影響するわけではない。第二の種類の君主においては、臣民の安寧と君主の安寧は、良い大臣を選ぶかどうかにかかっている。

君主が仕事で用いようと思う人間の性格を深く知ることは、人が考えているほど、君主にとっては、容易なことではない。なぜなら、公衆の目から君主の内面を隠すために、君主がいとも簡単に障害物を見つけるのと同じく、個人が主人の前で自分を隠すのはいとも簡単だからである。

宮廷人の性格は、化粧をした女性の顔のようなものである。策略の助けを借りて、見かけはそっくりになっている。王は、人間を素のままの状態で見ることなどけっしてない。見られたいと思っている姿でしか人間を見ないのである。聖別の瞬間にミサに出席している人間、君主が臨席する宮廷に出席する宮廷人は、友達付き合いをしているときの様子とまったく違うであろう。宮廷でカトーではないか、と取り違えられる人間は、町ではアナクレオン(3)とみなされる。公衆のなかでの賢者は家のなかでは愚者である。徳をこれみよがしに高く見せびらかす人間は、心情が彼に与える恥ずべき打ち消しを心ひそかに感じているものなのだ。

これは、普通の変装を描いた絵でしかない。しかし、利害と野心がまざるときも、大勢の求愛者がいる宮廷でのペネロペ(4)もかくあれかしとばかりに、ひとつの空席を手に入れようと激しく争われるときも、その絵はひどいものにならないだろうか。宮廷人の貪欲は、君主への精勤を一段と増し、自分自身へ注意をいっそう向けさせようとする。宮廷人は、宮廷人の精神が示唆することができる、ありとあらゆる誘惑手段を使って、自分自身を気に入らせようとする。彼は君主におもねるし、君主の好みに付き合い、君主の情欲を是認する。それは、反映するあらゆる色を帯びるカメレオンである。

いずれにしても、自分をよく知っていたに違いない七〇人もの枢機卿を欺くことがシクストゥス五世にできたからには、君主の性格を見極める機会に恵まれなかった場合には、君主の深慮遠謀を嗅ぎつけることが

(2)　オレオレジン・安息香酸・シナモンなどからなる芳香性樹脂の総称。ハッカなどを含む。鎮痛剤など医療用に珍重された。一八世紀には、メッカ産と南米（ペルー）産のものが知られていた。

(3)　アナクレオン（前五七〇頃―四七八頃）。ギリシアの詩人。僭主ポリュクラテスとヒッパルコスに仕えた宮廷人。恋愛詩を得意としたために、宮廷で謹厳実直な風紀監察官と見えても、市井では、好色漢に変わるというのである。

(4)　ホメロスの叙事詩『オデュッセイア』に登場するオデュッセウスの妻で、テレマコスの母。結婚の貞節の象徴で、オデュッセウスの帰還を待って、求愛する男たちを寄せ付けなかった。

個人にとってどれほど容易でないかは、言うまでもないことである。

才気ある君主であれば、彼に仕える人びとの才能と能力を判断することは苦もなくできる。しかし、彼らの滅私の精神と忠誠心を正しく見極めることは、才気ある君主にも、ほとんどできない相談である。というのも、大臣たちが使う手口と彼らがめぐらす陰謀が知られるところとなったときには、彼らを罰する権限を持つ人間からは、その手口と悪しき陰謀を、とりわけ隠すことから彼らの政略が成り立っているからである。

徳高き人間と見えたのは、たまたま、それを打ち消すような機会がなかっただけで、徳が試されると、たちまち誠実さを棄ててしまった手合いを、人びとはしばしば目にしてきた。古代ローマでは、ティベリウスのような人間、ネロのような人間、カリグラのような人間でも、彼らが帝位に達する前には、彼らについてまったく悪評判は立っていなかった。悪意の幼芽をいわば成長させるような機会に彼らの極悪さが巡りあったときに、それを利用しなかったなら、多分、彼らの極悪さは、生のままにとどまっていただろうに。

多くの才気、如才なさ、才能に、このうえなく邪悪で、醜い魂を結びつける人間どもが存在する一方、天分を特徴づける、鮮やかできらめく例の本能を持たないまま、あらゆる心情の美質を持つ人間たちも存在する。

国の内政に使う人間を選ぶ際には、慎重な君主たちは、心情の美質が優越していた人間を通常は好んだ。反対に、彼らは、外交に用いる人間を選ぶ場合には、そうした人たちよりも、活発さと柔軟性を多く備えた人間の方を好んできた。それらの資質を交渉に利用するためである。彼らの理屈は、おそらく次のようなものであった。彼らの国家内部で秩序と公正を維持することだけが問題であるのだから、それには、誠実さがあれば十分である。また、もっともらしい理屈で、隣国の人びとをたらしこむことが問題であり、外国での任務となると、陰謀という手を使ったり、しばしば、買収という手段を用いたりすることが問題であるので、実直さは、抜け目なさと才気ほどにも必要とされていないことがはっきりとしているからだ。

君主は、熱心に仕えてくれる人びとの忠誠心に十分に報いようとしても、報いすぎるということはないだろう。われわれのうちには、ある種の公正さの感情が存在する。それがわれわれを感謝へと押しやる。われわれはそれに従わなければならない。しかし、そのうえ、大人物の利益が絶対的に要求することは、罰するときには寛大にし、報いるときには、同程度の大盤振る舞いをするということである。というのも、自分たちの徳性が自分たちの幸運の道具であると気づいた大臣たちは、犯罪に手を染めることは確実にしなくなるし、外国からの買収よりも主君の恩恵を自然と選ぶことになるからだ。

したがって、公正さの手段と世間の知恵は、この点で完全に一致する。報酬と気前の良さがないのであれば、危険を承知で大臣の愛着心を試すことは、難しいことであるのと同じくらい不用意なことでもある。

これに負けず劣らず、自分たちの真の利害に反する危険な別の欠点を示す君主たちがいる。こうした君主たちは、限りない軽率さで、大臣の首をすげ替えてしまい、実に些細な違反行為をあまりにも厳しく罰しすぎる。

君主の目の前で直接働く大臣たちは、地位にあったしばらくのあいだは、彼らの欠点を君主に隠そうとしても、それはまったくできるものではない。君主が鋭ければ鋭いほど、いともたやすくその欠点は捕まえられてしまう。

哲学者などではない君主たちは、すぐに我慢できなくなる。彼らは、自分に仕える者たちの弱さに憤慨し、彼らに対して寵愛を失い、彼らを死に追いやる。

もっと深く推論する君主は、人間たちをもっとよく知っている。そうした君主は、彼らが人類の端くれの刻印を帯びていること、現世には完璧なものなどまったく存在しないこと、偉大な美質はいわば偉大な欠点と釣り合っていること、才能ある人間はすべてを利用するはずであることを知っている。だからこそ、君主たちは、大臣に職務上の不正がないかぎり、大きな長所も、大きな短所も承知のうえで、大臣を持ち続けるのである。彼らは、いずれは持つことができるかもしれない新人の大臣よりも、深く見知った大臣の方を好む。それは、熟達した音楽家が、良さがまだ自分にはわかっていない楽器を演奏することよりも、強みと弱みについてよく知る楽器を演奏することを好むようなものである。

第二三章　いかにしてへつらい者から逃れるべきか

慎重な君主は、少数の賢者を選び出し、彼らに相談すべき事柄について彼らが内々に君主に話すことを許さなければならない。

道徳に関する書物であれ、歴史に関する書物であれ、お追従に対する君主の弱さを容赦なく叱責しない書物はない。真理を愛し、真実を聴くことに慣れ親しんだ耳を持つことが国王には望まれているが、それには一理ある。しかし、人の世のならいで、矛盾することが望まれてもいる。自己愛[1]はわれわれの徳の主要な原理であり、したがって、世間の幸福原理でもあるので、君主を麗しい栄光の対象とし、彼らの偉大な行動に生命を吹き込むためには、君主が十分な自己愛をもつことが望まれている。そして、それと同時に、君主が自分たちの仕事への報酬をみずから進んで断るほど、自分自身には十分に無関心であることも、望まれているのである。同じ原理が君主を賞讃に値するようにしなければならないし、賞讃を軽蔑するようにもしなければならない。このことは、多くの人間性を要求する。しかしながら、お追従の誘惑と戦うように促すことができる理由が君主に存在するのは、君主の美質について買いかぶった考え方を人がしているからであり、

（1）本書、付録、「自己愛を道徳の原理として検討することを試みる」参照。

君主が他の人間に対してよりも、なお多くの力を、自分自身に対して持っているに違いないという自然な推定が成り立っているからである。

名声に鈍感な君主は、怠け者か、逸楽に身を委ねた快楽主義者かのどちらかにすぎなかった。そうした君主は、いかなる徳によっても生気を吹き込まれることがない、下劣で、卑しむべき素材からなる塊であった。実際、非常に残忍な暴君は賞讃を好んだ。これは彼らにおいては虚栄心の極みであった。いや、それどころか、もうひとつの悪徳であった。彼らは、人びとの評価を欲したが、同時に、尊敬に値するようになる唯一の道を無視したのだった。

邪悪な君主のもとにあっては、お追従は腐敗の種を増やす致死性の毒である。尊敬に値する君主のもとでは、お追従は、君主の栄光にこびりつき、その輝きを鈍らせる錆のようなものである。機知に富んだ者は、お粗末なお追従に反撥し、不器用な手つきで彼をむやみやたらと褒めちぎる太鼓持ちを拒絶する。度を越した賞讃を受けるためには、自分自身へのうぬぼれに対する無限のおめでたさが必要であろう。このおめでたさは、迷信の域に達している必要さえあるだろう。偉大な人物は、この種の賞讃を、まったく恐れる必要がない。というのも、それは確信から発する言葉ではないからである。それは、別な類のお追従である。それは、欠点と悪徳の詭弁である。そのレトリックは、目的が持っている悪いところをすべて小さく見せ、少なくするし、この間接的な道を通じて、完成の高みへと目的を押し上げる。それこそが、感情の赴くままに議論を暴発させ、残忍さに正義という様相を帯びさせる。それこそが、気前の良さと完全に同じ似姿を浪費に与える――浪費は気前の良さと混同され、娯楽と快楽の覆いで放蕩を包み込む。そのレトリックは、英雄たちの戦勝記念建造物を建てようとして、異国の悪徳を潤色しさえする。それは、すべてを赦し、すべてを正当化する。大部分の人びとは、自分たちの趣味と性向とを正当化してくれるこのお追従の罠に落ちる。それらをよく知るためには、大胆な手つきで消息子（ゾンデ）(2)を傷口の底まで押し込まなければならなかったし、情念という蠱惑的な弁護士に抵抗すると同時に自分自身と戦うためには、修正しなければならない欠陥がある、と自分に言うだけの毅然とした態度が必要である。とはいえ、この種のお追従を軽蔑するのに十分に男性的な徳を持った君主がいる。彼には花の下を這う毒蛇を見出す十分な洞察力がある。生まれつき嘘の敵であるので、彼は、自尊心には好まれかねないことやもっとも虚栄心をくすぐるものについても、嘘で悩まされることさえない。

しかし、彼らが嘘を憎み、真実を愛するとしても、自分で確信を持っているような、自分自身の美点を褒めに来る輩に対して、同様の厳しさを保とうとしても保ちえないであろう。確固たる根拠にもとづいたお追従は、すべてのお追従のうちでもっとも狡猾なものである。それが真実に付け加える陰影を見破るためには、非常に鋭敏な判断力を持つ必要がある。そうしたお追従は、歴史家であり、国王の勇気の証人でなければならない詩人たち(3)を国王と一緒に塹壕に行かせはしないだろう。それは、誇張で満ちたオペラの序幕や退屈な序文や卑屈な書簡を編むことはないだろう。それは、英雄自身の勝利の物語で彼を酔わせることはないだろう。しかし、それは、感情を探り、自分自身のために場を注意深く整えるだろう。それは警句としての

（2）外科用具で、傷口の深さを測るための細い針。

諸性質をもつようになるだろう。偉人なら、英雄なら、才気煥発な君主なら、どうして真理を察知していた友のかんしゃくからうっかり漏れた真実が聞こえてきても、腹を立てることができるだろうか。それに憤慨するのはつまらない衒学趣味であるだろう。思考する精神は、賞讃の運び屋として役立っているのである。[4]

国王になる前は一般人であったような君主は、自分たちがかつてどうであったかを改めて思い出すことができるので、お追従の餌にさほど容易になじみはしない。全生涯を通じて君臨してきた君主は、神々のようにつねに賞讃でできたお香を吸って生きているようなものだから、賞讃がなくなれば腹が減って死んでしまうことだろう。

そこで国王を断罪するよりも、彼を弁護する方[5]が正しいように思われる。へつらい者こそが、いやむしろ彼らよりも、讒謗家こそが、君主の前で真実を変装させるのに十分なほど君主の敵である連中全員と同じく、公衆の断罪と憎悪に値するのである。

（3）　おそらく、歴史家でもあり、詩人でもあったヴォルテールのことが念頭にある。しかし、初めてフリードリヒがヴォルテールと会う場所として指定したのは、ライン河上で、国王即位後最初に仕掛けた旧領奪回戦争の戦場に近い場所であった。哲学者を戦地に呼び出すことで、錦上花を添えようとしたものらしい。本書、二六七―二六八ページの戦争を参照。

（4）　ヴォルテールはこの指摘をある逸話に変えている。「自分の独立の気風が人びとを畏怖させて、この優越のなかに喜びを見出していたルイ一四世が、どうして次のような老将校に腹を立てうるというのか。彼はルイに話しかけるが、身震いをして口調はたどたどしくなり、発言を途中でやめてしまい、『少なくとも、陛下、私はあなたさまの敵の前でもこのようには震えません』とルイに言うのである。」

（5）　原文は plaindre となっているが、おそらくは誤植。

（6）　本章はマキアヴェッリと矛盾していない。賞讃の刺戟的で人を元気づける性質についての冒頭の留保は、お追従への批判を和らげない、鋭い心理学的指摘である。続く文章は、全体の命題を確認するわけではない、お追従の技術についての陰影に富んだ指摘を示す。従って、フリードリヒは、賢明な注釈とともにマキアヴェッリのすぐあとを歩いているのである。（編注）

第二四章　なぜイタリアの君主たちはその国家を失ったのか［イタリアの君主たちがその国家を失った原因について］

それゆえ、イタリアのわが君主たちが何年も昔から領土を平和に所有していたのに、彼らの国家を喪失したからといって、運命のせいにしてはいけない。それは、ただ彼らの怯懦と軽率さのみによるのである。

寓話にでてくるカドモス(1)は、退治したばかりの大蛇の歯を大地に撒いた。その歯から互いに滅ぼしあう戦争の民が生まれてきたのだった。この寓話はこの章の主題に見事にかなっている。よくできたこの寓話は、人間の野心、残忍さ、そして不実さの紋章であり、しまいには、それらはいつも人間に災いをもたらす。イタリアの君主たちの際限のない野心、残忍さ、これこそが彼らを人類の恐怖にしたのだ。彼らが互いに対して犯した不実と裏切りこそが彼らの政務を無残なものとしたのである。一四世紀末から一五世紀初頭までのイタリア史を読みたまえ。その歴史は、残虐行為、叛乱、暴力、滅ぼし合うための同盟関係、簒奪、暗殺、要するに膨大な数の犯罪がひとまとめとなったものにほかならない。それを考えるだけでもいいし、その絵を見てもいいが、いずれにせよ、それだけで恐怖と嫌悪が生じてくる。

マキアヴェッリにならって、正義と人間性の転覆が目論まれるなら、全世界が確実に大混乱に陥ることだろう。自分が所有している財産にだれもが満足するはずがなく、みなが他人の財産を欲しがるにちがいない。また、なにものもその欲求を押しとどめられるはずがないので、彼らは自分たちの強欲を満足させるために、きわめて恐ろしい手段を使うことだろう。隣人たちの財産を食い尽くす人間が出てくるだろうし、そこへ別の人間がやってきて、今度は、こいつが彼の財産を奪うことになるだろう。人身に対するなんの安全も存在せず、強者の権利が地上で唯一の正義となるだろう。そして、犯罪者がこのように溢れかえってしまえば、ほどなくしてこの大陸は、言い知れぬ悲しき孤独に陥ってしまうに違いない。それだから、イタリアの君主たちは、不正と野蛮ゆえに、自分たちの国家を失ったのである。それは、マキアヴェッリの誤った原理がそれに無分別に付き従う人びとを確実に死に至らしめるのと同様である。

私は粉飾などなにもしていない。一部のこうしたイタリアの君主たちがもっている臆病さは、彼らの悪意

---

(1) デルポイからポキスに通じる街道で牛飼いたちに出会ったカドモスは、雌牛を彼らから買い取り、一度も休ませずに追い立て、そのあとをついていった。雌牛はやがて疲れ果てて倒れたので、カドモスはその地にアテナの像を建て、牛を生贄にするために配下の者を近くの泉に水汲みに行かせた。しかし、その泉はアレスのもので、泉の番をしていた大蛇にカドモスの部下たちは殺された。怒ったカドモスは岩で大蛇の頭を打って殺した。生贄を捧げると、アテナが姿を現わしてカドモスの行為を誉め、大蛇の牙を地中に播くよう告げた。カドモスがいわれたとおりにすると、地中から武装した男たちが飛び出してきた。カドモスが彼らの真ん中に岩を投げつけると、男たちはてんでに殺し合いを始めた。最後まで生き残った五人がカドモスに忠誠を誓い、家来となった。しかし、アレスが大蛇を殺した罪の償いを求めたので、カドモスは八年間、アレスの奴隷として労働に携わった。

とあわせて同じく彼らの失墜に貢献したのだろう。ナポリの王たちのひ弱さが、彼らの政務を破壊したことは確かである。しかし、そのうえ、なにを欲するのかについて、洗いざらい、政治家として、私に語ってもらわなければならない。議論してみたまえ。体系を作ってみたまえ。模範例を出してみたまえ。ソピスト［詭弁家］たちの巧妙さのすべてを使ってみたまえ。そうすれば、良識と仲違いするのでないかぎりは、あなたがたは否応なく、そこから正義に舞い戻らざるをえないはずだ。ほかの原理を教えようとするとき、マキアヴェッリ自身は、気の毒なほど訳のわからない話しか書いていない。そして彼がなにを書こうとも、真理を彼の原理に従わせることなどできない。この章の冒頭はこの政治家には厄介なくだりであろう。その悪意が彼を迷宮のなかに入れてしまったのだ。その迷宮で彼の精神は、そこから逃れようとアリアドネの奇蹟の糸を求めるが、それはむなしい。[2]

私が、恐れながら、マキアヴェッリにお訊ねしたいのは、次の言葉でなにを主張しようとしたのかである。「玉座へと新たに登りつめた君主（これが言わんとしているのは簒奪者のことだ）に怜悧と功績が認められるなら、生まれのおかげでしかない人間よりも、新たに登りつめた君主の方の偉大さがいっそう愛されることだろう。そのわけは、人間が過去のことよりもいまのことにいっそう心動かされるものだからである。また、満足できるところを見つけたなら、それ以上遠くへは離れていかないものだからである[3]」。

マキアヴェッリは、両者とも等しく勇敢で才気煥発なら、臣民は正統君主より、簒奪者の方を好むだろうとでも思っているのだろうか。あるいは、徳を欠いた君主についても、勇ましく能力溢れる強奪者についても、そう理解しているのだろうか。ひとつ目の仮定が著者のものであることはありえない。それは常識からしてごく当然の考えに反している。というのも、それは、自分を臣民の主人とすべく、暴力行為を働くことであるうえに、正統君主より好ましいいかなる功績も有していないであろう人間への臣民の偏愛という、原因のない結果であるはずだからだ。ソピストのあらゆる複合三段論法[4]によって、さらにはビュリダンのロバ[5]と言ってもいいが、そうしたもので裏打ちされたマキアヴェッリが、私にこうした問題の解決を与えてくれることはない。

二つ目の仮定もまたありえない、というのも、それもひとつ目と同様、とるに足らないものだからである。それに、いかなる資質が簒奪者に与えられるのであれ、暴力行為によって権力の座についたのだから、

(2) アリアドネはクレタ島の王ミノスの娘。ミノスがラビュリントスの迷宮に住む怪物ミノタウロスに生贄を要求したことに怒ったテセウスは、みずから生贄となって迷宮に乗り込む。テセウスにアリアドネが恋をしたことで、アリアドネは、迷宮から脱出するためにテセウスに糸玉を与え、迷宮の入り口にそれを結んで中へ入るように教える。アリアドネは、首尾よくミノタウロスを退治したテセウスと島を脱出するが、最後までは、彼と同行しなかったと伝えられている。

(3) 岩波179、中公140。

(4) 形式論理学の三段論法をさらに複雑化した論法で、仮言、選言、及びこれらを組み合わせた三段論法のこと。

(5) ジャン・ビュリダンは一四世紀初頭のスコラ哲学者で、パリ大学学長。唯名論者で、オッカムの弟子。ビュリダンのロバの寓話は、決定論者に対する反駁のために考えだしたと言われる。飢えと渇きにさらされたロバが、もし二等辺三角形の頂点にいて、そこから等距離の底辺の二点に飼い葉と水瓶を置かれれば、どちらも選択できないで、ロバは、死んでしまうことになるとして、選択の自由をロバは持つとした。

その暴力行為が不当であると、人はみな私に打ち明けることだろう。さて、犯罪から第一歩をこの世に踏み出す人間のなにに期待できるだろうか、暴力的で専制的な統治ではないのか。結婚しようものなら、式をあげるまさにその日に、自分の妻によって、アクタイオン(6)に変身させられてしまうであろう男と事情は同じである。彼女がその男に示した自分の浮気の証拠のあとでは、私は、彼が新しい自分の妻の貞節を楽観視できるとは思わない。

マキアヴェッリは、この章では、自分自身の諸原理に対して有罪判決を下している。というのも、彼は、次のようにはっきりと述べているからだ。すなわち、臣民への愛がなく、大貴族たちへの愛情もなく、よく鍛えられた軍隊がなければ、君主は王位に立ち続けることができない、と。真理は、彼に真理への崇敬を表わしなさいと、強いているように思われる。それはまるで神学者たちが、真理に対して、呪われた天使たちの崇敬を伝えたようなものだ。この呪われた天使たちは、単一神に感謝しているが、ひどく悔しがってもいるのである。(7)

どういった点に矛盾があるのかは以下のとおりだ。臣民と大貴族から愛情を得るには、誠実で有徳な資質を持たなければならない。また君主は人情味のある慈悲深い人間でなければならない。そして心情のこうした資質と合わせて、臣民と大貴族が君主に信頼を寄せることができるために、彼に課された骨の折れる役職を賢明に果たす能力がなければならない。こうした資質が、マキアヴェッリが自分の君主に与えた資質とどれほど正反対であることか。人びとの心をつかむには、私がいましがた述べたような存在でなければならないのであって、マキアヴェッリがその講話［『ティトゥス・リウィウスの最初の一〇巻に関する講話』］のなかで教えているように、不当で、残虐で、野心的であってはならないし、おのれの権力を強める心配ばかりをしていてはならないのである。

こうして、かの政治家の正体を見破ることができたというわけである。彼が偉人として通用したのは、彼の時代のせいだった。多くの大臣たちが彼のことを危険だとは思いつつも、彼に付き従い、そこからそのおぞましい格率を君主に学ばせたのである。いまだなお、だれひとりとして、彼にうまい具合に答を返したことはなかった。多くの政治家たちは、いまだに、彼に付き従っているが、しかし、だれもそのことで政治家たちを咎めようとしない。

現世でマキアヴェリズムを完膚なきまでに打ち壊せる者に幸あれ。私はここまで、その支離滅裂ぶりを示してきた。世間の目に有徳な模範例を示すのは、まさに世界を統治する者たちのためである。あえて言お

(6) ギリシア神話の狩人で、カドモスの子。気性の激しい女神アルテミスが沐浴しているのを目撃してしまったために、鹿に変えられてしまい、猟犬に食い殺されてしまう。しかしこれには、異説があり、叔母のセメレと結婚しようとして、世界を支配するゼウスと争ったために、鹿に変えられたという神話もある。フリードリヒが引用するのはこの神話の方であろう。

(7) キリスト教は単一神を崇拝するが、しかし、その単一神は善なる神とされている。ところが、この単一神から、呪われた天使たち、つまり堕天使ないし悪魔が出てきたのである。これがキリスト教の一元論的アポリアで、善なる神がなにゆえに地上に悪を生み出したかという弁神論の問題である。だから、呪われた天使たちは自分を産み出してくれた神に感謝しているが、善なる天使との闘争の渦中に投げ込まれたので怒っているということである。

う。こうした人たちは、政治学に関して公衆が落ち込んでいる誤った観念から、彼らをいやす義務を背負わされているのだ。政治学というのは本来、君主の英知の体系にほかならないのに、騙《かた》りと不正についての座右の書なのではないかと巷《ちまた》では思われている。もろもろの政治学概論から、煩瑣な事柄や悪意を取り除き、活力を誠実さや純真さに取り戻させることこそは、君主に課せられた仕事である。とはいえ、本当のことを言えば、君主たちのあいだには、そうした誠実さや純真さはもはや見出されないのである。隣国の諸州をほとんど羨むことをしないのと同じくらい、自分自身の国家の保全に執心しなければならないことを示すのは、まさしく君主の仕事なのである。君主は尊敬されなければならない。それは義務でもあり必要なことでさえある。しかし、君主が自分の支配地を増やすことに専心するよりもむしろ、良く統治することにいっそう注意を払うのであれば、君主は愛されるようになるに違いない。前者は、どうにも落ち着かせようがない想像力の結果である。しかし、後者は、良き君主で、公正な精神のしるしである。その精神は真なるものをつかみ、虚栄の輝きよりも義務の堅牢さを好むだろう。すべてを所有したがる君主というのは、貪食の果てに肉をいっぱい詰め込んだ胃袋のようなもので、詰め込んだ肉を消化できないかもしれないなどと思うことがない。よく統治することだけにとどめている君主というのは、節度をもって食事する人間のようなものであって、その胃はうまく消化できるものなのだ。

第二五章　運命は世事にどれほどの力を持つか、いかにすれば、運命に抵抗することができるか［諸国家の統治における運命の力について。いかなる手段で運命に抵抗することができるか］

世事は宿命によって仕切られているので、人間の思慮のすべてによっても、宿命に障害物をもたらすこともできないし、あるいは、悪い影響をそこで訂正することもできない。……にもかかわらず、われわれの自由意志はまったく消し去られてはいないので、私は、〈運命〉と〈支配権〉を分け合おうと思う。また、この二つはかわるがわる森羅万象の出来事を仕切っていると私は思う。……〈運命〉は、それに抵抗する力のない所でその猛威を振るう。十分強力な城壁がない所にその力の全部を向けてくるのである。……〈運命〉以外に支えを持たない君主は必ず〈運命〉とともに変転せざるを得ないということである。……完璧に時代に合わせるすべを心得ている人間で、時代が変化するに連れて、変化できるような人間がいると期待してはならない。そのわけは、第一に人間はおのが気質を変えられないからである。そのうえ、ある道を選んで成功すれば、そこから離れることが絶対に必要だということに納得がいかなくなるからである。……結論を下すことにしよう。〈運命〉が変化したときに、それでも、人間が変わらないときには、彼らは、幸福であるか、不幸であるかのどちらかである。……しかしながら〈運命〉は、女性の本性を持っている。分別を持たせるには、叱責し、ひどい扱いをしなければならない。そしてもっとも行動的な、もっとも大胆な人間が大いに思慮深く、ゆっくりと構えている人間よりも、〈運命〉にひいきされるのである。

人間の自由に関する問題は、哲学者の理性を極限にまで追いつめる類の問題のひとつである。そして、この問題は、また神学者の神聖な口からしばしば破門宣告を引き出した。自由に与《くみ》する者たちの言では、もし人間が自由でないなら、人間のなかで神が行動することになる。その場合には、人間たちの代理として、殺人、盗みなどあらゆる罪を犯すのは神ということになるが、そんなことは神の神聖性と明らかに対立する(1)。第二に、もし最高存在が悪徳の父であり、犯される罪の作り手であるなら、もはや罪人を処罰できなくなり、この世には犯罪も美徳もなくなってしまうだろう。さて、この恐ろしい教義を考えようとすれば、あらゆる矛盾に気づくことになるので、人がよりよい決定を下そうとすれば、自分は人間の自由に与すると宣言するしかない。

反対に、絶対的必然性に与する者たちは次のように言う。もし神が、この世界を創造したのち、この世界がどうなるべきかを知らなかったとしたら、神は暗闇で働く盲目の仕事人よりひどい存在となるだろう。彼らは言う。時計師は時計の一番小さな歯車にいたるまで、その動きを承知している。時計師は、その歯車に刻み込んだ運動のなんたるか、またその歯車をどのような目的のために作ったかを承知しているからだ。そうだとすれば、この無限に賢明な存在たる神は、人間たちの行動を見ている好奇心の強い、無力な観察者となってしまう！　この同じ神——その作品のすべてが秩序の刻印を帯びており、その作品のすべては、いくつかの安定した不変の法則に従属している——は、どうして人間だけに独立と自由の享受を許したのであろうか。独立と自由を人間にだけ許したということになれば、この世を統治するのは、もはや神の摂理ではなく、人間の気まぐれだ、ということになってしまうだろうに。創造者と被造物とのあいだで、いずれかを選ぶ必要がある以上は、二者のうちどちらが自動人形なのだろうか。自動人形は、力を宿す存在であると信じるよりも、弱さを宿す存在であると信じる方が、より理屈にかなっている。理性と情念は、目に見えない鎖のようなものである。摂理の永遠の英知が決定したさまざまな出来事は、この世に起こるべくして起こる。だから、摂理の手は、その出来事が生起するように、そして、各個人が使命を果たすように、これらの理性と情念という鎖を用いて、人類を導くのである。[2]

こうして、カリュブディス[3]を回避するために、人びとはスキュラ[4]に近づきすぎ、哲学者たちは不条理の深淵のなかで互いに押し合うのである。一方、神学者たちは暗闇のなかで剣を交え、慈愛と熱意から、それぞれが敬虔な信者として、お互いを断罪しあっている。これらの党派は、互いに戦争をするが、その戦争

---

(1) これはピエール・ベールの『歴史批評辞典』に展開されている反スピノザ主義の議論である。

(2) これはスピノザの必然性論で、一切の偶然を認めていない。

(3) ギリシア神話で、ポセイドンとガイアの娘とされる。シチリア海峡(現在のチュニジアとシチリア島のあいだにある海峡)の深淵を形成し、航海者を飲みこむと恐れられた。『オデュッセイア』に登場する。向かい側にはスキュラが棲む。

(4) スキュレーとも言う。カリュブディスに面する洞穴に棲む海の怪物。三重の歯と六つの顔と一二の足を持ち、一度に六人の航海者を食べてしまうとして恐れられた。シチリア海峡ではなくメッシーナ海峡の洞穴に住むという異説もある。

は、ほぼカルタゴ人とローマ人とがしたような具合のものである。ローマの部隊がアフリカに現われるのを恐れていたので、カルタゴ人は、戦争の松明をイタリアに運び続けた。ローマの人びとは、ハンニバルを恐れていたので、彼を追い払おうとして、部隊の先頭にスキピオを立てて、カルタゴの攻囲に向かわせた。哲学者たち、神学者たち、そして大半の論争の花形たちは、フランス国民の天分を保有している。彼らは力強く攻撃するが、防衛戦争に追い込まれるや、破滅である。これこそが、ある才子に、神こそがあらゆる宗派の父親であると言わしめた理由である。なぜなら、神はすべての宗派に同じ武器を与えたのだから。よい面と同時に、裏面も。人間の自由、あるいは予定に関するあの問題は、マキアヴェッリによって、形而上学から政治学のなかへ運び込まれた。しかしながら、それは彼にとっては、まったく無縁な領域であり、その問題をいくら育もうとしても、彼にはできない相談だろう。というのは、政治学においては、われわれが自由であるかいなか、運命と偶然はなにかをやれるのか、あるいはなにもやれないのかを推論する代わりに、自分の洞察力を完成させ、自分の怜悧を育むことだけを考えていればよいからである。

運命と偶然は、詩人たちの頭脳から生まれた意味のない言葉である。[5] この二つの言葉は、おそらくは、世界が陥っていた深い無知にその起源が求められる。無知ゆえに、人びとは原因が知られていない結果に対して、曖昧な名前を与えたのである。

世間で通常、カエサルの幸運と呼ばれていることは、本来的にはこの野心家の意図に好都合に働いたあらゆる状況を意味している。また、カトーの不運なるものが意味していることは、彼に起こった予期せぬ不幸のことであり、また、彼の怜悧をもってしても、予見することも、逆らうこともできず、結果があまりにも早く原因に続いて起こった、思いがけない出来事のことである。

偶然がなにを意味するかをもっともよく説明するのは、賭博である。私のサイコロが七ではなくて一二を出したのは偶然の仕業である、と言われる。この現象を物理的に分解するには、多くの事柄に注意を払わなければならない。たとえば、サイコロを筒に入れたときの仕草、筒のなかでサイコロを回すために行なわれた手の動作の強弱や反復の多寡などである。サイコロがテーブルに撒かれるとき、手の動作が、より激しい運動をサイコロに刻むのか、むしろ緩やかな運動を刻むのかである。私がいま列挙した原因の全体を考慮して、偶然という名前を付けたのである。多くの議論を要するこの種の検討には、注意深い哲学的精神が要求される。しかし、この種の問題を深めることがだれにでもできるわけではないので、人はその苦労を逃れようとする方を好む。打ち明けて言えば、いかなる現実性もない名称で満足するとき、人はもっとも安価な代償でその苦労を免れる。その結果、異教のすべての神々のうち、幸運と偶然だけがわれわれの元に残ったのである。このことはそれほど悪いことではない。なぜなら、軽率な者たちはこぞって彼らの不幸の原因を、幸運が妨げられたことに還元するからである。同様に、顕著な功績もなしに世間で成功している連中が、盲目の宿命を、褒め讃えられるべき英知と正義を持つ神性に祭り上げる。

われわれが人間にすぎないし、非常に限定された存在でありつづけるかぎり、われわれは、運命の打撃と呼ばれるものに対して、完全に優位な立場に立つことはけっしてないだろう。われわれは、われわれにでき

（5） もちろん、ヴォルテールはこの一節を削除している。（編注）

ることを、英知と怜悧によって偶然や事件から奪い去らなければならない。しかし、すべてを見通すには、われわれの視野はあまりにも狭すぎるし、すべてを結合するには、われわれの精神は、あまりにも狭すぎる。たしかにわれわれは、弱い存在であるが、そのことは、われわれが所持しているわずかな力を等閑に付すための理由とはならない。それとは正反対に、できる限りもっともよい使い方をそこから引き出さなければならない。われわれは神々ではないからといって、自分を獣《けだもの》と同じ水準に置き、われわれの存在を卑しめるようなことは絶対にしてはならない。実際のところ、隠れた無数の諸原因を結合するためには、また、諸事件から未来のための正確な推測を引き出す目的で、それらの事件を引き起こしている究極のバネを認識するためには、神的な全知が人間にとっても同様に必要であろう。

人間の英知では、すべてを予見することは不可能であるということを明白に示す二つの事件がある。ひとつは、オイゲン王子によるクレモナの奇襲(6)である。この計画は、想定できるかぎりでの、あらゆる用心とともに企てられ、最大限の勇気をもって実行された。しかし、この企ては、次のような形で失敗した。王子は、明け方、汚水運河を伝って市内にもぐりこんだ。運河に彼を導いたのは、彼と通じていた町の司祭である。もし彼の予測できない二つのことが起こらなかったなら、彼は間違いなく城塞の支配者となったであろう。第一に、同じ朝に、訓練を行なう予定であったスイス人部隊が武装してそこに居合わせ、残りの守備隊が集まってくるまで、王子に抵抗したことである。第二に、町のもうひとつ別の門、すなわちヴォーデモン王子(7)が奪う手はずになっていた門に案内人が彼を導いているときに、道を間違えたことである。その結果、分遣隊の到着があまりに遅すぎることになった。神聖な三脚床机の上で怒り狂うデルポイの巫女といえども、彼女のどんな秘儀をもってしても、これらの事件を予測できなかっただろうと私は思う。

第二に、私は、スペイン継承戦争の終わりごろに、イギリス人がフランスと別個に和平協定を結んだ事件について、語りたいと思う。皇帝ヨーゼフ[8]の大臣たちも、大哲学者たちも、最高に有能な政治家たちも、一組の手袋がヨーロッパの運命を変えるだろうとは、まったく想像もできなかったに違いない。しかしながら、それは、以下に見られるように、文字通り起こったのである。

マールバラ公爵夫人は、彼女の配偶者が勝利の栄冠と富の二重の成果をブラバンの戦役で獲得していたあいだ、ロンドンで、アン女王の治世の大女主人の務めを果たしていた。この公爵夫人は、アン女王の寵愛を受けていたことで、英雄が属する党派［ホイッグ党］を支えていた。そして、英雄の方は、数々の勝利によって、彼の妻への信用を支えていた。トーリー党[9]は、彼らに反対しており、平和を望んでいたが、公爵夫人がアン女王[10]の治世のもとで絶対権力を持っていたあいだは、なにもすることができなかった。彼女は、些

（6）スペイン継承戦争で、オイゲン王子がポー河を守るフランス軍に一七〇二年二月一日の深夜にクレモナ付近で仕掛けた奇襲攻撃。

（7）ヴォーデモン王子、ロレーヌ、シャルル・トマ・ド（一六七〇—一七〇四）。オーストリアの軍人で、オイゲン王子のもとでイタリア戦線の野戦司令官を務める。

（8）神聖ローマ帝国皇帝ヨーゼフ一世（一六七八—一七一一）のことで、一七〇五年に即位したが、スペイン継承戦争の渦中に疫病で没した。九歳の時にハンガリー王となり、スペイン継承戦争勃発後、帝位につき、オイゲン王子を信頼して、イタリア戦役を任せ、ルイ一四世に勝利する。

（9）一七世紀末に設立された英国の政党で、地主階級を地盤とした。

細な理由で、このような寵愛を失った。アン女王が出入りの女手袋職人に手袋を注文したことがあった。そのとき、公爵夫人も同時に手袋を注文してしまったのである。公爵夫人が我慢できなくなって、手袋を手に入れようとしたことから、女王より先に手袋職人に手袋を作って持ってくるように急かした。一方で、アン女王も手袋を欲していた。宮廷では、マールバラ夫人の敵になっていた、ある夫人が、起きたことすべてを女王に知らせ、ひどい悪意をもってこのことを利用したために、女王は、そのときから、公爵夫人を、無礼さにもはや我慢ならない取り巻きとみなすようになった。女手袋職人は、可能なかぎり、すべてのあくどさで、手袋の顛末をこの女王に話したので、結局、女王はますます気難しくなってしまった。いかに些細なことであろうと、この酵母は、どんな気質でも発酵させるのに十分であり、失寵を伴うはずの事柄すべてを味付けするのに十分だった。トーリー党とその頭であるタラール元帥[11]は、この事件を利用して、彼らにとってのひと勝負に打って出た。マールバラ公爵夫人は、ほどなくして失寵を蒙り、彼女とともに、ウイッグ党と同盟者および神聖ローマ帝国皇帝の党派は凋落した。以上は、世界でもっとも深刻な物事の動きである。摂理は、人間の賢明さと偉大さを嘲笑する。些細でなんらかの嘲笑すべき原因が、たびたび国家や王政全体の運命を変える。この場合、女性のいくつかの小さな不運がルイ一四世を窮地から救った。ルイ一四世の英知と勢力と権力をもってしても、おそらく、この窮地から彼を引き出すことは、かなわなかったはずである。また、これらの不運は、心ならずも和議を結ぶように同盟者たちを強いたのであった。

この種の事件は起こるものである。しかし、それは稀であること、そして、怜悧と洞察力のすべてを信じられないものにするのに、事件の権威だけでは、不十分であることを私は認める。それは、時に人間の健康を害する病気のようなものである。しかし、それらの病気は、大半のあいだは、頑強な気質の有利さを享受することを妨げるものではない。

したがって、地上を統治しなければならない人びとが洞察力と怜悧を陶冶することは、どうしても必要である。なぜなら、もし、彼らが運をつかみたいと思うのなら、状況に合わせて気分を抑えること学ばなければならないからだ。このことはとても難しいことである。

一般的に、二種類の気質、すなわち、大胆な気質と、用心深い緩慢な気質のみについて私は語る。これらの精神的原因は、肉体的原因を持つので、君主がどれほど強く自己抑制していても、一匹のカメレオンなみに、すべての色を帯びることは、ほぼ不可能である。征服者と例の冒険心のある大胆な人間たちを優遇する諸世紀が存在する。彼らは、行動するために、そして、常軌を逸した変革を世界に引き起こすために生まれてきたように見える。革命や戦争は彼らを優遇する。主として、君主たちをかき乱す、眩暈《めまい》と猜疑心に満ちた、革命や戦争の精神は、君主たちに危険な才能を発揮する機会を提供する。ひと言でいえば、攪乱的で活

---

(10) アン女王（一六六五―一七一四）。英国ステュワート朝の女王。義兄ウィリアム三世の死後即位。プロテスタントで、スペイン継承戦争に参戦。米大陸でも植民地戦争を引き起こし、フランスの勢威を削ぎ、北米での覇権を打ち立てた。

(11) タラール公爵、カミーユ・ドスタン（一六五二―一七二八）。フランスの貴族で、元帥。外交官として二年間スチュアート朝イングランドに派遣され、政治手腕を発揮し、ジェームズ二世の死に際して、息子を跡継ぎにしようと画策し、ウィリアム三世によって追放された。その後スペイン継承戦争に参加。

動的な生来の気質に共鳴する状況は、そのすべてが彼らの成功を容易ならしめる。

そうではない時代も存在する。そんな時代には擾乱が少ない。そのせいで、穏和さが支配することを世界は望んでいるように見える。そのときには、怜悧と慎重さのみが必要とされる。通常は、動乱のあとに、政治における幸福な一種の平和がやってくる。そのときには、交渉が会戦よりも有効であり、剣によっては獲得することができないものをペンで獲得しなければならないのである。

ひとりの君主がすべての巡り合わせを利用することができるようになるためには、時宜に合わせることを学ばなければならない。それは、まるで有能な水先案内人のようなものである。風向きが好都合なときには、あらゆる帆を用いるが、嵐が余儀なくさせるときには、風をはらんで航行したり、あるいは帆を下ろしたりして航行する。目的港へと船を導くことだけに専念し、それに導く手段を無視しているのがこうした巧みな水先案内人である。

軍隊の将軍が時宜に合わせて、用心深かったり、無鉄砲であったりすれば、彼は手に負えなくなるだろうに。長期間の戦費をまかなう資源を欠いた敵を相手にするとき、あるいは敵軍が食糧や馬糧を欠いたときには、戦争を長引かせることがあるだろう。ファビウス[12]は持久戦に持ち込んで、ハンニバルを制した。このローマ人は、カルタゴ軍に資金や新兵が不足していること、また彼らと戦わずに、いわば彼らを餓死させるようにして、この軍隊が静かに溶解していくのを見るだけで十分だということを見逃さなかった。ハンニバルのやり方は、反対に戦闘であった。彼の強さは偶発的な勢い以外のなにものでもなかったし、そこからできるだけあらゆる利益を、素早く引き出す必要があった。というのも、輝かしくも英雄的な活動を刻みつける恐怖と征服から引き出された資源が、彼に安定をもたらすからである。

一七〇四年［スペイン継承戦争］に、バイエルン選帝侯[13]とタラール元帥がブレンハイム[14]あるいはヘーヒシュテットへ前進しようとして、バイエルンを出ようとしなかったなら、彼らはシュワーベン地方[15]全域の支配者にとどまっていただろうに。というのも、食糧不足のために、バイエルンを維持できなくなった同盟軍は、マイン河[16]に退却し、離散することを余儀なくされたに違いなかったからだ。それゆえ、そのような時期であったのに、持ちこたえることが選帝侯の双肩にのみかかっていたものを、ドイツ国民にとって永遠に記憶すべき輝かしい戦争の帰趨に委ねたことは、慎重さを欠いていた。こうした軽率さがフランス人とバイエ

(12) クイントゥス・ファビウス・マクシムス・ウェッルコスス・クンクタトル（前二八〇頃—二〇三）。ローマの執政官で、第二次ポエニ戦争で司令官を務め、目覚ましい戦略でローマを勝利に導いた。

(13) バイエルン地方は、ドイツ南部のオーストリア国境地帯の地方で、この時の選帝侯はマクシミリアン二世エマヌエル（一六六二—一七二六）。

(14) ドイツ南方のバイエルン地方の北部の村で、ヘーヒシュテット近郊にある。この地で、スペイン継承戦争中最大の戦いのひとつがドイツ、英国、オランダ、デンマークの同盟軍とフランス＝バイエルン選帝侯連合軍とのあいだに勃発した。英国人はこの地をブレニムと呼びならわしてきたので、ブレニムの会戦とも呼ばれる。フランス＝バイエルン選帝侯連合軍を同盟軍は大軍を持って撃破し、ウィーンの安定を得た。フランスはこの戦いで大敗北を喫し、二七個大隊および騎兵一二個中隊が捕虜になった。

(15) バイエルン地方の西隣で、アウグスブルクを中心都市とする地方。

(16) バイエルン地方北部に水源を持ち、フランクフルトを東西に横切り、マインツでライン川に合流する。

ルン人の全面敗北と、バイエルン地方、オーバー・プファルツ地方とライン河とのあいだの領土全体の失陥という報いを招いたのである。無鉄砲さは華々しいし、それが衝撃を与え、驚嘆させることは、私も認める。しかしそれは外見が美しいだけで、危険に溢れている。慎重さはあまり活動的でもないし、華々しさもない。しかしそれは、しっかりとした、ふらつくことのない足取りで歩んでいく。

滅び去った無鉄砲な人びとについては話題にもならない。運命に助けられた人びとについてしか話題にならない。夢や預言についても同様である。おびただしい間違いと忘却のあいだで、真実と思われるわずかな数のことだけが再び思い出される。人は出来事をその原因から評価しなければならない。出来事から原因を評価してはならない。

それゆえ、私は、臣民が無鉄砲な君主とともにある時には、非常に危ないと結論づける。絶え間ない危険が臣民を脅かすのである。一方、慎重な君主は、優れた武勲をあげるのに向いていないとしても、彼の統治下で臣民を幸せにするうえでは、前者の持つ才能よりも、はるかに優れた才能を持って生まれている、と思われる。無鉄砲な者たちの強みとは征服であり、慎重な者たちの強みとは、その征服地を保持することである。

無鉄砲さと慎重さのどちらにおいても、偉大であると言われるような人物であるためには、生まれる時期がよくなければならない。さもないとその才能は、彼らにとって、有益であるよりもむしろ、有害になる。まったく思慮深い人間、とくに天が他人を統治するために差し向けた人間たちは、幾何学的証明と同じく、論理的で一貫した行動計画を作らなければならない。あらゆる点において、このような体系全体をたどっていくなら、それは、結果的に首尾一貫するようになり、自分の目的からけっして外れないための手段になるだろう。それによって自分のもくろみの進展へあらゆる状況やあらゆる出来事を引き戻すことが可能になるし、練り上げられた計画を実行するために万事が力を合わせるだろう。

しかし、われわれが稀有な才能を多く求めるこの君主とは、いったいだれだろうか？　それは人間でしかないし、その本性に従えば、彼らにはその義務の全部を果たすことができないというのはその通りだろう。プラトンの人間よりも、むしろ詩人たちの不死鳥と形而上学者たちの諸単子に思い至るだろう。君主が完璧さへたどり着くために払った努力に、臣民が満足することは正しいことである。他のなにものにもまして、マキアヴェッリの『君主論』から離れる人びとこそが、もっとも完成された人間であろう。欠点が心の資質と善良な意図を対抗錘《おもり》として持っている時には、君主たちの欠点に我慢することは正しいことである。われわれがたえず思い出さなければならないのは、世界には完全なものなどなにもないということであり、過ちと弱さはすべての人間の共有物だということである。もっとも幸せな国は、君主と臣民の互いへの寛容が、かの好ましい芳しさを社会へと放つ国である。それがないと、人生は、重荷を背負って歩まなければならなくなり、世界は、悦びの劇場である代わりに、辛苦の谷へと変わってしまう。

（17）バイエルン地方の北東、現在のチェコと国境を接する地方。

第二六章　イタリアを蛮族から解放するための勧告［蛮族の奴隷制から イタリアの権力者たちの祖国を解放するための勧告(1)］

イタリアは、あまりにも昔から潰瘍を患ってきたので、それらは癌化してしまっている。イタリアは、ナポリとトスカナという二つの傷口を直してくれる高名なる医者が登場するのをいつも期待して待っている。

本書においてわれわれが目にしてきたのは、ことごとくいんちきな推論であった。マキアヴェッリは、これらの推論を用いて、われわれをだますとともに、われわれに大人物と極悪人とを取り違えさせることを意図した。

私は逆のことを証明し、多くの人びとが陥っている君主政治についての誤謬から、人びとの目を醒まそうと努めてきた。私が彼らに示したのは、君主の真の知恵とは善を行なうことであり、彼らの国家のなかでもっとも完全であることであり、そして、君主の真の利益は、彼らが正しくあることを要求する、ということであった。その理由は、自分には赦《ゆる》されていることを、必ず、他人においても、罪としてはならないことが君主の義務にはまったくなっていないからであり、自分たちの野心や栄光を満たすために、輝かしい活動を行なうだけでは、君主たちにとっては、まったく十分ではないからであり、逆に、君主たちは、人類の破滅につながりかねないものを回避するとともに、人類の幸福につながる可能性を持った一切のものを、一身よりも、選好しなければならないからである。これこそが、堅い地盤の上に、君主たちが自分たちの名声を打ち立てる唯一の方法であり、彼らの名前の栄誉が変質することなく、もっとも遠い未来まで通用するに値するものになる唯一の方法である、と私は語った。

私は、これに二つの考察を付け加えるだろう。そのひとつは外交交渉の方法に関係し、他方は、君主が開戦するための有効な理由と呼ぶことができるものに関係している。

外国の宮廷に君主が派遣する使節は、赴任地の国王の振る舞いを監視する特権を付与されたスパイである。彼らは、これらの君主の意図を見抜き、その足取りを明らかにし、彼らの活動を深く知らなければならないが、それは、みずからの主人に時宜にかなった情報を提供し、主人の利益に反すると判断するときは、主人に警告を発するためである。使節の使命の主要な目的のひとつは、君主間の友情の絆を強化することにある。しかし、平和のつくり手になる代わりに、彼らはしばしば戦争の手先になっている。彼らは、買収の誘惑を用いることで、もっとも神聖な秘密の結び目を解く術を知っていた。彼らは従順かつ迎合的で、抜け

（1） フリードリヒの最終章は、イタリアの独立にあてられたマキアヴェッリの最終章とまったく対応していない。フリードリヒが採用したのは、後者に対応させることではなく、独自の考察で締めくくることである。この変更は、彼が付与した次の表題からも感じ取ることができる。「さまざまな種類の外交交渉と開戦の正当な理由」がそれである。（編注）

目がない策略家である。彼らの自己愛が彼らの義務と対をなすので、彼らは、全身全霊をもって、君主に仕えるのである。

これらのスパイの買収と術策に対してこそ、君主は十分に警戒しなければならない。政府は彼らの足取りに気を配り、情報収集に努めなければならないが、それは、彼らを前もって見きわめることで、危険な結果を予見できるようにし、公になることを怜悧が禁じている機密を、これらのオオヤマネコ(2)の炯眼から隠すためである。とはいえ、彼らが常日頃危険であるとしたら、外交交渉の重要度が増しているときには、彼らの危険は無限大になる。そして、ダナイスたちの甕《かめ》から零《こぼ》れ落ちる数滴が使節の徳の厳しさを緩めることがまったくないかどうかを深く知るためには、このときこそ、使節の振る舞いを君主がいくら厳格に調査しても調査しすぎるということはないだろう。

条約や同盟が結ばれるという決定的なときには、君主たちの怜悧は、いつになく目覚めていなければならない。君主は、自分たちが約束しようと望んでいる事柄の本性がなんであるかをよく見きわめなければならない。自分たちがはたしてその誓約を守れるかどうかをみるためである。君主は、条約がもたらす結果を予測し、臣民の安定的な幸福や君主の実際的な利益の基礎としてその条約が役立つかどうか、あるいは他の君主の弥縫策や計略・術策の産物ではないかどうかを判断するために、自分たちに提示される条約をあらゆる方面から考慮しなければならないからである。さらに、この用心深さすべてに、表現を明確にするための配慮を付け加えなければならない。条約の精神と言葉との詐術的な食い違いを生じる可能性がないようにするには、有能な政治家よりも、枝葉末節にこだわる文法学者の方が優れている。大人物ともなれば、行動する前にいくら時間を費やして熟考しても、そのことを悔やむことがけっしてなかったことは、確かである。というのも、約束をしてしまったあとで、後悔しても仕方がないからである。少なくとも、君主は、戦火をもって解決を図ったり、拙速にそれを実行したりするよりも、自分の決断について、知恵の力すべてを活用した方が後悔することは少ないものである。

信任状を持った使節がすべての外交交渉を行なうわけではない。資格のない者が第三国に派遣されることがしばしば起こる。そこでは、だれにも疑念を抱かれることなく提案をすることができるのである。近年の講和予備条約[3]がこのやり方で、神聖ローマ皇帝とフランスとの間で締結されたが、ロシア帝国と海洋諸強国[4]に気づかれることはなかった。この和解が成立したのは、ライン河沿いに領土を有する神聖ローマ帝国の伯爵邸においてであった。

当時もっとも有能で、術策に秀でていた君主ヴィットーリオ・アメデーオ[5]は、世界中のだれよりもうまく自分の意図を隠す技をもっていた。その策略によって彼が世界を欺いたのは一度や二度ではなかった。とりわけ、カティナ元帥[6]が、修道士の頭巾をかぶり国王の魂の救済という口実のもとで、この君主を神聖ローマ

(2) オオヤマネコ(lynx)。ヨーロッパでは、古来、観察眼が優れていることをこの動物の眼力にたとえていた。学名の lynx はギリシア語源で、光を意味する。

(3) ポーランド継承戦争終結のためにウィーンで行なわれた予備交渉の結果、一七三五年に結ばれた仮条約のこと。この仮条約のおかげで休戦が実現した。

(4) オランダとイギリスのこと。

皇帝陣営から引き抜き、フランスへの賛同者に変えた。ただ二人のあいだでのみなされたこの交渉は非常に巧みに行なわれたので、フランスとサヴォイア間の新たな同盟は、当時の政治家には思いがけない、驚天動地の現象に見えたのだった。[7]

私はヴィットーリオ・アメデーオの行ないを正当化するためにこうした例を提示しはしない。私の筆は個人の不忠に対してと同様、王たちの狡猾さに対しても情け容赦しない。私が意図しているのは単に、慎重な振る舞いには利点があり、抜け目なさから効用を引き出すことができるのを示すことである。もちろん、それらが下劣な者や不誠実な者のために、間違って用いられることがないようにしなければならない。

---

(5) ヴィットーリオ・アメデーオ二世は、サヴォイアの狐と称されるほど権謀術策に優れていた。陰謀好きの母が摂政となり、親フランス政策の一環として、ポルトガル王の娘と結婚させせられるようになるが、仮病を使って結婚式を引き伸ばすあいだに、民衆の反税叛乱が起こり、摂政が譲歩して、一六八〇年に結婚は取りやめとなる。翌年、成人して、権力を掌握。母の虚を突き、ルイ一四世の影響力を削ぐために、オルレアン家の娘と結婚。ワルド派異端の討伐戦争をカティナ元帥と協力して行なう。一六八六年に結成された神聖ローマ帝国を中心とするアウクスブルク同盟の接近政策を受けて、ヴェネツィアで秘かにアウクスブルク同盟の代表と協議。突如開始されたルイ一四世のアウクスブルク同盟に対する侵略戦争で、フランスに面従腹背の態度を取る。その後、神聖ローマ帝国に軍資金を送ったのと引き換えに、クーネオ州のランゲを取り戻した咎で、ルイ一四世から、ニコラ・カティナ元帥を介して最後通牒を突きつけられる。このときに、本文にあるような策略を弄して、ルイ一四世にみずからの忠誠を示すふりをする。その一方で、スペイン・神聖ローマ帝国と協定を締結し、フランスに宣戦布告を行なう。カティナ軍はピエモンテ地方

を略奪するが、農民や民兵軍の手強い抵抗に遭遇。ピエモンテ地方を放棄して、カティナ軍は一六九〇年八月にポー河を渡って、サヴォイア・スペイン連合軍とスタッファルダで衝突。連合軍は大敗北を喫するが、民衆が抵抗闘争に立ち上がり、各地で反仏ゲリラ戦争が繰り広げられる。一六九一年にフランス軍はクーネオを攻囲するが、オーストリアからオイゲン王子に率いられた神聖ローマ帝国軍が救援に駆けつけ、フランス軍を駆逐し、逆に、フランス領内に攻めこむ。一六九三年一〇月のマルサリア会戦で、再び、勝利を手にしかけるが、スペイン軍の怠慢で、連合軍は敗北。しかし、サヴォイア軍は、なおも戦争を継続し、各地で勝利を収め、一六九三年には、有利な条件で講和に持ちこむことに成功。逆にフランスと組んで、神聖ローマ帝国と対抗し、国際的にサヴォイア王国を承認させ、ルイ一四世の甥に王女を嫁がせることに成功。スペイン継承戦争でも、権謀術数の限りを尽くして、スペイン王位を主張し、フランスと対立。王国首都トリノを一七〇六年にフランス軍に包囲されるが、オーストリアと交渉し、再びオイゲン王子の援軍に助けられ、トリノを脱出。カルマニョーラで、オイゲン王子の部隊と合流、トリノ包囲軍との戦いに向かう。九月七日の戦いで、フランス軍を撃破。その後、イギリス、オランダ軍の援助を受け、トゥールーズに進出。イギリスが海軍力でフランスを圧倒したために、勝利のうちにピエモンテに凱旋。フランスに奪われていた旧領をすべて取り戻す。ユトレヒト和平の結果、一七一三年にシチリア王となるが、一七二〇年に、シチリア島をトリノにより近いサルデーニャ島と交換して、ピエモンテ地方とサルデーニャ島を領有するサルデーニャ王国の王となる。

(6) カティナ・ド・ラ・フォーコヌリー、ニコラ(一六三七―一七一二)。フランスの軍人で、ルイ一四世のもとで元帥となる。弁護士の家に生まれたが、家業を継がず、軍隊に入り、騎兵を振り出しに、功績を重ね、一六九〇年に始まるサヴォイア公との戦争では、司令官となり、一六九五年には、ピエモンテ州とサヴォイア地方を占領した。一七〇一年にもイタリアに派遣されオイゲン王子と戦ったが、オイゲン王子が軍の大権を掌握していたのに比べて、彼は宮廷の命令に縛られていたために、補給でも兵士の数でも劣勢で、敗北を重ね、ルイ一四世の寵を失った。

(7) 原文ではサルデーニャとなっていたが、サルデーニャ王国はオーストリア継承戦争では、成立していない。

それゆえ、一般規則はこうである。君主たるもの、このうえなく卓越した精神の持ち主を選び取り、こういう人物を難しい交渉に使わなければならない。また、巧みに敵地に入り込むために、奸智に長け、柔軟であるだけでなく、心のなかの秘め事を相手の両目に読み取るために、そして、仕草やごくわずかな振る舞いから、他人の秘められた意図を判断するために十分なほど繊細な眼力を持つ人間が必要である。それは、君主たちの洞察からなにひとつ抜け落ちないようにするためであり、その推論の力によってすべてが暴かれるようにするためである。

君主たちが策略と奸策を用いなければならないのは、ごく最近包囲された都市が、単にその敵の意図を暴くために信号弾を用いるような仕方でのみである。そのうえ、もし君主たちが心からその誠実さを告白するなら、彼らは必ずやヨーロッパの信頼を勝ち得るであろうし、君主たちは狡猾でなくとも幸せであろうし、ひとえにみずからの徳によって強力になるであろう。一国の平和と幸福は外交交渉の自然な目的である。これこそ、政治学のさまざまな道がみな寄り集まる中心なのである。

ヨーロッパの平和はこの賢明な均衡の維持に主としてもとづいており、それによって幾人かの君主の優越した力は、他の列強の団結した力とバランスを取っているのだ。この均衡が失われることにでもなれば、広範囲にわたって革命が生じ、君主みずからの不和によって脆弱になり、無力と化した君主たちの廃墟の上に新たな君主制が打ち立てられるのを恐れることになろう。

それゆえ、ヨーロッパの君主たちの政治が彼らに要求するのは以下のことである。外交交渉、条約、同盟をその視野から失ってはけっしてならないということ、それらによって君主たちはもっとも恐るべき君主たちのあいだに平等を打ち立てることができるからである。加えて、君主たちは慎重に、彼らのあいだに、いずれにせよ、早晩彼らを死に至らしめるような毒麦と不和の種を蒔《ま》きかねないものすべてを避けなければならないことである。一国に対するある種の偏愛、別の国に対する反感、女性への先入観、個別の揉めごと、小さな利益や、些細なことをめぐる争い、こうしたことが臣民全体を統治する者たちの目を眩《くら》ませることになってはけっしてならない。君主たちは偉大なものを目指さなければならないし、また躊躇せずに、瑣末事を事柄の本質に従わさなければならない。偉大なる君主ともなれば、彼は、いつも自分のことはさておいて、共通善のことだけを考え、あらゆる先入観から、みずからを慎重に引き離して、自分の真の利益をよりよく把握しなければならないことを理解しているものである。アレクサンドロスの継承者たち(8)が、ローマ人に対して団結しなければならないということに対して示した反撥は、瀉血に対して一部の人間が抱いている嫌悪感に似ていた。瀉血を怠れば、高熱に陥ったり、吐血を引き起こしたりするかも知れない。しかし、そうなってからは、もはやどんな薬もたいていは効かなくなってしまうだろうに。だから、公平さ、そして先入観から解放された精神は、司法においてと同様、政治学においても必要である。前者においては、それは、たえず英知が欲するところに即して振る舞うためであるし、後者においては、公正、平等をけっして侵害しないためである。

国家間の公正を維持し、平和を再建するために、外交以外の手立てが用いられないなら、世界は実に幸福

（8） ディアドコイと呼ばれるアレクサンドロス大王の跡目を争った武将たちのこと。

なものとなるはずだ。武力の代わりに理屈が用いられるはずだし、互いに喉を斬りあって殺しあうのではなく、議論がなされるはずだからである。しかし、つらい必然性のせいで、君主たちは、よりいっそう残酷な、そしていっそう忌まわしく、いっそう憎むべき手段に頼らざるをえなくなることもある。不正によって抑圧されようとしている臣民の自由を、武力によって守らなければならないとき、人びとが堕落しているので、穏当な手段では受け取れないものを、暴力によって手に入れなければならないとき、さらには、人びとのいざこざを裁定する者として生まれた君主たちが、どんなに人びとの力を見積もってみたところで、それだけでは、そうしたいざこざを取り除くことができないで、彼らの訴訟を決闘の類に委ねてしまうときがある。こうした場合においてこそ、この逆説は真なるものとなり、良き戦争が良き平和をもたらし、それを確かなものにするのである。

いまから、どういった場合に、君主たちは、臣民の血を流しても、咎められてはならないのか、あるいは、どういった場合に必要もないのに、はたまた自分たちの虚栄心と傲慢のために、戦争を企てることができるのかを検討していこう。

あらゆる戦争のなかで、もっとも正しい戦争は――というのも戦争をせずには済まされないからだが――防衛戦である。とはいえ、この戦争は、敵の敵対行為による攻撃に耐えるために、君主たちが正当な手段をとらざるをえないとき、また、君主たちが暴力によって暴力を押し返すしかない事態にあるときに限って行なわれる。君主たちの腕っぷしの強さが、隣人の貪欲に対して君主たちを支えており、軍隊の勇敢さが彼らの臣民の平和を保証しているのであって、それは、泥棒があなたの家で盗みを犯そうとしているのがわかったとき、泥棒を追い立てるのが正当であるのと同様である。したがって、国家から簒奪者たちが出て行くように、武力という手段で強制するのは、王族と諸王の正当な行為である。君主たちがいくつかの権利ないし主張を、争ってでも押し通そうとしたり、反対にそれらを保持したりするために、彼らがする戦争は、われわれが述べたばかりの防衛戦と同じくらい正当である。王たちに対する上位の審級は存在しないし、彼らの係争を裁く司法官は世界にはいないので、彼らの権利を決定し、彼らの理由の正当性を判断するのは戦いだということになる。君主たちは、武器を取ったことの正当性を主張し、できることなら、自分たちの大義の正当性を思う存分表現したいという欲望に駆られるからこそ、世界で公平さを維持するために、そして隷従を避けるために、この種の戦争が行なわれるのである。したがって、このことが戦争という手段に出ることを聖化し、戦争の有用性を欠くべからざるものにする。

われわれが述べたばかりの防衛戦と同じくらい正当な攻撃戦がある。それは予防戦[9]であり、ヨーロッパの最強国[10]の過剰な栄光が溢れかえってしまいそうだと思えるとき、そしてその栄光が世界を飲み込んでしまう恐れがあるとき、君主たちにとっては、予防戦を考えることが賢明である。大嵐が起こるのがわかっても、それだけでは、どんなにその嵐を回避しようとしてもできないはずだ。こうして君主たちは、共通の危険に

（9）現世紀では、「予防戦争」の概念が問題視されるようになってきたが、戦争論において、フリードリヒがこの概念を最初に打ち出したことは、記憶に留められるべきである。

（10）フリードリヒの念頭にあるのは、ルイ一四世のフランスであり、時代を遡れば、カール五世と神聖ローマ帝国であろう。

よって同じ利害のなかに置かれたすべての人びとと団結する。ローマ以外の国民がローマ帝国に抗して団結していたなら、ローマ帝国は数多くの帝国を転覆させることなどけっしてできなかったであろうに。あらかじめ慎重に結成された同盟と迅速に企てられた戦争が、世界を隷属させることを目論む野心的意図を破綻させる。

怜悧が要求するのは、最大の悪よりも小さな必要悪を選ぶことであり、あてにならない陣営を除いて、もっとも信頼できる陣営につくことである。だから、オリーブの枝か、月桂樹の枝か[11]を選ぶ自由があるときは、攻撃的戦争に従事する方が、宣戦を布告しても完全な隷属と破滅を多少遅らせるにすぎなくなるような絶望的な段階まで待機するよりも望ましい。このような事態は、君主にとってはいやなものであるにもかかわらず、彼の敵との取り決めが彼の手を縛り、彼から力を失わせる前に、みずからの武力を使用するよりもましなことをしようとしても、できるものではない。同盟を結んでいれば、条約で取り決められた数の援軍を派遣して、同盟国が行なう戦争に参加することも、君主たちには起こるかもしれない。みずからの武力だけで、支配を存続できるような君主は、ほとんど存在しないか、あるいはまったく存在しない以上、君主たちは、そもそも同盟なしで済ますことはできないので、必要な場合に相互に援助を与えあい、定められた数の軍隊によって、互いに支援しあうために、約束を交わす。これが自分たちの安全にも、保全にも寄与する。だから、どの同盟国が同盟の果実を引き出すことになるのかは、情勢いかんで決定されるのである。しかし、ある時には、盟約を交わした同盟国のひとつに有利に働く状況も、別の巡り合わせにおいては、援軍を与える同盟国に、同じように有利に働くことがあるかもしれないわけだから、条約の信義を注意深く遵守し、細心の注意を払って条約を履行することは、君主たちの英知だということになる。このような同盟は、敵に対しては、君主たちの威力をいっそう恐るべきものにすることによって、君主たちの保全をより効果的なものにする。彼らの臣民の利益は、ここにあるわけだから、それだけにいっそう条約の信義を守り、条約を履行することが君主の英知だということになる。

厳格な検討をしたうえでの話だが、簒奪者たちを阻み、正統な権利を維持し、世界の自由を保証し、野心的な者たちの抑圧と暴力を回避するための戦争であれば、それはみな正義と公正さに合致する。同様のことを企てる君主たちは、どのような血が流れても、それには責任がないのである。行動する必要性のうちに君主があったからであり、この状況では、平和よりも戦争の方がまだしも不幸が少ないからである。

この主題はおのずと、臣民の血を不名誉な取引で譲り渡してしまう君主たちについて語るように私を導く。彼らの軍隊は、最高入札者に落札される。これはある種の競売である。この競売では、援助金を使って、もっとも値段をつり上げた連中が、卑劣な君主たちの兵士を死地へと送り込む。これらの君主たちは、本来なら、臣民の父として庇護すべき人びとの生命を売り飛ばしたのだから、その卑劣さに君主は赤面しなければならない。これらの小暴君どもは、人間性の声に耳を傾けなければならない。人間性の声は、小暴君どもが権力を残酷に濫用することを嫌悪している。その声は、より高い評価にも、彼らが持ち合わせていない冠にも彼らが値しないと判断するのである。

---

(11) オリーブの枝は、古代ローマにおいて対外遠征の勝利者に与えられた栄冠で、月桂樹は防衛戦争での栄冠である。

宗教戦争については第二一章で十分説明した。私がここでさらに付け加えるのは、次のことである。君主は、宗教戦争を避けるために、できるかぎりのことをしなければならない。あるいは少なくとも、問題の状況を慎重に変えなければならない。状況を変えれば、党派争いと宗教上の揉めごとにつねに切り離しがたく結びついてきた悪意と執拗な憎悪と残忍さは弱められるだろうからである。そのうえ、いくら非難しても、非難したりないのは、犯罪的な濫用に走って、正義と公平さという言葉をみだりに利用する輩《やから》であり、罰当たりな不敬虔から、忌むべき彼らの野心の盾に最高存在を仕立てあげる輩である。これほど軽率な口実で、公衆を欺くには、恐るべき極悪さが必要である。君主は、臣民の血を無駄にしないように十分心がけることによって、兵士たちの武勇を下手に使って、彼らの生命をむやみに浪費しないようにしなければならない。

戦争は不幸をおびただしく産み、その帰趨はほぼ覚束ないものである。また、その結果は国にとってひどく破滅的であるから、君主たちは、戦争を企てるのに先だって、十分に熟慮しても、しすぎるということはない。私は、彼らが隣人にたいして犯す不正義と暴力については触れず、直接に彼らの臣民に及ぶ不幸だけに話を限定する。

もし、諸王と諸帝主が実際に民衆の悲惨な光景を見ていたなら、それに無感動ではいられないであろうということを私は確信している。けれども、彼らは、その境遇ゆえに、もろもろの悪から切り離されているので、これらの悪を実際に想像するだけの想像力に恵まれてはいない。だから、ひとりの君主が抱く野心の炎は、戦争が臣民に対して持つ致命的な諸結果のすべてを、当の臣民へ押しつけるということを彼の眼下に晒さなければならないだろう。致命的な諸結果とは、人民に税金が重くのしかかることであり、戦争への動員が国からすべての若者を奪い去ることであり、伝染病が軍隊のなかに蔓延して、多くの人間が困窮して死にそうになることである。それは、また、殺人的な攻城戦や、なおいっそう残酷な会戦が行なわれることであり、数人の戦闘員が失われることで、生き残るための唯一の手段を奪われてしまう負傷兵が出てくることであり、危険と対峙し、みずからの血と糧と食物を君主に売っていた者たちを敵の武器が奪い去ったために、孤児が出現することである。国家に役立つなんと多くの人びとが、とき満つるより前に、刈り取られたことか！　冷静にこういった残虐非道を犯す暴君など、けっしていなかった。彼らよりも、もっと残酷であるのは、不正な戦争を行なう君主である。人類が持っている、もっとも恐るべき事柄のすべてに、これほど安易に無数の人びとをさらすのではなく、これらの人びとを守り、幸せにすることが、君主の務めなのに、こうした君主たちは、無数の人びとの幸福と健康と命を自分たちの情念の激しさに生け贄として捧げている。したがって、確かなことは、世界の裁定者はいくら慎重であっても、慎重でありすぎるということはないし、みずからの歩みにたいして注意深くありすぎるということもないし、臣民の命を、大切にしても、大切にしすぎるということはない、ということである。彼らは、臣民をけっしてみずからの奴隷とみなしてはならない。彼らを、みずからの同輩と見なければならないし、ある意味では、みずからの主人と見なければならないのである。(12)

(12)　本書、第一章の「君主は、彼が支配下に置く臣民の絶対的な主人ではなく、彼自身臣民の第一の下僕にすぎない」（三三ページ）を参照。

この著作を終わるにあたって、私が君主たちに願うのは、私が自由に彼らに話しかけているからといって、彼らが気分を害しないことである。私の目的は、徳を誠実に賞讃することであって、だれかにお世辞を言うことではない。現在、世界を統治している君主たちについて、私は好意的な意見を持っている。だから、彼らは真理に耳を傾けるのにうってつけであると私は判断しているわけである。真理を隠さなければならないのは、ティベリウスやボルジアや怪物たちや暴君に対してである。[13]というのも、真理は、彼らの犯罪と極悪さにあまりにも直接的に強い打撃を与えるからである。天運が良かったからだろうが、われわれは、ヨーロッパの君主たちのなかにひとりの怪物も持ってはいない。しかし、彼らのように、ヨーロッパの君主たちも、人間的な弱さをまったく乗り越えてはいないということをわれわれは知っている。そして、ヨーロッパの君主たちを前にして、王たちのあらゆる犯罪と、そして、正義と人間性の諸感情に反するあらゆる行ないとを思い切って非難すべきだと言うことは、むしろこれらの君主たちにもっともすばらしい讃辞を送ることになるのである。

(13) ガルニエ版以外は、各版とも、この極悪人の列挙は、次のようになっている。「敢えて真理を語ろうとするのであれば、それは、ネロ、アレクサンデル六世、チェーザレ・ボルジア、ルイ一一世の類に対してではない。天運が良かったからだろうが、われわれは、ヨーロッパの君主たちのなかにこのような連中をまったく持ってはいない。ヨーロッパの君主たちの前で、王国を衰退させ、正義を損なわせたすべての事柄を思い切って非難すべきであると言うことは、彼らにもっとも素晴らしい讃辞を送ることになるのである」(一七四七年版など)。

補録　ヴォルテールの『習俗試論』より

第一〇八章　サヴォナローラについて

どのようにしてルイ一二世がイタリアに対する諸権利を主張したか、かの麗しき国が多くの党派によってかき回されたためにどうなったか、多くの列強が覇を唱えあったためにどうなったか、歴代法王が今日では自分の持ち物にしている国家をどのようにして形作ったかを見る前に、常軌を逸したひとつの事件に幾分注意を向けなければならない。その頃、この事件は、ヨーロッパの軽信を試練にかけ、狂信がいかなるものになることができるかを陳列して見せていたのである。

フィレンツェには、ジローラモ・サヴォナローラ(1)という名のドミニコ会修道士がいた。この人物は、説教壇での話術に長けていたため、説教師にも民衆を統治することができると思わせる説教師のひとりであり、『黙示録』を説き明かせば、預言者になることができると考える神学者たちのひとりだった。彼は指導し、説教し、告白し、書いた。そして自由な都市には、党派が当然のことながら満ち満ちているので、彼は一党派の長になろうとしていた。

　イタリアへの南下についてシャルル八世[2]が思案をめぐらせていることをフィレンツェの主だった市民が知るやいなや、彼は、この南下を予言し、民衆は、彼が神感を受けていると信じた。彼はアレクサンデル六世を糾弾した。彼は、同僚市民のなかで、メディチ家を迫害し、メディチ家の血を流していた人びとを励ました。フィレンツェでは、かつて一般庶民からこれほどの信頼を得た人物はいなかった。彼は、行政職に配下の職人たちを就けさせることによって、一種の護民官となった。法王とメディチ家は、サヴォナローラに対して、彼が用いていたのと同じ武器を用いた。彼らはフランチェスコ会説教師をサヴォナローラに対抗して送り込んだのである。聖フランチェスコが聖ドミニクスを憎むことは、ゲルフ党がギベリン党[3]を憎むより激しかった。コルドリエ会は、ドミニコ会を憎むべきものにすることに成功した。二つの修道会は、お互いに対して怒りを爆発させあった。とうとう、一ドミニコ会士がサヴォナローラの神聖性を証明するために火刑台を通り抜けようと申し出た。たちまち、一コルドリエ会士が同じ試練をくぐり抜けようと申し出た。こちらは、サヴォナローラが極悪人であることを証明しようとしたのである。見世物に飢《かつ》えた民衆は、こんな見世物の上演をせっついた。司法官はそれを命令せざるをえなかった。いまだにすべての人心は、ペトルス・イグネウス［L. 火のなかのピエトロ］とあだ名がついた、かのアルドブランディーニ[4]の古いお伽噺《ばなし》で埋め尽くされていた。この人物は、一一世紀に、二つの火刑台のまっただなかで赤く燃え上がる炭火の上を通り

（1）サヴォナローラ、ジローラモ（一四五二―九八）。フェルラーラ生まれの聖職者で、ドミニコ会に所属し

ていた。フィレンツェに現われ、一四九〇年八月一日にサン・マルコ教会で説教を行ない、『黙示録』をとりあげ、聖職者の堕落とメディチ家の豪奢を批判し、禁欲を唱えたことを皮切りに、フィレンツェ市内の教会での説教によって民衆の支持を得た。ロレンツォ・メディチの死を受けて、フィレンツェの支配者となったピエロが対フランス政策で失敗したあと、シャルル八世の侵入を予言したとして、民衆から支持され、一四九四年一一月にフィレンツェの実権を掌握し、その後、四年間にわたって神政政治を実現した。しかし、一四九七年五月にアレクサンデル六世から破門され、虚飾の焼却など過激な禁欲政策が裏目に出て、民衆の支持を失い、民衆から預言者としての資格を問われ、異端として逮捕され、残虐な拷問（縛られて釣り落とされ、足元に火が着けられ、架にかけられたうえに、四肢を脱臼させる拷問を受けた）一四九八年五月二三日、キリスト昇天祭の日に、シニョリーア広場で、仲間のドミニコ会士二名とともに、地上から二メートルほどの高さに吊るされ、縛り首にされたうえに、民衆のわめき声のなか、火刑に処された。マキアヴェッリは、当時、処刑を望見し、武器なき預言者の末路を考察した。一一月には蘇ったフィレンツェ市の役人としてマキアヴェッリは初登庁する。

（2）シャルル八世（一四七〇―九八）。フランス国王（一四八三―一四九八）。温厚王と呼ばれたが、一四九四年にナポリ王国の継承権を主張して、イタリアに侵入し、イタリア連合軍に包囲され、大損害を出して、一四九五年七月にフランスへ逃げ帰った。以後、フランスは莫大な借金に苦しむ。

（3）一二、一三世紀のドイツ国内における神聖ローマ皇帝とローマ法王との対立から生まれた党派で、前者は法王党と呼ばれ、おもに自治都市の新興勢力から成り、後者は皇帝党と呼ばれ、ホーエンシュタウフェン家をたのみとしていた。一三、一四世紀のイタリアでも両派は鋭く対立した。

（4）イタリアのベネディクト派の修道士で、アルバノ枢機卿・大司教。聖遺物売買の罪に問われたフィレンツェ司教の事件で、無実なら、火刑の焚き木に火を着けたなかを通り抜けられることを身を持って証明したと言われる伝説の主人公。

抜けてから、もう一度通り抜けたのであった。サヴォナローラの支持者は、神が一ベネディクト会士[5]のためにやったことを、一ドミニコ会士のためにやることを信じて疑わなかった。反対の党派は、コルドリエ会士のために、同じことを望んでいた。かりにわれわれがイロクォイ族[6]の歴史のなかにこのような宗教的なおぞましさの数々を読んだところで、われわれはそれらを信用するようなことにはなるまい。しかしながら、このような場景が地上でもっとも技術に長けた国民のあいだで、ダンテ[7]やアリオスト[8]やペトラルカ[9]やマキアヴェッリ[10]の祖国で演ぜられていたのである。キリスト教徒のあいだでは、国民が霊的になればなるほど、その精神は迷信を支持し、その馬鹿ぶりを潤色する方向にますます転じていくのである。

火が着けられた。挑戦者が数知れぬ大群衆の前に姿を現わした。しかし、挑戦者は二人とも、火が着いた焚き木を冷静になって見たとき、震え出した。そして彼らに共通した恐怖心は、一緒に逃げるように、彼らをそそのかした。ホスティア[11]を手にするのでなければ、火のなかに入りたくない、とドミニコ会士は、ホスティアを希望した。コルドリエ会士は、契約のなかにはそんな条項はないと主張した。二人とも依怙地になった。こうして二人はお互いに助け合って、少しずつ抜け出したので、彼らが用意したおぞましい芝居は上演されなかった。

そのとき民衆は、コルドリエ会士たちの支持者に興奮させられたために、サヴォナローラを捕まえることを望んだ。司法官たちは、この修道士にフレンツェから出て行くように命令した。彼は、法王とメディチ党と民衆を敵に回してしまったにもかかわらず、命令に従うのを拒否した。彼は捕まえられ、七度にわたって拷問を受けた。彼の供述書からの抜粋によれば、彼は、自分が偽預言者であり、ペテン師であったことを認

めたことになっている。このペテン師は、告解の秘密を守る義務を乱用し、彼の仲間たちが彼に打ち明けた

（5） イタリア中部ヌルシア出身の守護聖人ベネディクトゥス（四八〇頃―五四七／五五〇）が五二九年頃にイタリアのスビアコに創設した修道会で、西欧の修道院の模範とされた。

（6） 北アメリカ東部森林地帯に居住したインディアンで、イロクォイ同盟に結集したセネカ、カイユーガ、オノンダーガ、オネーダ、モホークの五大先住民族からなる同盟集団を指す。イロクォイの名は、アルゴンキン族の言葉で「真の蛇」を意味するという。

（7） ダンテ・アリギエーリ（一二六五―一三二一）。フィレンツェの小貴族に家系に生まれたイタリアの詩人。ベアトリーチェへの愛を歌った『新生』、を発表後、一二九五年から一三〇二年まで政治活動に取り組んだ。ゲルフ党の支持者で、ギベリン党による弾圧で、フィレンツェを追放され、流謫のあいだに、『帝政論』を書いた。最大の作品は、長編叙事詩『神曲』。ラヴェンナで客死。

（8） アリオスト、ルドヴィコ（一四七四―一五三三）。イタリアの詩人。フェルラーラのエステ家に出入りした。人文学者で、ペトラルカ崇拝者のピエトロ・ベンボの友人。フランスにもっとも影響を及ぼしたと言われる長編叙事詩『狂気のオルランド』（一五一六）の作者。

（9） ペトラルカ（本名、フランチェスコ・ディ・セル・ペトラッコ。一三〇四―一三七四）イタリアのルネサンス期の詩人。『カンツォニエーレ』など。

（10） ヴォルテールは、のちに『ルイ一四世の世紀』（邦訳、丸山熊雄訳、岩波文庫）をフリードリヒに献上したときには、フリードリヒからのクレームを受け入れて、マキアヴェッリに対する讃美の文章を削除したが、『習俗試論』では、まだ、このようにマキアヴェッリをイタリアの偉人の列に加えている。

（11） ラテン語で生け贄を意味し、キリストの身体とされるパンとワイン、とくにパンを指す。カトリック信仰では、司祭によって聖別されたパンもしくはパンとワインを聖体拝領の儀式で使う。

告解の秘密を守る義務を乱用したというのである。彼が詐欺師であったことを彼が認めないでいられただろうか？　陰謀を企てる神感者は、自分がペテン師であるとは思わないのではないか？　おそらく彼は、それ以上に狂信者であったのだ。人間の想像力は、これら排除しあうかに見える二つの行き過ぎを結びつける力を持っている。かりに司法のみがそれに有罪宣告を下したのなら、牢獄や贖罪の苦行で十分だっただろうに。ところが党派心がそれに混じった。彼と二人のドミニコ会士は、彼らがものともしないと嘯《うそぶ》いた炎のなかで死ぬように有罪宣告が下された。彼らは、火に投げ込まれる前に縛り首になった（一四九八年五月二三日）。サヴォナローラ党の人びとは、彼にいくつもの奇蹟を帰すことを欠きはしなかった。ひとりの不幸な指導者の支持者たちが持っていた最後の手段がそれであった。忘れないようにしよう。アレクサンデル六世は、彼が有罪宣告を受けるとすぐに、全贖宥状を送ったのである。

こんな馬鹿げた場景のどれにもあなたがたは目をやって憫笑する。ローマ人にも、ギリシア人にも、野蛮人にも、似たようなことはまったくなにもあなたがたは見つけない。人間をかつて愚鈍にしてきた迷信のうちで、もっとも恥ずべき迷信の成果がこれであり、統治体のうちで最悪の統治体がこれである。しかし、われわれがこの暗黒地獄から抜け出て久しいこと、そして、まだすべてが啓蒙されたわけではないことをあなたがたは知っている。

第一一〇章　法王アレクサンデル六世と国王ルイ一二世について。法王とその息子の犯罪。軟弱なルイ一二世の不幸

アレクサンデル六世には二つの大きな目的があった。ひとつは四肢を八つ裂きにされたと言われていたほど叢生していた領土をローマの領地へと統合することであり、もうひとつは息子のチェーザレ・ボルジアに王冠をひとつ渡すことだった。愛人たちの醜聞と彼の行動のおぞましさも、彼の権威からなにも取り除きはしなかった。ローマで民衆が彼に反逆するようなことは見られなかった。彼自身の娘ルクレツィア(1)を彼が弄《もてあそ》んでいる、と公衆の声は彼のことを非難した。アレクサンデル六世は続けて三人の夫から、彼女を奪い去った。この二番目の夫（アラゴンのアルフォンソである）(2)を暗殺させたのは、結局は、彼女をエステ家(3)の相続人に与えるためだった。ヴァティカンで執り行なわれた結婚式は、恥知らずな悦楽によって祝福された。それは、どのような放蕩無頼でも、これまで作り出すことのなかった、羞恥心をたじろがせるものであっ

（1）　ルクレツィア・ボルジア（一四八〇―一五一九）。ロドリーゴ・ボルジアすなわち、のちのアレクサンデル六世とその愛人ヴァノッツァ・デイ・カタネイ（一四四二―一五一八）の娘で、美貌のために、近親相姦に遭遇したとされる。最初にスフォルツァ家ジョヴァンニ（一四六六―一五一〇）、ついでアラゴン家、最後にエステ家のフェルラーラ公アルフォンソ一世（一四七六―一五三四）に嫁いだ。『反マキアヴェッリ論』第七章訳注（3）参照。

た。おびただしい裸体の高級娼婦がこの近親相姦の家族の前で踊り、もっとも官能的な動きには褒美が与えられた。この法王の子供たち、すなわちガンディア公爵[4]と、そのときは、法王代理枢機卿であったバレンシア大司教にして枢機卿のチェーザレ・ボルジアは、彼らの妹であるルクレツィアの悦楽を互いに奪いあうべく、公衆の面前を通りすぎた。ガンディア公爵はローマで暗殺された。公衆の声はこの殺害の責をボルジア枢機卿に向けたし、グイッチャルディーニは躊躇なくこの殺害で、彼を非難した。枢機卿たちの調度品は彼らの死後、法王のものとなり、彼がその遺産を相続したいと欲したひとりならずの枢機卿たちは、その死の時期を早められたのではないかという強力な憶測をよんだ。しかしながら、ローマの民衆は従順であり、あらゆる強国がアレクサンデル六世と親しくなろうとした。

シャルル八世の後継者であったフランス王ルイ一二世は、ほかのだれよりもこの法王と同盟を結ぼうと急いでいた。彼にはそうする理由がひとつならずあった。彼はルイ一一世の娘だった妻と離婚したがっていた。というのも、彼は結婚を成就[5]し、二二年間にわたって妻と一緒に生活したが、子供を授かることはなかったからだ。自然法のほかのどんな法もこの離婚を正当化することはできなかった。しかし、嫌悪と政略とが離婚を欠くべからざるものにしていたのである。

シャルル八世の未亡人であるブルターニュのアンヌ[6]は、かつてオルレアン公[7]に感じていた好意を、ルイ一

（2） アラゴンのアルフォンソ（一四八一―一五〇〇）。イタリア語名ではアロンソ。ナポリ王アロンソ（一四四八―一四九五）の私生児。父方がスペインのアラゴン王家であることから、ヴォルテールは「アラゴンのアルフォンソ」

としているのであろう。再婚相手がルクレツィア・ボルジアで、アレクサンデル六世の陰謀で、ルクレツィアの兄チェーザレの配下ミケロット・コレッラ（一五〇八年に暗殺される）によって殺害された。

（3）イタリア北東部フェルラーラ地方の名家で、一三世紀から一六世紀にかけてフェルラーラ公爵領を支配した。

（4）ガンディア第二代公爵ジョヴァンニ・ボルジア（一四七六頃—一四九七）。アレクサンデル六世の長男。チェーザレに憎まれ、暗殺される。『反マキアヴェッリ論』第七章訳注（4）参照。

（5）結婚はカトリックではサクラメントなので、結婚の成就とは、聖書に認められた結婚が完遂されることを意味する。しかし、ルイ一二世は、ローマ法王に対して二二年間のあいだ、子供に恵まれなかったことをもって、結婚が「成就されていない」として離婚の正当性を主張し、アレクサンデル六世もこの離婚理由を認めたのである。彼のケースは、英国王ヘンリー八世の場合と似ているが、後者は女子とはいえ、二人のあいだには子どもがあった。にもかかわらず、男子を出生しなかったことを持って、英国王ヘンリー八世は、兄嫁との結婚が「成就」されなかったと見なし、離婚の理由とした。兄嫁との結婚のときに近親相姦ではないとして、特免状をローマ法王から受けたヘンリー八世は、二度目の特免状を要求し、認められないと見るや、ローマ・カトリックを棄てた。

（6）アンヌ・ド・ブルターニュ（一四七七—一五一四）。ブルターニュ公フランソワ二世（一四三五—一四八八）の娘で、ただ一人の世継ぎ。フランソワ二世は、ブルターニュ存続のために、幾人もの花婿候補を用意し、遺言を残した。最初は、のちに神聖ローマ帝国皇帝となるマクシミリアンと結婚するはずだったが、反対に遭い、ブルターニュの居城を陥落させたシャルル八世に嫁いだ。シャルル八世がイタリアに遠征しているあいだは、夫にかわってフランスを統治した。夫の死後、シャルル八世のいとこのルイ一二世と結婚。その際、ルイ一二世はすでに結婚していたので、カトリックのサクラメントに反する離婚を成立させることが必要となり、ローマ法王アレクサンデル六世が特免状を出した。

（7）オルレアン公ルイ、つまりルイ一二世のこと。『反マキアヴェッリ論』、第七章訳注（9）参照。

二世のためにとっておいた。彼がアンヌと結婚しなければ、ブルターニュはフランスのものではなくなっていた。親と結婚するためであれ、妻と離婚するためであれ、ローマに赴くというのは、古くからのしきたりだったが、それは危険でもあった。というのも、どんな結婚であれ、どんな離婚であれ、それは、しばしば国家にとっての必要事だったから、王国の平穏は、しばしば、当該王国の敵である法王の考え方ひとつに依存していたからである。

ルイ一二世をアレクサンデル六世に結びつけていたもうひとつの理由は、彼が前面に打ち出したがっていたイタリアの諸国家にたいする有害な権利主張であった。ルイ一二世はミラノ公領を要求していた。というのは、彼の祖母のひとりがこの公国をかつては所有していたヴィスコンティ家[8]の姉妹だったからである。これと対立するのが、ルドヴィコ・イル・モロ[9]に与えられた皇帝マクシミリアン[10]による封授与の指示であった。ほかならぬこの皇帝は、ルドヴィコの姪と結婚していたのである。

つねに不確かであった封建制の公法は、最強者の法によってしか解釈されえなかった。かのミラノ公領、かのロンバルディアの古い王国は、皇帝の封土だった。この封土が男系相続なのか、女系相続なのか、娘たちがこれを相続しなければならないのかどうかは、まったく決められていなかった。ミラノ公ヴィスコンティ家の娘だったルイ一二世の祖母は、その結婚契約によってアスティ伯領[11]だけしか保有しなかった。この結婚契約がイタリアの不幸の源泉であり、ルイ一二世の恥辱の源泉であり、フランソワ一世の不幸の源泉であった。こうして、ほとんどすべてのイタリアの諸国家は、自由になることも、どの主人に属すべきかを決めることもできないまま、不確かさのなかをさまよった。

(8) スフォルツァ家と並ぶミラノ公国の名家。ルイ一二世の祖母とは、ヴァランディーヌ・ヴィスコンティ(一三六六―一四〇八)のこと。

(9) ルドヴィコ・マリア・スフォルツァ(一四五二―一五〇八)のこと。おそらく色黒だったために、イル・ムーロすなわちムーア人(北アフリカの黒人)とのあだ名が付けられた。スフォルツァ家はミラノ公国を支配する名門で、ルドヴィコは、この時代のスフォルツァ家当主。ミラノの統治者(一四九四―九九)。甥のジャン・ガレアッツォの摂政(一四八〇)だったが、彼から権力を簒奪し、ミラノの支配権を掌握した。その後、ナポリ王国と同盟し、一四九二年以降は、フランス国王シャルル八世にも近づいた。オーストリアの皇帝マクシミリアンから一四九四年にミラノ公を授与される。ガレアッツォをかついだシャルル八世のイタリア遠征がガレアッツォの死(一四九四)とともに失敗に終わったあと、ミラノ公領の全一支配を完成した。ヴェネツィアが率いる反フランス同盟に加わる。しかし、ヴェネツィアおよびローマ法王と同盟を組んだフランス国王ルイ一二世によって、ミラノ公領を攻められたために、彼はミラノから逃亡した。ミラノの再奪取を企てたが、スイス傭兵の裏切りに遭い、敵に引き渡され(一五〇〇)、フランスで余生を送った。フランス王家の血筋の妻ベアトリーチェ・デステにもそそのかされて、文芸庇護にも力を注いだが、生来、陰謀好きでずる賢かったために、策士策に溺れる向きがあり、身を滅ぼした。

(10) マクシミリアン一世(一四五九―一五一九)。神聖ローマ皇帝(一四九三―一五一九)。皇帝フリードリヒ三世(一四一五―一四九三)の息子。ブルグント公女との結婚でネーデルラントを領有。マリアの死後、ミラノ公ルドヴィコの姪ビアンカと結婚したために、ミラノ公領をめぐってフランスと戦うことになる。外征には失敗し、スイスを失ったが、スペインやハンガリーを結婚政策によって領有することに成功した。

(11) イタリアの北西、ピエモンテ地方の平野部で、アスティがその中心都市。南アルプスを越えればフランス領で、この時代には、フランスからの侵入が絶えなかった。

ルイ一二世のナポリに対する諸権利はシャルル八世の諸権利と同じだった。

法王の私生児チェーザレ・ボルジアは、フランスに離婚の法王勅書を運ぶことと、あのすべての征服計画について国王と交渉することという任務を授けられていた。ボルジアは、大司教たる自分にナバーラ王の妹[12]と結婚させるという約束とともに、ヴァランティノワ公領と一〇〇名の軍人の同伴とルイ一二世が彼に与えた二万リーヴルの年金とが確約されるまで、ローマを出立することはなかった。法王代理枢機卿であり大司教であったにもかかわらず、チェーザレ・ボルジアは、かくして世俗の身分となったのである。彼の父であるローマ法王は、彼の息子とフランス国王に同時に特免状を与えた。すなわち一方には教会から去るための特免状を、他方には妻から去るための特免状を与えたのである。それはすぐに了承された。ルイ一二世は新たなイタリア南下に備えた。

彼の側にはヴェネツィア人がつき、ミラノ人からの戦利品の一部を彼らと分け合うことになっていた。フランスとヴェネツィアの連合軍は、すでにブル＝カン＝ブレス地方[13]とベルガモ地方[14]を取っていた。彼らは少なくともクレモナ地方[15]を欲しがっていたが、クレモナに対しては、彼らは、コンスタンティノープル［オスマン帝国の首都］に対して持つ権利以上のものをなんら持たなかった。

皇帝マクシミリアンは、妻の叔父のミラノ公とその封臣を、天敵であるフランスから守らなければならなかったが、そのときは、だれをも守れるような状態にはなかった。彼はスイス人に対してどうにか持ちこたえている状態で、そのスイス人は、オーストリア王家からスイスの国々のなかで、オーストリアの側にとどまっていた国を奪回するのに成功していた。したがって、マクシミリアンはこの状況のなかでは無関心を演じるほかなかった。

ルイ一二世は、この皇帝の息子であるフェリペ美男王(16)、すなわち、オランダの支配者であるカール五世(17)の

(12) 兄のひとりがナバーラ王となったシャルロット・ダルブレ(一四八〇―一五一四)のこと。彼女はチェーザレ・ボルジアの妻だった。チェーザレ・ボルジアとのあいだには、ルイーザ(ルイーズ。一五〇〇―五三)という一人娘があったが、彼女は、フランスの将軍ルイ二世・ド・ラ・トレモワールと一度目の結婚をした。

(13) フランス東部、リヨンの東北に位置し、スイス、イタリアとの国境となるジュラ山脈の西麓の都市とその地方。

(14) イタリア北部、ミラノ(ロンバルディア地方)の北東部山岳地方の都市ベルガモとその地方。ミラノ公国に編入された。

(15) イタリア北部、ミラノの東部、ポー河とアッダ河の合流地点にあるクレモナとその地方。ミラノ公国に編入された。

(16) フェリペ(一世)・デ・カスティーリャ(一四七八―一五〇六)。ヴォルテールが書いているように、美男王と称された。一五〇一年にスペインに初めてハプスブルク家が足を踏み入れたが、その旅の途中でブロワに立ち寄ったときに、ルイ一二世からこの名を与えられた。マクシミリアン一世の長男。母は、シャルル豪胆王の娘マリー・ド・ブルゴーニュ(一四五七―八二)。ベルギー生まれのフランドル伯。ハノーファー、オランダ、ゼーラント、ティロル、アルトワなどを領有した。フランス王シャルル八世のイタリア半島侵入後の一四九六年にカトリック両王の娘と結婚し、スペインとの結びつきを強め、フランスに対抗してイタリア半島のアラゴン領を守るために努力した。他方、妹も、カトリック両王の息子と結婚したために、アストゥリアス伯領を手に入れ、一五〇五年のサラマンカの合意で、名実ともにハプスブルク家とスペイン王家とを結びつけ、カスティーリャ王となり、息子カール五世の世界帝国への準備を整えた。

父親との議論を静かに打ち切った。フェリペ美男王は、フランドル伯領[18]とアルトワ伯領[19]のために、フランスに個人的には臣従礼をとっていた。ギ・ド・ロシュフォール[20]国璽尚書は、この臣従礼をアラス［アルトワ伯領の首都］で受け取った。彼は、帽子をかぶったまま座り、この君主の手を組ませて、それを自分の手のあいだにはさんだ。君主の方は帽子をとり、武器もベルトも身につけずに、次の言葉を発した。「私は、国王陛下にフランドルとアルトワなどの私の所領のために、臣従礼をとります」。

そのうえルイ一二世は、シャルル八世がイギリスと結んだ数々の条約を一新し、少なくとも当面のあいだは、四方八方の安全を確保したうえで、自分の軍隊にアルプスを越えさせた。次のことは指摘しておくべきだろう。ルイ一二世は、この戦争を企てたからといって増税することはなく、むしろ減税した。そしてこの気前の良さによって、彼には「臣民の父」という名が与えられ始めた。しかし、彼は、王に奉仕する役職（ロワイヤル）と呼ばれた多くの官職、とりわけ財政関係の官職を売却したのである。彼が国の父になろうとしていたとすれば、その国に、恥ずべき官職売買を導入することよりも、均等課税制を設立する方が、彼にとってはやる価値があったのではなかったか。職務を競売にかけるこの習わしはイタリアに由来するものだった。長きにわたって、法王庁会計院の要職はローマで売却されてきたのである。そして歴代法王がこの慣習を廃止したのは最近のことにすぎない。

ルイ一二世がアルプスの向こうへ派遣した軍隊は、シャルル八世がナポリを征服したときに率いた軍隊よりもたいして強かったわけではない。しかし、違っているとみられるべきところは、ルドヴィコ・イル・モロ、すなわちミラノ＝パルマ[21]＝ピアチェンツィア[22]の一介の公爵にすぎず、ジェノヴァ[23]の領主である彼が、フランス王に匹敵する軍隊を持っていたことである。

---

(17) カール五世（一五〇〇—五八）。神聖ローマ帝国皇帝カール五世（在位、一五一九—五六）。スペイン国王としてはカルロス一世。フランス語読みではシャルル・カン（Charles-Quint）。新大陸の広大な植民地を継承し、スペイン帝国の最大版図を実現した。しかしドイツ国内では宗教改革の嵐に巻きこまれ、晩年は権威の低下を招いた。

(18) フランス北西端からベルギー西部にかけての北海沿岸のフランドル地方を支配した伯爵家。フランドル方伯とも呼ばれる。九世紀のボードワン一世（?—八七八）に始まり、一二世紀初頭まで伯爵家がつづき、その後、各地の有力諸侯によってしばしば併合され、一五世紀末からは神聖ローマ帝国領となった。

(19) 現在ではアラスを中心とするフランス北部海岸地方。五世紀にフランク族がケルト族を追い出してこの地を支配した。その後シャルル禿頭王（八二三—八七七）の娘がボードワン一世と結婚したことにより、フランドル伯領と併合された。一一五〇年にはフランス王国に併合され、のちに親王采地として下賜された。その後、結婚によってブルゴーニュ公領となり、たまたま、マクシミリアン一世がマリーと結婚したために、ハプスブルク家の領地となった。

(20) ロシュフォール、ギー・ド（?—一五〇七）。シャルル豪胆王の侍従から、ブルゴーニュ家がフランス王国に併合されたことにより、ルイ一一世に仕えることになった。一四八二年にディジョン高等法院院長。一四九七年にシャルル八世のもとで、国璽尚書となる。ルイ一二世の下で、みずからが創設した役職である大顧問官を務めた。

(21) イタリア中北部、東のフェルラーラと西のジェノヴァとのちょうど中間地点にある都市。一二世紀から一四世紀まで、ギベリン党の拠点都市。ヴィスコンティ家ののちにスフォルツァ家が支配した。一六世紀半ばからパルマ＝ピアチェンツィア公爵領となる。

(22) イタリア北部、パルマの北西、ロンバルディア地方の南端で、ポー河沿岸都市。ヴィスコンティ家とスフォルツァ家が都市を支配した。のちに、パルマのファルネーゼ家の領地となる。

（一四九九年）イタリアの賢明さに対して「フランスの猛攻」［Ⅰ.］がなにをなしえたかがもう一度見られた。ヴェネツィア人がクレモナを占領しているあいだに、王の軍隊は二〇日間にわたってミラノとジェノヴァを占拠した。

ルイ一二世は、彼の将軍たちの働きで麗しき諸州を獲ったのち、ミラノに入った。そこで彼は、イタリア各国の使節を、調停者の資格で迎え入れた。だが、彼がリヨンに戻るやいなや、激情のあとにはたいてい付いてくる手抜かりによって、フランス人はナポリを失ったときと同じようにミラノ公国を失うことになった（一五〇〇年）。ルドヴィコ・イル・モロは、このつかの間の失地回復のなかで、彼のもとに届けられたフランス兵ひとり頭につき一ドゥカードを支払っていた。そこでルイ一二世は新たに奮闘することとなった。ルイ二世・ド・ラ・トレモワール(24)は犯してしまった失策を埋め合わせに駆けつけた。彼らはミラノ公国に入った。シャルル八世以来、給料を支払ってくれる者へ身を売るために自分の自由を用いていたスイス人は、フランス軍でもミラノ軍でも多数を占めていた。ミラノの公爵たちがスイス人をみずからのかねで雇った最初の大公であることは注目すべきことである。マリア・スフォルツァ［ルドヴィコ・イル・モロ］は君主たちにその範を与えたのだった。

この国の指揮官の幾人かは、自由、平等、清貧そして勇気によって、その時までは古代ラケダイモン人［スパルタ人］にとても似ていたが、金銭欲によってその栄光をしぼませてしまった。彼らはノヴァーラ(25)でミラノ公を守っていた。ミラノ公は、イタリア人よりもむしろスイス人にその身を託していたのだ（一五〇〇年）。しかし、スイス人はその信頼に値するどころか、フランス人と和解した。それによってルドヴィコ・

イル・モロが取り付けることのできたこととは、スイス人とともに、スイス風の装いをして、十文字槍[26]を手に出発することだった。彼はフランス兵の人垣の向こう側にこうした姿で現われたのだった。しかし、彼を

(23) イタリア北部、ティレニア海に面した港湾都市で、東部のヴェネツィアと並ぶ十字軍の遠征基地。一二世紀半ばに神聖ローマ帝国から独立して以来、一三世紀には、クルイム(クリミア)半島にまで支配権を広げる一大海洋国家となった。そこから生まれた経済力を背景に、一四〇七年には銀行が設立され、ヨーロッパの君主への貸付で大債権国に成長した。しかし、一四世紀半ばからは、ゲルフ党とギベリン党の抗争に加えて、海洋覇権を嫉妬するヴェネツィアやスペインのアラゴン家からの挑戦を受け、一三八一年のキオッジャの戦いで疲弊したために、政体をヴェネツィアにならって共和政体とった。一五二八年には統領アンドレア・ドリア(一四六六―一五六〇)のもとで、共和国憲法を制定し、再建に成功した。

(24) ルイ二世・ド・ラ・トレモワール(一四六〇―一五二五)。ラ・トリムイーユとも。フランスの軍人で政治家。シャルル八世から三代にわたってフランス国王に仕えた将軍。一四九四―九五年のイタリア遠征には、侍従として従軍した。このイタリア遠征では、輝かしい武功をあげたが、ルイ一二世のもとでのナポリ王国遠征では、ゴンサロ・フェルナンデス・デ・コルドバに対抗する救援軍を指揮して、フランスを出発する直前に病に倒れ、救援に失敗した。しかし、一五〇九年のヴェネツィア人との戦いには勝利した。その後一五一二年のイタリア遠征では、翌年のノヴァーラの戦いで、スイス軍の罠にかかり、大敗北を喫した。フランソワ一世のイタリア遠征にも参加したが、一五二五年二月の無謀なパヴィアの戦いで、矢に射抜かれ、戦死した。ヴォルテールはラ・トリムイーユの方を採用している。彼の妻がチェーザレ・ボルジアの娘ルイーザ。本章訳注(12)参照。

(25) ミラノ西部の要塞都市で、北方のピエモンテ地方(サヴォイア公国)と隣接する要衝。

売った連中は、すぐさま彼を認識させた。彼は捕らえられ、ピエール＝アンシーズ[27]へ連行され、そこからルイ一二世自身も投獄されたことのあるブールジュ[28]の同じ塔へ連れて行かれた。しまいにはロシュ[29]へ移送され、そこで彼は、一〇年以上を過ごした。しかし、一般に思われているような鉄格子のなかでではなく、格別の待遇を受け、最後の五年は、城から五リューのところまで散歩して過ごしていたのだった。

　ルイ一二世は、ミラノ公国とジェノヴァの支配者であったが、またもやナポリを手に入れたがっていた。しかし、彼は同じカトリック王フェルナンドを恐れるようになっていた。フェルナンドはナポリからすでにフランス人を追い出していたのだった。

　ヴェネツィア人と組んでミラノ公国を征服し、その戦利品を彼らと分け合ったように、ルイ一二世は、フェルナンドと組んでナポリを征服しようとした。カトリック王は、当時ルイ一二世を救うよりも、自分の親の財産を奪い取りたかったのだ。彼は、アラゴン家の庶子系にあたる最後の王であったフェデリコが統治していたこの王国を、フランスとの条約によって分割した。カトリック王はプーリア地方[31]とカラブリア地方[32]を自分のために取っておき、残りはフランスにと定めた。法王アレクサンデル六世は、ルイ一二世と同盟を結んで、無実なる君主とその封臣に対するこの陰謀に加担し、ナポリ王に与えた叙任をこの二人の王にも授けた。カトリック王は同国の将軍、ゴンサロ・デ・コルドバ[33]をナポリに送った。自分の親を守るためという口実のもとで、実際は親を窮地に立たせるためにゴンサロが派遣されたのである。フランス人は、海と陸からやってきた。このナポリ戦争には、不正と不実、そして卑劣しかなかったことを正直に認めなければならない。しかし、イタリアは六〇〇年以上にわたって、違う仕方で統べられたことはなかったのだった。

（一五〇一年）ナポリ人には自分たちの王のために戦うという習慣がまったくなかった。不運なる君主は、自分の親戚に裏切られ、フランス軍から圧力をかけられ、どのような手立てにも恵まれなかったため、数知れぬ不実によって自分を裏切っていたカトリック王の手に落ちるよりも、彼が寛大だと思ったルイ一二世の手に身を委ねる方がよかったのだった。彼はフランス人に自分の王国を出るための通行証を求めた。こうし

---

(26)　スイスの傭兵を象徴する武具で、矛槍のこと。槍先が十字になっている。

(27)　リヨン西郊の要衝ピエール・シーズのことで、ソーヌ河に面して城が築かれ、神聖ローマ帝国に対する防御陣地となっていた。巨岩を二つに割くようにして構築されていたので、その名がある。

(28)　フランス中部、アキテーヌ地方の中心都市で、フランス王シャルル七世（一四〇三―六一）の居城があった。

(29)　フランス中部、ブールジュの西方の都市で、ルイ一一世が築いた要塞があった。

(30)　フェデリコまたはファドリケ・デ・アラゴン、一世（一四五二?―一五〇四）。スペインのアラゴン王家フェルナンド一世ナポリ王（一四二三―九四）の次男。カトリック王フェルナンド二世は長男。一四九六年に、相次いでなくなった異母兄を継いでナポリ王となったが、ナポリ王国の権利をフェルナンド二世との条約（一五〇〇）にもとづいて主張するルイ一二世に、二度にわたって戦争を仕掛けられ、敗北し、捕虜としてツールに連れて行かれ、そこで二八歳の若さで亡くなった。世継ぎがいなかったために、フェルナンド二世が跡を継いでナポリ王となった。

(31)　イタリア半島南東部、アドリア海に面した地方。ローマ帝国時代にはアプリアと呼ばれていたことがイタリア語の地名に引き継がれた。

(32)　イタリア半島南西部、ちょうど長靴の先に当たる地方。メッシナ海峡を挟んで対岸にはシチリア島が位置する。

て彼は、五隻のガレー船を率いてフランスにやってきたのだ。そこで彼は、いまの貨幣価値にして一二万リーヴルもする王の年金を受け取った。一君主のなんと奇妙な定めであろうか。

こうしてルイ一二世は、囚われのミラノ公と彼の廷臣にして年金受給者であるナポリ王をまさに同時に手にした。ジェノヴァ共和国は彼の属州のひとつとなった。王国は、ほとんど税を課されず、地上でもっとも華やかな場所のひとつとなった。この王国に欠けていたのはひとえに通商業と美術の栄光であった。美術は、これから見ていくように、イタリアからの分け前だった。

(33) ゴンサロ・デ・コルドバ、フェルナンデス（一四五三—一五一五）。スペイン貴族で、大総帥（グラン・カピターン）と称された軍人。コルドバに生まれ、ムーア人との戦いで戦功を挙げ、カトリック両王のグラナダ攻略を指揮し、勝利を収め、レコンキスタを成功させた。シャルル八世のイタリア遠征に際しては、フェルナンド二世ナポリ王（一四六九—一四九六）の救援に派遣され、ここでも戦功を挙げた。一五〇一年にも再びナポリ王の救援に派遣されたが、最初、プーリアとカラブリアを失い、劣勢に陥った。策略に長けたフェルナンドがフランスと一五〇三年に和平したおかげで、フランス軍が引き揚げ、救われたが、主君に劣らず陰謀家のゴンサロは、その隙に、新たな領地を攻め、食料を奪った。すぐにフランス軍と衝突し、激戦の末フランス軍を破り、続いてマントヴァ公と戦い、巧みな戦術で勝利を収めた。翌年はじめに、同じく奸計を用いてフランス軍の最後の根拠を奪い、ナポリ副王に任ぜられた。その名声を憎むフェルナンドの寵を失い、一五〇七年にスペインに呼び戻され、その後、叛乱を企てかけ、憤死したと言われる。

第一一章　アレクサンデル六世一族とチェーザレ・ボルジアの侵害行為。ルイ一二世とカトリック王フェルナンドとの紛争の続き。法王の死

この頃、アレクサンデル六世は、ルイ一二世が大規模に実行していたことを小規模に行なっていた。彼は、息子の手で、ロマーニャ地方の封地を征服した。すべては、息子の勢力拡大のためになっていたが、しかし、息子はそれをほとんど享受することはなかった。彼は、そんなことを考えずに、教会の領地のために働いていた。

チェーザレ・ボルジアが用いなかったような暴力も、策略も、剛勇も、極悪さもなかった。八から一〇ばかりの小都市に攻めこんだり、幾人かの小領主を追い払ったりするために、彼は、アレクサンドロス大王、チンギス・ハーン(1)、ティムール(2)、そしてムハンマドのような人物が地上の大部分を征服するのに取り組んだ

(1)　チンギス・ハーン（一一六七頃—一二二七）。華名は成吉思汗。幼名テムジン。モンゴル帝国の建国者。廟号は太祖。モンゴルを統一し、一二〇六年にオノン河畔でクリルタイ（最高決議機関）を開催し、みずからチンギス・ハーンを名乗り、大モンゴル国を創建。西夏を討伐、その後、金に侵入して、華北を支配下に入れ、西方遠征を企て（一二一九）、当時、強勢を誇っていたホラーサーン地方を中心とするホラズム帝国を討つべく、圧倒的な騎馬兵力で、中央アジアに侵入し、全域を版図とした。西夏の再討伐の陣中で病没。

ときに使った技巧よりも、もっと多くの技巧を用いた。軍隊を持つために贖宥状が売られた。ベンボ枢機卿(3)は、ヴェネツィア領に限って、約一六〇〇マール(4)金貨と引き換えに贖宥状が売られている、と確言している。トルコとの戦争を口実にして、教会の全収入に一〇分の一を課した。トルコとの戦争などと言っても、実際には、ローマの城門での小規模な戦争にすぎなかった。

まず、ローマ近郊のコロンナ(5)やサヴェッリ(6)の城塞が占領された。ボルジアは、力と機転によって、フォルリ(7)、ファエンツァ(8)、リミニ(9)、イモラ(10)、ピオンビーノ(11)を手に入れた。これらの征服で、裏切り、暗殺、毒殺は、彼の武器の一部となっていた。彼は、法王の名で軍と大砲をウルビーノ公に求めた。彼は、ウルビーノ公自身に対してこの軍と大砲を用い、彼の領地を奪った。彼はある会合にカメリーノ(12)の領主を招き、二人の息子とともに彼を絞殺させた。彼は、最大の誓約によって、グラヴィーナ(13)公オルシーニ、オリヴェロット、ヴィテッリ(14)、その他の者たちを、セニガッリア付近に彼と交渉しに来るように誘った。伏兵が準備されていた。彼は、ヴィテッリとオリヴェロットを無慈悲に殺害させた。ヴィテッリが、死の間際に、息も絶え絶え

(2) ティムール(一三三六—一四〇五)。チンギス・ハーンの第二子チャガタイ(?—一二四二)に従ってモンゴリアから西域に移住したモンゴル族のひとつ、バルラス族出身の軍人。現在のウズベキスタン南部の都市サマルカンドから七〇キロメートルほど南下したところにあるケシュ(現在のシャフリサブズまたはタメルラン)の生まれ。みずからチンギス・ハーンの末裔を名乗り、首都をサマルカンドに置き、中央アジアから西アジアにまたがる広大な帝国(一三七〇—一五〇七)を創建した。各地の汗国を滅ぼしたのち、一三九六年に北インドに侵入し、ペルシア系の

トゥグルク朝（一三二〇―一四一三）の王都デリーを略奪した。その後、明への遠征を試みたが、その途上で、病没した。

（3）ベンボ、ピエトロ（一四七〇―一五四七）。ヴェネツィア生まれのイタリアの枢機卿で、幅広い教養を備えた人文学者。幼くしてフィレンツェに赴き、言葉を習得した。パドヴァ大学を修了、フェルラーラの宮廷で勉学に励み（一四九七―九九）、エステ家に出入りした。ペトラルカの熱烈な崇拝者で、アリオストの友人。一五〇二年に、フェルラーラ公と結婚していたルクレツィア・ボルジアと知り合う。ペストを避けてウルビーノで一五一二年まで暮らし、その後ローマに赴いた。枢機卿になったのは、一五三九年だから、ヴォルテールは勘違いをしている。

（4）ヨーロッパ諸国での通貨（金貨、銀貨など）。フランスでは、〇・五重量リーヴルまたは八オンス（約二四五グラム）の重量の金ないし銀。

（5）ローマ東郊の古くからの城塞都市で、コロンナ家の封土。

（6）ローマ北郊の城塞都市。

（7）イタリア中東部、ラヴェンナ南西の都市。イモラとならんでスフォルツァ家の領地。

（8）イタリア中東部ラヴェンナ西郊の都市。陶器の名産地。フランス語でファイアンス焼きの陶器は、この地の名に由来する。アストッレ三世が一四八八年から一五〇一年にローマへ拉致されるまで、ここの領主だった。一五〇〇年にチェーザレの傭兵軍に包囲され、六ヶ月間持ちこたえたが、裏切りにあい、陥落した。

（9）イタリア東部、アドリア海に面した都市。一四世紀以降、ロマーニャ地方の名家で、ゲルフ党のマラテスタ家の支配地として、法王領となっていた。

（10）イタリア北東部、アペニン山脈東麓の都市で、フォルリと並んでスフォルツァ家の領地。

（11）イタリア中部トスカナ地方南端、ティレニア海に面した港湾都市。対岸にはエルバ島が浮かぶ。

（12）イタリア中部、アペニン山脈東麓の都市。一五世紀から自由大学が設立されていた古都で、法王領。

（13）イタリア南東部プッリャ地方の都市グラヴィーナのこと。一四世紀からオルシーニ家が都市を支配した。公爵家は一四三六年に創設。一五〇三年にチェーザレに絞殺されたのは、第四代公爵フランチェスカ。

になりながら、暗殺者に対して、その父親である法王から贖宥を得ること[15]を懇願した、などと考えうるだろうか？　これほどまで人間の弱さと憶見の強さを示してくれるものは他にない。しかし、それが、同時代人たちが語ることである。もしもチェーザレ・ボルジアが、アレクサンデル六世よりも早く、彼らが枢機卿のために準備し、また彼らが互いに飲んだとも言われている毒が原因で死んだのなら、ボルジアが瀕死の床で全贖宥を法王である父親に求めたとしても、驚くにはあたらないだろう。

アレクサンデル六世は、同時に、これらの不幸な者たちの友人も捕縛し、サン・タンジェロ城[16]で絞殺した。グイッチャルディーニは、こう考えている。アストッレと呼ばれていたファエンツァの領主[17]は、たいへんな美貌の持ち主の青年だったので、法王の私生児のもとに送られて、その快楽に奉仕することを余儀なくされ、続いて、実の兄弟とともに法王のもとに送られたが、二人とも法王によって絞殺された、というのである。フランスの臣民の父であったフランス王は、フランスでは「誠実な人間」すなわち貴紳《オネットム》だったが、イタリアでは、彼の王国で行なえば、罰せられるような犯罪を援助していた。彼はみずから共犯者になっていた。法王に自分のナポリ征服を支援してもらうために、彼は、これらの犠牲者を法王に委ねていた。政治、国益と呼ばれたものは、アレクサンデル六世を利するような不義の人物にルイ一二世を仕立てあげた。その後、まもなく彼を裏切った極悪人の残忍な行為を支援することが、どうして政治や国益だったというのか！　どうして人びとが治められたというのか！　法王と、大司教と目されていた彼の私生児とは、イタリアをあらゆる犯罪で汚していた。臣民の父として名高いフランス王は、彼らを支援していた。愚鈍な国民は沈黙し続けていた。

ナポリを征服したフランス兵の運命も、追い立てられていた。自分の親であるナポリ最後の王を欺いたカ

(14) ヴィテロッツォ・ヴィテッリのこと。『反マキアヴェッリ論』、第七章、訳注（11）参照。ここで、ヴォルテールは、勘違いをしていて、セニガッリアで殺されたヴィテッリにパゴーロ（Pagolo）という名前を与えている。実際には、パオロ。パオロは一四九九年に裏切りの咎で、処刑されている。

(15) カトリックでは、臨終には司祭が立ち会って、告解と終油の秘蹟を受けなければ、地獄に落ちるとされていた。それに代わりうるものとして、贖宥状があった。恐らくここで問題になっているのは、すべての罪が許される全贖宥で、これを発行できるのは、ローマ法王その人であった。

(16) テヴェレ河右岸に建てられた五角形五層の城。ローマ法王グレゴリウス（五四〇?―六〇四）がペストの終末を告げる「聖天使」（イタリア語でサン・タンジェロ）を見たというところからこの名がある。二世紀最初のハドリアヌス帝の時代から築城が始まったが、当初は「ハドリアヌスの石堤」と呼ばれていて、皇帝廟があり、その伝統はセプティミウス・セウェルス帝の三世紀初めまで続いた。三世紀のアウレリウス帝（二〇八頃―二三五）の時代から、城塞に変えられた。城壁は、特徴的で、円形をしており、アウレリウスの城壁と呼ばれている。ローマの劫掠者テオドリック（四五五頃―五二六）はこれを牢獄として利用した。城塞は、ちょうど、ヴァティカン宮殿のサン・ピエトロ広場の東正面に位置しているために、一五世紀頃からは、ローマ法王の宮殿を守護する役割も担うことになり、宮殿とのあいだには、秘密のトンネルが掘られた。

(17) アストッレ三世、マンフレディ（一四八五―一五〇二）のこと。ファエンツァ領の領主。一五〇一年にファエンツァをチェーザレが占領、アストッレ三世は捕らえられ、兄弟とともにサン・タンジェロ城に一年間、チェーザレによって幽閉されたのち、一七歳の若さで、非業の最期を遂げ、死体がテヴェレ河に浮かんだという。

トリック王フェルナンド、つまり裏切り者は、もはやルイ一二世に忠誠を誓っていなかった。彼はやがてフランス王から相続分を奪うために、アレクサンデル六世と利害を一致させていたのである。

ゴンサロ・デ・コルドバは、むろん大総帥《グラン・カピターン》の称号に値したが、有徳の称号にふさわしくはなかった――彼は、「名誉という織物は、粗雑に編まれなければならない」と言っていた。その彼は、まずフランス兵を欺き、そして、打ち負かした。フランス人の将軍にしばしば見られた資質は、大規模な紛争に際して必要な技巧よりも、名誉がもたらす勇気であったように私には思われる。クローヴィス[18]の子孫のヌムール公[19]が、フランス人を指揮していた。彼はゴンサロを決闘に呼び出した。ゴンサロは、幾度も彼の軍隊を破ることで応えた。とりわけ、プッリアのチェリニョーラ[20]では、ヌムールは四〇〇〇のフランス兵とともに殺害された（一五〇三年）。この戦闘でスペイン兵の犠牲は九名だけだったと言われている。ゴンサロが有利な陣地を選んだ一方、ヌムールは慎重さを欠いていたし、彼には戦意を失った軍団しかなかったことには、明白な証拠があった。高名な騎士バイヤール[21]が、彼を攻撃してきていた二〇〇名の敵の重圧を単独で狭い橋の上で耐えたが、無駄だった。この価値ある努力は、輝かしいものだが、無益だった。彼は、ホラティウス・コクレス[22]に喩えられていた。だが、彼はローマ人のために戦っていたのではなかった。

この戦争で、人間を殺戮する新たなやり方が見出された。ペドロ・デ・ナバーラ[23]は、臨時雇いの兵士で、のちにスペインの偉大な将軍になったが、坑道を掘る攻城法を発案した。その効果に最初に苦しめられたのは、フランス兵だった。

しかしながら、このときフランスは非常に強大だったので、ルイ一二世は、三つの軍を遠征させるのと同

(18) クローヴィス一世(四六六頃―五一一)。メロヴィング朝フランクの王(在位、四八一―五一一)。北フランスでローマ勢力を破り南下し、全フランクを統一。四九六年にキリスト教に改宗して、ほぼフランス全域の支配を確立した。

(19) 一四〇四年にシャルル六世(一三六八―一四二二)によって、フランス中部ヌムールを中心に公爵領が創始された。ここでは、その最後の公爵となるルイ・ダルマニャック(一四七二―一五〇三)のこと。ルイ一二世のイタリア戦役のなかで、一五〇三年にルイは、ゴンサロに率いられたスペイン軍とチェリニョーラ付近で激戦となり、戦死した。

(20) イタリア南東部、プーリア地方北部、アペニン山脈東麓の都市。

(21) バイヤール(一四七三―一五二四)。正確には、ヴォルテールの綴り、**Bayard**ではなく、**Bayart**であるという。ピエール・テライユ、ド・バイヤール。「恐れと非難を持たない善良なる騎士」と称された。勇猛な騎士バイヤールの長男として誕生。若くして軍人となり、シャルル八世に従って、イタリア遠征を行ない、フランス軍の退却のときに、敵の軍旗を奪い取る戦功を挙げた。ルイ一二世のイタリア遠征にも参加し、ミラノ攻略で武勇を発揮したが、ルイ一二世に疎まれ、一時、第一線を退いた。しかし、一五〇七年のイタリア遠征で呼び戻され、病と負傷にもかかわらず、ジェノヴァを陥落させた。その後もイタリアでの数々の戦争で活躍したが、スペインとの国境線を守るために、フランソワ一世によって本国へ呼び戻された。彼は、謀をめぐらして、カール五世の大軍の侵入を食い止めた。ジェノヴァの反乱鎮圧のためにイタリアに赴いたが、戦いに敗れ、グルノーブルへ帰還した。フランソワ一世が再びミラノを攻略することを望んだときに遠征軍に加わり、ミラノ近郊の激戦で命を落とした。

(22) ホラティウス(隻眼の)。古代ローマの猛将。ローマ近郊クルシウムのエトルリア人族長ポルセンナと戦ったときに、単身、スブリキウス橋を守った英雄。コクレスというのはラテン語で、「隻眼」を指す。彼が戦闘で片方の目を失っていたことから付けられたあだ名。ルイ一二世が「ローマ人のために戦っていたのではなかった」というのは、もちろんヴォルテールの皮肉である。

時にひとつの艦隊を派遣した。この三つの軍のうち、ひとつはナポリを、他の二つはルシヨン[24]とフエンテルラビア[25]を目指した。だが、これらの軍のいずれも前進できず、ナポリの軍はやがて一掃された。それほどまでに、稚拙な戦争指導と大総帥の戦争指導とは、対照的だった。結局、ルイ一二世はナポリ王国の持ち分を永久に失った。

（一五〇三年）その後まもなく、イタリアはアレクサンデル六世とその息子から解放された。すべての歴史家は好んで後世にこう伝えている。この法王は、宴会中に複数の枢機卿に飲ませようとしていた毒を、自分が飲んで死んだ、と。つまり、その生きざまにふさわしい最期だったというわけだ。だが、事実はまったくそうではないらしい。彼は大いにかねに困ってこの枢機卿たちの遺産を相続しようとしたのだと言われているが、チェーザレ・ボルジアは、父の死後、一〇万デュカのかねと父親の財産を奪い去っていたことが明らかになっている。つまり、その必要がなかったのである。加えて、この法王を死なせ、その息子を死の淵にまで追いやったと言われる毒入りのワインの罎《びん》を、どうして取り違えるのか？　この手の犯罪に長らく通じている人間が、こんな間違いをする余地を残すはずがない。そもそも、それを告白したのがだれなのかということが引用されていない。つまり、どうやらこの件についての情報を得ること自体が難しいのだ。もし法王が死んだとき、彼の死に関するこの原因が知られていたら、それを知らせたのは毒殺されようとしていた当人たちだっただろう。彼らは、これほどの犯罪を罰せずに済ますはずがないし、ボルジアが父親の財産をこともなげに奪うのを黙って見ていたはずがない。しばしば自分たちの主人を嫌い、憎悪している民衆は、アレクサンデルの下で奴隷の状態に置かれていたのだから、彼の死に狂喜したに違いない。民衆はこの怪物の葬儀を妨害しただろうし、その恐るべき息子を八つ裂きにもしただろう。さらに、ボルジア家の日誌が伝えるところによると、この法王は七二歳にして「三回の熱病」(26)（間欠熱）にかかり、それが続いて、死に至ったとのこと。これは毒の影響ではない。加えて、ボルジア公は、雌ラバの腹部にみずからを閉じ込めさせたとも言われている。だが、雌ラバの腹部が解毒剤になる毒とはいったいどんな毒なのか。そして、この瀕死のボルジアがどうやってヴァティカンまで赴いて、一〇万デュカのかねを手に入れたのだろうか？　彼はこの財産を持ち去るとき、雌ラバの腹部でくるまれていたのか？

---

(23)　ペドロ・デ・ナバーラ（？—一五二八）。スペインのビスケー湾出身の航海者で、技師。ゴンサロ・フェルナンデス・デ・コルドバのナポリ遠征に加わり、一五〇三年に、ナポリ湾を扼するオヴォ城からフランス軍を追い出すのに、坑道戦を提案して、攻城に大いに貢献した。一五〇九年の対ムーア人戦役で、戦功により貴族の称号が与えられた。のちにフランソワ一世に仕え、王の遠征で活躍した。スペイン人に捕まり、ナポリに幽閉され、カール五世の命令で、ベッドで絞殺されたと伝記作家ブラントーム（一五二七—一六一四）は伝えるが、真実は病死であるという。　世紀初の軍事技術家とされる。

(24)　フランス南部、ピレネー山脈の北麓のペルピニャンと首都とする伯爵領。一三世紀末にアラゴン王家の所領となったが、一四六二年にフランスへ割譲。しかし、一四九三年には再びカトリック両王のスペインに返還。ルイ一三世によって征服され、一六五九年のピレネー条約で最終的にフランス領となる。

(25)　現在では、バスク語でオンダリビアと呼ばれる。スペイン北東部、バスク地方のサン・セバスティアン近郊の港湾都市で、フランスとの国境に位置するために要塞が築かれていた。

(26)　熱病の発作の頻度から、こう呼ばれるが、マラリアのことだとされる。

この法王の死後、ローマで暴動があったのは事実である。コロンナ家やオルシーニ家の人びとは武装してローマに戻ってきた。だが、まさにこの暴動においてこそ、罪を犯した父と息子を厳粛に糾弾しなければな

(27) 恐らくヴォルテールは、グイッチャルディーニの史書の記述を参考にしたピエール・ベールの『歴史批評辞典』、「アドリアーノ」の項目の注(C)を参照している。そこでベールは、アレクサンデル六世の手下だったアドリアーノ・カステッレジ(一四六〇頃―一五二一頃)の財産を狙って「法王の私生児」が彼に毒入りワインを送って、毒殺するように仕組んでおいた話を報告している。アドリアーノ邸へアレクサンデル六世とチェーザレ・ボルジアが予定より早く到着したとき、暑い季節で、たまたまのどが渇いていたので、ワインを所望したところ、秘密を知っていた召使とは別の召使がそれとは知らずに毒入りワインを二人に差し出したために、水で割らずに飲み干してしまったアレクサンデル六世はその日のうちに(一五〇三年八月一七日)死んだが、チェーザレの方は、頑健な身体をしていたうえに、水で割っていたので、処置法を求めに走る余裕があった。彼は、一匹の雌ラバの腹で自分をくるませて、難を逃れた。アドリアーノが枢機卿に昇進するのはこの事件から二、三ヶ月してからだった。

(28) ユリウス二世(一四四三―一五一三)。ローマ法王(一五〇三―一五一三)。「好戦的法王」あるいは「恐怖の法王」との異名をとった。ジュリアーノ・デッラ・ローヴェレといい、イタリアのジェノヴァ近郊のアルビッソラ出身で、シクストゥス四世(一四一四―八四)の甥。フランチェスコ会に属し、シクストゥス四世の引きで、一四七一年にフランスのカルパントラの司教となった。同じ一四七一年に、サン・ピエトロ・イン・ヴィンコリ(サン・ピエロ・アド・ヴィンクラ)大聖堂の枢機卿に昇進した。アレクサンデル六世の政敵で、フランスに亡命していたが、シャルル八世とともに。一四九四年にイタリア侵入に協力した。ローマに入城し、アレクサンデル六世を退位させようとしたが、果たさなかった。その後、アレクサンデル六世の死――彼がカンタレッラを使って毒殺したとも言われ

る――とともに、コンクラーベでピウス三世の選出に協力した。ピウス三世の急死を受けて、チェーザレを利用してローマ法王となったのち、チェーザレを捕縛するなど、政略に長けた一面を見せた。軍事面でも戦争を組織し、法王領の拡大を図った。フランスと戦うための神聖同盟を締結した。宗教改革が迫るなか、ローマで第五回ラテラン公会議を招集したが、結局、実効ある対策を決定することはできなかった。

(29) Bembo, *Opera in unum corpus collecta*, Argentorati, 1652, it. I, p. 244 (*Historiae Venetae*, I. VI); Guichardini, *Historia d'Italia*, t. I, pp. 626-7：法王は彼のぶどう園にいた。一使用人が、ある裕福な枢機卿を毒殺するために用意しておいたワインをうっかり彼に注いでしまった。Jiovio, *Histoires ... de temps*, p. 203; Tomasi, *Vie de César Borgia*, Leyde, 1712, FL, pp. 455-7.（原注）

(30) ジョヴィオ、パオロ（一四八三―一五五二）。イタリア北部のコモ出身。パヴィア大学で、哲学と医学を学び、その後パドヴァ大学に移って。ピエトロ・ポンポナッツィ（一四六二―一五二五）らにアリストテレス主義を学んだ。コモで、ペストが襲うなか医師として活動した。記録によれば、一五一二年には、ローマで文学者・歴史家として著作活動をしていたという。枢機卿ベルディネッロ・サウリ（一四九四―一五一八）のサロンに出入りし、一五一四年には、ローマ法王レオ一〇世の委託でローマ研究所の教授となる。イタリア現代史に一五一四年から取り組むとともに、レオ一〇世の伝記を書いて、莫大な収入を得た。コモで司教座聖堂参事会員になり、ベルディネッロ・サウリの失寵後、フィレンツェのメディチ家との結びつきを強め、法王代理使節としてフィレンツェ滞在時代に、マキアヴェッリの考え方に共鳴し、彼の戯曲を上演したりした。新世界にも興味を持ち、航海者ピガフェッタ（一四八〇から九一頃―一五三四頃）とも交流があり、一五三〇年代末にコモの別荘に新世界の文物を収集した博物館を建築した。その後、歴代法王に仕え、宗教改革の歴史を体験し、イタリア現代史の傑作『一四九四年から一五四七年までの現代の歴史』を著した。晩年に、ローマ法王パウルス三世（一四六八―一五四九）からコモ司教の座を授けられた。法王の死後、メディチ家を頼ってフィレンツェに移住し、そこで亡くなった。

らなかったはずである。さらに、ボルジア家の宿敵でありながら、ヴァランティノワ公爵を長らく支配下に置いてきたユリウス二世[28]は、公衆の声がチェーザレのせいだと言っていることを、一切、彼の責任とはしなかった。

しかし、他方で、どうしてベンボ枢機卿[29]も、グイッチャルディーニも、パオロ・ジョヴィオ[30]も、トマージ[31]も、多くの同時代人たちがこの奇妙な糾弾という点で一致しているのか？　詳細な状況の数々はどこから出てくるのか？　使われている毒の種類が「カンタレッラ[32]」と呼ばれるものであると名指しされているのはなぜなのか？　これらの点については、次のように答えられるかもしれない。人を非難するときにでっち上げをするのは難しくない。これほどおぞましい告発を、いくつかのもっともらしい事実で脚色しなければならなかったのだから、これらの著述家たちは、アレクサンデルに、なおひとつの大罪を加えることをためらわなかった。多くのその他の悪行が証明されたあかつきには、この最後の悪行もやりかねないと疑われても仕方がなかったのだ、と。

アレクサンデル六世はヨーロッパに、ネロやカリギュラの記憶以上におぞましい記憶を残した。なぜなら、この司祭の神聖性が彼をいっそう罪深きものとするからである。だが、ローマが当時の世俗の栄光を持ちえたのは、ひとえに彼のおかげであり、ときには、その後継者たちに、イタリアの均衡を保てるようにしたのも彼だった。彼の息子は、彼の犯した罪がもたらした果実をことごとく失い、教会がそれを受け取った。チェーザレが手に入れたほぼすべての都市は、父親の死後、すぐに他人の手に渡った。法王ユリウス二世はその直後、チェーザレに残されていたものを自分に返還させた。彼はその不吉な偉大さのなにひとつとして保つことはなかった。すべては聖座〔ローマ法王〕を手に入れるためであり、その聖座には、宗教という武器を備えた数多くの法王の手練手管よりも彼の悪辣さの方が役に立った。しかし、奇妙なことに、当時はこの宗教が攻撃されていなかった。君主・大臣・軍人の大部分が宗教を一切信じていなかったから、法王の犯罪は彼らを不安にさせることもなかった。たがの外れた野心は、冒瀆者たちによるこうしたおぞましい結果を反省することもなかった。なにも学ばれず、なにも読まれなかった。呆然とした民衆は巡礼に出た。大貴族たちは人を殺し、略奪していた。彼らはアレクサンデル六世のなかに自分たちの似姿しか見出さなかったし、あらゆる犯罪の座には聖座という名前が与えられるのが常だった。

マキアヴェッリは、ボルジアの採った方策は非常に巧みだったので、彼は、その父親の死後も、ローマと聖職界の主人であり続けるはずだったと主張している。だが、チェーザレは、アレクサンデル六世が墓の扉へと降りていったとき、自身も墓の扉にいるということを予見できなかった。仲間も敵も同盟者も親戚も、まもなく彼を見捨てた。彼が世界を裏切ったように、彼も世界に裏切られた。彼が信を置いていたゴンサ

---

(31) トマージ、トマーゾ。イタリアの一七世紀の著作家。ローマで文学を教えた。歴史著作に『チェーザレ・ボルジアの生涯』Vita di Cesare Borgia, 1671があり、この著作は、著者名なしに仏訳された。

(32) イタリア語（cantarella）では「歌を歌わせる（cantarellare）」ことからくるとも言われるが、カンタレッロ（cantarello）と綴れば、アンズタケという食用キノコの名前となる。ボルジア家がしばしば毒殺に使った毒薬。

ロ・デ・コルドバ大総帥はスペインで彼を拘束した。ルイ一二世はヴァランティノワ公爵領と彼の年金を奪った。とどのつまり、彼は牢獄から抜け出し、ナバーラ王国に逃げ込んだ。勇気——それは徳ではないが、極悪人にも偉大な人物にも共通の恵まれた特質ではある——は、その隠れ家にあっても彼を見捨てなかった。彼は自分の性格のなにひとつとして捨てなかった。彼は策略をめぐらし、戦場では彼の義理の兄にあたるナバーラ王の軍隊を指揮した。そもそもこの戦争はナバーラ王国を、封臣たちから奪うために彼が唆《そそのか》したものだった。ちょうどそれは、彼がかつてその帝国と聖座を封臣たちから奪ったのと同じだった。彼は武器を手にしたまま殺された。彼の死にざまは立派であり、われわれはこの歴史の流れのなかに、正統君主たちと徳高き人物たちが死刑執行人の手にかかって滅ぶ姿を目にしているのだ。

フリードリヒによるヴォルテール讃

一七七八年一一月二六日にド・ヴォルテールの死去に際して開かれたプロイセン王立諸科学・美文学アカデミー公開会議で読みあげられたフリードリヒ二世の賞讃演説。

列席のみなさん

どのような世紀においても、とりわけて、もっとも創意に富み、もっとも洗練された諸国民にあっては、気高く稀有な才能の持ち主ともなれば、存命中はもとより、逝去後には、なおさらのこと、褒め讃えられたものです。こうした人びとは、祖国に閃光を放つ驚くべき人物とみなされました。人びとに社会のうちで生きることを教えた最初の立法者たち、同胞を守った最初の英雄たち、自然の深淵へと入り込み、いくつかの真理を発見した哲学者たち、同時代人のすばらしき行ないを将来世代へと伝える詩人たち――これらの人びとは、みな、並みいる人類をはるかに超えた存在と見られました。彼らは、神の特別な霊感に恵まれていると信じられました。たとえば、ソクラテス(1)は、祭壇を築かれて、崇められましたし、ヘラクレス(2)は、神として通り、ギリシアはオルペウス(3)を讃え、ホメロスの出生の地という栄誉を手に入れようと、七つの都市が相争いました。もっとも完全な教育を受けていたアテナイの民衆は、イリアス［ホメロスの叙事詩］をそらんじていましたし、この詩歌では、古代の英雄たちの栄光が情感たっぷりに賞讃されていました。また、劇場の栄冠を勝ち取ったソポクレス(4)が、その才能のゆえに、たいへん高く評価されたことがわかっていますし、アテナイ共和国は、彼にもっとも尊敬に値する役職を与えたこともわかっています。だれもが知っているように、アイスキュロス(5)、ペリクレス、デモステネスは高く評価されましたし、ペリクレスはディアゴラス(6)の生命《いのち》を二度、救いました。最初はソピスト［詭弁家］の憤激から彼を保護し、二度目は施しによって彼を援助して救ったのです。ギリシアでは才能のある者は、だれでも間違いなく、讃美者や、さらには熱狂的支持者さえ見つけることができました。この力強い励ましこそが、天才たちを成長させ、彼らを育て、凡庸さの限界を乗り越えさせる飛躍を、これらの精神にもたらしたのです。マケドニアのフィリッポス(7)がアレクサンドロスを育てるのに適したただひとりの家庭教師として、アリストテレス(8)を選んだということを知って、哲学者たちは、大いに競争心がかき立てられたのではないでしょうか。このすばらしい世紀においては、あらゆる功績には、褒賞がともない、あらゆる才能には、名誉がともなっていました。見事な著述家は、秀でたものとされました。トゥキュディデス(9)やクセノポン(10)の作品は、万人の手もとに置かれていました。結局、それぞれの市民は、これらの天才たちの名声にあずかっていたように思えます。この天才たちは、ギリシアの名を、ほかのすべての国の人びとの名声を超える高みに引き上げました。

そのすぐあとには、ローマが同様の光景をわれわれに与えてくれます。そこに見出されるのは、哲学的精神と雄弁によって名誉の高みにまで登りつめたキケロ、名声を享受するに足るほど長く生きることのなかっ

(1) ソクラテス(前四六九―三九九)。古代ギリシアの哲学者。青年を堕落させたかどで裁判にかけられ、処刑された。プラトンの師。

(2) ギリシア神話の英雄。ゼウスとアルクメネの子。正妻のヘラに憎まれ、一二の難業を達成するよう義務づけられる。達成後、火のなかに飛び込み死ぬが、魂は天上へ行き、神として迎えられる。

(3) ギリシア神話で竪琴の名手。妻をなくしたので、冥界に行き、妻を救い出すが、後ろを振り向いたために、妻は再び冥界へ戻る。地上で迫害にあい、天上にあげられ、こと座となる。

(4) ソポクレス(前四九六―四〇六)。古代ギリシアの悲劇詩人。『アンティゴネー』(呉茂一訳、岩波文庫)、『オイディプス』(藤沢令夫訳、岩波文庫)など。その主要な悲劇の邦訳は『ギリシア悲劇全集』第二巻(人文書院)に収められている。

(5) アイスキュロス(前五二五頃―四五六)。古代ギリシアの悲劇詩人。ペルシア帝国の侵略に対して戦われたマラトンの戦いに参加した。『縛られたプロメテウス』、『テーバイ攻めの七将』(いずれも高津春繁訳、岩波文庫および筑摩書房)など。その主要な悲劇の邦訳は『ギリシア悲劇全集』第一巻(前掲)に収められている。

(6) ディアゴラス(メロスの)。前四二〇年頃に活躍したアテナイの哲学者。原子論者のデモクリトスの弟子。

(7) フィリッポス二世(前三五九―三三六)。マケドニアの王で、アレクサンドロス大王の父。マケドニアの盟主となったのち、ギリシアを統一する。

(8) アリストテレス(前三八四―三二二)。古代ギリシアの哲学者。アテナイに学園を設立し、アレクサンドロス大王の家庭教師も務めた。『アリストテレス全集』(岩波書店)。

(9) トゥキュディデス(前四七〇/六〇―四〇〇/三九五)古代ギリシアの歴史家。ペロポネソス戦争の歴史を描いた『戦史』(久保正彰訳、岩波文庫)など。

(10) クセノポン(前四三〇/二五頃―三五五/五二頃)。古代ギリシアの軍人で、歴史家。ペルシア帝国の内乱に傭兵として加わった経験をもとに書かれた『アナバシス』(松平千秋、岩波文庫)は、ギリシア人傭兵一万数千の退却を描く。『ギリシア史』(根本英世訳、京都大学学術出版会)、『キュロスの教育』(松本仁助訳、京都大学学術出版会)など。

たルクレティウス、かの王たる人民の投票によって褒め讃えられたウェルギリウスとホラティウスです。彼らは、アウグストゥス［初代ローマ皇帝］と親しく交わることが認められていて、この抜け目ない暴君がばらまく恩賞にあずかっていました。暴君は、彼の徳を言祝《ことほ》ぐ連中には恩賞をばらまき、みずからの悪徳について人の目を欺いていたのです。

わが西洋世界の文芸復興の時期に、メディチ家や何人かのローマ法王が文人を歓迎したときの熱心さは、喜びをもって思い出されます。よく知られていることですが、ペトラルカは詩人として桂冠の栄光を与えられました。また、かつて世界の征服者が勝利を収めたあの同じカピトリウムの丘［ローマの丘］で、桂冠の栄光を与えられるという名誉を、タッソー(11)から奪ったのは死でした。あらゆる類の栄光を渇望したルイ一四世も、自然が彼の王国のもとに作りだしたあの並はずれた人物たちを褒賞するという名誉な仕事を怠りはしませんでした。彼は、ボシュエやフェヌロン、ラシーヌ、ボワロー＝デプレオーを恩恵で満たしただけではありません。彼は、その名声が今日まで少しでも伝わってきていれば、文人たちのいるどんな国でも、すべての文人たちにその気前の良さを拡げたものです。

あらゆる世代の人間が、人類を高貴にしてくれるように思われるあのすばらしい天才たち――その作品がわれわれの慰めとなり、人生の悲惨を癒してくれる――を尊敬してきたケースとは以上のとおりです。それゆえ、ヨーロッパがその死を嘆き悲しむような偉大な人物の死後の魂に、彼が当然受けるべき讃辞と賞讃という褒賞をわれわれが捧げるのはごく当然のことでありましょう。

列席のみなさん

私たちは、ド・ヴォルテール氏の私生活の詳細に入り込もうと提案しているわけではありません。国王の歴史であれば、それは、人民に広く与えられてきた恩恵を列挙することから成り立っていなければなりません。戦士であれば、戦場での立派な行ないから、文人であれば、諸作品の分析から成り立っていなければなりません。というのも、文人とその作品の場合には、もろもろの逸話には好奇心を楽しませる力があり、作品中の行動は教訓を与えてくれるからです。けれども、ド・ヴォルテール氏は、多産な作家でしたから、おびただしくある作品を詳細に精査することは不可能です。そこで、列席のみなさんには、私が描く簡単なスケッチで満足してもらいたいと思います。さらに、私はド・ヴォルテール氏の人生の主要な出来事については、軽く触れるだけにとどめます。彼の家族にしか関係しないような資料を探査して、くどくどと述べたてていては、ド・ヴォルテール氏の名誉を貶《おとし》めることになるかもしれないからです。すべてが父祖のおかげで、自分自身に由来するものはなにもないような連中とは違って、彼の場合は、すべてが彼自身の天賦の才のおかげです。ひとり、彼だけが、みずからの運命と名声の手段でした。

ですから、ド・ヴォルテールの家系は、法服の家柄で、両親がド・ヴォルテール氏に立派な教育を受けさせたということを知っておくことで満足しなければなりません。彼は、[イエズス会の] ルイ・ル・グラン

(11) タッソー、トルクァート（一五四四―九五）。イタリアの叙事詩人で劇作家。第一回十字軍を描いた『エルサレムの解放』（一五七五完成）など。彼は桂冠を授けられたことを死の床で聞いて、カピトリウムの丘には行けなかった。

学院で、ポレー神父[12]とトゥルヌミーヌ神父[13]の下で学びました。この二人は、ド・ヴォルテール氏の作品を満たすあの輝く炎の瞬きを最初に発見したわけです。

若かったにもかかわらず、ド・ヴォルテール氏は、普通の子供とはみなされませんでした。彼の才気はすでに知られていました。ド・リュペルモンド夫人の屋敷に彼が招待されたのは、この才気のゆえでした。夫人はこの若い詩人の精神の活発さと才能に魅了されて、彼をパリの上流社会に紹介しました。広い世間は、彼の審美眼があの細やかな機転やあの礼儀作法、それにあの都会的洗練を身につけるための学校となりました。なにが洗練された社交界に喜ばれるかを間違ってとらえているために、学識豊かであっても、孤独な学者たちがこの学校にたどり着くことはありません。彼らは、その見方が洗練された社会からあまりにもかけ離れているために、社会をよく知ることができないからです。彼の諸作品は、流行を申し分なく取り入れていますが、そのようになったのは、主として、気さくに仲間たちに話しかけるような調子やド・ヴォルテール氏の諸作品に広がっているあのつやに由来しています。

当時フランスの摂政だった、オルレアン公に対する無礼な風刺詩がパリで出回ったとき、すでに、彼の悲劇『オイディプス』[14]と、社交界で気に入られたいくつかの詩句が公に出版されていました。ラ・グランジュ[15]とかという男は、この恐るべき陰謀の張本人でしたが、疑われることを避けるために、その作品をド・ヴォルテール氏の名で通すという方法を見出しました。政府は慌てて動きました。若き詩人はまったく無実であったにもかかわらず、捕らえられ、バスティーユ牢獄に連れて行かれました。そこに彼は数ヶ月間とどめおかれました。しかし、真実の特性とは、いずれ、おのずから明らかになることにあります。張本人は罰せられ、ド・ヴォルテール氏は無罪放免となりました。バスティーユ牢獄においてさえも、わが若き詩人が、『アンリアード』[16]のはじめの詩節二つをこしらえたなどということが、みなさんには信じられるでしょうか。とはいえ、それは本当のことなのです。かの牢獄は、彼にとってパルナッソスの山[17]となり、そこでムーサイたち[18]が彼に霊感を与えたというわけです。確かなことは、二つ目の詩歌は、当初、彼が詳細に下書きを作ったままの姿で眠っていたということです。紙もインクもなかったため、彼はその詩句をそらんじて、そ

(12) ポレー、シャルル(一六七五—一七四一)。イエズス会士の文学者。トレヴー辞典の編集者。

(13) トゥルヌミーヌ、ルネ＝ジョセフ・ド(一六六一—一七三九)。イエズス会士の文学者。トレヴー辞典の編集者。

(14) 執筆がそれよりずっと以前から初められていたこの戯曲は、一七一八年一一月一八日にパリで上演された。作者はそれをバスティーユで訂正していた。彼は一七一七年五月一七日から一七一八年四月一一日までバスティーユにいた。『オイディプス』初版は一七一九年である。(原注)

(15) 実際には、『ピリッピカ』の作者はラ・グランジュ＝シャンセルで、この叙情詩(オード)のために彼は、数年間投獄された。しかし、この叙情詩は、ヴォルテールのものでは決してなかった。バスティーユに放り込まれる原因となった戯曲には、『私はピリッピカを見た』という題名がつけられていた。ブショ氏が公刊したヴォルテール著作集のなかにそれはある(パリ、一八三四年、第一巻、三二五ページ)。この詩篇の本当の作者は、ブショ氏によれば、アントワーヌ＝ルイ・ル・ブランという人物で、この人は罰を受けてなかった。(原注)

(16) 『アンリアード』は、一七二三年に『大同盟』というタイトルで公刊された。作者がイギリスに亡命したのは、一七二六年になってからである。(原注)

(17) 詩神ムーサイの住処とされる。

(18) 詩を含む芸術の女神たちで、ゼウスとムネモシュネとのあいだにできた六人の娘。

れを記憶にとどめておきました。

釈放後ほどなくして、彼は、祖国で耐え忍んだひどい仕打ちと恥辱に怒り、イギリスへと隠遁しました。かの地で、彼は公衆からこのうえなく好意的な応対を受けただけでなく、たちまち多くの熱狂者を作りました。彼はロンドンで『アンリアード』の仕上げをし、そのときは『カトリック大同盟の詩』と題して出版しました。わが若き詩人は、どんなものでも利用する術を心得ていましたので、イギリスにいたあいだ、主として哲学の研究にいそしみました。かの地では当時、このうえなく賢明で洞察力に優れた哲学者たちが咲き誇っていました。彼がつかみ取ったアリアドネの糸、それは、思慮深きジョン・ロック[19]が、形而上学の迷宮のなかで、みずからを導き、荒れ狂うみずからの想像力を再び鎮め、不滅のニュートンの骨の折れる計算へその想像力を従わせた際に携えていたものでした。彼は、この哲学者のさまざまな発見を実によくわが物としました。その進境の著しさは、概要の形で、この偉大な人物の体系を実に明晰に提示し、それを万人の手の届くものとしたほどでした〔『ニュートン哲学要綱』〕。彼以前では、ド・フォントネル氏[20]が、味気ない天文学に花を散りばめ、貴婦人方の余暇を楽しいものにした唯一の哲学者でした。イギリス人たちは、ひとりのフランス人を見出し、得意になっていましたが、当のフランス人は、イギリス人の哲学者を賞讃するだけでは飽き足らず、それを自国語に翻訳しました。かの国ではどんな外国人でさえも、かつて一度も好意的に迎い入れられることがなかったにもかかわらず、ロンドンで一番有名な人までもがド・ヴォルテール氏と急いで知り合いになろうとしました。この勝利がどれほど自尊心を満足させるものであったとしても、この詩人の心を突き動かしていたのは、彼の祖国への愛でした。そこで、彼はフランスへ帰還しました。

パリの人びとは、博学で洞察力のある国がわが若き著者に与えた賛同に眼を啓《ひら》かされ、自分たちのなかからひとりの偉大な人物が生まれたことに気づき始めました。その頃、『哲学書簡』〔『英国書簡』〕が出版されました。そのなかで著者は、かの国の習俗、技芸、宗教、統治を、強く素早い筆致で描き出しました。悲劇『ブルトゥス』が、この自由の民のお気に召すよう作られ、その後すぐに成功を収め、また、悲劇『マリアンヌ』[21]をはじめ、他の多くの作品も、また、成功を収めました。

フランスには当時、技芸や科学に対するその造詣の深さで名高い貴婦人がいました。列席のみなさんもご推察の通り、話題にしているのは、かの有名なシャトレ公爵夫人[22]のことです。彼女はわが若き著者の哲学的

(19) ロック、ジョン(一六三二—一七〇四)。イギリスの経験論哲学者で、デカルトの批判者。民主主義の政治理論家。フランスの啓蒙思想にも大きな影響を与えた。『人間知性論』(大槻春彦訳、岩波文庫)、『統治二論』(加藤節訳、岩波文庫)、『寛容についての書簡』(平野耿訳、朝日出版社)など。

(20) フォントネル、ベルナール・ル・ボヴィエ・ド(一六五七—一七五七)。フランスの哲学者で、啓蒙主義の先駆。アカデミー・フランセーズ会員(一六九一)、ついで科学アカデミー終身書記(一六九七)。『世界の多数性論』(一六八六)、『神託の歴史』(一六八七)など。

(21) 『ブルトゥス』は、古代ローマ最後の王、暴君タルクィニウスを暗殺したブルトゥスを主人公にした戯曲で、一七三一年に初演。『マリアンヌ』は、ヘロデ王によって毒殺される女王マリアンヌを描いた悲劇(一七二一)。

(22) シャトレ公爵夫人、エミール・ル・トヌール・ド・ブルトゥイユ、デュ(一七〇六—四九)。フランスの博識な女性で、ニュートンを理解する科学者でもあった。ヴォルテールの恋人で、シレーの居城に彼をかくまった。

な著作の数々を読んでしまっていました。たちまち、彼女は彼と相識になりました。学びへの意欲、そして人間精神の届くところにある、ほんの少しの真理を探求したいという熱情が、二人の友情の絆をきつく締め、それを解きがたいものにしました。シャトレ夫人は、ライプニッツの『弁神論』とこの哲学者の手の込んだ絵空事をすぐさま捨ててしまい、貪欲な好奇心を満足させることよりも、厳格な理性を納得させるにふさわしい、ロックの慎重で熟慮に満ちた方法を採用しました。彼女は抽象的な計算では、ニュートンについていけるほど、幾何学を学びました。その熱心さは、彼女が自分の息子のために、ニュートン体系の要約を作るほど粘り強いものでさえありました。たちまち、シレーは、この二人の友人にとって、哲学の籠り部屋となりました。そこで二人は、それぞれの側で独自に、さまざまなジャンルの作品を書き、互いに語り合って、指摘しあいながら、作品を完成の域へと引き上げようと努めました。おそらく、それは完成の域に達しえたことでしょう。そうして出来上がったのが、〔韻文悲劇の〕『ザイール』（一七三二）、『アルジール』（一七三六）、『メロペー』（一七四三）、『セミラミス』（一七四八）、『カティリナ』（『救われしローマ』、一七五二）、『エレクトラまたはオレステス』（一七五〇）でした。

ド・ヴォルテール氏は、どんなものも自分の活動領域に入れてしまいましたが、自分の悲劇作品で劇場を満員にさせることに喜びを見出しただけではありませんでした。まさにシャトレ夫人のために、彼は『世界史についての試論』[23]を執筆しました。『ルイ一四世の世紀』（一七五二）と『カール一二世伝』（一七四六）はもうすでに出版されていました。

天分に溢れ、正確であるのと同じくらいに変化を持った著作家ともなれば、アカデミー・フランセーズが見逃すはずもありません。アカデミー・フランセーズは、自分たちに属する財産として、彼を要求しました。彼はこの名高い団体の一員となりました。彼は、そのもっとも美しい装飾のひとつでした。同じく、ルイ一五世[24]も彼を特別扱いし、彼に王付き貴族の位とフランス歴史修史官の栄誉を与えました。歴史修史官の仕事は、ルイ一四世の歴史を書くことで、彼は、すでに果たしていたと言えましょう。

ド・ヴォルテール氏は、あれほど鳴り響いていた賞讃のしるしに痛み入っていましたが、友情に対してもそれ以上に敏感でした。シャトレ夫人との分かちがたく結びついた大宮廷のきらめきは、彼に壮麗なるヴェルサイユよりも、リュネヴィル滞在を、しかしそれ以上にシレーの田舎の隠れ家を選ばせるという点で、彼の目を狂わせることはありませんでした。この二人の恋人は、人間が分かち持つことのできる幸せを穏やかに楽しんでいました。シャトレ侯爵夫人の死は、この美しいつながりを終わらせました。それは、ド・ヴォルテール氏の感性を打ちのめす一撃でした。それにあらがうためには、彼は、まさに自分の哲学全体を必要としたのです。

ちょうど彼がその苦しみを和らげるために、すべての力を使っていたときに、彼はプロイセンの宮廷に招かれました。一七四〇年に彼と対面した国王は、この類いまれであると同時に傑出した才能の持ち主を、召

(23) 正確には、『諸国民の習俗と精神、シャルルマーニュからルイ一三世までの主要な歴史的事実に関する試論』である。

(24) ルイ一五世（一七一〇―七四）。フランス王（在位、一七一五―七四）。相次ぐ戦争で植民地を失い、財政危機を招来した。

し抱えたいと望みました。一七五〇年、彼はベルリンにやってきましたが、知人たちの目から隠れることはまったくありませんでした。彼の会話は、ためになると同時に心地よく、彼の創造力は、まばゆくも多彩であり、彼の機知は敏活であるとともに時宜にかなったものでした。彼は素材の乏しさを、空想の天分によって補っていました。ひと言でいえば、彼は社交界全体を、喜びの源泉にしていました。彼とド・モーペルチュイ氏[25]のあいだでもち上がった不幸な論争は、憎しみあうためでなく、愛しあうために行なったものでしたが、しかし、二人の学者を仲違いさせたことは事実です。一七五六年に勃発した［七年］戦争は、ド・ヴォルテール氏がスイスに定住したいと思う動機となりました。彼は、ジュネーヴからローザンヌに行きました。そして、「無上の喜び[26]」を手に入れ、最終的には、フェルネーに身を落ち着けることになりました。彼の余暇は、研究と著作に振り分けられました。彼は本を読み、文章を書きました。彼の天賦の才である多産さのために、州内にある本屋全部が彼の本で占領されてしまったそうです。

ド・ヴォルテール氏の存在、湧きたつ才能、楽々とした仕事ぶりは、才人であるためには、そうであることを望むしかなかったのだ、ということを彼の周りの人たちに納得させました。これは、他面では、まったく繊細だとはみなされていないスイス人たちを襲った伝染病のようなものでした。スイス人は、対句法を使うか、あるいは警句を使うか、どちらか以外の方法では、もっとも一般的な物事をもはや表現しないようになっていました。ジュネーヴの町は、もっとも激しくこの伝染病に襲われました。自分たちのことを少なくともリュクルゴス[27]並みだと思う中産階級は、みんな自分たちの祖国のために、新たな法律を制定する気になっていました。しかし、だれも置き換えられた法律に従おうとはしませんでした。的外れな自由への熱意によって引き起こされるこのような運動は、馬鹿げたものでしかないある種の暴動や戦争を引き起こしました。かつてホメロスがネズミとカエルの戦争について歌った口調で、ド・ヴォルテール氏は、この戦争と称されるものを歌いながら、出来事を不朽のものにせずにはおかなかったのです。彼の多作なペンは劇作品を生み出したり、哲学と歴史の混成物を生み出したり、寓意小説や道徳小説を生み出したりしていました。しかし、彼は自分の新たな作品で、文学を向上させると同時に、農村経済にも打ち込んでいました。才人というものがどんなに、あらゆる種類の姿を取るのに向いているかがわかります。わが哲学者がそれを習得したとき、フェルネーは、だいたいは荒廃させられた土地でした。彼はもう一度そこを耕しました。彼は、再びそこに人が住むようにしただけではなく、もう一度、そこで、多くの手工業者や職人に仕事を与えました。

さて、われわれの苦悩の原因を思い出そうとするのを急がないでおきましょう。ド・ヴォルテール氏をまだフェルネーに静かにとどめておきましょう。そして、そのあいだに、より注意深く、より熟慮したまなざ

(25) モーペルチュイ、ピエール・ルイ・モロー・ド（一六九八—一七五九）。フランス生まれの数学者で博物学者。フランスにニュートン理論を紹介し、科学アカデミーにその理論の正しさを証明するラップランドでの観測計画を持ちかけ、計画を指導した。数学では最小作用の原理を提唱した。生物学においても近代的進化論の基礎を打ち立て、その令名により、一七四一年にフリードリヒによってプロイセン王立アカデミーに招かれ、一七五六年までそこに滞在した。フランス・アカデミー会員でもあった。ヴォルテールとプロイセンのアカデミー選挙をめぐって揉めたが、フリードリヒの支持で、事なきを得た。

(26) 無上の喜び（Délices）。ヴォルテールが一七五五年から五年間住んだ居館の名前。

(27) 古代ギリシア、スパルタの伝説的な立法者。

しを、おびただしくある色とりどりの作品へ投げかけましょう。歴史が伝えるところによると、死の間際にあったウェルギリウスは『アエネーイス』にあまり満足しておらず、自分が望んでいたほども完成させることができず、それを焼却したいと考えていました。ド・ヴォルテール氏が享受した長い人生は、彼に今日『アンリアード』という名前で伝えられているカトリック大同盟の詩に磨きをかけ、修正し、そしてそれを完璧なものにすることを可能にさせました。わが作家への妬みが嵩じて、彼の詩は、『アエネーイス』の模倣にすぎなかったと言って、非難されることになりました。また、この点は認めなければなりませんが、主題がよく似た複数の詩篇があるということは事実です。とはいえ、それは独創性のない複製というものではありません。ウェルギリウスがトロイアの破滅を描いたのだとすれば、ド・ヴォルテール氏はサン・バルテルミの恐怖を見せつけています。ディドとアイネイアスの恋愛に、アンリ四世と美しきガブリエル・デストレ(28)の恋愛はたとえられました。アイネイアスの地獄下りは、アンリ四世の夢と対比されます。『アエネーイス』では、アイネイアスが地獄に降り立ったときに、地獄にいたアンキセス(29)はアイネイアスに、彼が自分から生まれた末裔に違いない、と明かします。『アンリアード』では、アンリ四世の夢に聖王ルイ(30)が現われて、ブルボン王朝の運命を告げることで、未来を明かします。私の意見を思い切って言わせてもらえば、これら二つの詩篇を比べてみて、フランス人の詩篇の方に私は軍配をあげます。つまり、サン・バルテルミとアンリ四世の夢の方が優れていると思います。ウェルギリウスがド・ヴォルテール氏に優っているように見えるところは、ディドの恋愛話しかありません。このラテン語の作者は、心理に関心をもち、それについて語るからで、フランスの作者の方は寓喩しか用いないからです。この二つの詩を、古代人のためにも、現代人のためにも、先入観なしに、率直に検討すれば、『アエネーイス』のディテールには、いまから見ると、われわれ現代人の著作においては許されない部分が多々あることを認めざるをえないでしょう。たとえば、アイネイアスが彼の父アンキセスに捧げた葬儀での栄誉です。ハルピュイア(31)の寓話もあります。ハルピュイアがトロイア人に、お前たちは自分の皿まで食べる羽目になると予言し、その予言が実現します。九匹の子豚を抱えた母豚(32)の話では、アイネイアスが自分の仕事の最後に見つけなければならなかった定住地の場所

(28) デストレ、ガブリエル（一五七三—九九）。フランスの名家の娘で、アンリ四世の恋人。

(29) トロイアの王プリアモスの縁者。ダルダノスの王。アイネイアスの父親とされる。美貌で、美と愛の女神アプロディテ（ウェヌス）と交わる。それを自慢したためにゼウスの雷霆《てい》で殺される。『アエネーイス』では、トロイア滅亡の際にアイネイアスに助け出され、シチリア島で死ぬことになっている。

(30) 聖王ルイ（一二一四—七〇）。フランス国王ルイ九世（在位、一二二六—七〇）のこと。アルビジョワ十字軍（一二二九）を組織して、王国を南部に拡張し、第七回十字軍に参加し、捕虜となる。解放後、帰還してイギリスとの対立を収拾した。第八回十字軍にも参加して、ペストで戦病死した。キリスト者として「完璧な」人物と言われ、聖人に列せられた。

(31) ギリシア神話では、風の精ともいわれる怪鳥で、頭は女性。子供や霊魂を誘惑するという。

(32) 『アエネーイス』では、三〇匹の子豚の母で、白豚とされている。

(33) アイネイアスの息子。イタリア遠征に父と同行、アルバの町の創建者となる。

(34) イタリア半島の先住民で、入植者トロイア人を攻撃する。

(35) ルトゥリ人の王の娘で、アイネイアスの妻となったために、ルトゥリの王子トゥルヌスが戦いを仕掛ける。

「イタリア」を、母豚が指し示します。ニンフに変わった彼の船の話もあり、アスカニウス[33]によって殺された鹿が、トロイア人とルトゥリ人[34]の戦争を引き起こす話もあり、結局ラウィニア[35]と結婚するアイネイアスに対して、神々がアマタ[36]とラウィニアの心のなかに憎しみを抱かせます――おそらく、ウェルギリウス自身が不満に思っていた欠陥は、こんなにもあったので、彼は、自分の作品を焼却しようと決めたほどなのです。正しい検閲者の意見に従うなら、『アンリアード』の下に『アエネーイス』を位置づけなければならないことになります。困難の克服が作家という職業の功績になるとすれば、ド・ヴォルテール氏が困難を乗り越える方法を見つけたことは確かです。彼はこの点で、ウェルギリウスをしのいでいます。『アンリアード』の主題は、アンリ四世の改宗に帰すべきパリ制圧です。したがって、詩人には、超自然的体系を思い通りに動かす自由はありませんでした。彼は異教徒の神話学ほど気持ち良くもなく、また、生き生きとした姿にも、それほど富んでないキリスト教徒の玄義にとどまる羽目に陥ったのです。しかしながら、詩の魅力は、それが扱うすべての主題を気高くするという天賦の才に恵まれていることを認めないでは、『アンリアード』の第一〇の詩句を読もうとしても、読めるものではありません。ド・ヴォルテール氏が唯一不満であったのは、自分の詩でした。彼は、自分の英雄がそれほど大きな危険にさらされていなかったということにも気づいていましたし、ひとつの危険を脱しても、すぐにもうひとつの危険に陥るアイネイアスほど、筋立てが面白くないということにも気づいていました。

　ド・ヴォルテール氏の手になる悲劇を検討するに際して、同様の公平な精神の持ち主であれば、彼がいくつかの点では、ラシーヌより優れているけれども、他の点ではこの著名な劇作家より劣っていることを認めることでしょう。ド・ヴォルテール氏の『オイディプス』は、彼が著わした最初の作品でした。彼の想像力には、ソポクレスやエウリピデス[37]の美が刻まれていましたし、彼の記憶は、ラシーヌの連続する流麗で洗練された表現を、絶え間なく、彼に思い出させました。これら二つの長所に支えられて、彼の最初の成果は、劇場で傑作として上演されました。おそらくは、大いに眉をひそめた幾人かの検閲官たちは、ピロクテテス[38]を目の前にして、ほとんど消えかけていた情念が年老いたイオカステのなかに甦るのを感じることに難癖をつけてきました。しかし、ピロクテテスの役を削っていれば、彼の性格とオイディプス[39]の性格との対照が作り出す美を享受できなくなっていたことでしょう。フランスでは、平然と息子を死に追いやる父親が野蛮人だとみなされますが、イギリスでは、自分の血を祖国の自由に捧げる執政官が神のような人物とみなされるわけですから、ド・ヴォルテール氏の『ブルトゥス』は、パリの劇場よりむしろロンドンの劇場で上演されるにふさわしいように思われていました。そのうえ彼の『マリアンヌ』や他の多くの作品は、彼の筆の巧み

(36) ラウィニアの母で、トゥルヌスにラウィニアと結婚させると約束した。トゥルヌスの敗戦で、自死する。

(37) エウリピデス（前四八〇―四〇六）。古代ギリシアの悲劇詩人。ソクラテスの友人。ソピストから教育を受けた。悲劇作品はラシーヌに影響を与えた。『メディア』、『アルセスト』、『オレステス』、『エレクトラ』、『アンドロマケ』（『エウリピデス悲劇全集』丹下和彦訳、京都大学学術出版会、そのほか、人文書院から『ギリシア悲劇全集』第三、第四巻）など。

(38) トロイア戦争の射手で、トロイアのヘレネの花婿候補。

(39) ギリシア神話における伝説のテーバイ王。父を殺して、母を娶るという神託を信じた父によって捨てられるが、予言は成就し、オイディプスはわれとわが目を突いて、王位を棄て、放浪の旅に出る。

さと多作ぶりを示していました。

とはいえ、おそらくはあまりに辛辣に過ぎる批評家たちが、われわれの詩人を非難したことから目を背けてはなりません。彼の悲劇の構成は、自然さについても、真実らしさについても、ラシーヌのそれには及ばない、と彼らは述べたわけです。批評家は言います。「ご覧なさい、『イフィジェニー』や『フェードル』や『アタリー』が演じられるのを。それに反して、『ザイール』の上演の際には、あなたがたは、真実らしさについて誤ると考えるでしょう。みなさんは、目の前で楽々と繰り広げられる筋立てに、自分が加わっていると考えるでしょう。それに反して、『ザイール』の上演の際には、あなたがたは、真実らしさについて誤解してしまうはずですし、あなたがたを不快にするいくつかの欠点について少しばかりは大目にみなければなりません」。

「第二幕はオードブルだ」、と彼らは付け加えて言うでしょう。みなさんは、年老いたリュジニャンの戯言《ざれごと》に我慢して付き合わざるをえません。彼は自分の城のなかで発見されますが、自分がどこにいるのかわかりません。彼は、ペロンヌ[40]の都督になったナヴァール王国[41]の連隊長として昔の武勇伝を語ります。どのようにして彼が子供たちを確認したかはあまりわかりません。彼は自分の娘をキリスト教徒にするために、アブラハムが彼の息子イサクを主に捧げた、あるいは捧げようとした山の上にお前はいるのだと彼女に語っています[42]。彼は彼女に洗礼を受けるように勧めますが、それは、彼女に洗礼を施したことを洗礼者のシャティヨン自身が証言したのちのことになっています。ここがこの劇の山場です。リュジニャンはこの興ざめで、締まらない行為をしたあとで、卒中で死亡しますが、だれも彼の運命には関心を抱きません。この筋立てを作り上げるために司祭とサクラメント［秘蹟］が必要だったからですが、聖体拝領を洗礼に置き換える[43]こともできたのに、とも思われます。しかし、これらの指摘がどれほど確かでありえたとしても、第五幕では、それらの指摘は眼中から消えます。利害、憐れみ、恐怖をこの偉大な詩人は、非常に見事に引き起こす技を持っているので、それらは観客を引き込み、これほどに激しい情念によって揺り動かされた観客は、これほどに偉大な美のために、些細な欠点のことは忘れてしまいます。

こういうわけで、ラシーヌ氏の戯曲の構成には、どこかより自然であり、より真実らしいという長所があること、また、彼の詩法には、洗練された表現の連続があり、柔らかさ、気配がみなぎっていることを認めることができます。それは、彼以降のいかなる詩人にも近づきがたいほどのものでした。他方で、ド・ヴォルテール氏の作品のうちで、あまりに叙事詩的ないくつかの詩を除けば、『カティリナ』に比べて、第五幕においては、場から場、幕から幕に移るにつれて、面白さを増加させ、それを破滅の頂点にまで押しやる技を彼が持っていたことを認めなければなりません。これぞ技の極致です。

---

(40) フランス北西部ソム河の河岸都市。強固な城塞が築かれていた。

(41) イベリア半島北東部で、ピレネー山脈以西の地方に成立したスペインの王国。のちにユグノー戦争を勝ち抜いてフランス国王となるアンリ四世の登場で、フランス領となる。

(42) 旧約聖書の『創世記』第二二章で、神の命令により、息子イサクをアブラハムが生け贄として捧げようとしたエピソード。

(43) どちらも、キリスト教への入信を決定づけるサクラメント。聖体拝領の儀式の方は、手間と資金が必要となるが、洗礼だけであれば、司祭がいて、水さえあれば十分で、簡単に済む。

彼の普遍的な才覚は、全ジャンルにわたっていました。ウェルギリウスに対してみずからの力を試し、おそらくは彼を凌駕したのち、ヴォルテールは、アリオストと競い合うことを望みました。彼は『狂気のオルランド』風の『オルレアンの少女』を著わしました。この詩は、他人の模倣ではありません。寓話、驚異、挿話、その全体が独創的であり、その全体が輝かしい想像力で陽気さをありありと示しています。

彼の社交詩は、よき趣味人の全員を歓喜させました。ド・ヴォルテール氏が肩を並べたこのジャンルで、アナクレオン、ホラティウス、オウィディウス、ティブルスという、これら麗しき古代の作者たちは全員、いかなるモデルもわれわれに残しはしなかったにもかかわらず、この著者ひとりはそうした事情を一切考慮しませんでした。彼の精神は、これらの作品を難なく生みだしていました。このことによって、彼が満足することはありませんでした。正当な名声を勝ち取るためには、最大の障害を克服することで、それを得なければならないと彼は考えていたのです。[44]

彼の詩人としての才能についてのおおよそを、列席のみなさんには述べたので、続いて、彼の歴史家としての才能に話題を移すことしましょう。『カール一二世の歴史』は、彼が著わした最初の作品でした。彼は、このアレクサンドロス大王のような人物にとってのクインツス・クルティウスとなりました。この題材に彼が散りばめている花々が、その背景にある真実をゆがめることは一切ありません。彼は、もっとも生き生きとした色彩で、この北方の英雄の輝かしい価値を描き出します。つまり、いくつかの機会における彼の毅然とした態度、他のいくつかの機会での粘り強さ、そして彼の幸運と不幸を描き出します。カール一二世について力試しをしたのち、彼は、ルイ一四世の世紀の歴史に大胆にも挑戦しました。彼が用いるのは、もはやクインツス・クルティウスの現実離れした文体ではありません。彼はそれに代わって、マニリア法[45]を弁護し、ポンペイウス[46]を讃えたキケロの文体を用いました。この麗しい世紀の名だたる出来事を熱狂的に賞讃し、当時、フランス国民に、他の国民に対する優越性をもたらしていた利点を、もっとも輝かしい白日の下に置くのは、ひとりのフランス人作家なのです。その利点とは、ルイ一四世の庇護のもとにいた大勢の偉大な天才たちのことであり、洗練された宮廷によって保護された芸術と学問の支配のことであり、あらゆるジャンルでの技巧の発展のことであり、ある意味でフランス王をヨーロッパの支配者にした、フランスに秘められた力のことです。この作品だけが、フランスの全国民の愛着と評価とを――他の作家のいかなる作品によっても彼らが抱かなかった程度にまで――ド・ヴォルテール氏にもたらすに値したのです。『世界史についての試論』において彼が用いるのは、さらに別の文体です。文体は力強く、簡潔です。彼の精神的な気質は、他の著作においてよりも、この史論において、いっそう明瞭にその姿を見せています。そこでは、大人物のなかにすべてを見てとり、重要なことのみに専念して、些末な詳細をすべて無視する卓越した天才の

(44) ティブルス、アウルス・アルビウス（前五四頃―前一九頃）。古代ローマの詩人。ら・フォンテーヌに影響を及ぼしたとされている。

(45) ミトリダテス（小アジアの王）・ティグラヌス（アルメニア王）連合軍との戦争でポンペイウスに軍事指揮権を全面的に与える法案。護民官マニリウスが紀元前六八年に元老院に提出し、キケロがそれを支持した。

(46) ポンペイウス、グナエウス、マグヌス（前一〇六頃―四八）。古代ローマ共和政末期の政治家、軍人。三頭政治ののち、前四九年からカエサルとの内戦にはいる。ガリア遠征からルビコン河をわたって南下してきたカエサルに敗れ、エジプトで暗殺された。

熱情が見出されます。この作品は、歴史を学んでこなかった者たちに歴史を教えるためではなく、歴史に通じている者たちの記憶に主要な事実を思い出させるために、著わされています。彼は、歴史の第一法則、つまり、真実に専心しました。彼がそこに散りばめた省察は、オードブルではなく、真実と同じ材質から生まれたものです。

その他、数多くのド・ヴォルテール氏の論考がわれわれの手もとにあります。もっとも、それを分析するのは、ほとんど不可能です。そのうちのあるものは、批評的主題をめぐって展開されます。またあるものでは、形而上学的な題材に光があてられます。また別のものでは、天文学、歴史学、自然学、雄弁術、詩学、幾何学が扱われています。彼の独創的な気質は、その小説作品にまで及んでいます。『ザディーグ』、『ミクロメガス』、『カンディード』といった作品は、たわいなさで満ちているように見えながら、道徳的な寓意を含んでいます。言い換えると、いくつかの近代的な思想体系に対する批判を含んでいます。そこでは、有益さが快楽と不可分に結びついています。

ただひとつの人格のうちに統一されたあれほどの多才、あれほどおびただしい多様な知は驚きの混じった衝撃のなかに読者を投げ入れます。列席のみなさん、名声がわれわれに知れ渡っている古代の偉人の一生をたどってみれば、彼らはだれしも、ただひとつの才能だけに限定されていたことがわかります。アリストテレスとプラトンは哲学者でしたし、アイスキネス[47]とデモステネスは弁論家でした。ホメロスは叙事詩人で、ソポクレスは悲劇詩人、アナクレオンは抒情詩人でした。トゥキュディデスとクセノポンは歴史家でした。古代ローマ人にあっても同様です。ウェルギリウス、ホラティウス、オウィディウス、ルクレティウスは詩

いなる弁論術に、彼の時代から有名になった哲学に関する深淵な研究を結び合わせました。それが、彼の才能とさまざまな知識を一身にまとめ上げた唯一の人物です。彼は、同時代人から彼を際立たせていた大ンシウス[51]は演説のみで満足していました。キケロ、この雄弁な執政官、祖国の父にして守護者は、もろもろ人でしかなく、ティトゥス・リウィウス[48]とウァッロ[49]は歴史家でした。クラッスス、老アントニウス[50]、ホルテ

(47) アイスキネス（前三八九頃—三一四）。古代アテナイの雄弁家で、デモステネスのライバル。『弁論集』（木曽明子訳、京都大学学術出版会）。

(48) リウィウス、ティトゥス（前五九—後一七）。古代ローマの歴史家。彼の一四二巻に及ぶローマ史のうち現存する三四巻はローマの起源から共和制まで（岩谷智訳、『ローマ建国以来の歴史』、京都大学学術出版会）を扱っている。マキアヴェッリの座右の書であり、彼の『ティトゥス・リウィウスの最初の一〇巻に関する講話』（『政略論』）は、『ローマ建国以来の歴史』の最初の一〇巻を論じた著作である。

(49) ウァッロ、マルクス・テレンティウス（前一一六頃—二七）。古代ローマの歴史家。一〇歳年下のキケロとも親交を結んだ。軍人としてポンペイウス軍で活躍したのち、敗戦とともにローマに戻り、カエサルと和解したあと、引退し、古典蔵書係に任命された。カエサルの暗殺とともに、追放者名簿に載せられたが、死を免れた。アクティウムの海戦ののち、ローマへ帰り、初代皇帝アウグストゥスの庇護を受けた。当代随一の博学を謳われ、さまざまな作品を残した。

(50) マルクス・アントニウスのこと。「弁論家」の称号を持つ古代ローマの雄弁家。紀元前九〇年に執政官となり、スッラとマリウスの内戦では、マリウスを攻撃したために、彼によって殺害された。

(51) ホルテンシウス・ホルタルス、クィンッス（前一一四—五〇）。古代ローマの雄弁家。キケロとはライバルだった。

『トゥスクルム荘対談集』や、彼の賞讃すべき論考である『神々の本性について』や、われわれが持っているうちで最高に優れた道徳についての著作である『義務について』に現われました。キケロは詩人とさえ言えるでしょう。彼は、アラトス[52]の韻文をラテン語に翻訳しましたし、彼の修正によってルクレティウスの詩は完成の域に達したと考えられています。

このように、われわれが一七世紀に及ぶ空間をくまなく巡らなければならないのは、人類を形作る多数の人びとのうちに、わが名高い著述家キケロと肩を並べることができるような知識の持ち主である唯一のキケロを探し出すためでした。ド・ヴォルテール氏はただひとつのアカデミーに相当していた、というように表現しても、構わないでしょう。彼には、あらゆる議論を弁証法で武装したピエール・ベール[53]の存在を人びとが知る契機となったと思われる断章がありますし、人びとがトゥキュディデスを読む契機となったと思われる断章があります。一方では、彼は、自然の秘密を発見する自然学者ですし、他方では、類比と経験に依拠しつつ慎重な足取りでロックの足跡をたどる形而上学者です。別の著作では、ソポクレスの好敵手が見出されます。あちらではその足跡が讃えられるのが見られますし、こちらでは彼は喜劇を書いています。ですが、ド・ヴォルテール氏の精神の高尚さは、その飛躍をテレンティウス[54]あるいはモリエールと同じ水準にとどめおくのでは満足しなかったように思えます。すぐに列席のみなさんは、ペガソス［天馬］にまたがるド・ヴォルテール氏を見ることでしょう。ペガソスは、羽を広げてヘリコン山[55]の高みへと彼を運んでいきます。そのヘリコン山では、ムーサイたちがホメロスとウェルギリウスのあいだに彼を位置づけます。

これほど多くのさまざまな作品と天才の偉大な努力は、結局のところ人びとに生き生きとした感嘆を生み出し、ヨーロッパはド・ヴォルテール氏の秀でた才能に喝采を送っています。嫉妬と羨望が彼を容赦してくれると考えてはなりません。それらは、彼を苦しめるためにあらゆる辛辣な言葉を研ぎ澄ましました。人びとに生まれつき備わっているあの独立の精神のせいで、もっとも正統な権威にたいする反撥が人びとに吹き込まれ、はるかに多くの敵意をもって、彼らの弱さゆえに到達することのかなわない卓越した才能に対する反逆が生じました。ですが、羨望の叫びは、より強力な拍手喝采によってかき消されていました。文人たちはこの偉人と知り合ったことを誇りに思っていました。個人の功績を評価できる程度の哲学的素養を持つ人ならだれでも、父祖や称号や自慢の種や富がその功績のすべてである人びとよりはるかに抜きん出た位置に、ド・ヴォルテール氏を置いていました。ド・ヴォルテール氏は、「知恵が自分の財産のすべて」[L.]と言うことのできた数少ない哲学者でした。君侯も君主も国王も女帝も、彼を尊敬と賞讃の勲章によって顕彰しました。地上の大人物たちは、功績の真価をよりよく理解する者だということをほのめかそうと思ってい

(52) 紀元前三世紀頃に活躍した、キリキア地方出身の古代ギリシアの詩人。

(53) ベール、ピエール（一六四七—一七〇六）。フランスの著作家で、オランダに亡命したユグノー教徒。カルヴァン派で、のちに「無神論の武器庫」と言われた膨大な『歴史批評辞典』（野沢協訳、法政大学出版局）を独力で編纂した。

(54) テレンティウス、プブリウス（前一九〇頃—一五九）。古代ギリシアの喜劇詩人。モリエールの喜劇の種本のひとつ。作品は『ローマ喜劇集5』（木村健治他訳、京都大学学術出版会）に収録されている。

(55) ギリシア神話で、ギリシア中北部のベオチアとポキアの境界にそびえる山で、ペガソスが好んで訪れたとされる。

るわけではありません。少なくとも、このことが明らかにしているのは、われわれの著者の名声はたいへん広く確立されていたからこそ、諸国民の指導者たちも公衆の声に反対するなどといったことからはほど遠く、その声に合わせて行動しなければならないと考えていたということです。しかしながら、この世界では、悪が至るところで善と混じり合っているように、ド・ヴォルテール氏は自身が享受していた世界的賞讃に感じやすく、ヒッポクレネの沼[56]の汚濁にうずくまる虫ケラどもに刺されることにも、やはり敏感だったわけです。彼らを罰するどころか、彼は、その連中のぱっとしない名を自分の著作のなかに載せ、不滅のものとしたのでした。しかし、彼は、聖職者たちから彼が蒙ってしまったいっそう酷い暴力的な迫害に比べれば、彼らからたいしたとばっちりを食らうことはありませんでした。聖職者たちは、身分上、平和の使者にほかならないのだとすれば、愛徳と善行だけを実践すべきであったというのにこの始末です。狂信によって頭が鈍ってしまうのと同様に、誤った熱意によって盲目となってしまった聖職者たちは、彼に襲いかかり、中傷することによって、彼を打ちのめそうとしました。彼らの無知が彼らの企図を頓挫させてしまいました。知性を欠いていたため、彼らは、このうえなく明晰な観念でさえ混同してしまいました。その結果、わが著者が寛容をほのめかしている文章は、彼らによって無神論の教義を含むものとして解釈されたのです。当のヴォルテールは、天才の力量すべてを使って、単一の神の存在を力強く証明しようとしたわけですが、たいへん驚いたことに、彼が神の存在を否定したと非難する声を聞いたというわけです。

この敬神的な魂の持ち主たちが彼に対し軽率にも引き起こしてしまった苦々しい経験は、弁証法についてほんの上っ面の知識しか持ち合わせていない人びとにおいてではなく、敬神の人びとのなかに賛同者を見出しました。彼が犯した本当の罪は、教会の名誉を汚した多くの高位聖職者たちの悪徳の数々を、その歴史のなかで、臆して粉飾してしまわなかったことから成り立っていました。彼の罪は、彼がフラ・パオロ[57]やフルーリ[58]、その他多くの著作家と同じことを言ったことに起因していました。彼はこう言いました。情熱は、聖霊が吹き込む霊感以上に、司祭たちの行ないに対してしばしば影響を与えるものだ、と。また、彼の罪は、誤った熱意が犯してしまった恐るべき虐殺に対して、数々の著作で彼が恐れをかき立てたこと、さらには、どの宗派の神学者たちでも、変わりなく重視している、訳のわからない、取るに足らない論争を、彼が軽蔑の念を持って論じていたことに由来しました。この一覧表を完成させるために、ここでさらに次のことを付け加えておきましょう。すなわち、ド・ヴォルテール氏の全著作は、出版されると、ただちに噂になったということ、そして同時に、司教たちは、彼らの書物を売る書店で、自分たちの教書が寄生虫に蝕《むしば》まれたり、腐ったりするのを目の当たりにして、非常にいまいましく思っていたということです。以上が愚かな聖職者たちが理屈としてこねたものです。彼らの粗悪な三段論法が個々人の安寧に影響を与えないのであれば、彼らの愚かさは許されたかもしれません。思いのままに理性を扱えると豪語しながら、実は、明らかに

(56) ギリシア神話で、ヘリコン山の麓から湧き出る泉。馬が飲むための泉だったので、その名がある。泉水は、ペガソスがとくに好んだ。
(57) 本名ピエロ・サルピ（一五五二―一六二三）。イタリアの歴史家で政論家。
(58) フルーリ、クロード（一六四〇―一七二三）。フランスの聖職者で、歴史家。『イスラエル人の習俗』など。

良識と離縁している、あの卑しくも軽蔑すべき連中を、たとえ、それがいんちきな弁証法であっても、特徴づけるのに十分だということ——これが、真理のせいで、語らざるをえないことのすべてです。

ここではド・ヴォルテール氏を正当化することが重要なので、私たちは彼が浴びせられたどんな非難をも包み隠してはならないでしょう。さて、偽善者たちは、エピクロスやホッブズ[59]やウーラストン[60]やボーリングブルック卿[61]や、その他さまざまな哲学者たちの見解を表明したとして、彼を責め立てました。しかし、彼は、他の意見をもそこに付け加えることができたでしょうに、と言っていますから、そう言うことによって、彼は、これらの哲学者たちの意見を強化するどころか、一連の訴訟の記録者に彼自身がとどまることに満足し、それを判定するのは読者自身だと、判定を彼の読者に委ねていることは明らかではないでしょうか? そのうえ、宗教が真理を基礎としているのであれば、嘘が真理にさからって発明することができるものすべてを恐れるべきではないでしょうか? ド・ヴォルテール氏は、そのことをとても確信していたので、単に幾人かの哲学者による懐疑が神感にまさるなどとは思ってもいませんでした。けれども、さらに進んで、彼の著作に散りばめられている道徳と迫害者たちのそれとを比較してみましょう。人間は兄弟のように互いに愛し合うべきである、と彼は言い、こう続けます。人間の義務とは、悪の総量が善のそれに勝っているということからくる人生の重荷を支えるべく、互いに助け合うことである。人びとの意見はその顔立ちと同じくらいさまざまである。互いに同じことを考えていないからといって迫害しあうのではなく、誤っている人びとの判断を正すだけにとどめること、しかも、議論の代わりに剣や火刑を持ち出すことをせずに、推論によって判断を正さなければならない。要するに、人間は、隣人が彼らに対し振る舞ってほしいように、隣人に対して振る舞うべきである、と――こう語っているのは、ド・ヴォルテール氏なのでしょうか、それとも、使徒であった聖ヨハネなのでしょうか、はたまた福音書の言葉なのでしょうか。それとは逆に、偽善者あるいは誤った熱意が実践する道徳を対置させてみましょう。それは次のように示されることでしょう。われわれが望んでいるとおりのことを考えない連中を抹殺しよう。われわれの野心と悪徳の数々を暴露する連中を打ちのめそう。神よ、われわれの不正の盾であらんことを。われわれの権威が増しさえすればよいのであって、人間どもが引き裂きあおうが、血が流れようが、それがなんだと言うのだ。無慈悲で冷酷な神にしよう。煉獄(62)と天国からの税収［贖宥状］がわれわれの収入を増やすために、と――以上が、しばしば

(59)　ホッブズ、トーマス（一五八八―一六七九）。イギリスの哲学者で、政治理論家。機械論的唯物論を人間論に適用し、自然状態を弱肉強食状態とし、それの克服として、強力な主権を備えたリヴァイアサン国家を構想した。無神論者として非難された。

(60)　ウーラストン、トーマス（一六六九―一七三三）。イギリスの神学者。モーセの実在を否定し、キリストの奇蹟も否定したので、無神論者として非難された。

(61)　ボーリングブルック初代子爵、ハリー・セント＝ジョン（一六七八―一七五一）。イギリスのトーリー党の政治家で文筆家。アン女王没後、フランスに亡命し、無神論を疑われる著作をものした。

(62)　中世ヨーロッパでは、商人の活躍が目立つようになり、その社会的地位も向上してきたが、キリスト教の教義では、商人の儲けは詐術と同じものと見なされ、天国への鍵は渡されなかった。そこで、一二世紀から一三世紀にかけて、商人や洗礼を受けるまもなく死んだ嬰児などの魂を救済するために、天国と地獄のあいだに煉獄が設けられた。商人たちの魂は、一旦ここで焼かれ、浄化されることになっていた。

人間の情熱の口実としてどんなに宗教が役立っているか、彼らの背徳によって、善行のもっとも純粋な源泉が悪の源泉になっているか、ということです。

ド・ヴォルテール氏の大義はわれわれがいま述べたように、善良なものであり、摩訶不思議な詭弁よりも、理性の声が聞き届けられる法廷の場すべてにおいて賛成票を得たものです。司教座聖堂参事会員の憎しみから、彼が蒙った迫害がどんなものであっても、彼は、つねに宗教を汚す人びとから宗教を区別しました。彼が正当化した聖職者というのは、その美徳が教会の真の装飾であった人びとでした。彼が非難したのはその美徳を世間にとって忌まわしいものにする、歪んだ心の持ち主にほかなりませんでした。

こうして、ド・ヴォルテール氏は、自分を妬む人びとの嫌がらせと熱烈な支持者の賞讃のなかで人生を過ごすことになりました。とはいえ、一方の嘲弄が彼を謙虚にさせたり、他方の拍手喝采によって彼が自分で手にした評価を高めたりすることはありませんでした。彼は人びとを啓蒙すること、そしてみずからの著作を通じて、文芸と人間性への愛を吹き込むことだけで満足しました。道徳的教訓を垂れることで満足せず、自分の実例から善行を説き勧めました。まさに彼こそは、哀れなカラス家[63]の救済に向かった熱心な支援者であり、シルヴァン[64]の訴訟を弁論し、その裁判官たちの野蛮な手から彼らを引き離しました。奇蹟の恵みがあったなら、彼こそ、騎士ラ・バール[65]を蘇らせたでしょうに。哲学者が隠遁所の奥地から声をあげ、そして彼を代弁者とする人間性が、裁判官たちに不当な判決を改めるように強いたのは、なんとすばらしいことでしょう！　もしド・ヴォルテール氏が心中にその卓越した矢の一閃しか持たなかったなら、彼は人類のごく少数の真の恩人のなかでのみ位置づけられるに値したでしょうに。こうしたわけで、哲学と宗教は一致協力しながら美徳の道を示すわけです。ご覧いただきたいのは、だれがもっともキリスト教的な者であり、だれが家族［シルヴァン家］に祖国を離れることを残酷に強いる為政者であり、だれが彼らを引き取り、支える哲学者［ヴォルテール］であるか。だれが軽率な者［ラ・バール騎士］を殺害するために法の剣を使う裁判官であり、だれがそれを正すために若者の命を救おうとする賢人であるか。だれがカラスの加害者であり、だれが悲しみにくれた彼の家族の庇護者であるか、ということです。列席のみなさん、ここにはド・ヴォルテール氏の名声を永遠に愛《いと》おしくするものがあります。それも鋭敏な心と感動することのできる内奥を持って生まれた人びとに対してだけですが。精神や想像力の恵み、才能の高まり、そして途方もない知識がいか

(63) フランス南西部トゥールーズのユグノー商人の一家で、一七六一年に起こった冤罪事件。カトリックに改宗した長男の自殺を他殺として、父ジャン・カラス（一六九八—一七六二）と母と次男を死刑に処した。以下の二つの事件と並んで、ヴォルテールが冤罪を雪ぐために復権キャンペーンを展開した。

(64) シルヴァン、ピエール・ポール（一七〇九—一七六四）。フランス南部の都市カストルのユグノー教徒で、公証人。一七六二年一月に、改宗をめぐって、狂気に陥った長女が井戸に死体となって浮かんだことから、両親と娘たちが長女殺しの犯人とされた。母と娘たちはヴォルテールのもとへ逃げたが、一七六四年九月に父親は裁判の結果、死刑となった。

(65) ラ・バール騎士、ジャン・フランソワ・ルフェーブル、ド（一七四七—一七六六）。北西フランスのアブヴィルの貴族で、酔った勢いで、十字架を汚す事件を起こし、一七六六年七月に死刑となった。反啓蒙の弁護士シモン＝ニコラ＝アンリ・ランゲは、アブヴィルに縁があったので、ラ・バールの仲間として逮捕された市長の息子の弁護を引き受け、無罪を勝ち取る（『市民法理論』、拙訳、京都大学学術出版会、三—六ページ参照）。

に貴重であろうとも、自然が稀にしか与えることのないこの贈り物が、それでも人間性や慈善の行為にまさることはけっしてありません。人びとは前者に感嘆し、後者に感謝するとともにそれらを尊ぶのです。

列席のみなさん

私がド・ヴォルテール氏と永遠に別れることがいかに困難であるとしても、彼を失ったことが列席のみなさんに引き起こす苦しみを一新しなければならない時が近づいているのを感じています。われわれは、フェルネーについては、彼を穏やかなままにしてきました。利害にまつわる係争が彼にパリへの転居を勧めました。そこで彼は破産に巻き込まれても、残されていた財産のいくらかを保全するために、パリにやってこようと望んでいました。彼は、祖国にもう一度姿を見せても、成果が上がらなくては、どうしようもないと思っていました。哲学と文芸に配分された彼の時間は、多くの作品を生み出しました。彼はいつでもそうした作品のいくつかを予備に持っていたのです。エイレネ(66)を主題とした新しい悲劇を創作したことで、彼はパリの劇場でそれを上演しようと願いました。彼のやり方は自分の戯曲を、公に発表する前に、もっとも厳しい批評にそれを晒すことでした。その原則に従って、自分の仕事を後世に残すに値するものにしたいという望みのために、空疎な自尊心を捨て去り、彼の知り合いであった趣味人が持っているすべての事柄について、パリに相談を求めました。人びとが彼に与えた見識ある意見に従って、彼は熱心にかつ独特な情熱でもって、この悲劇の修正へと向かいました。彼は、作品を作り直すために徹夜をしました。また眠気を晴らすためだったのか、感覚を奮い立たせるためだったのか、わかりませんが、彼はコーヒーを大量に飲みました。彼には、せいぜい一日五〇杯が必要であったことでしょう。彼の血をもっとも激しい興奮へと向かわせたこの飲み物は、彼に異常な発熱を引き起こしました。この種の熱病を鎮めるために、彼は練薬に頼りましたが、相当な分量を服用していたために、それは、彼の苦痛を和らげるどころか、その最期を早めることになったのです。いたわりの気持ちが見られないまま、この療法が試みられたあと、少ししてから、一種の麻痺が現われ、それに続いて、彼の生涯を終わらせる卒中が起こりました。

ド・ヴォルテール氏は虚弱体質の生まれでしたし、また彼の悩みや心配ごと、そしてたいへんな勤勉さが彼の体質を衰弱させましたが、にもかかわらず彼の生涯は、八四歳まで伸びました。彼の生き方は、あらゆる点において精神が物質にまさる、という生き方そのものでした。力強い魂が活力をほとんど半透明な身体に伝えました。彼の記憶力には驚くべきものがあり、息をひきとるまで、彼は、あらゆる思考と創造の能力を保ち続けました。列席のみなさん、この偉人が故郷での最後の生活を送っているあいだに、パリの人びとから払われた賞讃と感謝の証《あかし》を、ここで思い出すのは、なんと悦ばしいことでしょうか。稀なことですが、公衆が公平であるのはすばらしいことです。そして、自然がたまに生み出すことだけで満足する、あの桁外

(66) エイレネ(七五二頃―八〇二)。ビザンティン帝国女帝(七九七―八〇二)。彼女は偶像破壊運動を起こす契機となったニケーアの公会議を招集した。息子の成人にともなって引退を余儀なくされたが、クーデターを起こし、七九七年に息子の両眼をえぐって玉座から追放した。イスラム帝国の支配を受けるはめに陥ったが、最後まで、カール大帝との婚姻によって西ローマ帝国との合併を望んでいた。クーデターに遭い、レスボス島へ追放されたが、ローマ・カトリックは彼女に聖人の称号を与えた。ヴォルテールは、この女帝を主題に五幕物の戯曲を書き上げ、一七七八年に上演した。八四歳のヴォルテールにとっては、これが最後の作品となった。

れの存在が生きているあいだに、公衆が裁きを下すことがありますが、それもまたすばらしいことです。こうした裁きが下されるのは、賛意を後続の世代から得ることが確実である場合であって、公衆は、同時代の人びと自身からも、そうした賛意を集めておこうとするのです。人びとは期待して当然でした。自国民の名声を讃えるために、みずからの明敏な才能のすべてを用いたほどの人間なら、なにがしかの光明が自分自身にも及ぶことくらいはわかるだろう、と彼らは思っているのです。フランス人はそれを感じましたし、また、彼らの熱狂を通じて、彼らは、自分たちの同国人が自分たちとその世紀との上に広げた輝きを分かち持つ資格を得ました。ところが、こんなことが信じられるでしょうか？　異教のギリシアなら、このヴォルテール氏のためにいくつもの祭壇を建てたことでしょうし、ローマにおいてなら、さしずめ彼はいくつもの銅像を持ったことでしょう。(67)また、学問の庇護者である偉大なる女帝(67)は、彼のためにペテルスブルクにモニュメントを建立しようと望んでいたのです。このようなド・ヴォルテール氏の遺体を覆うために、ほんの少しの土も、自分の祖国にはなかったなどと、彼が思うようになっていたとは、信じられるでしょうか？だれが信じるだろう、と私は言いたいくらいです。なんということでしょう！　一八世紀に、啓蒙は、かつてなく広められ、哲学的精神は大いに進歩しましたが、そんな一八世紀に、ヘルリー族(68)より野蛮な、そして間違った熱意によって盲目にとらわれ、狂信に酔いしれ、フランス国民よりもタプロバーネ島(69)の人びとと生きるにふさわしいエレウシス(70)の神官たちが存在していたとは。彼らは、かつてフランスが宿したなかで、もっとも有名な人物のひとりに、人間性の究極の敬意を払うことを妨げることでしょう！　しかしながら、ヨーロッパが、憤《いきどお》りにないまぜられた苦痛とともに、出会ったものがこれだったのです。このように屍《しかばね》に対

(67) フリードリヒと同時代のロシアの女帝エカチェリーナ二世(一七二九—九七)のこと。エカチェリーナは、プロイセン貴族の娘と言われている。一七四五年に、ドイツ人(ホルシュタイン公)で、ロシアの女帝(一七四一—六一)エリザヴェータを伯母に持つ、将来のピョートル三世(一七二八—六二)と結婚したが、夫婦関係はなかったとされ、彼女自身、多くの愛人を作った。その一方で、彼女は、無類の読書好きで、フランス語に堪能だったために、一五歳で、ロシアに入国してから、フランスの啓蒙主義者の著作を読み漁り、のちにはディドロの蔵書を買い取るなど、膨大なコレクションを作った。啓蒙専制君主として、西欧の啓蒙主義者(ディドロ、ヴォルテール、グリムなど)との交流が深く、とくに晩年のディドロを招き、内政・外交について全般的示唆を受けた。ロシア正教に改宗し、恋人のオルロフ(一七三四—八三)が指導する親衛隊のクーデター(一七六二)によって、ドイツびいきで、プロテスタントの夫を廃位したあと、帝位に就く。

(68) 古代ゲルマニア東部に居住していたとされる民族。スカンディナヴィアから黒海方面へ三世紀頃に移動してきた。ゴート族の遠征にも、アッティラの遠征にも従ったという。オドアケルとともに西ローマ帝国に従ったのち、ロンゴバルドに敗れ、六世紀初頭には西ローマ帝国から退散し、スカンディアヴィア方面へ帰ったという。

(69) 古代ギリシア・ローマ文学では、今日のセイロン島をこのように呼んでいた。前三世紀末のエラトステネスの世界地図やプトレマイオスの世界地図はもちろんのこと、コロンブスが参照したと言われる一五世紀末の世界地図でも、セイロン島はタプロバーネと呼ばれ、今日のセイロン島よりはるかに大きな宝石の島としてイメージされていた。一五三〇年にシュトラスブルクで出版されたローレンツ・フリースの海図には、セイロン島という名称が現われている。それ以降の地図では、タプロバーネという名称は主役の座を降り、文学と伝説の世界へ去った。

(70) 古代ギリシアのアテナイ近郊の都市エレウシスで興ったとされる女神デメテルの祭儀(エレウシスの密儀)を中心とした宗教。紀元前一七〇〇年頃からローマ皇帝テオドシウス一世による多神教の禁止令まで続いたとされる。

して執拗に襲いかかる狂人たちの憎悪や彼らの卑劣な復讐がどのようなものであれ、妬《ねた》みの叫び声も、野蛮な唸り声もド・ヴォルテール氏の名声を汚すことはないでしょう。彼らが期待できるもっとも甘美な運命は、彼らと彼らの卑しい詐術が、忘却の闇のなかに永遠に埋もれたままであることなのです。かたやド・ヴォルテール氏の名声は、時代を経るにつれて、いやましに増大し、彼の名は不滅のものへと移されることでしょう。

付録　フリードリヒの諸論考

国家にとって学問芸術が有用であることを論ず

フリードリヒの妹でスウェーデン王妃のルイーゼ・ウルリケ・フォン・プロイセン（一七二〇―一八二）の臨席のもとで、一七七二年一月二七日に王立諸科学・美文学アカデミー会議で読みあげられた演説。同年、論文として出版。ジャン＝ジャック・ルソーのディジョン・アカデミー賞を受賞した『学問芸術論』（一七五〇）を批判するために書かれた。この演説はヴォルテールとダランベールに送付された。

自分たちが学問と芸術の敵であることを大胆にも公言した人たちがいます。こんな人たちは、ほぼ啓蒙されていないか、あるいは、あまりまじめではないか、どちらかの人たちでした。人類のもっとも名誉になるものを、彼らが中傷できたのだとすれば、なおさらそれを、擁護できなければおかしいことになるでしょう。それは、社会を愛し、自分たちが文芸に負っているものに感謝する気がある人間全員の務めと言えるでしょう。真実よりも逆説がしばしば公衆にいっそう強い印象をもたらすことを、不幸は望んでいます。このようなときこそ、公衆の目を醒まし、侮辱によってではなく、善良な理性によって、そうした夢を見ている著者たちをやり込めなければなりません。私は、このアカデミーにおいて、学問が社会に有益か、それとも有害か、などという、だれも疑いを差し挟むはずがない問題が厚かましくも提起されたと言わなければならないことを恥ずかしく思います。まさに、われわれは、その身体能力ではなく、自然がわれわれに与えてくれた、より拡張された精神のおかげで、動物よりも優遇されているのです。また、人間と人間を区別するものは才能と知識です。洗練された国民と野蛮な国民とのあいだに、無限の距離が開く理由は、前者は啓蒙されているのに対して、後者は、獣《けだもの》同然のまま、麻痺状態のなかで、その日暮らしを続けている、ということによる以外には、才能と知識の差によるのです。

優位を授かった諸国は、この利点をもたらしてくれた人びとに感謝しました。あの世界的教養人たち、つまり、自分たちの学問的業績によって、同胞や彼らの世紀を照らし出した賢者たちが正当な名声を享受するのは、このことによってです。

人間はそれ自体では取るに足りない存在です。彼は、大なり小なり、成長するのに向いた素質をもって生まれます。しかし、彼は、それを陶冶する必要があるのです。知識を増やし、それによって自分の発想を展開できるようにする必要があります。記憶をいっぱいにしなければなりません。そうするのは、想像力が働くことができるように、記憶の倉庫が素材を想像力に与えるためなのです。判断力を洗練させて、独自の産物を選び出す必要があります。もっとも壮大な精神であっても、知識を欠いては、ダイヤモンドの原石にすぎません。それは、熟練の宝石細工職人の手によってカットされてはじめて、その価値を得ます。それだから、社会にとって、どれほど多くの精神が失われたことでしょう！　無知のせいにせよ、彼らが置かれていた卑しい境遇のせいにせよ、すべての分野で、芽が出ないまま、どれほど多くの偉人が潰《つい》えてしまったことでしょう！

ですから、国家の真の財産、その利点と輝きは、国家に属する国民が、可能なかぎり最高度の教育を受け、啓蒙されることを必要としています。それは、委ねる必要があるさまざまな職務を、それぞれの分野で、たくみに果たすことができる卓越した臣民を、国家に供給するためです。

ヨーロッパの統治体は、大なり小なり、無知に起因する誤謬に苦しんでいますが、出生の偶然から、こうした無数の過ちを認めることができない地位にいる人びとは、目撃証人になった場合にしか、これらの不便をまざまざと感じることはおそらくできないのはないでしょうか。この演説の性質と範囲とが、もっともな限界のなかにわれわれを閉じ込めないのであれば、これらの例をいくらでも思い出すことができましょう。学ぶことを軽蔑するのは怠惰です。私にはなんだかわからない奇人で、まさに神がかり的な変人［ルソーのこと］が石をもて、攻撃しなければならなかったはずの相手は、万事をわがものだと主張する割には、なにもできずにいる野心満々の無知だったのに、この人物は、貧相な逆説だけをくどくど言い立てながら、学問は有害であり、それは悪徳をより洗練させたうえに、習俗を堕落させた、などとあえて主張したというわけです。こんないんちきが目に飛び込んできますが、しかし、どのような外見をとって、こんないんちきなことが提示されようとも、心ある人間の教養が、それらを改竄《ざん》する代わりに、それらを訂正するということ――このことは明白であり続けていくことでしょう。なにが習俗を堕落させるのでしょうか？　堕落させるのは悪い見本です。疫病は、小集落よりも大都市で大きな被害をもたらします。ですから、これと同じように、日々の労働とより隠遁した生活が簡素な習俗を純粋なままで保存している田舎よりも、人びとがひしめき合う都市で、悪徳がより拡大する、ということが起こります。

いんちきな政治家がいました。彼らは、自分たちの狭隘な理念のなかに閉じこもり、題材を深く掘り下げることもなかったので、啓蒙された国民よりも、無知で愚かな国民の方が統治しやすいと考えました。これはまことに強力な推論なのですが、一方で、国民は愚かであればあるほど、気まぐれで、頑固になることは、経験が示しています。他方で、道理を解するがゆえに十分に洗練された国民を、正当な事柄について説得するよりも、愚かな国民の頑固さを打ち砕くことの方が困難はより大きい、ということになります。才能が永遠に窒息し続けると思われる国や、その他大勢の人間と比べて、制約されていない人間がひとりしかいないと思われる国が美しい国であるとは！　無知な人間たちが住む、そうした国家は、禽獣だけが住んでいた、『創世記』［旧約聖書］の失われた楽園に似ているのかもしれません。

学問と芸術は、それらを手にする人びとに輝きを与えるのと同じように、有用性をもたらすということを、高名な聴衆に対して、このアカデミーのなかで、証明する必要はないかもしれません。ですが、より啓蒙されていない類の人びとに納得させることは、卑しい詭弁家たちが与えるかもしれない感動から彼らを守るために、おそらく無駄ではないでしょう。カナダの未開人とヨーロッパ文明国の市民のだれをとって比べても、あらゆる優越性は後者の側にあるでしょう。どうして完成された本性よりも野蛮な本性を、安楽な生活よりも生存手段の欠如を、礼節よりも粗野を、法のもとに享受している所有物の保障よりも、複数の家族の財産や立場を失わせる最強者の権利や強盗行為の方を選べるでしょうか？　人びとが集団をなす社会は、芸術も学問もなしで済ますことはできないでしょう。大河に面した国々が氾濫や浸水から守られるのは、まさに水準測量や水理学のおかげです。こうした技術がなければ、肥沃な土地は不衛生な湿地へと変わり、多くの家族から生活の糧を奪うでしょう。より高い地層は、土地を測り、区画するための測量士なしで済ますことはできません。経験によって十分確かめられた物理学の知識は、土地の耕作、とりわけ園芸を改良するのに寄与します。薬草の研究に傾注する植物学と、そこからアルコール度の高い分泌液を抽出することのできる化学は、たとえその特性に治療効果がないとしても、病気のあいだに、われわれの希望を強めるのに役立ちます。損傷した部分を犠牲にして、われわれの体の一部を救うために、痛みを伴う解剖学は、必要な手術において、外科医の手を導き、指揮します。力学はなににでも役立ちます。重い荷物を持ち上げたり、運んだりしなければならない場合、それを動かすのは力学です。金属を取り出すためには、地面を深く掘らなければなりません。工夫を凝らした機械によって、採石場から排水を行なうのも力学ですし、鉱夫の命を奪い、仕事を中断させる増水から彼らを救い出すのも力学です。もっともありふれた、もっとも必要な食物を細かく砕くために、風車を建設しなければならない場合、それらを完成するのは力学です。労働者たちが働く多種多様な仕事を改善しながら、彼らの負担を軽減するのは力学です。機械というものすべては力学の管轄範囲にはいっています。あらゆる分野で、いささかでもそれが必要でないことがありましょうか！　船舶建造技術は、多分、想像力のもっとも大きな努力のひとつでしょう。しかし、操舵士がその船舶を操縦し、風を物ともせず波に立ち向かうためには、彼はどれほどの知識に精通していなければならないことでしょうか。操舵手は航海してきた範囲と、いまいる場所を知るために、天文学を勉強し、すばらしい海図と地理学における正確な知識と計算における技量を持たなければなりません。その点では、イギリスで近頃完成されたばかりの振り子時計[1]は、将来、助けとなるでしょう。芸術と学問は手を取り合い、われわれはすべてをそれらに負っています。芸術と学問は人類の恩人です。大都市の市民は、芸術と学問を享受していますが、しかし、彼らの欲求を満たし、しばしば風変わりな好みを満足させるために、刻苦勉励と労苦という代償が支払われていることなど、彼らの高慢な懶惰《らんだ》には知る由もありません。

戦争は、ときには必要になることもありますが、たいていは、あまりに軽率に企てられます。しかし、戦争ほど知識を必要とするものがあるでしょうか！　火薬の発見だけで、戦争の方法が著しく変わってしまいました。古代のもっとも偉大な英雄たちが、現世に戻ることができたなら、実に正当にも彼らが得てきた名声を守るために、彼らは、われわれの発見について深く学ばざるを得なくなることでしょう。現代においては、要塞を構築し、人為的な洪水を作り出し、火薬の威力を熟知し、爆弾の噴射距離を計算し、爆破効果を制御できるようにし、戦争機械の輸送を容易にするために、幾何学、築城術、水理学、力学を軍人は勉強しなければなりません。軍人は、布陣法、戦術、演習の力学を徹底的に知ることが必要であり、土地と地理学について正確な知識を持たなければなりません。また、推測にもとづいた技術に限定されるにせよ、彼の戦闘計画は幾何学的証明と類似したものにならなければいけません[2]。これまでのあらゆる戦争の歴史で満たされた記憶を持たなければなりませんが、それは、彼の想像力が、まるで豊かな泉であるかのように、そこから自由自在に知識を汲み取るためです。

とはいえ将軍たちが古《いにしえ》の時代の記録に頼らなければならない、ただひとりの人間というわけではありません。行政官や法律家が法制度にかかわるような部分の歴史をしっかりと掘り下げないなら、彼らは自分の義務を果たすことができないでしょう。彼らが自分の居住する国の法の精神を研究するだけでなく、さらに他国民の法を知り、なにかの場合にはその法が公布されたり、廃止されたりするのを知ることが必要です。各

(1)　海洋航海のために必要となる精密なクロノメーター(経線儀)のこと。これを発明したのは、学歴のないヨークシャーの大工ジョン・ハリソン(一六九三―一七七六)。このクロノメーターは、経度理事会が出す賞金の半額を獲得した。その後、さらに改良した第五、第六のクロノメーターが作られた。たまたまクック(一七二八―七九)の二回目の世界周航のニュースを聞いたので、彼の船にクロノメーターを設置することで、実験をしようとしたが、妨害された。おそらく、フリードリヒが振り子時計に言及したのは、齢《よわい》七八歳を越え、視力も落ち、手も不自由になったハリソンが、それでもなお、残りの賞金を獲得するために、国王に必死の嘆願を行ない、最終的な実験が国王の天文台で行なわれ、クロノメーターは、一〇週間でわずか四・五秒の誤差を示すという優秀な成績を収めたのち、この実験結果が経度理事会にまったく無視されことから、失望したハリソンが、一七七二年に、国王の支持のもとに、庶民院(下院)に請願書を提出したことによって、大いにイギリス世論がもりあがり、最後には、彼が賞金の残り半分を手中にしたことを知ったからであろう。

(2)　ナポレオン戦争を経験したドイツ陸軍のクラウゼヴィッツも、その『戦争論』第三篇、第一五章において、「戦争において幾何学的要素がいかに支配的な原理かは自明である」としている。

国の最高の位にいる人びとでさえも、そして、そのもとで統治している人びとならなおさらのこと、歴史を学ばずに済ますことなどできるはずがありません。歴史は彼らの座右の書です。歴史は、権力者の性格、行動、徳、悪徳、成功、不幸、資源について、このうえなく繊細なニュアンスで、彼らに示してくれる一幅の絵画です。彼らの主たる注意を引きつけるはずの祖国の歴史においては、よき制度であれ、悪しき制度であれ、彼らは、歴史にその起源を見出します。彼らは、出来事が互いに結びつきあい、一連なりとなって、それらの制度を現在にまで至らせていることをも、歴史のなかに見出します。そして、彼らは、歴史のなかに、諸国民を結びつけている諸原因とその絆を崩壊させる諸原因を見出し、従うべき事例と避けるべき事例とを見出します。しかし、君主にとって、歴史が示すあのおびただしい君主たちについて吟味することは、なんと熟考に値する対象でしょうか。彼は、数ある君主のなかに、性格と行動が彼にいくらか似ている君主を必ずや見つけることになりましょう。この君主の性格と行動について、後代の人びとが下した判断のなかに、彼は、鏡でも見るかのように、自分を待ち構えている判決を見るのです。この判決は、彼が全面的に存在しなくなることで、彼がかき立てている恐怖が雲散霧消すると、すぐに下ります。

歴史家たちが政治家の家庭教師であるとすれば、弁証家たちは誤謬と迷信に対する雷《いかずち》でした。弁証家たちは、聖俗の山師たちが作るキマイラ［想像上の怪物］と闘い、それを破壊しました。彼らがいなかったなら、われわれは、おそらくいまだに、わが先祖たちのように、人間の生け贄を架空の神々に捧げ、自分たちで作った作品を崇めていたに違いありません。思い切って吟味することなしに信じることを強いられて、われわれは、自分たちの運命にとってもっとも重要である事柄に関して、理性を使うことがおそらくいまだに禁じられていたに違いありません。われわれは、非常に高い値段で、わが父祖たちと同じように、天国への通行証や贖宥状［免罪符］を買っていたことでしょう。享楽家なら、煉獄に入らないようにするために、破産するかもしれません。また、われわれは、自分たちと意見を同じくしない人びとを火あぶりにするために、いまだに火刑台を整えていたに違いありません。有徳な行動の必要性が無駄な勤行に取って代わられ、剃髪したペテン師たちが、神の名の下に、このうえなく恐ろしい大罪を犯すようにわれわれをそそのかしていたことでしょう。いまだに狂信が部分的に残存しているなら、それは、狂信が無知の時代に張った深い根に帰せられなければならないし、同様に、黒や茶色、灰色や白、斑目模様のスータン［聖職者の服］に身を包んだそれぞれの団体［修道会］の利害に帰せられなければなりません。彼らは、国民の精神になおも存続している尊敬の念を失わないよう、接近を繰り返しては、あの悪を再びかき立てています。弁証法が下層民の手の届くところにはないことを、われわれは認めています。おびただしい数にのぼる人類のこの層は、つねに、蒙が啓かれる最後の人びとでしょう。積もり積もった迷信を、どんな国においてもこの層が保持しているとはいえ、やはり、魔術師や、憑依者や、霊能者や、その他、愚かでもあり、子供っぽくもある人びとが吹き込んだ誤りから彼らを目覚めさせるのに成功したということは、それでも本当のことでありましょう。これらの利点は、自然に関してなされてきた、より精密な研究のおかげで、われわれが持つようになったものです。物理学は分析と経験に結びつけられました。博学な古代人に多くの真理を隠していたあの深い闇に、きわめて鮮烈な光が届けられました。あの偉大な幾何学者［ピュタゴラス］が自分だけのために取っておいた、秘められた第一原理を知るまでには至っていないとはいえ、しかしながらそれでも、引力と運動に関して永遠の法則を発見したあの有能な天才たちが存在してきました。大法官ベーコン(3)は、新哲学の先駆者、より正確に言うなら、学問の進歩を見抜き、予言した人物です。彼は、ニュートン卿をその驚異的な発見への道程に置きました。デカルトは、古代人のさまざまな誤謬の信用を失わせ、それらを彼自身の誤謬で置き換えました。このデカルトのあとにニュートンは現われました。以来、人びとは空気の重さを計り(4)、天空を測定し、無限の正確さで、天体の動きを計算し、月蝕を予測し、電気力といった、物質の知られざる特性を発見しました。そして、それらの諸効果は想像力を驚かせました。たしかに、近いうちに月蝕と同様に彗星の再来も予測されるようになるにしても、われわれはすでに、学者ベール『彗星雑考』のおかげで、彗星の出現が無知な人びとに引き起こす恐怖をかき消しました。われわれの置かれている立場の弱さがわれわれを謙虚にさせるのと同じだけ、あの偉大な人びとの偉業がわれわれの勇気を鼓舞し、存在していることの誇りを感じさせてくれる、と率直に言いましょう。

ですから、ただひとり、学問の進歩に対立し、その信用を落とそうと努めることができるのは、偽善者どもとペテン師どもだけなのです。というのも学問が有害であるのは彼らにとってだけだからです。

われわれが生きているこの哲学者の世紀には、高尚な学問の信用を落としたがった人びとがいただけではありません。みずから文芸の敵だと名乗るほど悪い気質をもった人びとと、いやむしろ心情や感性のない人びとも見受けられました。彼らの意見では、雄弁家は正しく考えるよりもうまく言うことに没頭している人間、詩人は音節を数えるのが好きな狂人、歴史家は嘘の編纂者ということになりますし、そうしたものを読むのに没頭している人びとは、時間を無駄にしており、それらを賞讃する人びとは、取るに足らない精神の持ち主であるということになります。彼らなら、古代の空想、すなわち多くの真理を含んでいた創意に富む寓意的な物語を追放してしまいかねません。彼らは、アンピオン(5)が、その竪琴の音色で、テーバイの城壁を建てたことを想像したがらないのです。言い換えれば、彼らは、芸術が未開人の習俗を和らげ、社会の創設を引き起こしたことを理解したがりません。

人生を満たしている苦しみに対して、魂が芸術から汲み出すことのできる慰めや助けを、人類から奪おうと欲するのであれば、実に冷酷な魂を持たなければなりません。わが不運なる連中からわれわれを解放してくれるか、あるいは、わが不運なる連中の気分を和らげるのをわれわれに許してくれるか、どちらかです。文芸に対するあの気難しい敵に答えるのは私ではないことになりましょう。とはいえ、私は、祖国の父にして雄弁の父、かの哲学者にして執政官だった人の言葉を用いるつもりです。彼はこう言っています。「文学は、青年の精神を研ぎ、老年を喜ばせ、順境を飾り、逆境には避難所と慰めを提供し、家庭にあっては娯楽となり、外にあっても荷物とならず、夜を過ごすにも、旅行のおりも、バカンスにも伴となる。われわれが

---

(3) ベーコン、フランシス(一五六一—一六二六)。イギリスの哲学者・科学者で、政治家。大法官にまで登るが、罰金禁錮刑を受け、後半生を科学研究に捧げ、著作を残した。『ノヴム・オルガヌム』(桂寿一訳、岩波文庫)、『学問の進歩』(服部英次郎訳、岩波文庫)

(4) イタリアのフィレンツェの科学者トッリチェッリ(一六〇八—四七)の真空実験を指す。(原注)

(5) ギリシア神話で、ゼウスとアンティオペの双子の息子のひとり。一時期テーバイの王となり、テーバイに石の城壁を建設する際に、ヘルメス(ローマ神話ではメルクリウス)からもらった竪琴を見事に奏で、石を動かしたという。

文芸に至り、その魅力を存分に味わったりすることができないとしても、文芸以外のものにしかその魅力を見出さないのなら、われわれはいつも文芸を賞讃しなければならないだろうに」[6]。

尊敬さるべきものを尊敬することが、罵ることばかり好む人たちに学ばれることを望みます。そして、怠惰はあらゆる悪徳の母ですから、誠実でもあれば有益でもある仕事をあれこれ非難する代わりに、彼らがむしろ怠惰に対して、その怒りを吐露してほしいと望みます。学問と芸術が社会に必要不可欠なものではないなら、学問と芸術にはそれを育むことの有益さや楽しみや名誉がないとするなら、ソクラテスやプラトン、アリストテレスやアレクサンドロス、ペリクレスやトゥキュディデス、エウリピデス、そしてクセノポンのような人びとを擁した、あの記念すべき時代において、ギリシアがいまでもわれわれの目を魅了するその強烈な輝きを放ってきたのはどのようにしてなのでしょうか。低俗な事柄というのは記憶から消えてしまうものですが、しかし、偉大なる人物たちの行動や発見や進歩は、永く印象に残るものです。

ローマ人においてもそれは同じでことでした。彼らのすばらしい世紀には、ストア派の［小］カトーが自由とともに命を落とし、キケロがウェルレス[8]を打ちのめし、義務に関する書物［『義務について』］や『トゥクルム荘対談集』や神々の本性に関する不滅の著作［『神々の本性について』］を公表していました。ウァッロは『起源』[9]について書き、内乱についての詩を書いていました。カエサルは、その寛大さで、みずからの簒奪が備えていた忌まわしさを帳消しにしました。ウェルギリウスはアエネーイスを物語り、ホラティウスは叙情詩を奏でていました。ティトゥス・リウィウスは、共和国を有名にしたあらゆる偉人たちについての伝記を後世に伝えていました。アテナイにせよ、ローマにせよ、生まれるとすれば、どの時代がよかったかと、それぞれがみずからに問うてみるといいでしょう。おそらくだれもがあの輝かしい時代を選ぼうとするはずです。

---

(6) 邦訳、キケロ「アルキアース弁護」、前掲、八三ページ。

(7) 古代ギリシア（紀元前三世紀頃）に生まれたゼノン（前三三五―二六四）を鼻祖とする哲学的流派で、古代ローマに再評価され、復活した。自己の自由に属する精神的な事柄と自然の法則から生じる運命とを峻別し、賢者は、運命を甘受することによって、心の平静を保つべきだとした。そのため、彼らの標語は、「耐えよ。身を慎め」という禁欲的なものとなる。幸・不幸は表象であると考え、心の持ちようを重視したから、心の平静が乱される恐れがあるときには、セネカのように自殺をも肯定したとされる。しかし、ストア派は単純な現実逃避を勧めたわけではなく、共和制ローマの執政官を務めたキケロのように、現世の義務を果たすことと引退後の心の平安とを両立させることを賢者の理想とした。そのため、後期ストア派に至ると、ローマ皇帝マルクス・アウレリウスから解放奴隷だったエピクテトスを含む幅広いローマ市民に受け入れられる「コスモポリタン」の哲学として、キリスト教と対抗することになる。

(8) ウェルレス、ガイウス・リキニウス（前一一九頃―四三）。古代ローマの政治家。シチリア総督（前七三―七一）のときに、略奪と文化破壊を行なったので、告発された。ホルテンシウスが弁護し、キケロが証拠を集め、完膚なきまでに彼を糾弾したので、彼は訴訟を断念し、亡命したが、この事件は、元老院から裁判権を奪う結果を産みだした。

(9) ウァッロには、『起源』という著作もないし、内乱についても詩もない。前者の著作は、カトーの作とされる著作の題名であるが、これは今日では失われている。しかしウァッロが当代きっての著名な学者であったことは事実で、彼はとりわけ偉大な考古学者であった。（原注）

おぞましい野蛮がこの栄えある時代に続きました。残忍な民の氾濫がヨーロッパのほとんどすべてを覆ってしまいました。彼らが自分たちとともに持ち込んださまざまな悪徳と無知が、度し難い盲信への道を準備してしまいました。ヨーロッパの地がこの錆を落とすことができたのは、一一世紀にもわたる愚鈍化を経てからのことにすぎません。そして、あの文芸復興の時代に、イタリアの名を知らしめた最初の人間であるあのすばらしい担い手たちは、彼らを庇護したレオ一〇世よりも尊敬されました。この栄光を妬ましく思ったフランソワ一世は、それを分かち持とうとしました。彼は、外来の植物をまだ準備の整っていない土地に移植しようとして、努力しましたが、無駄に終わりました。フランスのあの麗しき世紀が始まったのは、ルイ一三世[10]治下の終わりからルイ一四世の治下においてのことにすぎません。あの時代には、あらゆる芸術と学問は、同じ歩調で、人びとがたどり着けそうな完成の地点へと歩み始めました。以来、さまざまな芸術が至るところに拡がっていきました。デンマークは、すでにティコ・ブラーエ[11]のような人びとを輩出していましたし、プロイセンはコペルニクス[12]のような人びとを輩出していました。ドイツはライプニッツを生んだことを誇りとしました。当時スウェーデン国民が巻き込まれていた、いつ終わるともしれぬ戦争が、芸術の進歩を妨げることがなかったなら、スウェーデンもまた、著名人のリストを増やしたことでありましょう。

すべての啓蒙君主は、学問的な仕事によってその人間精神を栄えあらしめた人びとのことを守ってきました。そこから、いまや、ヨーロッパの政体で、学問を奨励することをわずかでも怠るような政体は、たちまちにして、隣国に対し時代遅れとなってしまう地点にまで、時代は来てしまったのです。ポーランドがその確たる一例を示しています。

われわれは、ひとりの偉大な女帝［エカチェリーナ二世］がその広大な国に知識を導入し、伝播させることを名誉にかかわることとみなし、それに貢献することができるものすべてを重要な事柄のひとつとして扱っているのを目の当たりにしています。

スウェーデン(13)で、ある偉人の名誉が褒め讃えられるのを知って、心動かされずにいる人がいるでしょうか。学問の価値を知っている若き王(14)が自国にデカルトの墓碑を実際に建てさせ、みずからの前任者たちが彼

---

(10) ルイ一三世（一四六二―一五一五）。フランス国王（一四九八―一五一五）。「義人ルイ」と称される。父はフランス王アンリ四世、母はマリー・ド・メディシス。内政では大貴族およびユグノーと戦い、外交では、ハプスブルク家の世界覇権に挑戦して、三〇年戦争の間にヨーロッパで軍事的優位を実現した。宰相にリシュリュー枢機卿を起用し、ユグノー攻略に当たらせ、大貴族の抵抗を除去しつつ、フランスに絶対主義政治を築く基を作った。

(11) ブラーエ、ティコ（一五四六―一六〇一）。デンマークの天文学者。クリスチャン四世と対立して、ボヘミアのプラハに移り、ケプラーの法則発見を助けた。

(12) コペルニクス（一四七三―一五四三）。ポーランド名では、ミコライ・コペルニク。ポーランドの天文学者で、地動説を唱えた。彼は厳密にはポーランド人だが、この頃は、プロイセン、ロシア、オーストリアによるポーランド分割が終了し、ポーランドの一部がプロイセンに組み入れられていたことから、フリードリヒは、まだポーランドに王国があった時代のコペルニクスを、強引に自国の人と見なしているのである。

(13) フリードリヒ時代のスウェーデンは、カール一二世の侵略的軍事政策の影響で、名うての軍国主義国家と見られていた。

(14) グスタフ三世（一七四六―九二）のこと。彼は、一七七一年にスウェーデン王に即位した翌年に、「自由の時代」を終わらせるクーデターを起こし、国家の全権を掌握し、絶対主義的国家を確立したが、一七九二年に暗殺された。

の才能から借りた借金を、彼らの名において返しているではありませんか。あの若きテレマックを見つけ、みずから育てたあのミネルウァ［知恵の神］にとって、彼のなかに、みずからの精神、みずからの知識、そして、みずからの心を再び見出すことは、なんと甘美な報いであることでしょう！ ミネルウァには、みずからの作品に喜びを見出し、満足する権利があります。ミネルウァに関して、感情がわれわれに吹き込むもののすべてを過剰に吐露することがわれわれの心には禁じられているとしても、ミネルウァにこのうえなく真摯な讃辞を送ることによって、学芸を愛し、庇護したごく少数の啓蒙された王妃(15)たちの列に、あのミネルウァを加えることは、少なくとも、本アカデミーと現存するすべてのアカデミーには許されることでありましょう。

(15) もちろん、フリードリヒがこの演説を捧げた自分の妹のスウェーデン女王ルイーゼもこのなかに含まれる。

自己愛を道徳の原理として検討することを試みる

一七七〇年一月一一日にプロイセン王立諸科学・美文学アカデミーで読みあげられた論考。本論考は、一月四日にダランベールにすでに送られていた。同日、ヴォルテールも論考の写しを受け取った。ヴォルテールへのフリードリヒの手紙によると、本論考は、エルヴェシウスとダランベールから想を受けていたことがわかる。

徳は、社会のもっとも固い絆であり、公共の平和の源である。徳がなかったとしたら、人びとは獰猛な禽獣に似て、ライオンよりも血に飢えているか、虎よりも残酷かつ不実か、あるいは頻繁な交際を避けなければならない怪物の類になっていたことだろう。これほど野蛮な習俗を穏和にするために、立法者は、法律を公布し、賢者は道徳を教え、そして徳の利点を証明することで、それに結びつけられなければならなかった価値を知らしめたのである。

哲学者の諸学派は、東洋の諸国民にあっても、ギリシア人の場合と同様に、一般に学説の根底では互いに意見が一致しながらも、弟子たちが有徳な生活を送るように、どのようなきっかけで彼らに決心させるのかというその一点でのみ異なっていた。ストア派の原理によれば、彼らは、徳に美が内在することを強調していた。それゆえ、彼らは、徳を、それ自体のために愛さなければならないと結論づけ、徳を変わることなく保持し続けることが人間にとって至高の幸福だと位置づけていた。プラトン派は、不死の神々を模範にして、徳を実践することが神々に近づくことであり、神々に似ることである、と言った。エピクロス派は、道徳的な義務の達成がより上位にある快楽であることを認めていた。エピクロス派の諸原理を正しく理解するなら、もっとも純粋な徳の享受のうちに、無上の悦びと、えもいわれぬ至福を彼らの諸原理は見出していたということである。(1) モーセは、褒められるべき良き行ないをする気にユダヤ人たちを大いにならせるために、彼らに、天の加護あるいは現世での刑罰を告げた。ユダヤ教の廃墟の上に打ち立てられたキリスト教は、永遠の懲罰によって、もろもろの犯罪を打ち倒し、無限の至福への希望によって、徳を励ました。キリスト教は、これらのバネに満足せず、完成の最高段階に到達することを可能なかぎり目指したから、刑罰や報償が来世で待ち構えていないにしても、それでもなお、神の愛だけが人間の善なる活動の原理として役立たなければならない、と主張した。

もっとも功績がある人間を育てたのは、哲学者の諸学派であることを認めなければならない。同様に、キリスト教の内部から、純粋で、聖性に満ちた魂が生じたこともわれわれは認めている。しかしながら、哲学者や神学者の相次ぐ道徳的弛緩や人間の心にある悪意のために、徳へと勇気づけるこれらさまざまな動機が、期待されていた良き効果を生み出し続けることはない、ということが起こってしまった。異教徒にあっては、どれほどの哲学者が、名前ばかりの哲学者であったことか。彼らが当時受けていた名声がわずかばかりであったことに納得するには、ルキアノス[2]に目を向けるだけでよい。どれほど多くのキリスト教徒が頽廃し、古代の習俗の純粋さを腐敗させたことか！　強欲、野心、狂信は、世俗と縁を絶つことを告白している人びとの心を満たすことで、率直な徳が作り上げていたものを歪めた。こうした例は歴史上枚挙に暇がない。結局、敬虔だが社会に無用でもあった、幾人かの隠者たちを除けば、われわれの時代のキリスト教徒は、マリウス派［平民派］やスッラ派［閥族派］の時代のローマ人たちよりも好ましいわけではない——もちろん私は、この比較を習俗の比較だけに限定してはいるのだが。

これらの考察や類似の考察によって、私は人類の奇妙な堕落に影響した原因を究明することへと導かれる。これほど重要な推論に思い切って挑戦することが私にできるかどうかはわからない。しかし、人びとを徳へと至らせるはずの動機の選択について、おそらく思い違いがあるように、私には思われる。これらの動機は、俗人には理解が及ばないという欠点があったように思われる。賞讃は、はかなく消えてしまう印象か

（1）　エピクロス派の哲学は、悦楽に耽る快楽主義と同一視されていたから、その誤解をフリードリヒは解こうとしているのである。彼は、当代のエピキュリアンと言われたラ・メトリを宮廷の王室朗読係、その実、無神論係に任命していたくらいであったから、エピクロス哲学にことのほか関心があった。自己愛を徳への動機とするフリードリヒのこの論文の趣旨も、この哲学への関心と共通した関心から出てきている。

（2）　ルキアノス（一二〇頃—一八〇頃）。シリアのサモサタ生まれの風刺作家。ギリシア語で書かれ、ヨーロッパの空想旅行記に影響を与えた『本当の話』（邦訳、呉茂一他訳、筑摩書房）などの短編を八〇編以上残した。ルキアノスの短編には、奇想天外な出来事をとりあげて人びとをたぶらかす似非《えせ》哲学者たちや宗祖たちの例が出てくる。

ら生じる見せかけの感情であることに、ストア派は気づかなかった。虚栄心が送る喝采には嫌悪しか伴いはしない。徳の美しさはやすやすと認められるが、それは、この告白には、一文もかからないからである。しかし、信念からというよりは、迎合からなされるこの行為には、自省することや、悪癖を克服することや、情念を抑制することに人を決意させる力はない。プラトン派は、神ともろい被造物のあいだにある果てしない隔たりを思い出さなければならないはずであった。被造物は、境界づけられ、限定された境遇にあるから、曖昧で不確定な考えしか抱くことができないのに、どうしてこの被造物に創造主を模倣することを勧められようか。われわれの精神は、感覚の支配に屈従している。われわれの理性は、われわれの経験がわれわれに照らし出す事物に対してしか働かない。精神に対して抽象的な事物を提供することは、理性では出口を見つけられない迷宮のなかで、精神を迷わせることである。しかし、精神に手で触れることができる自然の対象を提示することは、理性に衝撃をもたらし、理性を説得する手段である。形而上学の暗闇のなかに突進しても、良識を維持できる偉大な天才は数少ない。人間は、一般的に、生まれつき理性的というよりも感覚的である。快楽という用語を濫用したエピクロス派は、知らぬ間に彼らの原理が持つ良さを損ねてしまい、この曖昧さそのものによって、彼らの弟子たちに、自分たちの学説を変質させるための武器を与えたのだった。

キリスト教は、この宗教において神的とされているものを敬っているが、神的なものについては、哲学的にしか語らない。私に言わせれば、キリスト教が精神に対して提示していた観念は、実に抽象的であったために、それを理解させるには、洗礼を望む各人を形而上学者に変え、それを確信するに足る強烈な想像力を生まれながらにして持つ者だけを選ばなければならなかったに違いない。しかし、そのように出来上がった頭をもって生まれた者などほとんどいない。経験が証明しているのは、俗人においては、眼前の対象が感覚に訴えるがゆえに彼らを突き動かすのであって、遠くにある対象については、より弱々しく彼らを触発するだけだ、ということである。だから、俗世にある財は、想像上の財よりも、好まれることは間違いない。前者は、享受に手が届くのに、後者は、遠い将来の見通しのなかで、漠然と思い描かれるだけだからである。しかし、人間を有徳にするために、神の愛から、すなわち静寂主義者[3]たちが地獄への恐怖と天国への希望から引き離すよう要求する、あの神の愛から引き出される動機について、われわれはなんと言えばよいのだろうか。この愛は、事物の可能性に含まれているだろうか。有限なものには無限なものを理解できない。したがって、われわれは神性についてなんら正確な観念を抱くことができない。われわれにできるのは、神の存在について一般的に納得することであって、それができることのすべてだ。粗野な魂にはどんな仕方でも知り得ない存在者を、その魂に愛するよう求めることなどどうしてできようか。静寂のなかで礼拝し、彼においてそして彼によってすべての存在者が存在する、存在中の存在に対する深い感謝の念へと心の動きを限定することで、われわれは満足すべきなのだ。

（3）キュイエティスムのこと。スペインの神学者ミゲル・モリノス（一六二八—九六）が唱導した静寂を中心教義とする異端的な信仰で、一七世紀末のフランスに流行し、ギュイヨン夫人（一六四八—一七一七）や『テレマックの冒険』の作者フェヌロンなどが帰依した。

この問題が検討されればされるほど、ますますそれについて議論が交わされるから、人びとを有徳にするには、より一般的で、単純なひとつの原理を用いなければならないということがいっそう明らかだと思われてくる。人間の心を知ることに従事してきた人びとは、作用しているに違いないバネをおそらく発見したことであろう。実に強力なそのバネとは自己愛である。自己愛は、われわれの自己保存の守護者であり、われわれの幸福の職人であり、われわれの美徳と悪徳の枯れることのない源泉であり、あらゆる人間の行動の陰に隠された原理である。自己愛は、才気ある人間には、卓越した度合いで存在する。また、それは、このうえなく愚かな人間に対しても、その人間の利益とはなにかについて啓発する。悪徳へ導くかもしれないひとつの原理から、善と幸福と公共の至福の源泉を導き出すこと以上に、見事で、すばらしいことがあるだろうか。敏腕な哲学者の手でこのバネがうまく操られれば、そうしたことが起こるに違いない。言い換えれば、敏腕な哲学者は、自己愛を制御し、それを善へと導いてゆくのである。このような哲学者なら、情念を情念に対抗させる術を心得ているに違いない。そして人びとに、有徳であることは自分の利益であることを論証することで、人びとを有徳にしてしまうに違いない。

ラ・ロシュフーコー公爵[4]は、人間の心を掘り起こしながら、自己愛というこのバネを実に見事に暴き出した人物である。彼は、われわれの徳については、その外見だけを認めるから、この自己愛を使って、われわれの徳を中傷したのである。私は、このバネを使って、良き市民であること、良き父であること、良き友であること、要するに、あらゆる道徳的な徳を所有していることが人間の真の利益であることを証明したいと思う。実際それは真実なのだから、人びとの納得を得るのは、そう難しくはないだろう。

固有の利益がすべての論拠のうちで、もっとも力強く、もっとも説得的なものでないなら、ある党派に付くように人びとを誘いたいときに、どうして、利益で人びとを釣ろうと努力が払われるのだろうか。それゆえ、われわれは、この同じ議論を道徳に向けても用いることにしよう。人びとに対して、不品行な所業が招き寄せる不幸を示し、幸福は良き行ないと分離できないことを示さなければならない。クレタ人が自分たちの敵を呪っていたとき、彼らは敵が悪徳の諸情念に身を委ねることを願っていた。それは、敵がみずから不幸と恥辱に急いで飛びこむように願っていたことと同じであった。こうしたわかりやすい真理は論証の対象であり、賢者や才気ある人びと、そしてもっとも卑しい下層民たちにもひとしなみ手の届くところにある。たしかに、私の仮説に対しては、私が良き行動に結びつけた幸福と、徳が蒙る迫害や多くの邪悪な魂の持ち主が享受しているあれほどの繁栄とを両立させるのは少し難しいのではないか、との反論が向けられるに違いない。しかし、われわれが幸福という言葉で、魂の完全なる安息だけを言おうとするなら、この難点を取り除くのはたやすい。魂のこの安息は、われわれがみずから自身に満足すること、われわれの良心がわれわれの行動を是認してくれること、そして、われわれがみずからの行動に対して、非難を受けないことにも

(4) ラ・ロシュフーコー公爵、フランソワ六世、ド(一六一三―一八〇)。フランスの著作家。反リシュリュー陰謀に加わってバスティーユに投獄される。その後フロンドの乱に巻き込まれ、重傷を負い、政治生活に見切りをつけ、社交界で活躍。鋭い人間観察でモラリスト文学の傑作『箴言と考察』(邦訳、内藤濯訳、岩波文庫)を著した。彼は、この『箴言』の冒頭で、「われわれの美徳は、ほとんどつねに、仮想した悪徳にすぎない」と美徳を非難し、一七一の箴言では、「美徳は、河流が海中に消え去るように、我欲のなかに消え去る」(前掲、四八ページ)と言っている。

とづいている。ところで、この心情は、不幸な人物のうちにさえ存在する可能性があることは、はっきりしている。しかし、それは、野蛮で残忍な魂のなかにはけっして存在しないだろう。そうした魂は、みずからを取り囲んでいるかに見える繁栄がどれほどのものであれ、自分自身を省みるなら、自分嫌悪に陥ることしかできないからである。

われわれは、経験とはまったく争わない。罰せられることのない犯罪事例や、馬鹿どもが讃美する栄光を享受する極悪人がたくさんいることは認める。しかし、こうした犯罪者たちは、いつか時間が彼らにとって恐ろしい真実を明るみに出し、汚辱をあらわにすることを恐れないだろうか？　また冠を戴いた怪物ども、すなわちネロ、カリグラ、ドミティアヌス、ルイ一一世らが享受するむなしい栄光は、彼らを非難する良心の隠された声を聞くこと、後悔に苛《さいな》まれること、目には見えないが酷評することで彼らをこきおろす復讐の鞭を感じることを妨げていただろうか？　そんな状況で、どんな魂が平穏でいられるだろうか？　むしろ、地獄の拷問が持つことができるもっとも恐ろしいものすべてを、現世において魂が感じているのではないだろうか？　そのうえ、外観から他者の幸福を判断することは、誤った推論になる。幸福は、それを感じる人びとの考え方にもとづいてのみ算定することができる。この考え方には、非常に大きな幅があり、ある者は栄光を好み、別の者は快楽の対象を好むほどである。後者は、どうでもいいものに執着し、前者は、重要だとみなされているものに執着する。そのうえ、後者は、前者が望んだり、最高善とみなしたりするものを無視し、軽視する。

したがって、恣意的でしばしば気まぐれな好みに依存しているものについて判断するための確かな規則などまったく存在しない。そこから、みずからの不幸の重みを、心のなかで痛切に嘆き苦しむ人びとの幸福と繁栄に対し、しばしば、人が非難の声をあげるということが起こる。だから、私が言うように、外部の対象物のなかにも、世界の移りゆく光景が交互に生み出し、破壊する運命のなかにも、至福を見出すことができない以上、至福はわれわれ自身のうちに探し求めなければならないのである。私は繰り返し言うが、そこには、魂の平穏以外にはなにもない。これこそ、われわれの利益が、かくも貴重な幸福を探求するようわれわれを仕向けるはずの理由である。また情念がそれをかき乱すのなら、手なづけなければならないのは情念の方である。

国家が内戦で引き裂かれているかぎり、幸福であろうとしても、そうはできないのと同じように、反抗的な情念が理性の支配と戦う場合には、人間は、幸福を享受しようとしても、それはできない相談である。どんな情念も、なんらかの罰を伴っている。その罰は、情念に結び付けられているように見える。われわれの感覚をもっとも楽しませる情念でさえも、罰を免れてはいない。こちらの情念にあっては、健康の破壊であり、あちらの情念にあっては、懸念と不安の再生である。あるいは、それは、思いめぐらしてきた広大な計画がうまくいかないという悲しみである。あるいは、自分が尊敬されても当然だと思っているのに、その尊敬の全部が得られていない不愉快さであり、あなたがたをひどく侮辱した連中に復讐できないことへの執着であり、あまりにも激しすぎる怨念への後悔であり、無数に続いた多くの悪巧みがいつか露見するのではないかという恐れである。

たとえば、吝嗇漢には、富を蓄えたいという渇望がたえず働いている。吝嗇漢は、自分が満足しさえすればいいのであって、彼にとって手段などはどうでもいい。しかし、集めることにあれほど苦労したものが逃げ去ってしまうのを見るのではないか、と心配するあまり、彼は、自分が所有しているものを楽しめない。野心家は、未来へと盲目的に飛び込むために、現在の視力を失う。彼はたえず新たな計画を生み出す。彼は自分の目的を達成するために、もっとも神聖なものすべてを尊大に踏みにじる。彼が遭遇する障害は、彼を刺々しくし、苛立たせる。いつも不安と期待のあいだで揺れ動く彼は、実際には不幸である。彼が欲するものを所有することそれ自体には、満腹感と嫌悪感が伴う。この感覚の麻痺状態は、その場しのぎの新たな計画を彼に思いつかせるけれども、彼が探し求めている幸福は見出されることがけっしてない。これほど短い人生のなかで、そんなに長大な計画を立てる必要があるのだろうか？　蓄財した分の二倍を使う浪費家は、けっして満たされることのなかったダナイスたちの甕《かめ》のようである。そのために、彼は、いつも金策に走り回り、たえず彼の欲求を増殖させる無数の欲望は、最後には、彼の悪徳を犯罪へと堕さしめる。気立てのいい恋人は、彼をだます女たちのおもちゃになりがちである。浮気な恋人は、偽りの誓いをする人間であるということだけで、女心を惑わす。放蕩者は自己の健康を損ない、寿命を縮めることになる。

しかし、冷酷な人間や不正な人間、恩知らずな人間は、どんなに自分を責めずにいられるというのか！　冷酷な人間は人間であることをやめている。というのも、そのような人間は、もはやみずからが属する種の特権を尊重しないし、同類のうちに友を見出すこともないからである。思いやりがなく、血も涙もない。同情を感じない彼は、人が彼に対して持っているはずの同情を、実は棄て去っている。不正な人間は、社会的協定を破棄してしまう。協定のなかにいる限り、法律の被護下に暮らしているのに、彼はその法律を破壊する。彼は、耐えなければならない抑圧には反抗するだろうが、それは、彼が自分自身よりも弱い人間を抑圧するという排他的な特権を横取りするためである。間違った論理が彼の欠点であり、彼の諸原理は互いに矛盾に陥っているし、そもそも自然がすべての心に刻み込んだ公平の感情は、彼の逸脱に反抗しなければならないのではないだろうか？　けれども、すべてのもののなかでもっとも忌まわしく、邪悪で卑劣な悪徳は、忘恩である。慈善行為に無感覚な恩知らずな人間は、社会に対して大逆罪を犯している。というのも、彼は友愛の魅力を腐敗させ、損ない、破壊するからである。彼は、他人からの攻撃には敏感だが、他人からの奉仕には鈍感である。彼は、善に悪で報いることで、不実をいっそう強烈なものにする。しかし、自然から逸脱し、人間性を喪失したこの魂は、みずからの利益にも反して行動している。というのも、どんな個人もみな、地位がどれほど高くとも、生まれつきひ弱で、同類からの助けなしですますことはできないからであり、社会から追放された恩知らずな人間は、その無慈悲さのために、それ以降は、二度と恩恵にあずかるには値しない存在にみずからをしてしまうからである。人びとにたえず次のように言わなければならない。「穏やか、かつ人間的であれ。というのもあなたは弱く、助けが必要なのだから。他人に対して正しくあれ。そうすれば今度は法がよそ者によるあらゆる暴力からあなたを保護してくれる。つまり、ひとことで言えば、あなたが他人からしてほしくなかったようなことを、他人に対してけっして行なってはならない」。

人びとが悪しき性向に打ち勝つために、そして、より有徳な生活を送るように人びとを促すために、自己愛が人びとに提供する論法のすべてを、私はこの薄い下書きで語り尽くすつもりはまったくない。この論考が持っているさまざまな制約は、ここで、この題材を論じ尽くすことを許さない。習俗を改良するのに適した、新しい理由を今後、発見する人びとはみな、社会に重要な貢献をするだろう、と主張して満足しなければなるまい。敢えて言わせてもらえば、宗教にも彼らは、重要な貢献をすることになるのである。

社会を構成する人びとに徳と良き習俗がなければ、社会は存続することも、維持されることもできないということほど、正しく、また、明白なことはない。腐敗した習俗、悪徳の破廉恥なまでの厚かましさ、徳とそれを讃える人びとへの軽蔑、交際における悪意、偽りの宣誓、不忠、祖国の利益を相続する私利私欲は、国家の衰退と帝国の滅亡の前兆である。というのも、善の観念と悪の観念が混同されたとたん、もはや非難も賞讃も罰も褒賞もなくなるからである。

習俗のかくも重要なこの対象は、国家に比べて宗教には、さほどかかわらないというわけではない。キリスト教もユダヤ教もムハンマドの宗教も中国の宗教もほとんど同じ道徳を持っている。しかしながら、昔から正しいものとして流布されてきたキリスト教には、いまだ戦うべき二種類の敵がいる。まず、哲学者のなかにいる敵である。論理学の諸原理に即して、正確無比な推論だけを認める哲学者がそれで、彼らは、弁証法の諸規則に合致しないと判断される観念や体系を拒絶するのである。しかし、こういう哲学者については、いまは論じないことにする。もうひとつの敵は自由思想家《リベルタン》である。長期にわたる悪徳の慣習によって腐敗した彼らの習俗は、宗教が彼らの情念に課そうとする軛《くびき》の過酷さに反抗する。彼らはこの桎梏を拒み、彼らを窮屈にする戒律を暗黙のうちに棄て去り、完全なる疑り深さのうちに避難所を探し求める。したがって、私が主張するのは、この性格の人間を改良するために採用することのできるすべての動機は、キリスト教にとって最大の強みに転化することは明らかだということである。僭越ながら、人間の自己利益は、人間を迷い道から引き戻すために用いることのできるもっとも強力な動機である、と私は考えている。私利私益が人間に有徳であることを求めているのだ、とひとたび納得すれば、人間は賞讃すべき行為に身を委ねるようになる。実際、たまたま福音書にめぐりあって、その道徳に従って生きるようになれば、それまでは自分自身への愛のために実践してきたことを神への愛のために行なうように心に決めることは容易であろう。これこそ、神学者たちが異教の徳をキリスト教によって聖化された徳へと転換させるように呼びかけている当のことなのである。

しかし、ここに新しい反論が提示される。おそらく人は私に言うだろう。「あなたは自己矛盾している。つまり、あなたは、魂をもっとも完全な無私へと運ぶ魂自体の傾向が徳であると定義されていることを考えない。この無私の完全さへと自己利益によって到達することができるなどと、いったいあなたはどのようにして想像することができるのか。自己利益とは、それとまさに正反対の魂の傾向であるというのに」。この反対意見は、それがどんなに強くとも、自己愛を動かすさまざまなバネを考察しさえすれば、解決可能である。もし自己愛が、財や名誉保持への欲求のみから成り立っているのであれば、私は答えるべきものはなにも持たないであろう。しかし、自己愛が主張するものは、非常にわずかな対象のみに限られるわけではない。まず、それは、生命と自己保存への愛であり、次に幸福でありたいという欲求であり、非難と恥辱への恐れであり、尊敬と名誉を強く望む気持であり、最後に、利益になると判断されたすべてのことに対する、ひとつの情熱である。それに、自己保存に有害であると信じられているすべてのことに対する恐怖心を付け加えていただきたい。それゆえ、人間の判断を矯正しさえすればよいのだ。かつて野蛮で有害であったこの自己愛を、有用で賞讃に価するものにするためには、私はなにを求め、なにを避けなければならないのだろうか?。

われわれが持っている最大の無私の例は、自己愛の原理からわれわれに提供されるものである。祖国に勝利をもたらすために、みずからの生命をすすんで犠牲にした、二人のデキウス(5)の私心のない献身は、彼らがみずからの命よりも名誉を重く見たということ以外に、どこから生じたというのか。スキピオは、ごく若く、情念がきわめて危険であるような歳だったのに、彼の捕虜の美しさが彼に与える誘惑になぜあらがったのか。どうして彼は、恋人同士を贈り物でいっぱいにして、恋人の元に彼女を処女のまま返したのか。この英雄が乱暴に自分の欲望を満たした場合より、彼が高貴で寛大な処置をとったなら、より多くの名誉が与えられると彼が判断したということを、どうしてわれわれは疑うことができるのか。したがって、彼は快楽よりも評判を選んだのである。

なんと多くの有徳な行為が、永遠に栄誉あるなんと多くの行動が、実際には、自己愛の本能にしか起因しないことか！　ほぼ感知できない秘密の感情によって、人びとはすべてを自分たち自身に帰着させる。人びとは、感情の円周のすべてがたどり着く中心に位置づけられる。彼らがいかに良く振舞おうとも、彼らは彼ら自身、感情の隠された対象である。彼らにあっては、もっとも生き生きとした感覚は、もっとも弱い感覚に勝利している。しばしば、悪しき三段論法が彼らを規定しているが、しかし、彼らはその欠点に気づかない。だから、本当の利益を彼らに提示しさえすればよい。彼らにその価値を認めさせることだけでよい。そして、徳に有利なように情念を利用するために、一方の傾向に他方の傾向を対立させることによって、情念を操る術を持つだけでよい。

いまにも犯されそうな罪を阻止することが問題なら、あなたがたは、犯罪を罰する法律に対する恐れのなかに、抑制の原理を見出すはずである。各人が自己保存のために有しているあの自己愛をかき立てなければならないのはこのときである。それは、もっとも厳しい懲罰や死刑にさえも彼をさらす堕落した意図に、この自己愛を対置するためである。乱行が健康を破壊し、命までも奪ってしまう放蕩者を、正しい道に連れ戻すことにも彼の自己保存への愛は役立つし、怒りにわれを忘れがちな人間に対するときにもそれは役立つ。というのも、これらの感情の運動に荒々しく突き動かされた人間がてんかん発作を引き起こした事例が存在するからである。非難への恐れは、自己保存への愛の効果に似た結果をほぼ生み出す。どれほど多くの女が悪口を言われないようにして、名声を保ちたいという、ただそれだけの欲求から、人が賞讃する女の貞節を守ろうとしていることか！　もし別な風に行動した場合には、世間ではペテン師や不幸な人としてみなされるので、ただそのことだけを恐れて、私利私欲に走らない男がどれほどいることか。最後に、自己愛のさまざまなバネを巧みに使うこと、良き行ないのすべての利点を、その行動主にもたらすこと、それこそが、善と悪のこのバネを、功績と徳の主要な作用主にするための手段である。

（5）ローマ皇帝ガイウス・メッシウス・クィントゥス・トラヤヌス・デキウスとその息子で共同皇帝のクィントゥス・ヘレンニウス・エトルスクス・メッシウス・デキウスは、ゲルマニア人とのあいだで行われたアブリットゥスの戦いで戦死した。

恥ずかしいことではあるが、人心と習俗の改革に関することで、われわれは奇妙な冷却の時代にいるということを告白せざるをえない。道徳は無益であると同じくらい、退屈であると人びとは公然と語っているし、また、そのことを印刷に付しさえする始末である。人間本性は善と悪の混合であり、この存在は変えられない。もっとも強力な理性も、情念の暴力に屈する。だから、この世はあるがままに放置するしかない――こんな風に人びとは主張する。

しかし、大地に関して同様に振る舞い、もし大地を耕作しないなら、おそらく茨や棘《とげ》が生えるばかりで、大地はわれわれの食料として役立つ有益で豊富な収穫をもたらしはしないだろう。習俗を矯正するためにどれほど注意を払おうとも、地上には、つねに悪徳や犯罪が存在するだろうということを、私は認める。しかし、それらは少なくはなるだろう。それが大きな利益なのである。そのうえ、矯正され、発達した精神を持つ人びとが増えるだろう。彼らは高貴な資質によってひときわ目立つだろう。哲学者の学園から崇高な魂が出現したではないか。美徳を人間性が到達できる最高の完成度にまで押し上げた、ほとんど神に近い人間が出現したではないか。ソクラテス、アリスティデス、カトー、ブルトゥス[6]、アントニヌス、マルクス・アウレリウスといった人びとは、この世に有徳な魂が存在するかぎり、人類史にその名をとどめるだろう。宗教は、人間性と善行において卓越した著名な幾人かの人間を生み出すことをやめなかった。私は、あの気難しい狂信家の隠者たちをその数には入れない。彼らは、隣人に有益となりえた美徳を、宗教の牢獄のなかに埋め、社会に奉仕するより、社会の重荷となって生きることを好んだのだから。

今日では、古代人たちの事例に習うことから始めなければならない。人類をより善良にすることのできるあらゆる励ましの手段を活用することが必要である。学校で道徳の勉強を他のあらゆる知識に優先させなければならない。教育においては、簡単な方法を採用しなければならない。子供たちがそのもっとも未熟な幼少期から、幸せになるためには、美徳が不可欠であるということを学ぶ教理問答書を作ることは、この目的へのささやかな一歩ではないだろうか。私が望むのは、哲学者たちが空疎で興味本位の研究にあまり専念せず、彼らの才能を、道徳の面で活用することであり、とりわけ、彼らの人生があらゆる点で弟子たちの手本として役立つことである。そうすれば、彼らは、人類の教師の称号に正当に値することになるだろう。神学者たちは、わけのわからない教義の説明にはあまりかかわらないようにしなければならない。理性を超越した次元の神秘としてわれわれに告げられている事物を証明したいという熱狂から冷めて、実用道徳を説くことにいっそう熱心になる必要がある。飾り立てた演説を行なう代わりに、役に立つ、単純で明晰、かつ聴衆の理解力の及ぶ演説をしなければならない。人びとは、凝りすぎた理屈の果てに眠りこけてしまうが、彼らの利益が問題となるや目を覚ます。その結果、英知に満ちた巧みな演説をすれば、自己愛が徳の統率者となるだろう。説き聞かせようとする人びとにも類推できる最近の事例を用いるなら、ことは首尾よく運ぶだろう。

（6） ブルトゥス、ルキウス・ユニウス。ティトゥス・リウィウス『ローマ建国以来の歴史』第一巻で登場する古代ローマの伝説的共和主義政治家で、ローマ共和国初代執政官の一人（前五〇九）。ローマ最後の第七代王タルクィニウスの姉タルクィニアの息子とされる。タルクィニウスに対してクーデターを起こし、王政を倒して、共和制を設立した。カエサルを暗殺したマルクス・ユニウス・ブルトゥス（前八五—四二）も、彼の末裔とされる。

う。なぜなら怠け者の耕作者に畑をもっとよく耕す気を起こさせるには、勤勉な活動によって富を蓄えた彼の隣人の例を示すことで、おそらく彼を勇気づけることができるだろうからである。同様に、繁盛するか否かもひとえに彼ひとりにかかっている。ただし、手本は、模倣しなければならない人たちの能力の範囲内で、彼らと同類の人びとのなかから選ばれなければならない。社会的条件があまりに不釣り合いな例であってはならない。ミルティアデス[7]の戦利品はテミストクレスの眠りを妨げた。

偉大な事例が古代人たちにかくも強烈な印象を与えたのであれば、今日それらの事例の印象がより薄くなることなどあろうか。栄光への愛は立派な魂のうちに先天的に存在している。その愛に生気を与えさえすればよい。その愛を奮起させさえすればよい。そのときまで細々と暮らしていただけの人間は、この幸福な本能によって燃え立ち、半人半神に成り変ったように見えるだろう。私が提案する方法が地上の悪徳を根絶やしにするには不十分であるとしても、少なくともそれは、良き習俗への改宗者を少しは生み出し、援助がなければ、眠り込んだままであろう美徳を増殖させられるだろう。それは、つねに社会への奉仕となる。それがこの著作の目的である。

(7) ミルティアデス(?―前四八九)。アテナイの将軍で、マラトンの戦いでの勝利者。

教育に関する手紙——一七六九年一二月一八日文部大臣への手紙。ジュネーヴ人から、ジュネーヴ大学教授ビュルラマキ[1]氏に宛てた手紙。

二つの宛名を持つこの手紙は、あとに続く貴族の子弟部隊の指導者（ブッデンブロック王国総司令官）に与えられた道徳論の著作と一体のもので、実際には、一七七〇年四月　七日に文部大臣に宛てて出された。

あなたにこの国の統治体に関するすべてのことを説明しましたから、あなたの好奇心を十分に満たすことになっただろうと私は思っていました。ですが、私は間違っていました。この主題がくめども尽きせぬものであることにお気づきでしょうし、若者の教育は、良き統治にとって最重要の対象のひとつであるとお考えでしょう。また、あなたは、私が属している国家のなかで、人びとが教育に傾けている関心について、知っ

（1）　ビュルラマキ、ジャン・ジャック（一六九四—一七八四）。スイスの法学者で、ジュネーヴ大学教授。自然法、国際法の権威。『政治法の諸原理』（一七五一）など。

ていたいとお望みでしょう。あなたが私にお手紙でお尋ねになっているこうした疑問は、私を必要不可欠な議論へと導いていくことによって、通常の手紙の枠を超える返信をあなたにもたらすでしょう。私は、私たちの目の前で育てられている若者たちについて、考えるのが好きです。彼らは、現在の国民に監督が委ねられている未来世代です。いまの人類に取って代わるために進んでいく新たな人類です。再生しつつある国家のこの希望と力こそが、上手に導いてやれば、この国の繁栄と栄誉を永続的なものにしてくれるはずなのです。あなたと同様に私も、賢明なる君主は、みずからの国家のなかに、有益で、有徳な市民を育成することに全面的に傾注すべきである、とたえず考えています。ヨーロッパのさまざまな国家で若者に与えられている教育を私が検討したのは、今日に始まったことではありません。ギリシア人たちの共和国とローマ共和国が生み出したあの偉大な一群の人びとのおかげで、私は、あらかじめ古代人の訓育に対して、好意的な見解を持っていました。そして、私は彼らの方法に従ってさえすれば、私たち近代人よりも多くの良俗と徳を持つ国民が育成されるだろうと確信するようになりました。

貴族に与えられている教育は、ヨーロッパの端から端までたしかに非難されてしかるべきものです。この国では、貴族は親の家で最初の染色を受け取り、アカデミーと大学で第二の染色を受け取り、そしてあまりにも早く自由になるため、第三の染色は、自分で自分に施すことになります。これは最悪の染色です。親の家では両親の盲目的な愛情が、子供たちにとって必要な矯正を損なっています。ついでながら言えば、とりわけ母親は、あまりに横暴に夫を支配し、教育のあらゆる原理にふさわしい限度をわきまえずに、子供たちを甘やかすことしか知りません。子供たちは女召使の手に任されますが、彼女たちは、子供たちにおべっかを使い、有害な格率を子供に吹き込むことで、彼らを駄目にしてしまいます。その格率は、まだ感じやすい脳に刻み込まれる深刻な印象から芽生えて、どこまでも成長していきます。子供のために選ばれる指導者も、通常は神学者を目指す者か、法律見習いかのどちらかで、彼ら自身が一番お説教されなければならない連中なのです。こうした抜け目ない学者のもとで、かの若きテレマックは、教理問答やラテン語を学び、そしてなにがなんでも、少しばかりの地理学を、慣例によってフランス語を学びます。父親と母親は、自分たちが世間へ送り出した傑作を褒めそやし、心労がこの不死鳥の健康をしおれさせるのではと恐れて、だれもそれを再びとらえて連れ戻そうとはしません。一〇歳か一二歳で、この若い貴族は、この国では、あちこちにあって、不足することはない、アカデミーへと送り出されます。ここには、ヨアヒム修道会[2]のようなものも含めて、いくつかのアカデミーがあります。ベルリンの新しい貴族アカデミー[3]、ブランデンブルグ大聖堂アカデミー、マクデブルグのクロワトル・ベルグ・アカデミーなどがそれです。これらには有能な教授がいます。彼らについて言うことのできる唯一の非難は、おそらく彼らが学生たちの記憶をいっぱいに満たすことだけに傾注していること、学生たちに自分で考える習慣をつけさせず、かなり早い時期から彼らの判断力を鍛えもせず、彼らが魂を高めることを怠り、高貴かつ有徳な感情を彼らに吹き込むことをおろそかにして

(2) 一七五五年に一四人のドイツ貴族によって、ザクセン地方のコーブルクに設立された修道会。あらゆる宗派に寛容で、もっぱら教育福祉事業に取り組んだ。

(3) 貴族アカデミーは一七六五年にフリードリヒによって創設された。(原注)

いる、ということぐらいです。

その若者は、すでに学んだすべてのことを忘れなければ、アカデミーの入り口より先に足を踏み入れませんでした。というのも、彼は丸暗記した教えを教師に対して、暗唱するつもりしかなかったからで、もはやその気がなくなれば、暗記した教えの痕跡は、新しい考えによって、あるいは忘却によってかき消されてしまうからです。私は、コレージュで失われたこの時間は、若者の軽率さよりもむしろ、教育の欠陥によるものだと思います。勉学が生徒に課す苦しみは、のちに彼の最大の利点になることをどうして彼にわからせてあげないのでしょうか？　単に弁論術を生徒に教えることによってではなく、彼に自分自身で推論させることによって、どうして彼の判断力を鍛えないのでしょうか？　彼がたったいま学んだことを忘れないでいることが、彼の役に立つということを彼にわからせる方法はこれでしょう。

アカデミーを出ると、父親たちは息子たちを大学に送り出したり、軍隊へ入れたり、公職を得させたり、自分の領地へ追いやったりします。ハレ[4]とオーデル河のフランクフルトにある大学は、彼らの学業を完成させるでしょう。そうした大学は、時間が培うのにふさわしい優れた教授陣から構成されています。とはいえ、そこでは、ギリシア語やラテン語の勉強が、もはやかつてほども流行っていないということに残念ながら気づかされるでしょう。ドイツ人がかつてもっていた深い学識にうんざりしている、優れたドイツ人たちは、いまではできるだけ最小の費用で名声にたどり着こうとしているようです。彼らには愛想の良さに甘んじている隣国［フランス］というお手本があり、彼らは、たえず薄っぺらになっていくでしょう。かつて学生たちが大学で送っていた生活は、公のスキャンダルの対象になりました。大学という場はムーサイの聖域とみなされなければならないどころか、悪徳と無信仰の学校だったのです。職務上、剣をもった決闘好きの男たちは、剣闘士の仕事をしていました。[5] 若者たちは放蕩と不節制のなかで人生を過ごし、いつまでも知らずにいなければならなかったことを、そこで学び、学ばなければならなかったことを知らずにいました。この過ぎた自堕落は、殺された学生が出るまでになったのです。このことは、無気力な状態から統治体を目覚めさせました。統治体は、開明的でしたから、この放蕩を抑制し、現状を制度の目的へと連れ戻しました。それ以降は、父親たちは、大いに信頼して、子供たちを自己陶冶ができる大学へ送り出すことができるようになっています。大学へ行かせれば、生活態度が堕落すると心配することがなくなったのです。悪弊は改革されましたが、同じような修正を受けるべき悪弊がまだたくさん残っています。教授たちの私利私欲や怠慢は、知識が望まれるほど十分に広がることを妨げます。彼らは、できる限り薄っぺらに義務を果たすことで満足し、自分の講義録を読みます。そしてこれがすべてです。学生たちが教授たちに対して、私的な相談時間を強く求めても、彼らがそれを手に入れるには、法外な代価によるしかありません。このことは、金持ち

(4) ハレ大学のことで、この大学は、一六九四年に設立された。フリードリヒの曽祖父に当たる大選帝侯フリードリヒ・ヴィルヘルム(一六二〇―一六八八)の治世(一六五四―一六八八)のあいだに多くの大学が設立された。フランクフルト(オーデル河)、ケーニヒスベルク、デュイスブルクなどの大学がそれである。

(5) 古代ローマでは、市民の支持を得るために、政治家たちは、好んで、剣闘士奴隷の死闘を見世物として開催した。しかしながら、剣闘士の仕事は、奴隷の仕事として卑しめられていた。

でない人びとが大学という公共施設を利用することを妨げます。この施設は、知識欲から大学に引きつけられるすべての人びとを教育し、啓蒙するためにつくられているのですから、そうであってはありません。もうひとつの欠点は、若者が自分自身では、けっして演説や主張や議論を作文しないということです。それをやるのは復習教師であり、記憶力はあるが、たいていの場合、才能のない学生は、そこであまりかねをかけずに賞讃を集めます。なにもしないことを学ぶことは、若者を怠惰やものぐさへと向かわさないでしょうか？　人間のためには、骨身を惜しまない教育が必要です。彼は作文をしなければなりません。そしてそれは訂正されなければなりません。彼は自分の作品をとり替えなければなりません。そしてそれに何度も手を入れさせることを通じて、正しく考えることと自分の考えを正確に述べることに慣れさせなければなりません。こうした方法をとらないと、青年期の記憶を訓練しているあいだに、彼の判断力は錆びついてきます。知識は累積されるけれども、そこには知識を役立たせるのに必要な分別が欠けています。さらに、もうひとつの欠点は、解説される著作家たちの選定の誤りです。医学がヒッポクラテス[6]とガレノス[7]から始まるのは正しいことです。それが歴史がのひとつであるなら、この学問の歴史をわれわれの時代までたどることは正しいでしょう。しかしホフマン[8]の体系や、あるいはなんだかわからない無名の医者の体系を採用する代わりに、どうしてブールハーフェ[9]の優れた著作を解説しないのでしょうか？　このブールハーフェは、病気と治療法に関してわれわれの知性の効力が及ぶ範囲で、できるだけ遠くまで、人知を押し進めたと思われるからです。天文学と幾何学についても同様です。プトレマイオス[10]の体系からニュートン体系まで、すべての体系を見渡すことは有用です。しかし、常識は、もっとも完成され、誤りがもっとも取り除かれたこの最新の体系を選択することを望みます。かつてハレ大学には、哲学を教えるために生まれてきたような大人物がいました。ご推察の通り、私が話しているのは有名なトマジウス[11]です。彼らは、彼の方法にならい、同じように

(6) ヒッポクラテス（前四六〇頃—四七五頃）。古代ギリシアの医学者。彼の名前を冠した「ヒッポクラテス文書」が残っている。ガレノスらによってその説が伝えられている。

(7) ガレノス（一二九頃—一九九）。ギリシアの医学者。ローマにマルクス・アウレリウス帝によって招かれた。解剖学に精通し、医学を科学に高めた。ヒッポクラテスを師と仰いでいた。『自然の機能について』（種山恭子訳　内山勝利編、京都大学学術出版会）、『解剖学全集』（坂井建雄・池田黎太郎・澤井　直　訳、京都大学学術出版会）、『ヒッポクラテスとプラトンの学説』（内山勝利・木原志乃訳、京都大学学術出版会）。

(8) ホフマン、カスパル（一五七二—一六四八）。ドイツのゴータ出身の医者。アルトドルフの医学部で教鞭をとった。当時、医学で有名だったイタリアのパドヴァで修業した。

(9) ブールハーフェ、ヘルマン（一六六八—一七三八）。オランダの医者、化学者、植物学者。レイデン大学医学部の教授で、臨床医学の権威。古代のガレノス以来の医学を批判し、科学的医学の確立に努めた。その生理学的体系は、フランスの啓蒙主義者にも影響を与えた。フランス科学アカデミー会員（一七三一）。

(10) プトレマイオス、クラウディオス。二世紀のギリシア出身の天文学者、地理学者。アレクサンドリアの大図書館に勤務して古今の地理書を渉猟すると同時に天文観測を行い、世界地図を作成したと伝えられる。この地図は何世紀にもわたってヨーロッパ人の世界観のもといとなった、天動説を支えた。

(11) トマジウス、クリスティアン（一六五五—一七二八）。ドイツの法学者、哲学者。啓蒙主義的傾向の強い自然法学者。ライプツィヒ大学の自然法教授だったが、晩年はハレ大学に招かれた。当代随一の碩学を謳われた。

哲学を教えるより仕方ありません。さらに、諸大学は、彼がそう思われている限り、衒学趣味の錆を哲学から削ぎ落とそうなどとは、しませんでした。実を言えば、アリストテレスのクィッディタス[12]についても、物の側における普遍[13]についても教えられていません。「学識のもっともある、知識にもっとも優れたヴォルフの哲学」なるものが、今日では、「古代の学園」の大立者［アリストテレス］にとって代わりました。また、実体的形相[15]からモナドと予定調和［いずれもライプニッツ哲学の中心概念］へ、すなわち、捨て去られてきた体系と同じくらい馬鹿げた、訳のわからない体系へと置き換えられています。それ以上でも、それ以下でもなく、教授たちが訳のわからない話を繰り返したのは、彼らがそれらの言葉に親しむようになったからであり、それがヴォルフ派の習慣であるからです。

かつて私は、こうした啓蒙哲学者のひとりと共に過ごしたことがありますが、彼は「ライプニッツの」モナド論〔単子論〕に夢中でした。「今までにロックの著作を一瞥したこともありませんか」、とへりくだりながらあえて私は彼に尋ねました。「すべて目を通しました」、と彼はぶっきらぼうに答えました。「給料を支払われている以上、あなたがなにごとにも精通していなければならないことを私は知っていますよ。けれども、あなたはあのロックをどう思いますか」、と私は言いました。「あの人はイギリス人でしょ」、と彼はそっけなく答えました。私は次のように付け加えました。「いかにイギリス人でも、彼は私には非常に賢くみえます。彼は形而上学の闇のなかでも経験という自分を導くための糸をけっして手放していません。彼は慎重で、わかりやすいですよ。このことは形而上学者にとって大きな長所です。彼の言うことには大いに理があるだろうと、どうしても私には思えます」。こう話すと、私の話している教授は顔を真っ赤にしました。ほとんど哲学的ではない怒りが、彼の視線と所作に表われました。「それぞれの国には異なる風土があります。それぞれの国は国民の哲学を持たなければなりません」、と彼はいつもよりも活発な声で私に主張しました。私はこう即答しました。「真理はすべての国のものです。真理が大学への密輸品として見なされなければならないとしても、われわれのもとにはたくさんの真理が来ることが望ましいでしょう。そのうえ、幾何学分野は、ドイツでは、ほかのヨーロッパ諸国ほど発展していません。ドイツ人の頭は幾何学に向いていないといわれますが、それはたしかに間違いです。ライプニッツとコペルニクスの名が、それとは正反対であることを証明しています。その理由は、この学問が奨励されていないこと、とりわけ教えることに十分長けた教師がいないことにあるように私には思えます」。

今一度私は、若い貴族の話に戻ることにします。私たちはアカデミーや大学を卒業するところで話をやめ

(12) アリストテレスに由来する概念で、物自体にある性質を指す。スコラ哲学で議論の対象になったが、とくにドゥンス・スコトゥスが個別化の原理としてこの概念をとりあげた。

(13) スコラ論争の中心論題で、普遍が実在するか否かをめぐって唯名論と実念論が戦いを繰り広げた。実念論は、物の側に普遍が存在するとした。唯名論は、物の側には普遍は実在しないと考えた。

(14) ヴォルフ、クリスティアン(一六七九―一七五四)。ドイツの哲学者で、ライプニッツの信奉者。当時の大学の哲学はヴォルフ哲学が席巻した。ハレ大学教授に彼を招聘したのはフリードリヒその人である。

(15) アリストテレスの観念で、無生物の物体が運動変化を起こすのは、そのような運動変化を引き起こす実体形相がその物体に宿っているからと考えた。デカルトは、この考えを否定したとして、攻撃された。

ていましたから。それは、ここを卒業するときには、子供たちが選択しなければならない職業を親が決定する瞬間です。しかし、普通は、偶然がこの選択を決定します。これらの若い貴族の大多数は、軍人身分がこの国では紛うことなき道徳の学校であるので、そこへ彼らを入れることを恐れています。若い士官たちはなにごとも容赦されません。彼らには、節度があり、規則正しく、品位がある行動が強いられます。彼らは注意深く啓発されます。容赦ない監督者が彼らにはつきます。彼らはもしも矯正不可能であれば、そもそもいかなる後ろ盾があったとしても、除隊を強いられ、そうなると、もはやだれからも気遣いを受けることは、期待できなくなります。これはまさしく彼らをぞっとさせる事態です。というのも、彼らは、名家出身であることを笠に着て、見境なく空想力の気まぐれと、生活習慣を逸脱することとに身を委ねることを望んでいたからです。したがって、軍職に就く名門の子弟はほとんどいません。次男以下の子弟部隊がそれを補います。これらの人材は、有能な一士官[16]の管理の下に委ねられます。彼は、若者を育てることに人生の幸福を見出しており、若者の教育を取り仕切り、魂を高め、徳の諸原理を教え込んで、彼らが祖国にとって有用になるように努めます。この施設は、貧しい貴族向けであって、名家は子弟をそこに預けはしません。父親が息子を経済界や法曹界へ入れさせるやいなや、息子は、父親を見失い、ひとりぼっちになり、彼が身に着けるはずの癖を決定するのは、偶然だということになります。大学を卒業すると、しばしば領地の相続人に就かせられます。そこでは、彼が学びえたことはすべて、役に立たないも同然のはずです。これこそが、おおざっぱに言って、若者の教育のために採られている歩みです。これが、そこから生じる悪です。

この最初の教育の軟弱さが若者たちを女々しく、お人好しで、怠惰で、腰抜けの人間にしてしまいます。

古代ゲルマン人の血筋に似るのではなく、彼らは、この国に移住してきたシバリス人[17]植民者と取り違えられることでしょう。彼らは暇と怠惰のうちに淀み腐ってゆくのです。彼らは、自分たちがこの世界で快楽と安楽を得るためだけに存在していると思い、自分たちのような人間は、社会に役立つ人間になるという義務から解放されていると思っています。そこから、あのような逸脱行為や愚行の数々が生まれ、彼らが借りた借金が生まれたのです。放蕩ぶりと浪費癖も、そこから生じ、それらがあれほどの数の富裕な家族をこの国において破産させたのです。あのような欠陥は、教育のせいばかりでなく、年齢のせいでもあることを私は認めます。多少の違いはあるにせよ、青年期というものはどこにおいても似たり寄ったりであることはわかっています。そして青年期においては情熱がきわめて強く、理性が必ずしも一番強いとはかぎらないことも認めましょう。しかしながら、賢明で、より男らしく、必要な時には、より厳格な訓育によるなら、名門の子弟が落ち込もうとしている破滅の淵で、彼らを見事に踏みとどまらせるはずだと私は確信しています。女帝[18]のオーストリアやその諸州でのように、長子相続権がこの国では制定されていないだけに、彼らの品行の乱

(16) ヨハン・ヨプスト・ハインリヒ・ヴィルヘルム・フライヘル・フォン・ブッデンブロック（一七〇七―八一）。プロイセン王国総司令官のこと。一七二四年に子弟部隊に入り、その後、戦功を挙げ、フリードリヒから祖国への貢献を大いに讃えられた。一七六七年から死ぬまで王国総司令官の座にあった。

(17) 南イタリアの古代都市で、この都市の住民は、怠惰と惰弱で有名だった。

(18) 神聖ローマ帝国の女帝マリア・テレジア（一七一七―八〇）のこと。彼女の継承権に異を唱えて、フリードリヒはオーストリア継承戦争を引き起こした。

れはなおさら、重大な結果をもたらします。一族が退廃と貧困に陥るには、一族のなかにひとりの悪しき臣民がいれば十分です。こうした印象的な事例の数々は、子供たちを注意深く、正しく育てることに、父親たちの注意を倍加させるに違いないと私は思います。その分、彼らは、いっそうまめに気を配って、自分たちの子供が先祖の威光を保つことができるようにし、祖国に対して有用な臣民となり、個人的な尊敬を集めるに値する臣民であることができるようにします。子供たちのために財を蓄え、子供たちを独り立ちさせ、彼らに職務を得させることで、だれでも共通して、相続に十分備えてきたと思っているでしょう。それはたしかに良き親に値する心がけです。しかし、それだけにとどまってはなりません。肝心な点は、子供たちの良俗を養い、その判断力を早めに成熟させることなのです。私はこれまでしばしばこの点について、こう叫びそうになってきました。「家長のみなさん、わが子を愛しなさい、みながあなたがたにそうするよう促していますが、それは、彼らの真の利益へと向かってゆく分別のある愛から発したものです。神があなたがたに託した聖なる預かりものとして、みなさんがその出生を目の当たりにした、若き人たちを見守ってください。あなたがたの理性は、彼らの年相応の知性の脆弱さや身体の脆さのなかで、その支えとして、子供たちの役に立つはずです。彼らは世間を知りません。あなたがたがそれを知っています。ですから、子供たち自身の利益とあなたがたの家族の利益と社会の利益が要求する通りに、彼らを育てるのはあなたがたにかかっているのです。ですから、このことは何度でも言いましょう。彼らが自分たちの歩みを振り返り、賢明で思慮深くあるように、そして彼らが慎ましさと単純さを愛するように、子供たちの良風美俗を養い、彼らに有徳な感情を教え込み、彼らの魂を高め、勤勉にし、念入りに彼らの理性を培うようにしてほしいのです。そうして、死に際してあなたがたの遺産を彼らの良風美俗に託してほしいのです。そうすれば、それはうまく管理され、あなたがたの一族は威光に包まれて暮らしてゆくことでしょう。そういう風にしなければ、浪費とさまざまな乱脈があなたがたの死の瞬間からに始まることでしょう。そして、もしあなたがたが三〇年後に生き返ろうものなら、あなたがたの美しい数々の建物がよそ者の手に渡っているのを目にすることでしょう。私はいつもギリシア人とローマ人の法律に立ち返ることにしています。私は彼らにならって、息子は二六歳まで自由にさせてはならないこと、そして父親はある意味では、子供たちの行ないの責任者であると思っています。そうだとすると、青年時代には、質《たち》の悪い召使仲間と付き合いを持せてはならないことは間違いありません。子供たちに与えるつもりの先生や養育掛について、より賢明な選択をしなければなりません。私たちは彼らにもっともかけがえのないものを託すことになるのですから。父親自身が、悪の芽を摘むために、子供を必要な範囲で、叱り、罰しなければならないこともまたたしかです。アカデミーや大学では、青年時代に暗記で記憶を満たしながらも、主要部である推論の分野も看過しないようにするために、そして卒業したのち、父親は、子供たちが悪い連中と付き合って堕落しないように見守るために、必要な改善を、以上のことに付け加えてください。というのも、最初の手本は、良くも悪くも、青年期では実に強い印象を与えるので、しばしばその性格を変わりにくいものへと決定づけるほどだからです。数ある暗礁から、青年期をまさに守ってやらなければなりません。そういう暗礁から、怠惰な精神、放蕩、遊び、そしてあらゆる悪行が生まれてくるのですから。父親の義務は、さらに広い範囲にわたっています。思うに、息子の天分が定めるものへ息子の将来を向かわせるには、父親は、みずからの分別をうまく使って、息子の才能を正確に評価しなければなりません。彼らがどういう道を選ぶにせよ、彼らが獲得した知識がどのようなものであれ、それはいくら持っても持ちすぎることはありません。兵役はきわめて幅広い知識を要求するものです。まさに次のような、滑稽で不適切な主張が世間では、多くの人の口にのぼります。私の息子は勉強しようとしない、とにかく、この子は兵士にするにはぴったりだろう、と。歩兵どまりならそれでいいでしょうが、一等職にのし上がろうとする将校には、それは当てはまらないでしょう。とはいえ、一等職こそ、目指すべき唯一の目標なのですから。そのうえ、父親の堪え性のなさと熱情は、また別の不都合を引き起こします。というのも、年齢が子供たちの能力を導き、彼らの理性を成熟させるよりも前に、父親は自分たちの息子に一刻も早く財を成してほしいと思い、下の階級から最高の階級へと一足飛びに移ることを望むからです。

司法、財政、政治、軍隊は、たしかに、輝かしい生まれ、つまり貴族階級を栄えあるものとしています。しかし、もし生まれが功績にまさるようになれば、国家からすべてが失われるでしょう。それは誤った不合理な原理ですから、その原理を援用した統治体は致命的な帰結に遭遇します。だからといって、規則に例外はないだとか、功績と才能が特別な取り計らいを求めるような早熟な臣民など見当たらないとかと言うべきではありません。望むべくは、その模範がもっと一般的だったらということのみでしょう。結局のところ、人間はその欲するところのものになるということを私は確信しています。ギリシア人とローマ人があらゆる領域において一群の偉大な人物を生み出したということ、そしてそのことは彼らの法律によって確立されたあの男らしい教育に負っているということは揺るぎありません。もしこれらの例があまりに古めかしく見えるというのなら、ピョートル大帝[19]の仕事を考えてみてください。彼はまったく野蛮だった民族を文明化することに成功しました。ですから、文明化した人民においては、どうして教育のいくつかの悪徳をただささなかったなどと思えるのでしょうか。技芸と学問は、習俗を柔弱にすると誤解されています。精神を啓蒙するもの、知識の範囲を広げてくれるものはみな、魂を貶《おとし》めるのではなく、魂を高めます。ですが、この国ではそうはなっていません。学問がもっと好まれていればよかったのに！　教育する方法にこそ欠陥があるのです。その方法をただせば、習俗と徳と才能とが生まれ変わる姿をみることになるでしょう。女々しくなった若者は、しばしば、私に、ゲルマニア人の誇り高き守護者アルミニウス[20]が、もしスエービー族[21]とセムノーネース族[22]の世代が衰退し、堕落し、品位を落としたのを見たなら言ったであろうことを考えさせました。で

（19）ピョートル大帝（一六七二―一七二五）。ピョートル一世ロシア皇帝（一六八二―一七二五）。啓蒙的専制君主で、ロシアのヨーロッパ化を成し遂げた。カール一二世を最後にはポルタヴァの戦いで打ち破った。

（20）アルミニウス（前一八―後二〇）。ドイツ人の先祖と言われる古代チュートン人の族長のラテン語名（ドイツ語名はヘルマン）。ゲルマニア地方を解放した。人質としてローマで育てられ、アウグストゥスに仕えたが、祖国ゲルマニアの解放を勝ち取るために、アウグストゥスと戦い、勝利を収めた。

（21）ゲルマン人の大部族。エルベ河東岸のスエービア地方に住んでいたが、しばしばローマ帝国領土に侵入。五世紀初頭にイベリア半島に達する。六世紀末には西ゴートの支配下にはいる。一部はフランク王国内でシュヴァーベン公国を形成。タキトゥスの『ゲルマニア』によると、スエービー族はセムノーネース、ランゴバルディーなどの支族の連合体である。

すが、大選帝侯フリードリヒ・ヴィルヘルムが、男らしい民族の長として、スウェーデン人を領邦――スウェーデン人だったら、それらの領邦を荒廃させていたでしょう――から追い払った彼が、なにも言わないなどということがあったでしょうか。その当時あれだけ有名だった家門はどうなったのでしょうか、そして息子たちはどうなったのでしょうか。それでは、現代において栄華を極めているあの家門はどうでしょうか。子孫に対して負っているあらゆる義務を果たすべく奮い立つために、父たるものはだれしもそのような反省をしなければならないのです。

いまや、もう一方の性にたいへんに影響を与える性でもあるので、女性について論じる段になりました。ここで彼女たちが受けてきた高等教育によって、一定の年齢の女性を、最近上流社交界に入ってきた女性から区別することができます。彼女たちは知識があり、機知を愉しみ、つねに品位のある快活さをたもっています。この両者の対照は、私にはたいへん衝撃的に思えたので、その理由を友人のひとりに尋ねました。彼が言うには、「以前は貴族の子女を自分の家で下宿に受け入れる才覚ある女性がいくらかいました。世間は競って自分の子供をそこに預けようとしました。このようなところにおいてこそ、あなたがたが歓迎するような淑女が育てられてきたのです。そういった学校は、それらを設立した女性たちが亡くなってから、消えてしまい、だれも彼女らにとって代わることはありませんでした。その結果、それぞれは自分自身の家で子供を育てるほかなくなりました。そこで採られている教育方法の大部分は、非難さるべきものです。だれも娘の精神を涵養しようと努力することはなく、娘たちは知識もなく、徳と名誉の感情を抱くことさえないままに放置されるのです。一般の教育は、見た目の優雅さやうわべや取り繕いが眼目になっています。それに音楽関するごく上っ面の知識やいくらかの喜劇ないし小説の薀蓄《うんちく》に、ダンスと娯楽を付け加えるなら、あなたは、この性のあらゆる知識の要約を手に入れたことになるでしょう」。

私は、第一身分の人間が自分の子供を女優のように育てていることに驚いたことを打ち明けます。彼女たちは衆人の注目をしつこく求めているように見えますし、気に入られることに満足していて、敬意と尊敬を求めているようには見えません。なんということでしょう！　運命によって彼女たちは、家族の母になるように導かれているのではないでしょうか。すべての教育をこの目的に向け、彼女たちの名誉を傷つけるものすべてに対する恐怖を彼女たちに早い時期から吹きこみ、消え去り色あせてしまう美の利点に代えて、有益で永続的でもある英知の美点を彼女らに教えこまなければならないのではないでしょうか。時間をかけて彼女たちの子供に良俗を教えこめるようにしなくてもよいのでしょうか。そして、もし彼女たちが自分自身で良俗をまったく持っていなかったとしたら、無為徒食や軽薄さや奢侈や消費の趣味だけだったとしたら、世のひんしゅくを買う行為をしでかして、彼女たちが自分の家族のよき手本となれないとしたら、その子供に良俗を教え込めるとどうして言い張ることができるのでしょうか。家父長の怠慢は、私には許しがたいことに思われるということを告白します。もし彼女たちの子供が堕落したなら、彼らがその原因です。

カフカス人[23]は野蛮人だから大目に見なければなりません。彼らは自分の娘たちにありとあらゆる媚態と快楽のやり方を教えこんでいます。それは、その後、コンスタンティノープルのハーレムに彼女らを高く売り

---

(22)　スエービー族のなかで、もっとも強大な支族。エルベ河とオーダー河とのあいだに居住した。

払うためなのです。これは奴隷売買です。しかし自由で、文明化された国民にあっても、初期の時代の貴族身分は、この慣例に従っていたようです。貴族身分が体面をほとんど重んじていなかったので、良俗と美徳を欠いた娘の振る舞いが家族に対する非難を招くことになっても、無頓着でいられるぐらいでした。そういうわけで、一番あとの世代は、いつまでも彼らをとがめることになるでしょう。本題へ入りましょう。女たちの無軌道ぶりは、体質の熱さというよりも、むしろ彼女たちが送る無為な生活に原因があります。鏡の前で、自分の魅力を深慮し、磨き上げ、見とれることに、二、三時間を過ごすこと、夕食後はずっと悪口で過ごし、その後、見世物を見て、夜はゲームをし、そして夜食をとり、またゲームをして過ごします。そんなことで自省する時間があるでしょうか？　だらだらとした怠惰な生活のなかでは、たとえ変化に富んでいるだけだとしても、あるいは新奇な気分にさせてくれるためだけだとしても、退屈のせいで、別種類の快楽に救いを求める気に彼女らをさせないでしょうか？

人間を閑居させないというのは、彼らが不善をなさないようにするためです。簡素で、粗野で、骨の折れる農村生活は、大勢の怠け者が大都市で送る生活よりも純真素朴です。将軍たちの古《いにしえ》の格言とは、野営地における放縦、無秩序、暴動を防ぐために、兵士たちには任務を与えなければならないというものです。人間はみな互いに似ています。近親者たちのふしだらな振る舞いと、慎ましやかで節度ある素行を同じ視線でみるくらい馬鹿でなければ、彼女らに自分で仕事をするように教えるべきなのです。娘は針仕事、音楽、ダンスにさえ喜びを感じることができます。しかし、とりわけ彼女にエスプリを教えこむようにし、すばらしい作品に対する趣味を与えることに熱心に取り組むようにしなければなりません。彼女の判断力が鍛えられなければなりませんし、堅い本を読ませて彼女の理性を育てなければなりません。彼女が家政を学んでもなんら恥じることではありません。彼女が自分の家の家計を決算することや、家計を整えることは、債権者の善意で、ずいぶん前から貸しつけられていたものを返金することも考えずに、四方八方から無分別にかねを借りまわることに比べたら、それは良いことです。

ヨーロッパで人類を構成するこうした半数の人びとがどれほど軽蔑されており、自分の理性を完成させることができるすべての事柄が無視されるに至っているかということを思い浮かべるにつけ、私はしばしば憤慨していることをあなたがたに告白します。私たちは、男性にまさるとも劣らない女性を数多く見ています！　現代において、偉大な女王たちは彼女らの前任者たちよりはるかに優っていますし、それが実情です。…ただ、彼女らの徳と才能の頂点に置かれている、極端なまでの慎み深さを傷つけて不興を買ってはいけませんから、あえて名前は挙げません。より男性的でたくましい教育を受けていれば、この性（女性）は私たちの性を凌いでいるかもしれません。それは美しさという魅力を持っているのですから、才気ある女性の方が好ましくはないでしょうか？

本題に入りましょう。社会は、社会自身を再生産し、永続化する合法的な結婚がなければ存続することができません。したがって、男性と女性が一家の長としてのさまざまな義務を等しく果たすことができるよう

(23) 現代では、チェルケス人。コーカサス人とも呼ばれる民族。黒海東岸とカスピ海西岸に挟まれた山岳地方に居住する。

に、やがては後裔の株となるために、私たちが育てるこの若き苗木の世話をしなければいけません。理性・才気・才能・良俗・徳は、こうした教育の基礎としても役立つものでなければいけませんし、その教育は、それを受けた人びとが、今度は自分たちが命を与える人びとへと伝えていくことを目的としていなければいけません。

最後に、こうした主題に起因することをなにひとつ書き漏らさないようにするために、父権の濫用をここに加えなければいけません。父権は、ときに娘たちを不釣り合いな結婚の軛《くびき》につなぎます。父親は自分の家の利害しか顧慮せず、時には婿を選ぶのに自分の気まぐれにしか従いません。父親は、お大尽であれ、歳を食った男であれ、彼を喜ばせる男であれ、こうした連中とたまたま出会います。彼は娘を呼んで、こう言うのです。「娘よ、お前を某氏に妻として与えることに決めたぞ」と。娘の方は、悲しんで「お父様、すでにお決めになったことなのですね」と返事をします。こうして二人は、性格も生活習慣も相容れないのに、結婚をします。この不幸な縁が出来上がると、この当世風の新婚所帯に問題が起こり、すぐに反感と嫌悪と醜聞とが続きます。ですから、不幸になるのは二人なのです。しかも結婚の大目標から外れています。男性と女性は別れ、放蕩のなかで散財し、軽蔑され、惨めな状態に行き着きます。私が父権を尊重していることは人後に落ちませんし、それにまったく反対していません。私が望んでいるのは、二人の性格と二人の年齢にある種の不一致があるときには、父権を手中に収めている人がそれを濫用して、自分の子供たちを無理に結婚させるようなことはしないでもらいたい、ということであり、父権を持つ人が気まぐれで相手を選んでもいいが、生涯にわたって子供たちの幸不幸を決する婚約については、子供たちに相談ぐらいはしてもらいいたいということです[24]。それだけですべての結婚がましになるとは言わないまでも、少なくとも、自分たちの行動の自堕落ぶりを、両親が自分たちに振るった暴力のせいにする子供たちから言い訳を取り除くことぐらいにはなるでしょう。

以上が、おおよそ私が教育の害悪に関して、この国について行なった考察です。もし私が公共の利益というものに熱を上げすぎているとお思いになるとしたら、あなたが私を責めるその欠点を、むしろ私は誇りに思うでしょう。人間に多くのものを求めるなら、そこから少なくともなにかは得られます。私にもわかっていることですが、賢明かつ怜悧な大家族をお持ちのあなたは、父親という立場があなたに課しているさまざまな義務についてよくよく考えられてきましたし、あなたご自身のお考えのなかに、私がいま開陳した考えの芽を見出されることでしょう。社交界では瞑想することなど滅多にありません。人びとはありきたりの考えで満足し、反省することがよりいっそう少なく、習慣と流行のあらがいがたい力に従っており、それが教

(24) このくだりは父王に結婚を決められたフリードリヒ自身の苦い体験にもとづいている。フリードリヒは、イギリス王女アン(一七〇九―五九)に憧れを感じ、文通をしていたが、結婚を父王から反対され、断念した。その後、父王からの虐待に耐えかねたフリードリヒは、アンのもとへと逃亡を計画したが、失敗し、父王から処刑されそうになった。逃亡事件後、三年して、父王は、ブランシュヴァイク公の娘との縁談をフリードリヒに持ちかけた。彼は、結婚を渋っていたが、形式的なものと諦めて、彼女と結婚した。しかし、やはりフリードリヒにとっては、この結婚は、完全に儀礼的、政略的なもので、二人のあいだには、子供もなく、一年に一回、妻の誕生日に、居城に顔を見せるだけで、生涯、結婚生活を送らなかった。

育にまで及んでいます。ですから、人びとが従っている誤った行動原理に、結果と帰結が対応しているとしても、それはなんら驚くべきことではありません。私は、パイナップルやバナナや異国のその他の植物をこの国の厳しい気候のなかで繁殖させるために費やされている労苦のわりに、人間に向けられる注意の少なさに憤慨しています。人は私に好きなことを言うでしょうが、人間はこの世界のあらゆるパイナップルより貴重なものです。育成されなければならないもの、私たちのあらゆる気遣いと労苦に値するものは、この植物なのです。なぜなら、祖国の装飾と栄光となるのは、この植物なのですから。

若い貴族のための道徳論

フリードリヒがプロイセンを強力な軍事国家に育て上げるために、ベルリンに設けた貴族の子弟部隊に与えた道徳論で、一七七〇年三月二九日に公表された。原文はフランス語で、ドイツ語に翻訳されたものがブッデンブロック王国総司令官のもとに送られ、その後、部隊に配布された。フリードリヒは、ダランベールとヴォルテールに写しを送った。

問い　徳とはなんでしょうか。

答え　それは、われわれ自身の利益のために社会の義務を満たすようにわれわれを導く精神の幸福な性向を言います。

問い　社会の義務とはどういったものでしょうか。

答え　服従です。そして父たちがわれわれの教育に払った気遣いに関して、われわれが父たちに負っている感謝の念です。われわれの持てるあらゆる力を尽くして、父たちを支えること、また彼らが老いたときには、われわれの優しい愛情によって、ひ弱な子供のときに彼らがわれわれに与えてくれたのと同じように彼らに奉仕することにあります。兄弟に対しては、天性と血縁とが彼らに対する忠誠と愛着をわれわれに教えてくれます。それは、人間愛のもっとも堅固な絆によって彼らと結びついたわれわれが、同じ起源にかかわる人間として彼ら兄弟に負っている忠誠と愛着です。父という資格のために、われわれは可能なかぎりの注意を払って子供たちを育てるように義務づけられており、なにより子供の教育と良俗に心をくだくように義務づけられているのです。というのも、徳と知識は、子供に遺産として残されるように貯蓄された財産よりも、千倍も貴重だからです。市民としての資格は、われわれに次のようなことを義務づけます。社会全体を尊重すること、すべての人間を同じ種に属する存在として考えること、彼らを自然がわれわれに与えた仲間あるいは兄弟だとみなすこと、そしてわれわれが彼らにそう振る舞ってほしいと思うのと同じ仕方で彼らにたいして振る舞うこと――これらのことを市民としての資格は、われわれに義務づけるのです。祖国の一員という資格においては、われわれはみずからのあらゆる才能を祖国に役立つように用い、誠実に祖国を愛さなければなりません。というのも、祖国とはわれわれの共通の母なのであり、もし祖国の利益が求めるなら、われわれは祖国にわれわれの財産と生命とを捧げなければならないからです。

問い ああなんと、そこには美しく良き原理があることでしょう。いま問題なのは、あなたがこうした社会の義務とあなたに固有の利益とをどのように調停するのかということです。あなたが父親に対して持っている先ほどの子としての尊敬と服従は、父親の意志に身を委ねなければならないときには、あなたの妨げとなるのではないですか。

答え 服従するために、時にはみずからに無理を強いるように義務づけられることがあるというのは、疑いようがありません。ですが、あなたは自分を生んでくれた人に対しては十分に感謝できているでしょうか。私自身の模範を通じて、私の子供たちが私の意志に従いながら私を模倣するように促すことを、私の利益は求めているのではないでしょうか。

問い　あなたの理由に反対するようなところはなにもありません。ですからこの主題に関してこれ以上あなたにお話しするようなことはありません。しかし、しばしば起こることですが、もし家族の問題や遺産をめぐる議論があなたがたを引き裂くとすれば、どのようにしてあなたがたの兄弟姉妹との結びつきを維持するのですか。

答え　それならあなたは、血縁のつながりがつかの間の利益にまさることもないほどに脆弱だと考えているのですか。もし父親が遺言を残すなら、父親の最後の意志に同意することは、われわれの義務でしょう。もし遺言なしに彼が亡くなるなら、法律があり、それがわれわれの意見の対立を終わらせてくれます。このようにして、なにも私に重大な偏見をもたらすものはないのです。嫉妬の怒りや難癖への執着が私の心をとらえたときでさえ、われわれは受け継がれてきた遺産の根幹を訴訟によって食い尽くそうとは思わないのではないでしょうか。このような次第で、私は示談で折り合うことになり、不和がわれわれの家族を引き裂きはしないでしょう。

問い　あなたの誤りによってご家族の軋轢を引き起こすことがないくらいに、あなたが十分賢明であると思いたいところです。しかしながら、過ちはあなたの兄弟や姉妹の方からくるかもしれません。兄弟や姉妹は、あなたにたいしてひどい態度をとることがあるかもしれないし、あなたを妬み、名誉を汚す仕方であなたについて話して、あなたに不愉快な思いをさせるかもしれないし、もしかしたらあなたを破滅させようと躍起になりさえするかもしれません。そのときあなたは、あなたの義務の厳格さとあなたの幸福という利益とをどのようにして調停するのですか。

答え　彼らの行為が引き起こした怒りの最初の瞬間がおさまればすぐに、私は加害者ではなく、むしろ被害者としての栄光を得ることでしょう。その後、私は兄弟姉妹と話すでしょう。私は、彼らのなかに私の父母が伝えた血を見出してこれを尊重するとき、彼らに対して公然たる敵に対すると同じように振る舞うことは私には不可能だが、しかし、彼らが私を傷つけることのないように用心はしている、と彼らに言うでしょう。この寛容な方法は、彼らを理性へと連れ戻すことができるでしょうし、もしそうならなかったとしても、それでも私に向けられるような非難はなにもないという慰めを得るでしょう。同じような方法が分別ある人びとからの喝采を引き寄せるに違いないので、私も十分に報いられていると気づくでしょう。

問い　そんな寛大さがあなたにとっては、なんの役に立つのですか。

答え　私がもっとも大切なものだと思っているもの、つまり、汚れなき名声を保持することに役立つのです。私の幸福全体がそれにもとづいて打ち立てられるのですから。

問い　人びとがあなたに関して抱く意見のうちには、なにか幸福のようなものが存在することができるのでしょうか。

答え　私が頼りにしているのは他人の意見ということではなく、みずからが理性的で人間的で慈悲深い存在であることに値すると気づくときに感じる、えもいわれぬ満足感です。

問い　あなたは先ほど、子供がいれば、彼らのために富を蓄えることよりも、彼らを有徳にすることに、よりいっそう気を配るだろうとおっしゃいました。なぜ子供の財産を築きあげることがそれほどたいしたことではないとお考えなのですか。

答え　というのも、富はそれ自体ではなんら価値をもたず、ただ正しく用いられることによってのみ価値を獲得するものだからです。ですが、私が子供の才能を養い育てるなら、子供に良俗を涵養するなら、子供の個人的な長所は彼らの財産となります。そうではなく、もし私が子供の教育に気を配らなければ、私が子供に残すことのできる財産がどれほど大きかろうと、彼らはそれをすぐさま散財してしまうでしょう。それに、私の子供が評価されるのは、その性格であり、気骨であり、才覚であり、知識であって、財産ではないことを私は望んでいます。

問い　それは社会にとっては大いに有益であるにちがいありません。しかしあなた自身に関していえば、どのような利点をあなたはそこから引き出すのですか。

答え　たいへん大きな利点を引き出します。というのも、よくしつけられた子供は、私が老年になったときのよき慰めとなるでしょうし、そのような子供は、悪しき行ないによって私の名前や先祖を汚すこともないだろうからです。また、彼らは分別があり賢明であるので、みずからの才能を用いれば、私が残すことのできる財産は、子供たちが名誉をもって存続していくのに十分だろうからです。

問い　高貴な出自や名高い先祖をもつことが、その子孫が功績をあげることを免除するとは考えないのでしょうか。

答え　その逆で、それは先祖を上回るための励ましになります。というのも、自分の血族の品位を下落させることほど不名誉なことはないからです。この場合、祖先の威光は、その子孫を輝かせるのではなくて、不名誉を明らかにすることにしか役立ちません。

問い　同じく、お聞きしなければならないのは、社会に対する義務に関してあなたが提唱されたことの説明です。あなたがしてほしいと思わないだろうことを他人に対してしてはならないとあなたは言われました。これはとても曖昧です。この言い方であなたが考えていることを詳しくお聞かせください。

答え　それは難しいことではありません。私に苦悩をもたらすことと私にとって快いこととを一瞥するだけでよいでしょう。

1　だれかが私から財産を奪うようなことがあれば怒りを覚えるでしょう。ですから、私はだれからも財産を奪ってはならないのです。

2　だれかが私の妻を誘惑するなら、それは限りない苦悩となるでしょう。ですから私は他人の寝床を汚すようなことをしてはならないのです。

3　私に対して敬意を欠く、あるいは誓いを破るような人を私は嫌悪するでしょう。ですから私は誠実に誓いを守らなければならないのです。

4　私を辱める人を私は嫌うでしょう。ですから私は人を中傷してはならないのです。

5　だれも私の生命に対する権利を持っていません。ですから私はだれに対しても生命を奪う権利を持つことはないのです。

6　私に忘恩を示すような人びとは私を憤慨させます。ですから、どうして私は恩人に対して恩知らずを働くことがあるでしょうか。

7　私が安息を好むのであれば、他人の平穏を脅かすことはありません。

8　私が欠乏のうちにあり、だれかに助けてもらいたいのであれば、助けを求めている人に私が助けを拒むことはありません。というのも、私は慈悲深い魂に出会ったときに感じる喜びを、そのとき感じるからです。人類の災禍に同情し、不幸な人びとを守り、助け、救済する献身的な心に出会ったときに、私は喜びを感じるということです。

問い　なるほど、あなたは社会のためにそうしたことすべてをやっているのですね。ですが、あなた自身には、そこからなにが得られるのですか。

答え　私がそうありたいと思う姿でいられることの甘美な満足感です。つまり友であるのにふさわしい存在、私の同胞から寄せられる評判にふさわしい存在、私自身への賞讃にふさわしい存在であることの満足感です。

問い　そのように振る舞いながら、あなた自身はありとあらゆる自分の情念を犠牲にしてはいませんか。

答え　私は自分の情念に対する歯止めを手放してはいません。私が情念を抑制するとすれば、それは私自身の利益のためですし、強者によるさまざまな権利侵害に対して、弱者を保護する法律を守るためです。そして、私の名声を保ち、こうした法律が違反者に科す刑罰を蒙らないためです。

問い　たしかに、法律は公共の犯罪者たちを罰しています。ですが、どれほどの数の悪事が、暗闇に包まれて、正義と掟の女神であるテミスの鋭い眼差しから隠れていることでしょう。処罰を免れているおかげで大罪を享受しているあの幸せな罪人の数のうちに、どうしてあなたが含まれてはいないと言えるでしょうか。ですから、もしあなたを富ませる、露見しないやり方が現われでもすれば、あなたはみすみすそれを取り逃がすでしょうか。

答え　罪にならないやり方で私がいろんなものを手にすることができるとするなら、たぶん私はそのやり方を見過ごしたりはしないはずです。ですが不誠実な仕方でなされているなら、私は即座にそれを放棄するつもりです。

問い　どうしてですか？

答え　なぜなら、日々を祖国への奉仕にあてている市民たちに伝わることなく、隠れたままでいられるものなどなにもないからです。とはいえ、そこに利害が絡めば、その高貴な仕事も単なる強奪に堕してしまいますがね。

問い　なるほど、あなたは利害にまみれてなどいないとして、少なくとも野心はお持ちでしょう。あなたはのし上がろうとするし、あなたの同胞に指図しようとするでしょう。

答え　私は野心と競争心をはっきり区別します。しばしば前者の情念は過剰になり、悪徳の近くにまで達してしまいます。ですが、競争心は追い求めなければならないひとつの徳です。というのも、競争心は、われわれの競争相手が果たしている務めをわれわれにいっそう果たさせるようにし、嫉妬心なしに、競争相手を凌ぐまでにわれわれを至らせるからです。競争心は、民間人の競争心と同様に、軍人のもっとも優れた行ないの魂なのです。競争心は目立ちたがります、しかし競争心は、才能が卓越していることに、徳だけを加えて上昇していくことを望むのです。

問い　しかし、悪い仕事をだれかに与えることが、高い地位を到達する手段だった場合には、あなたはより手っ取り早いこの手段を見つけようとしないでしょうか。

答え　地位が私の強欲をそそのかすかもしれないということは認めます。しかしながら私は、その地位に到達するため人殺しになることには、けっして同意するつもりはありません。

問い　なにを称して人殺しだとおっしゃるのですか。

答え　人を殺すことは、死んだ人からすれば、その人の名誉を傷つけることよりも、悪いことではありません。剣で人を謀殺することも、言葉によって人を謀殺することも、それは同じことです。

問い　なるほど、あなたはだれのことも中傷するつもりはないのでしょう。しかし、人殺しであることなく、あなたがだれかを殺すことは起こりえます。とはいえ、私はあなたが非情なる殺人を犯すと疑っているわけではありません。ですが、あなたと対等なだれかがあなたの敵であると宣言し、あなたを迫害しようものなら、もし、ある粗暴な人間があなたを侮辱し、あなたの名誉を汚そうものなら、あなたは怒りに駆られ、復讐の甘美さがあなたになんらかの暴力行為を犯すようかき立てることになるでしょう。

答え　そうあってはならないはずですが、私も男です。激しい情念をもって生まれれば、私はおそらく最初の怒りの爆発を抑えるために、厳しい戦いを迫られることでしょう。しかし、私ならそれに打ち勝つに違いありませんがね。個々人が蒙った侮辱に報復するのは、法律でなければなりません。というのも、だれも侮蔑する人びとを罰する権利を持っていないからです。ですが、不幸にも最初の怒りの勢いが私の理性を打ち負かしてしまうなら、私は生きているあいだずっと、そのことを後悔するはずです。

問い　あなたはこうした行ないを、軍人として、名誉すなわち沽券に関わる問題が貴族に要求するものとどのように折り合いをつけるおつもりですか。残念なことに、あらゆる国々において、名誉に関する法は、はなから市民法に対立するものであることをご存知でしょう。

答え　私は賢明で節度ある振る舞いを保つつもりでいます。下手な争いを起こさないためです。私がまちがってもいなかったのに、争いに巻き込まれていたとすれば、私は既存の慣例に従わなければならないと同時に、将来そうした争いを生み出すかもしれないものから手を洗わなければならないはずです。

問い　名誉すなわち沽券に関わる問題を主題にしていますから、それはなにからできあがっていると、あなたはお考えか、説明していただけますか。

答え　人間を軽蔑に値するものにしかねない、すべてのことを避けることから名誉は成り立っています。そして名声を増すことができるありとあらゆる正当な手段を用いるように義務づけるものです。

問い　人間を軽蔑すべきものとするのはなんですか?

答え　放蕩、怠惰、愚かさ、無知、悪しき行ない、臆病、そしてありとあらゆる悪徳です。

問い　すばらしい名声を得させるのはなんですか?

答え　廉潔さ、誠実な振る舞い、造詣の深さ、勤勉さ、用心深さ、勇敢さ、市民として、そして軍人としてのすばらしい行為――要するに、人間のさまざまな弱さを超えて人間を高めるものすべてです。

問い　人間のさまざまな弱さに関して、あなたは若く、その年齢も、情念がきわめて激しいときです。あなたが、強欲や常軌を逸した野心や復讐心にあらがうとしても、私にはあなたが魅惑的な女性の魅力に身を委ねてしまうのが目に見えていると思うのです。女は誘惑しながら傷つけ、毒矢を深々と心臓に押し込んでしまい、理性を錯乱させるほどです。ああ、私ははじめから夫に同情してしまうのです、彼の妻があなたを支配してしまうだろうから。あなたはこのことについてどうお考えですか？

答え　私は若いし弱い。それは認めます。ですが自分の務めはわかっています。それに、家族の憩いを乱すことなく、そして暴力を振るうことなく、若い男は、もっと罪にならないやり方で、みずからのさまざまな情念をなだめることができるのでは、と私には思われるのです。

問い　わかっていますよ。あなたは大カトーの言葉をほのめかしているのですね。彼は何人かの若い貴族が娼婦の家から出て行くのを見て、そんなことで喜んでいるとは！　そんなことをしても家族の憩いを乱すことなどないだろうと思っているなんて！　と叫んだのでした。ですが、こんな姑息なやり方では、別の不都合を免れることができません。そして娘たちを誘惑するということは…

答え　私は娘たちを誘惑などするつもりはありませんよ、だって、私はだれかをだましたいとは思わないし、誓いを破りたいわけではありませんから。だますことは不誠実な男がすることでしょうし、誓いを破るなんて悪党がすることでしょう。

問い　ですが、あなたの利益がそうしたことを要求するときはどうするのですか？

答え　たしかにひとつの利益は、他の利益とたまたま相反することもあるでしょう。というのも、もし私が約束をたがえれば、私は人から約束を破られても、あえて文句を言おうとはしないからですし、私が誓いの言葉を操るとすれば、私は私に誓う人たちのことを当てにはできなくなってしまうはずですから。

問い ですが、カトーの掟に従っていると、あなたはほかにも、いろんな偶然に身をさらすことになりますよ。

答え おのが情念に身を委ねる人間はだれであれ敗北者です。あらゆる物事に際して、私が人生の戒律としてみずからに課しているのは次のことです。用いよ、しかし濫用してはならぬ。

問い それはたいそう賢明なことです。ですが、あなたはご自身がこの規則からけっして外れないという自信はありますか？

答え 自己保存への愛が、みずからの健康をつねに気遣うように私に強いるのです。私は、この愛の行き過ぎほど自分の健康を損なわせるものはないことを知っています。ですから、私は自分の力を使い果たさないように、厄介な病気にかかって、精気に溢れた自分の青年期を、不活発で、病がちで、惨めなものにしないように注意しなければいけないのです。

そんなことをしたら、私は、自分自身を殺す人殺しであるという耐えがたい非難を受けるでしょう。したがって、快楽という利益が私を道連れにしても、自己保存という利益が私を押しとどめるでしょう。

問い これらの道理にはなにも反論できません。ですが、もし、あなたがご自身に対してそれほど厳格であるなら、きっと他人に対しても厳しくなるのでは？

答え 私は私自身に対して厳格なのではありません。ただ賢明であるだけです。私は私の健康、名声、名誉にとって有害なものを控えているだけです。私は、他人に対して冷淡などころか、同胞のあらゆる不幸に同情します。それにとどまらず、私は彼らを助けようとし、私でどうにか出来ることなら、彼らの役に立とうとします。私の財産で彼らを貧困から救い出すことによってであれ、彼らが困っているときに相談に乗ってやることによってであれ、誹謗中傷を受けているときにその人の潔白を証明することによってであれ、機会があれば人に彼らを推薦することによってであれ、同じことです。

問い　たくさんの施し物を与えたら、あなた自身が蓄えを使い果たしてしまうでしょう。

答え　私は自分の資産に応じて与えます。これは、困っている人を助けることではっきりと感じることのできる快楽という形で、一〇〇倍になって戻ってくる資本です。

問い　ですが、虐げられている人を守ることで、より大きな危険を犯すことになるのでは？

答え　私は、迫害されている無実の人を、助けもせずに眺めているべきでしょうか？　もしその人が受けている告発が間違いであることを知っており、それに反駁する証人にもなれるのに、なにもしないとしたら、私は、真実を知らせることができるのに、その真実を裏切り、無関心と弱さから貴紳《オネツトム》のすべての義務に背いていることになるでしょう！

問い　ですが、世間的に見れば、すべての真実は口当たりのよいものばかりではありません。

答え　通常は、不愉快な真実を口にするのは耐えがたいことでしょう。ですが、謙虚に衒《てら》いなく、真実を告げることで、真実が悪く受け取られることは滅多にありません。つまり私は自分が救われたい、守られたいと思っているのです。ですから、もし私が同様の務めを果たしていなければ、いったいだれに対して同じことを強く求められるでしょうか？

問い　人の役に立ったところで、せいぜい恩知らずに恩恵を施すだけです。どうしてあなたはわざわざそんなことをなさるのですか？

答え　恩知らずを作ることは、立派なことです。恩知らずでいることは恥ずべきことですが。

問い　感謝の気持ちというのは、非常に重たい、しばしば耐えがたいほどの錘《おもり》です。ですから人はけっして親切にしようとはしないのです。あなたは生涯をかけて善行を施すことが耐えがたいとは思いませんか？

答え　いいえ、そうは思いません。この思い出が、私の友人たちのすばらしい行ないをたえず私に思い出させてくれるからです。彼らの高貴な振る舞いの記憶は、私の魂に長くとどまります。自分が侮辱されたことについては長く覚えていられません。感謝の念がなければ、徳は存在しません。感謝の念は親切心という、人生のなかでもっとも甘美な慰めの核心なのです。私たちを親や祖国や恩人に結びつけるのは、この感謝の念です。いえ、私が生まれるのを目にしたこの社会、私に乳を与えた乳房、私を育てた父、私に教えを授けてくれた賢者、私を守ってくれた言葉、私を助けてくれた腕もけっして忘れないでしょう。

問い　あなたがしてもらったことがあなたにとって有益だったことは認めます。ですが、そもそもどのような利益があって、あなたは感謝の念を抱かなければならないのでしょうか？

答え　すべてのなかでもっとも大きな利益です。それは困っている友をいたわることの利益、感謝の念を持つことによって、思いやりのある魂の持ち主が私を助けてくれるという利益です。というのも、だれも人からの助けなしではやっていけないのですし、人間はそれに値する存在でなければならないのですから。要するに、公衆は恩知らずの人間を嫌い、社会のもっとも甘美なつながりを攪乱する存在と彼らをみなします。恩知らずの人間は、友情を危険なものに変え、優れた務めを、それを果たす人にとって有害なものにしてしまいます。つまり、善を悪に変えてしまうのですから。恩知らずでいるには、情け知らずで、邪悪で、残虐な心を持っていなければいけません。私はそんな腹黒さに耐えられるでしょうか？　私はみずからを誠実な人間《オネットジャン》の社会に値しない存在にするのでしょうか？　私は、自分に大声で次のように叫んでくる、私の心のなかの秘密の本能に反して行動するのでしょうか？「君の恩人より劣った存在になるな。できることなら、彼らの寛大さから受けた恩義を一〇〇倍にして返せ。ああ、それほどの不名誉によって、自分の生涯を汚すくらいなら、むしろ死が私の生涯を終わらせんことを！」　私が朗らかで、満ち足りていられるためには、自分に満足していなければいけません。夜には自分の行動を振り返ることで、なにが私の自己愛を貶《おとし》めるかということではなく、なにが自己愛を満たすのかということに気づかなければいけません。自分のなかに正義や寛大さや気高さや感謝の念や魂の偉大さの痕跡を見出せば見出すほど、私は満足するのです。

問い　ですが、あなたはそんな感謝の念を祖国にも広げていますね。あなたは祖国になにを負っているというのですか？

答え　すべてです。たいしたことのない私の才能、私の気遣い、私の愛、私の人生のすべてです。

問い　祖国の愛がギリシアにおいて、ローマにおけるのと同様に、もっとも立派な行為を生んだことは事実です。ラケダイモン人がみずからの支配権を保ったのは、リュクルゴスの法が守られているあいだで、まさにこの原理のおかげでした。ローマ共和国がみずからを世界の主人に押し上げてくれた市民を育てたのも、彼らの祖国に対する、一連の、侵すべからざるあの愛着からでした。ですが、あなたは自分の利益と祖国の利益とをどうやって結びつけるのですか？

答え　それを結びつけるのに、なんの苦労もありません。すべての立派な行為は、その結果に対する報いとつながっており、それを連れて来るからです。私が自分の利益を犠牲にする代わりに、同じものを名声という形で取り戻すのです。そのうえ、祖国は、よき母として、そもそも自身になされた奉仕に報いる義務さえあるのです。

問い　どのようなものがその奉仕に相当することができるのでしょうか？

答え　それは無数にあります。善良な市民と誠実な人間《オネットジャン》の原理に則って、自分たちの子供を育てること、自分の土地で農業を改良すること、公平に偏りなく正義を執行すること、公平無私に公金を取り扱うこと、みずからの徳あるいは知識によって自分の生きる時代の名声を高めること、純粋な名誉心から軍職を選ぶこと、堕落した生活を捨てて、用心深さと活力ある活動を選ぶこと、利益を捨てて名声を選ぶこと、命を捨てて栄光を選ぶこと、この非常に困難な軍事的技術において成功するのに必要なあらゆる知識を獲得して、命がけで祖国の利益を守れるようになること——これらのことで、人は祖国にとって有益な存在たり得るのです。以上が私の義務です。

問い　それはあなたにたいへんな気配りと苦労を負わせるものですね。

答え　自身にとって無益な市民を祖国は拒絶します。そういう市民は祖国に重くのしかかる負担です。暗黙の契約によって、すべての構成員は、国家という大きな家族の幸福に貢献しなければいけません。そして、樹木の草花のなかで実をつけない小枝が刈り取られるように、放蕩者、怠け者、自分のことしか考えずに社会から利益を引き出すことで満足し、まったく国家の役に立たない、無為な、たいていは邪悪な人びとは等しく締め出されます。私としては、できることなら、私の果たすべき義務以上のことを果たしたいと思っています。高貴なる競争心が偉大な先例を真似るように私を駆り立てます。どうしてあなたは、他の人がすでに私たちに模範を示している徳への努力を、私が果たせないと思うほど、私を駄目な人間だと判断するのでしょう? 私には彼らと同じ器官が備わっているのではありませんか? 私には同じ感情を感じられる心があるのではないでしょうか? 私は、自分の生きているこの時代を恥じ入らせ、卑怯な行為をすることで、私たちの世代が祖先の徳を衰退させるのでは、という疑いを引き起こすようなことをするでしょうか? なにより、私たちは死すべき存在ではないのですか? 私は自分の歩む行路がいつ終わるのかを知っているでしょうか? どうせ死ぬなら、いまわの際には栄光に包まれ、数世代の果てまで自分の名前が生き続ける方が、敵の矢よりもむごたらしい病気の餌食となって、怠惰かつ無名の生涯の末に息絶え、自分自身とともに私の人柄と行為と名前までも墓のなかに埋められてしまうよりもましではありませんか? 私はその存在をだれかに知っていてもらうこと、徳を持っていること、祖国に仕えること、栄光という寺院のなかに小さな場所を占めることを望みます。

問い　そう考えることで、あなたはたしかにその場所を占めるでしょう。プラトンはこう言いました。賢者が最後に熱中する対象とは栄光への愛である、と。私はあなたが同じくすばらしい性向の持ち主であることを目にして、とてもうれしく思います。あなたは人間の本当の幸福とは徳にあることをご存知なのですね。そういう高貴な感情を維持してください。そうすれば、あなたが生きているあいだは、友がいなくて困ることもなく、死後は名声を失うこともないでしょう。

思考で誤りに陥っても罪にはならないことを論ず

一七三八年四月にオランダで公刊されたヴォルテールの『ニュートン哲学要綱』は、同年七月一日にロンドンと発行場所を偽ってパリで公刊された。フリードリヒは、このパリ版をいち早く入手し、読了後、感想を本論にまとめ、同年九月三〇日に本論を師と仰ぐヴォルテールに送付した。したがって本論は、フリードリヒがまだ王太子であった若い時代に書かれたもので、その溌剌とした啓蒙精神が看取される。

私に時間の余裕があってそれを自由に使えることを、あなたに説明しなければならないと私は考えています。あなたは、私が哲学を趣味にしていることをご存知です。それは私にとって情熱であり、哲学は私の歩みのすべてに忠実に寄り添っています。私のこの大切な趣味を理解してくれている、幾人かの友人たちは、それに合わせるためであれ、それに自分たち自身の喜びを見出すのであれ、自然学、形而上学、あるいは道徳に関する思弁的な話題について、私にしばしば話しかけてきます。私たちの会話は、通常、ほとんど特筆すべきものではありません。というのも、それらは、学者の透徹した眼差しがすでに把握しているか、あるいは、眼下におさめている主題について展開しているか、どちらかだからです。フィラントと昨夕交わした会話は、私には、より注目に値するものに思えました。それは、ほとんど全人類が関心を寄せ、共有する主題を対象としていました。私ははじめにあなたのことを考えました。私はこの会話が成り立ったのは、あなたのおかげであったように、私には思われたのです。私は散歩から帰って、すぐに自分の部屋に戻りました。考えることすべてが溌剌としていて、精神は私たちの発言でいっぱいでした。それを、私はできる限り最善を尽くして書き留めました。どうぞ、あなたの意見を私におっしゃってださい。そして、それに出会うという真の幸福に私が浴するなら、あなたの誠実さは私の労苦の報いにもなるでしょう。私の仕事があなたのご迷惑でないなら、私は大いに報われることでしょう。

昨日はこのうえなくいい天気でした。太陽はいつもより美しく輝いていました。空は非常に澄み切っていたので、どこまでも雲ひとつありませんでした。私は、午前中はずっと勉強して過ごして、仕事の気晴らしをするために、フィラントと散歩しました。私たちは実に長いあいだ、人間が幸福を享受していることや、大部分の人びとが美しい太陽や澄み切った静謐な空気の甘美さを味わわないくらい鈍感なことについて話しました。考えているうちに、私たちは気が付きました。私たちは、おしゃべりしているうちに、際限なく散歩を延長し、日が暮れる前に屋敷に着くためには、道を引き返さなければならない時間になっていたのです。そのことに、はじめに気がついたフィラントは、私に論争を挑んできました。私は次のように彼に述べて反論しました。「この会話は、私にとってとても楽しいものだったようで、私はあなたと一緒にいると、時間が経つのを忘れてしまいます。太陽が沈んでいくのが見えたときには、私は、帰り道のことを考える時間は十分にあると思っていました」。「どうやって！　太陽が沈むなどということがあるのですか！」と彼は続けました。「あなたはコペルニクス主義者なのですか？　あなたは、凡俗の表現手段に合わせているのですか、そしてティコ・ブラーエの間違いに合わせているのですか？」私はとっさに彼に答えました。「まったく、落ち着いてくれたまえ。あなたは急ぎすぎだ。そもそもここでの打ち解けた会話のなかで、哲学が問題になることはまったくなかったでしょう？　私がコペルニクスに反対するという過ちをあやうく犯しかけたとしても、私の間違いは、ヨシュア[1]が許されるのと同じくらい容易に許されなければなりません。ヨシュアは太陽を途中で止めさせるほどでしたし、神感を受けて自然の神秘的事物に精通していたはずでした。このときヨシュアは民衆に対して語っていましたが、私はと言えば、どんな場合でも私のことをよく理解してくれている啓蒙された人間に対して語っています。ですが、あなたはここではティコ・ブラーエを攻撃しました。ですから、私の番で、私があなたを攻撃することになっても、しばらくのあいだは我慢してもらわなければなりません」。

「あなたのコペルニクスにたいする情熱には非常に強いものがあるように見えます。あなたはまず、あなたの意見に敵対する意見を抱く者全員に罵詈雑言を浴びせました。彼は正しいと私は思いたいです。しかし、そのことは本当に確かなことでしょうか？　あなたにはどんな保証人がいるというのですか？　コペル

（1）　旧約聖書の人物で、モーセの後継者。ユダヤの民を引き連れて、カナンの地に侵入し、そこに民を定着させた。太陽の動きを止めたエピソードは、『ヨシュア記』、第一〇章、第一二節以下で物語られる。

ニクスの無謬性について、なにかをあなたにはっきりさせてくれたのは自然ですか？　それとも、その創造者ですか？　私について言えば、私が見たのは、ひとつの体系、いわば自然の諸作用に合わせた、コペルニクスの整合的な見解にすぎません」。そしたら、フィラントは、興奮しながら「私はそこに真理を見ています」と反論したので、私はこう続けました。「真理ですって？　あなたはなにを称して、真理と呼んでいるのですか？」彼は言います。「真理とは存在物と事物の現実的証拠です」。「真理を知っている、ですって？」と私は続けました。彼は私に反論します。「現実に存在しているか、あるいは過去に存在していたか、どちらかの事物と私たちの観念との正確な関係、つまり、過去ないし現在の事物と私たちが有しているそれらの観念との正確な関係をついに見つけることに真理は成功した、ということです」。私は彼に言います。「親愛なるフィラント君、そんなことでは、真理を知っているとうぬぼれることはほとんどできません。それらのほとんどは疑わしいものです。そして、あなたがちょうど私に示した定義に従えば、反駁不可能な真理はせいぜい二、三個しかないのです。私たちが持っているほとんど一番確実と言っていい、感覚が告げるものも、不確実性を取り除けるわけではまったくないのです。近くから見たら四角い塔が、遠くからは、丸く私たちに見せているとき、私たちの目は、私たちをだましています。ときどき私たちは、想像のなかにしか生じず、耳には聞こえず、印象のなかにしかない音がわかると思うことがあります。嗅覚は他の感覚と同じくらい忠実ではありません。私たちは、時折、花などない草地や森のなかで花の香りを感じます。そして私があなたに話しているいま、この瞬間、私はブヨに刺された手から血が流れるのに気づきます。おしゃべりが熱を帯びていたときは、私はこの痛みを感じませんでした。触覚は、私との約束をたがえたのです。私たちにとって一番疑わしくないものでさえ、非常に疑わしいのであれば、どうして、抽象的な哲学的話題について、しっかりと確実に語ることができるでしょうか?」フィラントは即答します。「それらは明白です。またコペルニクスの体系は経験が証明しています。そこでは、惑星の回転運動は、驚くべき精密さで記録されています。そこでは、蝕は驚嘆すべき正確さで計算されています。結局、この体系は、完璧に自然の謎を説明しているのです」。私はすぐに答えました。「もしも、明らかに誤った原理で、コペルニクスの体系と同じように不思議な現象を説明する、間違いなくあなたの体系とはまったく別の体系を、私があなたにご覧に入れるとしたら、あなたはなんと言うでしょうか?」「あなたは私に、マラバール族(2)の間違いのことを想像しろ、と言っているんですよね」とフィラントはすぐに答えます。「私があなたに言うつもりなのは、まさに彼らの山についてです。ですが、親愛なるフィラント君、あなたの好きな言い方をすれば間違いということになるのでしょうが、この体系は、自然の天文学的作用を完璧に説明します。太陽がこれらの野蛮人たちの国にある大きな山々の周りを回ることにのみ汲々としている、と想定することが馬鹿げているのと同じくらい馬鹿げている点から出発して、これらの天文学者さんたちが、あなたのコペルニクスと同じくらい回転運動や蝕をきちんと予言できることは驚くべきことです。マラバール族の間違いはお粗末なものですが、おそらくコペルニクスの間違いはもっと目立たないのです。ある日、なんらかの新しい哲学が栄光の高みから教

(2) インド南西部マラバール地方の海洋部族。ここには豊富な人種混交が見られ、ネストリウス派やトマス派などが布教に訪れて、同化した。母系社会で、偶像教徒としてヨーロッパでは知られていた。

義を打ち立てるのを目にすることでしょう。それがさして重要ではない発見なのに、うぬぼれで心をいっぱいに満たすのを目にすることでしょう。それが、間違いを暴くにも値しない哀れな連中の小さな群れとして、コペルニクス主義者とニュートン主義者を扱うことを目にすることでしょう」。

「この新しい哲学者たちには、つねに古い哲学者たちを打ち負かす資格があったのは事実です」とフィラントは言います。「デカルトはスコラ派の聖人たちを打ちのめしましたが、今度は自分がニュートンによって打ちのめされました。そしてこのニュートンが同じ運命を蒙るためには、あとに続く者を待つしかありません。——体系を作るためにはうぬぼれだけが必要だということにはならないでしょうか」と私は再び続けました。「思考体系の長所を誇るおごり高ぶった考えから、無謬性という意見が生まれます。そのとき哲学者はおのれの体系をでっち上げるのです。彼は証明したいものを盲目的に信じることから始めます。彼は真実らしく見せかけるための雰囲気を求めているので、そこに誤謬の尽きせぬ源があるのです。まったく逆に、彼はいくつもの観察によって、ある帰結からある帰結へと遡ることから始めなければならないし、またそれらがどこへ至るのか、そこからなにが帰結するのかを端的に見なければならないでしょう。慎重さのおずおずとした歩みを進めることで、それについて思い込みは少なくなるでしょうし、学者らしく疑うことを学ぶでしょう」。すると、フィラントは激しい口調で私に言いました。「哲学をするためには天使が必要かもしれません。というのも、偏見のない、まったく公正な人間などどこに見出せると言うのでしょうか？」

そこで、私は彼に言います。「ですから誤謬は私たちの宿命なのです」。「そんなことがありませんように！」と私の友人が言葉を続けます。「私たちは真理のために作られています」。「私の話を聞いてくれる我慢強さをいただけるなら、反対のことをとくと証明してみせましょう」と私は言いました。「そのために、家の近くだから、ベンチに座りましょう。というのもあなたが散歩に疲れたような気がするからです」。

それほど健脚ではなく、考えた上でというより、むしろうっかり、無意識に歩いてしまったフィラントは、腰掛けることがうれしかったのです。私たちは静かに席に着き、そして私は、およそ次のように話しを続けました。

「フィラント君。私はあなたに言いました。誤謬は私たちの宿命なのだと。私はあなたにそれを証明しなければなりません。誤謬には、ひとつならずの原因があります。創造主は、私たちが多くの学問に精通し、また知識の国で大きく進歩するようには、運命づけておかなかったようです。神は、私たちのか弱い光ではとうてい深めきれないような底知れぬ深みのなかに、数々の真理を置きました。また、神は、それらをいばらの生い茂った垣根で包みました。真理への道は、四方八方に断崖が用意されています。この危険を避けるために、どのような小道をたどればよいのかはわかりません。またそうしたものを乗り越えるのに十分幸運であったとしても、その途上で、アリアドネの奇蹟の糸がどのようにも役立たない迷宮に遭遇し、そこからけっして抜け出すことができません。幻術で人びとをだまし、良貨だと言って、悪貨を与える詐欺師の亡霊を、ある人びとは追い求めます。彼らは、旅行者が暗闇のなかで鬼火の光に惑わされるのと同じように、道に迷います。別の人びとは、非常に神秘的な真理に見当をつけます。彼らは、自然から遮蔽幕を引き剥がせると信じており、あて推量を行ないます。そして哲学者たちが大征服を行なったと打ち明けるはずのものは、このような国なのです。真理は、私たちの視野からあまりにも遠くに置かれ、疑わしいものになり、その隔たりそのものから、どのようにでも解釈できるような様相を呈します。攻撃されなかったような真理は、ほとんどなにひとつありません。二つの側面をもたないような真理もないということです。一方の側からそれを取り上げてご覧なさい。それは議論の余地がないように見えます。他方の側からそれを取り上げてご覧なさい。それはいんちきそのものです。あなたの推論があなたに肯定と否定を与えてきたすべてのものを集めてください。そしてよく考え、熟慮し、しっかりと吟味してください。あなたは、なにも決められなくなるでしょう。ですから、人びとの意見に影響力を与える数多くある真実らしきものしか存在しないのです。もし賛成ないしは反対のなんらかの真実らしきものが、彼らから漏れ出てきても、彼らは間違った立場を取っているのに変わりありません。想像力が賛成と反対を、同じ力で示すことがけっしてできなくなるので、彼らはいつもおのが弱さから決心し、真理は彼らの目から逃れていきます。

ある町が平原のなかに建てられています。この町はかなり縦長で、また一本の大通りしか含んでいないと想定してみます。さらにこの町についての噂を一度も聞いたことのない旅行者がそこに行き、その長さ全体を見ていると想定してみます。彼はその町が果てしなく大きいと考えます。なぜなら彼は、片側からしかその町を見ていないからです。そして、彼の判断は大きく間違っていることでしょう。というのも私たちは、その町が一本の大通りしか含んでいないというのを見てきたのですからね。真理についても同様です。私たちが部分から真理を考察する場合と全体を無視した場合には、そのようになります。私たちは部分からはしっかりとした判断を下しますが、全体については大きな思い違いをします。重要な真理の認識に到達するためには、その前に、簡単ないくつもの真理をあらかじめ豊富に蓄えなければなりません。それらは探求される複合的な真理へ通じるか、あるいはそこに到達するための踏み段として役立ちます。それは私たちに欠けているものでもあります。私は憶測についてはなにも話しません。私は明白で、確実で、撤回不可能な真理について話しています。哲学的な意味において事物を取り上げるとすれば、私たちはそれについては、まったくなにも知りません。いくつかの真理については思い当たります。私たちはそこから曖昧な観念を形成します。また声の器官を通して、私たちが学術用語と呼ぶいくつかの音を変更します。その音の響きは、私たちの耳を満足させますし、私たちの精神が理解すると思っているものであり、雑然としたもつれ合った諸観念のみを想像力へ提供するものです。したがって、私たちの哲学は、不明瞭な表現を、すなわち、私たちがあまり理解していない言葉を、自分たちに役立つようにさせてきた習慣へと帰着させ、また、その原因が私たちにはそれほど知られておらず、まったく隠されたままになっている結果への深い省察へと帰着させます。この取るに足らない空想の山は、卓越した哲学という美しい名を名誉に感じています。作者はその哲学をペテン師の尊大さで、人類にとってもっとも稀で、もっとも役に立つ発見として発表します。好奇心があなたにこの発見を知らせるように駆り立て、あなたは事物を発見したと思います。なんという不公正をあなたは期待しているのでしょうか！　いいえ、非常に稀で、非常に貴重なこの発見は、かつて現われた言葉のなかで、いかなる言葉よりも野蛮な新しい言葉の作文から成り立っているにすぎないのです。わがペテン師によれば、この新しい言葉は、知られていないなにかしらの真理を見事に説明するとともに、日の光よりも輝かしく、あなたにそれを示してくれます。まず見て、検討し、観念を覆っている言葉の外観から観念を剥ぎ取ってみなさい。あなたにはなにも残りません。暗闇や漆黒でさえも残りません。消えてなくなったのは装飾であり、それが自分自身とともに幻影の威光を破壊したのです」。

「真理を本当に知っているということは、私がいまあなたに示したばかりのことからは、はっきりと異なっているはずです。というのも、ありとあらゆる原因を指摘できなければならないはずですし、第一原理にまで遡って、それらを知り、そこから本質を展開しなければならないはずだからです。ルクレティウスにはこのことがよくわかっていました。だから、このことは、この哲学詩人に次のように語らしめていたのです。[3] すなわち、『事物の根源を知ることができた人は幸いなるかな』。存在者に関する数ある第一原理と自然のさまざまなバネは、あまりに巨大すぎるか、あまりに小さすぎるため、哲学者たちには気づかれることも、知られることもないのです。そこから、原子や無限に分割可能な物質や充満や、あるいは空虚や運動や世界が統べられる仕方など、これらをめぐってあのような論争が生まれるのです。このように実に多くの面倒な問題があるわけですから、そのどれもが私たちには解くことがけっしてかなわぬものでしょう。人間は自由に振る舞えるように見えます。私は自分の人格の主人であると私には見えますし、私は自分を深め、自分を知っていると私には思えます。しかし、私は自分に関して無知なのです。私は機械なのか、つまり創造主の手によって動かされている自動人形なのか、はたまた、私はこの創造主から独立した自由な存在なのかどうか、いまだに決められていないのです。私は自分がみずからを動かす能力を持っていると感じています。しかし私は、運動とはなんなのか、そして運動は付帯的［偶然的］なものなのか、それとも実体なのか、まったくわかりません。ある博士は運動が付帯的なものだと声高に言いにくるでしょうし、また別の博士はそれが実体だと厳かに誓うことになるでしょう。彼らは議論しあいます。が、彼らとその論争の主題を、宮廷人たちは嘲笑い、地上の偶像たちは軽蔑し、民衆は知らずにいるのです。これほど理解しがたく、これほど抽象的な論題に理性を用いるというのは、理性をその活動領域の外に置くことだと、あなたには思われませんか。私たちの精神はそれほど広大な知識を持つことはできないのだと、私には思われるのです。沿岸を航海する人たちと同じことが私たちにも言えるのです。つまり、沿岸を航海する人たちは、動いているのは大陸の方だと思っていて、自分たちの方が動いているとは思わないわけですが、事態はまったく逆なのです。岸辺は動かないまま、彼らの方こそ、風で押し流されているのですから。うぬぼれがいつも私たちを惑わすのです。私たちは、自分たちが理解できないものにはすべて、曖昧な形容詞を付し、その後、どんなものも、私たちの理解の届く範囲から出てしまうやいなや、不可知のものとなるのです。しかしながら、私たちの精神の本性こそ、私たちが大いなる知の数々を得られないようにしているのです。

永遠の真理があるということ、それは動かしがたいことです。ですが、そうした真理をよく理解するには、それをほんのわずかの理性にまでも知らしめるには、人間が持っているよりも何倍も大きな記憶力が必要となるはずです。ひとつの真理を知ることに全身全霊をかけることができなければならないはずです。メトセラのごとき寿命が、いやそれよりもなお長き寿命が必要となりましょう。思弁的でありながらも、経験に富む人生が必要となるはずなのです。さらには、私たちには持ちえない注意力が必要となるでしょう。そのあとで、創造主の意図は、はたして、私たちを非常に巧みな人間にすることにあったのかどうかを判断し

（3）この韻文はルクレティウスのものではない。ウェルギリウスの『農耕詩』の第二巻四九〇行である。

てください。というのも、数々の障害が主の意志から発せられているように見えるでしょうから。それに、経験が私たちに教えているではありませんか、私たちは、能力も適用力もほとんど持っておらず、私たちの天分は真理を洞察するほどに超越しているわけでもなく、このすばらしくも骨の折れる研究に必要なすべての知識で記憶を満たす、そうした十分に大きくて信頼のおける記憶力を私たちは持っていないことをですよ。

そのうえ、私たちが真理を知るに至るのを妨げる、また別の障害があります。人間たちが真理への道のりを難しいものとしているのです。それはまるでその道がそれだけではあまりに簡単すぎるからだと言わんばかりです。この障害は、教育に関する偏見からなっています。大部分の人間は、一目で誤りだとわかる諸原理のなかにいます。彼らの自然学は、間違いだらけですし、彼らの形而上学にはなんの価値もありません。彼らの道徳学はあさましい利害、つまり地上の財産に対する見境のない執着から成り立っています。彼らにあって偉大なる美徳とされているのは、賢明なる先見の明であって、それは彼らに将来を慮《おもんぱか》るようにさせ、彼らの家族の存続まで見通すものです。この種の人たちの論理は、彼らの哲学の残り滓《かす》にこそふさわしいものだということが、よくおわかりになるでしょう。この論理は哀れなものでもあります。推論する技術は、彼らにおいて、独りで話すこと、万事を決めること、そして反駁を蒙らないことにあります。この、家族の小さな立法者は、わが子に刻み込んでおきたいと思うさまざまな観念のために、まずもってあれこれと策を弄するのです。父と母、両親が、彼らの誤謬を永続させることに努めているのです。ゆりかごから出れば、だれもが無愛想な修道士と狼男がもつ考えを、子供たちに与えようと苦心します。この麗しき知識はたいてい、それに値する別の知識によって伴われているのです。学校も学校でその原因となっています。あなたはプラトンの見解を経て、アリストテレスの見解へと到達しなければなりません。そこから一気に、あなたは［デカルトの］渦の手ほどきを受けることになるのです。学校を出れば、記憶は多くの言葉を積み込まれ、精神は迷信で満たされ、戯言《ざれ》ばかり言っていた古代人たちへの尊敬の念でいっぱいになっていることでしょう。理性の年頃がやってきます。するとあなたは、誤謬の軛《くびき》を振り払うか、そうでなければ、あなたのご両親以上に誤謬を言う羽目になるか、どちらかです。つまり、ご両親が片方の目しかない人だったとすれば、あなたは目が見えない人となるのです。ご両親がしかじかの物事を信じていたとすれば、彼らがそれを信じていると思いこんでいたので、あなたはそれらの物事をかたくなに信じることとなるわけです。次いで、ある意見に賛同する多くの人間の例が、あなたをとらえます。彼らの賛同があなたにとって、十分な正統性の証《あかし》となるのです。彼らはその数によって重みを作ります。庶民に愛される誤謬が新たな賛同者を集め、勝ち誇るのです。ついには、そうした根強い誤謬が時の経過によって途方もないものとなってしまいます。若い灌木を考えてご覧なさい。その枝葉は風のおかげでひろがってゆきますが、長生きすると、そのてっぺんは大雲に匹敵する高さとなり、木こりの斧の前にもびくともしない幹をあらわにします。『なんだと』と人びとは言うでしょう、『わが父はかように物事を考えてこられた。それに六〇年も七〇年も、私は同じように物事を考えている。どんな不正義によってあなたは、私がいまや別の仕方で物事を考え始めているなどと主張するのか。それなら、私はまた小学生になって、あなたの監督下に見習いとして雇われるのがふさわしいと言うようなものではないか。ああ、もうあっちへ行ってくれ。新たなイカロス(4)のように、あなたと一緒に空へ飛んでゆくよりも、私は慣習の歩みについてゆく方がいい。イカロスが失敗したのを覚えておくがよい。そこであなたを待ち受けているのは、奇をてらった考えの報いであり罰なのだ。頑固さはしばしば先入見と混同されがちだが、誤った熱意とよばれるある種の野蛮が暴君の格率を並べて見せないことなどあったためしがない』。

以上が幼少期の偏見から生ずる結果です。こうした偏見の根はきわめて深いものです。それと言うのも、この幼少期の脳は柔軟性に富むからです。最初の印象は実に鮮明なもので、それと比べれば、推論の力がなしうることはどれも冷めたものとしか思われないのです。

親愛なるフィラント君。誤謬とは人間の宿命なのだということがわかるでしょう。あなたはおそらく、私が詳細に述べてきたことすべてを踏まえて、自分が誤謬を超えていると思えるには、自分の意見に心酔しなければならないこと、そして、思い切って他人を論破しようとするなら、自分自身の意見に固執していなければならないことが、おわかりになるはずです」。

「たいへん驚きながら、です」とフィラントは答えて言いました。「大部分の誤謬はそれに毒された人たちにとって打ち勝ちがたいものなのだということを私は理解し始めています。私は喜んで、そして注意深くあなたのおっしゃることを聞いていました。そして私が欺かれていなければ、あなたが私にご指摘くださった誤謬の原因の数々を記憶に留めました。あなたはおっしゃいました、『その原因は、私たちの目が真理から遠く離れていること、知識の数少なさ、私たちの精神の弱さと不十分さ、そして教育の偏見であった』と」。

「すばらしい、フィラント君。あなたはまったく神のようなすばらしい記憶力をお持ちですね。死ぬ定めにある存在でも、神と自然の崇高なる真理を捉えることができるように、神と自然がだれかひとりをお作りくださったとすれば、それはきっとあなたでしょう。あなたはその広大な記憶力に明敏な精神と堅固な判断力を結びつけておられるのですから」。

「お世辞はもう結構ですよ」とフィラントは続けて言いました。「私はあなたの讃辞よりも哲学的な議論の方が好きなのです。ここで私を誉めそやすことなど重要ではありません。そうではなく、傲慢の名の下にあらゆる知識人の非を認め謝罪すること、そして私たちの無知を謙虚に告白することが重要なのです」。

「私たちの深く度し難い無知を明るみに出さなければならないときには、フィラント君、私はあなたを完璧に補佐いたしましょう。私はみずからの無知をすすんで告白いたしましょう。私はピュロン主義[5]にすら向かうことでしょう。そして、私たちが経験の諸真理と呼ぶものへのぼんやりとした信念を持つことだけが正しいということを、私は見つけるでしょう。さあフィラントよ。これであなたはすばらしい道にあがりましたよ。懐疑論があなたにぴったりじゃありませんか。ピュロンは、学校で、あなた以外とはお話にならないことでしょう」。「『あなたに打ち明けますがね』と私はピュロンに言うはずです、『私はちょっとした学者なので、物事をあらゆる角度から検討し、疑い、決定せずにおくのです。これが誤謬を避ける唯一の手段なの

（4）ギリシア神話で、父の作った羽根を蝋で付けてそれを飛んだが、太陽に近づきすぎて、蝋が溶け、海に落下した。

（5）古代ギリシアのピュロン（前三六五？―二七五頃）に発する懐疑論のこと。

ですよ。この懐疑主義は巨人の足取りで、ホメロスの足取りで、真理へと私を歩かせることはしません。ですが、それは偏見の罠から私を救ってもくれるのです』と」。

「ではどうして誤謬を恐れるのですか、誤謬をこれほど擁護されるあなたが」とフィラントは応じました。それに対して私は彼に言いました。「なんということでしょう！　真理よりも、耳あたりの良さが好まれる誤謬というものが存在します。こうした誤謬は、あなたを快い観念で満たし、あなたが実際には持ってもいないし、享受したこともない財産をあなたにふんだんに与えて、逆境にあっても、あなたを支えてくれるでしょう。いまわの際にあってさえ、まさに自分の財産と命をすべて失う寸前になっても、こうした誤謬は、まるで将来の見通しがあるかのように、あなたが失う全財産よりも好ましい財産と、その心地よさで死すらも和らげて、そんなことが可能であれば、楽しいものにすることのできるとめどない快感を、あなたにもう一度見させるのです。この点について私が思い出すのは、以前聞いたことのある、ある狂人の話です。その話を聞けば、おそらくあなたは私の長ったらしい、説教臭い推論を聞かされてきたことも、報われたとお思いになってくださるでしょう」。「私の沈黙から十分にお分かりでしょう。喜んであなたのお話を聞きますし、あなたのお話を聞くのに興味津々ですよ」とフィラントは私に言ました。「それではお話ししましょう、フィラント君。ただし、私におしゃべりをさせたことをけっして後悔はしない、ということは心得ておいてくださいよ」。

「パリのプティット・メゾン(6)に、狂人がいました。非常に高貴な生まれで、彼の両親は彼の脳の不調のために苦悩のどん底に突き落とされました。彼は、至福以外のことについては、いたって良識的でした。その彼には、ケルビム、[7]セラビム、[8]大天使[9]しかお供にいなかったので、日がな一日、こうした不死の聖霊とともに歌って過ごし、至福直観という栄誉を与えられ、天国が彼の住処となり、天使がお供をし、天上のマナが彼の食物となりました。この幸福な狂人は、プティット・メゾンのなかで完璧な幸福を味わっていましたが、そのとき、ある医者、すなわち外科医が不運にも狂人たちの診察にきました。医者は、この福者を治すと家族に申し出ました。信じていただけるでしょうが、家族はどんな約束も出し惜しみせずに、その医者に実力以上の力を出させて、できることなら奇蹟を起こしてくれと求めました。手短に言えば、瀉血によったのか、他の治療法によったのか分かりませんが、とにかくこの医者は最終的にこの狂人を正気に戻すことに成功したのです。この狂人は、自分がもはや天国にいるのではなく、ほとんど土牢に近いアパルトマンにいること、さらには取り巻きに天使がひとりもいないことに大いに驚いて、医者に向かって激高しました。この狂人は医者に言いました。『僕は天国にいて満足していたのだ。そこから出してくれとあなたに頼んでなどいない。あなたは罰として呪われて、実際にこの国を地獄に落ちた人びとで満たすようになればいいのだ』と」。

(6) 元来は、パリにあった精神障害者収容施設を指す。小さな部屋に障害者を隔離していたところから「小さな家」という意味のフランス語を用いるようになった。

(7) 旧約聖書によれば、天使の階級のうち最高位の天使。人間の頭と獣の身体と翼を持つ。

(8) 旧約聖書によれば、三対の翼を持った天使。熾天使とも呼ばれる。

(9) 旧約聖書によれば、天使の九階級のうち第八位の天使。

「これでお分かりになるでしょう、フィラント君。これが幸福な間違いというものなのです。そういう間違いが罪のないものであることをあなたに示すのはまったく容易いことです」。「もちろんですとも。それにどうせ、夕食は遅くなるし、準備に少なくとも三時間はかかりますからね」とフィラントが言いました。「私がお話ししようとしていることは、それほどかかりませんよ」と私は続けました。「私は自分の時間とあなたの忍耐力とを無駄遣いしませんから」。

「いましがた、誤謬に陥っている人のなかでは、その誤謬は無意識的なものだということについては同意しましたね。そういう人たちは、自分たちが真理を捉えていると信じていて、勘違いをしているのです。彼らは、実際には許されなければなりません。というのは、彼らの想定するところでは、それが真理であることを確信しているのですから。彼らは善意からそう思っているのですし、彼らに強い印象を与えているのは見かけにすぎないのですが。彼らは影を物体と取り違えているのです。さらに、どうかこう考えてみてください。誤謬に陥る人の動機は立派なものだと。そういう人たちは真理を探し求めていますし、道に迷っているのです。彼らがなにも真理を見出さないとしても、それでもそれは彼らの意思でした。彼らには導き手がいなかったか、あるいは、いっそう悪いことに、間違った導き手がいたかどちらかだったのです。彼らは真理の道を探し求めていましたが、しかし、彼らの実力はそこに到達するほどではなかったのです。自分では飛び越えられないほど極端に幅の広い川を飛び越えようとして、溺死した人を責められるでしょうか？　人間らしさをまったく持たないということでもなければ、人はその不幸な運命に同情し、これほどの勇敢さに溢れ、高邁で大胆だったけれども、天性からの十分な救いが得られなかった人を哀れに思うでしょう。彼の無謀さは、より幸運な運命に値するものと思われたかもしれませんし、彼の遺骸は涙で濡らされることでしょう。思考する人はだれであれ、真理を知るには努力しなければいけません。この努力は、たとえ私たちの能力を超えているものであれ、私たちに似つかわしいものです。真理が不可知であることは、私たちにとっては十分に大きな不幸です。この新世界を発見しようとして難破した人びとを軽蔑することで、その不幸を増すべきではありません。彼らは、同胞を救うためにあえて危険を冒した高邁なアルゴの大船(10)の乗組員たちなのです。そして、そうした空想上の国々を放浪するという仕事は、たしかにとても厳しい仕事です。この地方の気候は私たちになじまず、その地域の住民の言葉もわからず、どうやってこの流砂を越えて進んでいったらよいのかわからないのですから」。

「フィラント君。本当ですよ。誤謬には我慢してください。それは、われわれが気づかないうちに心に忍び込むかすかな毒なのです。あなたに話しているこの私も、その例外であると確信できません。話しが神託と同等に通用するはずの無謬の学者の滑稽な傲慢にけっして陥らないようにしましょう。もっとも明白な誤りに十分に寛大でいましょう。そして、社会で共に生きる人びとの意見に対して、寛大であるようにしましょう。自分自身で確信を持つことのできないひとつの意見への執着のために、われわれを結びつける絆の

(10) ギリシア神話で、船大工が王子イアソンのために作った船の名前。イアソンは、王位の奪還を求めて、金羊毛皮を手に入れるために、アルゴの大船を建造し、そこへヘラクレスをはじめとするギリシアの英雄が乗り込んで、冒険の旅に出る。

心地よさを、われわれがどうしてかき乱していいでしょうか。未知の真理を擁護する騎士像を建立しないようにしましょう。そして、各人の想像力に、みずからの考えを小説にして創作する自由を与えましょう。お伽噺のような英雄の諸世紀や奇蹟や過大な騎士道は過ぎ去りました。ミゲル・デ・セルバンテスにおいては、ドン・キ・ホーテがまだ褒めそやされるようにしておきます。しかし、ファラモンド[11]、ローラン[12]、アマディース[13]、ガンダリーンのような人びとは、すべてのまともな人間の嘲笑を引き起こすでしょうし、彼らの軌跡をたどって歩もうとした騎士も、同様の運命をたどるでしょうに」。

「世界から誤謬を一掃するためには、人類全体を絶滅させなければならないことになる、ということに注意しましょう。本当ですよ」と私は続けました。「社会の幸福に影響を与えることができるのは、思弁的な題材についての私たちの思考様式ではなく、私たちの行動様式なのです。ティコ・ブラーエやマラバールの人びとの体系の信奉者になってください、あなたが人間くさいからこそ、私は、苦もなくそのことをあなたに許すことでしょう。しかし、あらゆる博士ののなかでもっとも正統的であったとしてさえ、もしあなたの性格が残忍で耐えがたく野蛮なら、私は永遠にあなたを嫌うでしょう」。

「私はあなたの意見に完全に従います」とフィラントは言いました。その言葉とともに、私たちは、かすかな物音を、私たちから遠くないところで聞いたのです。それは、何か罵りの言葉をつぶやく人の声のようでした。私たちは振り返り、私たちから少ししか離れていないところに、談笑の最良の部分を明らかに聞いてしまっていた宮廷付き司祭[14]に月明かりで気づいて、私は不意を打たれました。「ああ。神父さま。どういう訳でこんなに遅くに出会うことになったのでしょうか」。「今日は土曜日だからね」と彼は続けた。「あなたの言葉の半分を聞いたときには、明日のために、私の日曜説教の原稿を私はここで書いていたのです。話の残りを聞くように私は誘われました。私の魂の幸福のためには、私はそれを聞かなければよかったのですがね。まったく！　あなたは私の怒りをかき立てました。怒るのももっともでしょう。私の聖なる耳と私たちのえもいえぬ真理の神聖な聖域をあなたがたは汚したのですから。あなたがたは冒瀆者です。あなたがたは、おお、悪しきキリスト教徒だ。信仰の力と信仰の神聖さよりも、人類愛、慈愛、謙遜を望むのですから。さあ、あなたがたは呪われるでしょう。あなたがたの同類である地獄におちた者のために準備されたにえたぎる油の釜でいつも悩まされるでしょう」。

「ああ、後生ですから、神父さま、私たちは宗教の題材にはまったく触れませんでしたよ」と私は言い返しました。「私たちは、非常に無関係な哲学的な主題しか語っていませんでした。あなたがティコ・ブラーエとコペルニクスを教父に昇格させるおつもりでもなければ、私は、あなたがなにについて不満をおっしゃるのかがわかりません」。「さあ、さあ、明日説教しましょう。神は、なぜ、あなたがたをどれほど丁重に悪魔のもとに送り届けなければならないかをご存知ですから」。

(11)　アーサー王伝説に登場するフランク族の族長。
(12)　カール大帝の甥で、一二勇士中最強の英雄。
(13)　スペイン中世騎士物語『徳高き騎士アマディース・デ・ガウラの四巻本』の主人公。『反マキアヴェッリ論』、第八章、訳注（3）参照。
(14)　プロイセン宮庭はプロテスタントだから、宮廷つきの司祭も神父もいないはずだが、フリードリヒはここではカトリックのフランスを想定して語っているようである。

私たちは彼に答えたかったのです。しかし、彼は、あいかわらずつぶやきながら、私たちが聞き取れないなにかの言葉を吐いて、ぶっきらぼうに私たちのもとを去りました。それは、なにか聖なるため息であったように、私には思われました。しかし、フィラントは、ダビデの詩篇から引き出されたなんらかの修辞的呪いが聴こえたのではと思っていました。

私たちは、私たちに起こった偶発事に意気消沈し、私たちがどのような手段を取ったら良いか、とても戸惑いながら、引き揚げました。私にはこう思えました。私はだれかを傷つけるようなことをなにも言いませんでした。誤謬のことを考えて主張したことは、正しい理性にかなうことでした。したがって、わがいと神聖なる宗教の原理にはかなっていました。私たちの欠陥を相互に補うことと、弱き者たちのひんしゅくを買ったり、彼らを不快にさせたりしないようにと、私たちに命じている非常に神聖な宗教の原理に、私たちは合致しているように思われます。私は私の意見に関しては、うしろめたくはありません。しかし、私を恐れさせる唯一の事柄は、敬神派の考え方でした。敬神派の熱狂がどこまでに至るかは、あまりにもよく知られていますし、彼らが嫌悪してきた人びとに対して、警戒を広めようと、彼らがあえてするときには、いかに無実の者に対して、彼らが予断をもちうるかはよく知られているところです。フィラントは、最善をつくして私を安心させてくれました。私たちは、夕食後、部屋へ引き揚げました。各人がそれぞれの側で、ぼんやりとしながら、私は、私たちの会話の主題と神父との不運な出会いを考えました。私は自分の部屋にすぐに戻り、夜のもっとも良い時を使って、私たちの会話から取り出してきたことをあなたにお示しするようにしました。

統治体の諸形態と君主の義務

フリードリヒはこの論考を一七七七年八月に印刷させた。ベルリンのデッカーが同年、八折版、四二ページで論考を公刊した。五、六部刷っただけだった。ヴォルテールとダランベールは、それぞれ自分の分を受け取った。ここでのフリードリヒの考察と見解が驚くほど『反マキアヴェッリ論』のそれと一致していることは、フリードリヒの政治学がすでに一七四〇年代に完成されていたことを示す。

はるか遠い古代へと遡ってみれば、当時の人びとは、われわれに伝えられているところによると、牧歌的な暮らしを営んではいたが、社会的な団体を形成してはいなかったことがわかる。『創世記』の伝える族長時代の歴史がそのことを十分に証明している。ユダヤ民族の小集団が現われる以前のことであるが、エジプト人たちは、ナイル川が水没させなかったこれらの国に、ユダヤ人と同じように、家族ごとに散らばっていたに違いない。そしておそらくナイル川は、治水され、先住民が集落ごとに集まって住めるようになるまでに、幾世紀もの時を、流れ続けてきたのだろう。われわれは、都市を創設した人びとの名と、民を団体へと取りまとめた最初の人間である立法者たちの名を、ギリシアの歴史から学んでいる。そうした国は、わが地球の住人がみなそうだったように、長きにわたり、未開であった。エトルリア人[1]やサモス島の人びと[2]、サビーナ人[3]などの年代記がわれわれに伝えられていたなら、彼らの民族も、集住し、統一される以前は、家族ごとに散らばって暮らしていたことがきっとわかるはずだ。ガリア人たちは、ユリウス・カエサルが彼らを服従させた頃には、すでに連合を形成していた。しかし、大ブリテンは、この征服者がローマの軍勢を率いて、その地を初めて通ったとき、連合を形成するところまで至っていなかったようだ。この偉大なる人物の時代から、ゲルマン人は、イロクォイ族やアルゴンキン族[4]、そして彼らに似たような未開国民にしかなぞらえることができなかった。彼らは狩猟、漁撈、そして彼らの家畜の乳でしか生計を立てていなかった。ゲルマン人は、土地を耕すと、みずからの品位を下げてしまうと思っていたので、戦争で捕えておいた奴隷をその仕事のために使役していた。なにしろ、ヘルシニア紀〔古生代〕の森は、現在ドイツを構成しているこの地域の広大な面積のほとんどすべてを覆っていたのだ。十分な食糧がなければ、国は、人口を確保することができなかった。そしておそらく以上のことが、北方の民の大移動の真の原因なのだ。北方の民は急ぎ南へ向かい、しっかりと開墾された土地と厳しくはない気候を求めたのである。

人類がかくも長きにわたり、獣《けだもの》同然の状態で、社会を形成せずに生きていたことを思い浮かべると、驚かされる。そして、人類を人民の団体として団結する状態に導くことができたのは、どんな理由によるのかが熱心に探求された。おそらく、近隣の他の遊牧民族から蒙った数々の暴力と略奪が、離散していた人びとの群れに、他の家族と結集して、互いに守りあい、自分たちの所有物を保証しようという考えを抱かせることになったのだろう。そこから法律が生まれ、法律が個人の利益よりも一般利益を優先するように諸社会に教えることになる。以来、懲罰を恐れずには、他人の財産を横取りしようなどと企てる者はいなくなったし、隣人の命を襲おうと企てる者もいなくなった。隣人の妻と財産を聖なる物として敬わなければならなかった。そして社会全体が攻撃されたと思われれば、各人は社会を守りに駆けつけることが義務となった。他人が自分にしってほしいと望むことを、他人に対してしてやらなければならないという、かの偉大な真理が法律と社会契約の第一原理となる。そこから、われわれの幸福の安息地とみなされる祖国への愛が生まれてくる。しかし、たえず法律に関心を持つ監視人がいなければ、これらの法律を維持することも行使することもできなかったので、これが為政者の起源となった。人民は為政者を選出し、彼に服従した。しかと覚えておいていただきたいのは、法律の保守が人間に上位者を戴く気にさせた唯一の理由であった、ということである。というのも、これが君主権の真の起源だからである。為政者は国家第一の下僕であった。生まれたばかりの社会が近隣社会を恐れなければならなかったときに、為政者は、人民に武装を施し、市民全体を防衛するために奔走していたのである。

可能なかぎり最大の幸福を手に入れようと人びとをかき立てる一般的なこの人間本能は、さまざまな種類

（1）エトルリア地方に居住した古代人。エトルリア地方は古代ローマ地方のこと。
（2）古代ギリシアのイオニア人が領有したエーゲ海の島の人びと。
（3）古代ローマのラテン民族。
（4）カナダの首都オタワ北部を流れるガティノー川の川筋に住むアメリカインディアンの一民族。

の統治体を生み出した。ある人びとは、幾人かの賢者の導きに身を委ねれば、このような幸福が得られるはずだと思った。ここから貴族政体が生じた。他の人びとは寡頭制を好んだ。アテナイ人たちとギリシアの大部分の共和国は民主制を選択した。ペルシアと東洋は専制に屈していた。ローマ人たちはしばらくのあいだは、王を持った。しかしタルクィニウスの暴力に疲れ果て、彼らは統治形態を貴族制へと転じた。しかし、たちまちにして、高利貸しで民を虐《しいた》げる貴族《パトリキ》の過酷さに疲れ果てた人民は、貴族制のもとを去った。自分たちを貴族の暴力から守ってくれるように、彼らが選出した護民官に元老院が権力を認めたあとでしか、彼らはローマに戻らなかった。以来、元老院は最高権力の受託者にほぼ等しくなった。人びとは、暴力によって統治体を奪取する者、そして自分の情念と気まぐれを行動の指針とし、社会がその存続のために打ち立てた法律と基本原理を転覆する者を暴君と呼んでいた。

しかし、人民を団体へと取りまとめた立法者と創建者がいかに賢明であろうと、彼らの制度がいかによいものであろうと、これらの統治体のなかで、そのまったき一体性を保って存続したものはひとつとしてなかった。なぜだろうか。それは人間が不完全な存在であり、そんな人間が生み出す作品も、結局は不完全だからである。また、市民は情念に駆り立てられ、一般利害を必ずや転覆してしまう個別利害によって盲目にさせられてしまうからである。そして、この世に永続的なものなどなにひとつないからである。貴族制では、国家第一級の成員による権力の濫用が、たいていの場合、相次いで生ずる革命の原因である。ローマの民主制は人民自身によって転覆された。かの平民《プレブス》からなる盲目的な群衆は、野心的な市民によって買収されたのである。そのあとで、野心的な市民は平民を隷属させ、彼らからその自由を奪った。下院〔庶民院〕の品位を落とすあの醜悪な買収よりも、国民の真の利害を下院が優先させなければ、イギリスを間違いなく待ち構えている運命がこれである。君主政体に関しては、その種類が実にさまざまに存在するのをわれわれは見てきた。古代封建制は、数世紀前までは、ヨーロッパでほぼ一般的であったわけだが、それらは、蛮族の征服から設立されたのだった。遊牧民族を率いていた将軍は、征服された国の君主にみずからがなり、彼の主要な将校たちに諸州を分け与えた。実際には、将校たちは、封主に従い、求められれば、軍隊を封主に供給していた。ところが、その封臣のなかには、首長と同じくらい権力を持つようになった者が現われたので、こうした事情で、国家のなかにはいくつもの国家ができていたのである。これが内戦の苗床であり、その結果、社会一般の不幸が生じていた。このような封臣は、ドイツでは独立したが、フランス、イギリスそしてスペインでは虐《しいた》げられた。この忌まわしき統治体のなかで、われわれに残された唯一のモデルが、いまだにポーランド共和国で生き残っている。トルコでは、君主が専制的なので、君主は、このうえなく許しがたい残虐行為を犯しても罰せられずに済ませられる。しかし、いずれにせよ、こんな君主には、野蛮な国家にはつきものの浮き沈みによってか、正当なる報いとしてか、彼が絞め殺される番になるということがしばしば起こる。真に君主的な統治体となると、それは統治のされ方に応じて、臣民にとって、最悪なものともなれば、最良のものともなるのである。

見返りの奉仕を期待できると考えるから、市民は、同胞のひとりに優越した地位を認めるにすぎない、ということをわれわれは指摘しておいた。法律を維持し、司法を正確に順守させ、あらゆる手段を用いて習俗の腐敗に立ち向かい、国家を敵から守ることがこの奉仕の中身である。為政者は、大地の耕作に気を配らなければならない。彼は豊富な食料を社会へ供給し、産業や貿易を振興しなければならない。為政者は、常駐の歩哨のようなもので、隣人を見張り、国家の敵の動静を監視しなければならない。彼の先見性と怜悧には、適当な時期に結びつきをつくることが求められ、国家の利益にもっとも適した同盟国を選ぶことが求められている。こうした項目のそれぞれが、細部にわたるどのような知識をとくに必要としているかは、いままでの短い説明からわかる。これに加えて、為政者が統治しなければならない国の地域的事情を掘り下げて研究し、国の特性をよく知らなければならない。というのも、無知であったために過ちを犯しても、悪意から罪を犯したのと同じくらい、君主は罪人となるからである。前者は怠惰による欠陥だが、後者は心からの悪徳である。しかし、そこから帰結する悪は、社会にとっては同じことである。

だから、君侯も君主も国王も、いくら最高権威に包まれていたところで、放蕩と奢侈に耽《ふけ》れば、罪に問われるのである。豪奢を見せびらかしながら、気取って歩く彼らの傲慢さは、習俗の素朴さや貧困や貧窮を軽蔑して侮辱するが、しかし、彼らが同僚市民の上に立っているのは、そのためではない。のらくら者の山が怠惰と役立たずで、ありとあらゆる悪徳を生じさせているのに、そのような手合いを自分の身近にはべらせて、養うために、彼らは国家の首座にあるのではない。君主政体の失政を引き起こす原因は、さまざまであり、多数にのぼるとはいえ、これらの原因の発生源は、君主の性格に求められる。たとえば、女色に溺れる君侯は、愛人と寵臣に政治を任せっきりにするだろう。こうした手合いは、君侯の精神に対して権力をふるっていることをいいことに、この影響力を使って、不正を犯し、良俗を喪失した連中を庇護し、官職を売買し、ほかの類似した不面目な所業に及ぶであろう。君侯がのらくらしていて、国家の舵取りを、欲得づくの手合いに委ねるなら――私は大臣のことを言っているのだが――そのときには、ある大臣は右へ引っ張り、別の大臣は左へ引っ張ることで、だれも全般的な計画にもとづいて仕事をせず、それぞれの大臣は、事柄自体はよいとしても、新たな制度の創案者になり、自分の夢物語を実現するために、しばしば公共善を犠牲にして、既成秩序と思ったものをひっくり返す。彼らに代わる別の大臣は、自分の番とばかりに、性急に前任者の取り決めを覆そうとするから、創案者と見なされることで満足してしまい、彼らの前任者と同じく堅固さを欠いてしまう。このように、変更と変化が続くと、これらの計画には、根を成長させる時間が与えられないことになる。そこから混乱と無秩序と失政のあらゆる悪弊が生まれる。不正をした人間は、口実をしっかり整えている。彼らは、破廉恥な振る舞いを絶えざる変更で覆い隠す。また、この類の大臣どもは、だれも彼らの行動を追及しないのをいいことに、部下には厳しく臨み、手本とならないように万全の注意を払う。自分に帰属するものには愛着を抱くのが人間である。こうした大臣どもに国家は帰属しない。だから、彼らは、誠心誠意、国家に良かれと思っているわけではない。無頓着に、一種のストア派的な無関心のなかですべては執行され、そこから、司法、財政、軍事の衰退が生じる。それが君主政体であれば、この統治体は、まがうことなき貴族政体に変質する。貴族政体では、大臣と将軍が自分たちの気まぐれで、諸問題を取り仕切る。そうなってくると、全体の体系がもはや認識されていないために、各人は、各人の想念のあとを追いかける。中心点も、一致点も失われる。一個の時計に付いているすべてのバネが同じ目的、つまり時間を計るという目的へと一致して向かうように、統治体のバネも、同じように巻き上げられることによって、行政のさまざまな部門がすべて寄り集まって、国家の最大幸福に協力するようにしなければならない。

この国家の最大幸福こそ、けっして見失ってはならない重要な目的なのである。そもそも、大臣と将軍の私的な利益は、提案者が自分ではないというところから、なにごとにつけ、相手に真っ向から反対するという事態を産み出すのを常とする。ときにはそれが、最良の事柄を実行に移すことを妨げる。しかし、君主の利益は臣民の利益とは違うということを邪悪な魂が君主に得心させることに成功するなら、悪は頂点に達する。そのとき君主は、なぜかはわからないけれども、人びとの敵となる。誤解から、彼は、冷酷で、厳格で、非情になる。というのも、出発する原理が間違っているので、必然的にその帰結は間違わざるを得ないからである。君主は、解消しがたい絆によって、国家という身体へ結びつけられている。だから、君主は、反射的に、彼の臣民を苦しませるあらゆる悪を感じとる。そして、君主に不幸が及んだ場合には、社会も、同様に不幸を味わう。幸福はひとつしかない。それは、国家の幸福一般である。君侯が諸州を失うなら、以前のように、臣民を助けることはもはやできない。不幸が君侯に無理矢理、借金をするように強いたのは、貧しき市民たちが借金を支払うためである。反対に、人口が少なくて、臣民が貧困に陥っているなら、君主には、どのような手立てもない。これは、議論の余地のない真理であり、その点についてこれ以上強調する必要はない。

そこで、繰り返し言う。君主は国家を代表する。彼と臣民は、たったひとつの身体を形成する。和合が君主と臣民を結合する限りでしか、身体は幸せではありえない。君主が統治する社会に対するは、頭が身体に対すると同じである。君主は、共同体の全体のために、調査し、思索し、行動する。それは、受け取って当然の利益を共同体に手に入れさせるためである。君主政体が共和政体に勝ることを望むなら、君主に判決は下っている。君主は、活発で、清廉でなければならないし、命じられた職責を遂行するためにすべての力を結集しなければならない。これこそ私が君主の義務について抱いている考えである。

自国の強みと弱みについて、正確かつ精緻な知識を得なければならない。それは、財源のためでもあるし、統治しなければならない国の人口・財政・貿易・法律・特性のためでもある。それは、それが優れたものであれば、明確に表現されていなければならない。それは、三百代言が法律を勝手にねじ曲げて、法律の精神をかいくぐり、個人の財産を恣意的に、無規律に決定しないようにするためである。訴訟手続きは、可能なかぎり短くしなければならない。それは訴訟人が、正義と正しい権利からその人に支払われるべきものを、あらぬ費用で使い尽くして、破滅してしまうのを防ぐためである。統治体のこの部分は、いくら監視されても、裁判官の貪欲や弁護士の度を超した打算に対して、可能なすべての防護柵となるほど十分ということはない。さまざまな州で時折行なわれる巡察のおかげで、だれもがみずからの義務のなかに引き止められる。巡察に際しては、みずからの権利が侵害されたと思っている人はだれであれ、その不平不満の訴えをあえて特別法廷へと持ちこみ、不正な行為をした人は厳しく処罰されなければならない。おそらく付け加えるまでもないことだが、刑罰はけっしてその罪の重さを超えるものであってはならないし、法律の代わりに暴力がけっして用いられてはならない。また、君主は厳しすぎるよりは寛大すぎる方が望ましい。原理原則にのっとって行動しないすべての個人は一貫性のない行動をするものだから、臣民を注意深く見守る為政者は、政治・戦争・財務・貿易・法律の確固とした体系に従って行動することがいっそう重要である。たとえば、温和な民が厳格な法を持つことはありえず、その性格に適した法を持つものである。これらの体系の根本は、つねにその社会の最大の利益に関係づけられていなければならない。それら諸原理はその国が置かれている状況と、もしそれがよいものであるなら古来の慣習と、そして国の特性とに適合していなければならない。たとえば、政治学においてよく知られた事実だが、もっとも自然で、結果として最良の同盟国とは、その国の利害がわれわれの国の利害と一致している国であり、利害上の議論に深くかかわるほど近隣には位置していない国である。時に奇妙な出来事が異常とも思える組み合わせを生み出すことがある。現代において、いつなんどきでも競争相手であり、敵ですらあった国同士が同じ旗印の下に進軍しているのをわれわれは目にしたことがある。しかし、そうしたことが起こるのは非常にまれであり、例としてはけっして役に立たない。こうした類の結びつきは一時的なものでしかありえない。それに対して共通の利害によって結ばれた、これとは異なる類の結びつきだけが持続的なものになる可能性を持っている。現在のヨーロッパでは、すべての君主が武装しており、弱小国を押しつぶせるほど支配的な勢力が興隆している。こうした状況下で怜悧が要求するのは、攻撃されたときの救援を確実なものとするためであれ、敵国の危険な計画を抑制するためであれ、同盟国の力を借りて正当な主張を、それに抗する国々から守るためであれ、他の強国と同盟することである。しかし、これだけでは十分ではない。隣国、とりわけ敵国のなかに、見聞きしたものを忠実に報告する、よく見える目と聞こえる耳を持たなければならない。人間とは意地の悪い生き物であるから、とりわけ意表をつかれないように注意しなければいけない。意表をつくものはなんであれ、人をおびえさせ狼狽させるが、予想されるはずのことがどれほど厄介な出来事であれ、心づもりがあればそういうことはけっして起こらないからである。ヨーロッパの政略はあまりに人を欺くようなものなので、もっとも慎重な人でも、つねに警戒して用心をしていなければ、だまされる側になってしまうのである。

軍制もまた、経験によって確実かつ周知となっている良き原理。にもとづいていなければならない。国民の特性が認識されていなければならない。国にはなにができるのか、国を敵のところまで率いて行こうとして、あえて軍事行動を起こすのに、どこまで危険を冒すのか。現代では、戦争においてギリシア人とローマ人の慣習を用いることは禁じられている。大砲に用いる火薬の発見が戦争のやり方を完全に変えてしまったからである。いまでは、勝利を決するのは火力の優位である。軍事演習・軍規・戦術は、それらをこの新しい慣習に適合させるために作り直された。最近では、多数の大砲のとてつもない濫用が兵の動きを鈍くしているのだが、重大な理由から必要性が出てきている場合には、われわれの持ち場を維持するためにも、敵が占めている場所で敵を攻撃するためにも、こうした方式をわれわれも同じく採用せざるをえなくなっている。したがって、これほどの新たな洗練が戦争の技術をすっかり変えてしまったため、現代では一将軍が、テュレンヌ、コンデ[5]、リュクサンブールのような人びとをまねて、かつて偉大な将軍たちが行なっていた段

(5) コンデ公、ルイ二世・ド・ブルボン、第四王子、ド(一六二一—八六) フランスの王族で武人。大コンデ公の名で呼ばれる。若くして輝かしい軍功を挙げ、一六四三年のロクロワの戦いで北部司令官としてスペイン軍を撃破する。フロンドの乱で叛乱者となり、一時、ヴァンセンヌに繋がれる。出獄後、スペインに身を寄せ、フランスと戦うが、テュレンヌに敗れる。スペインとの講和後、フランスに戻り、ルイ一四世に許され、一六七二年のオランダ侵攻の総司令官に任命され、戦功をあげる。ちなみに、このときに、哲学者スピノザと面会したとも言われる。

取りに従って戦争の危険を冒すなどということは、許されざる無謀な行為となるだろう。かつては勇敢さと力によって勝利がもたらされていたが、現代では大砲がすべてを決し、将軍の腕の見せどころは攻撃を仕掛ける前にやられることなく、敵の部隊へと近づくことにある。こうした優位を得るには、敵軍の砲火にまさる自軍の砲火によって敵軍のそれを押さえこまなければならない。しかし、軍事技術において永久に揺るぎないものとして残っていくのは、布陣法である。言い換えると、優位を得るために地勢を最大限に活用する技術である。新たな発見がまだなされるのは、かつての将軍たちがこうした新機軸を喜んで受け入れ、必要な訂正をほどこしながら、われわれの戦術を変えていく必要があるからだろう。

位置と体質から海軍力を持たなければならない国家がある。たとえばそれは、イギリス・オランダ・フランス・スペイン・デンマークである。これらの国家は海に囲まれており、それらが保有する隔たった植民地のために、本国と遠く離れた部分との連絡・貿易を維持するには、艦船を持っていなければならない。オーストリア・ポーランド・プロイセン、さらにはロシアを含むような別の国家がある。そのなかには、海軍なしですますことができる国家もあれば、陸上で欠くべからざる部隊を海上で使いたいと思って軍事力を分割したら、政略上、許されざる失策を侵すことになる国家もある。一国家が維持する軍隊の数は、敵国が持っている軍隊の数に比例していなければならない。同じだけの武力を持たなければならない。そうでなければ、最弱の国は壊滅の危険がある。君侯は同盟国の救援を当てにすべきだという反論がおそらく出るだろう。同盟国が確実に同盟国でいてくれるのなら、それはそうだろう。しかし、同盟国の熱意など生温いものにすぎず、自分自身より他人を当てにするなら、確実に道を間違える。国境の情勢が要塞によって防御可能であるなら、要塞建設に抜かりがあってはならないし、要塞を完全にするのにかねを出し惜しみしてはならない。フランスがこの点について手本を示してくれたし、この国は、そのことの利点をさまざまな機会に感じとってきたのである。

しかし、財政がもっとも健全な状態に維持されなければ、そして君侯自身が節約家で、用心深くなければ、政治も軍事も繁栄することはできない。金銭は、魔法使いが奇蹟を起こすときに用いる杖のようなものである。壮大な政治的展望、軍人の扶養、臣民の安らぎのための最良の意図――それらのすべては、金銭が活力を注入しなければ、麻痺したままである。

臣民に法外な税金を課さずに戦費を調達するためか、あるいは公的な災害に際して市民を救うためか、いずれにせよ君主の手もとに十分な資金の貯えがなければ、あらゆる負担は臣民の肩にのしかかり、彼らは多大な援助が要る不幸なときに、打つ手がなくなるから、そうであればあるほど、君主の節約は、公共の幸福のためにますます役に立つことになる。いかなる統治体も税なしで済ますことはできない。共和制でも君主制でも、同じく税は必要である。ともかくも、あらゆる公務を担う行政官は生活に必要なものを持たなければならないし、汚職を避けるためには裁判官に給与を支払わなければならないし、生存に必要なものを欠いた兵士が暴力に手を染めることがないようにするためには、兵士を養わなければならない。同様に、財政を管理する担当者が貧窮ゆえに、公金を不誠実に管理せざるを得なくなるようなことを避けるために、彼らには十分な給与が支払われなければならない。これらのさまざまな出費は、かなりの金額を必要とする。非常事態に備えて毎年いくらかの資金を別にとっておくことを、さらにそれに付け加えてみよ。とはいえ、なんとしても、以上のものを臣民から取り出さなければならない。この錬金術の妙味は、市民を虐《しいた》げることなく資金を集めることである。税が平等で、恣意的でないようにするために、土地台帳(6)が作成される。正確に階層化されれば、台帳は個人の財力に応じて負担を釣り合わせる。そうしたことがぜひとも必要であるのは、税金が下手に割り当てられて、農民の労働意欲が削がれるなら、財政上許しがたい過誤となるからである。税金を払いさえすれば、彼とその家族は、ある程度のゆとりをもって生活できるようでなければならない。国家の育ての親を虐げるのではなく、彼らが自分たちの大地をよく耕すようにあと押しをしなければならない。そこにこそ真の国富が存する。大地はもっとも必要な食べ物を供給するのであって、大地で働く者は、われわれがすでに述べたように、社会の真の育ての親なのである。

オランダは、自国の畑で、自分たちが消費する分の一〇〇分の一も生産しないのに、存続している、とおそらく人は私に反論するだろう。私はこの反論に次のように答える。オランダは、貿易が農業を埋め合わせる小国だ。しかし統治体が大きくなればなるほど、農村経済が振興される必要がある、と。

都市で徴収されている別の種類の税金は、消費税(7)である。パン、弱いビール、肉などのように生活にもっとも必要な食料品に税金をかけないように、上手に処理されなければならない。そうでないと、負担は、兵士と労働者と職人にふりかかることになる。そうなると、臣民にとって不幸なことに、手間賃がつり上がる結果、商品はとても高価になるので、外国での売り上げが失われる。これが現在、オランダとイギリスに起こっていることである。これらの二カ国は、近年、戦争が相次いだために巨額の債務を負い、その配当金を支払うために新税を設けた。しかし、これらの国々はへまをして、労働者に負担をかけてしまったので、マニュファクチュアをほとんど壊滅させてしまった。その結果、オランダでは物価が高騰したために、かの共和国人はヴェルヴィエとリエージュ(8)で、ラシャを製造させている。イギリスの方は、ドイツでの毛織物の売り上げを大幅に失ってしまった。これらの失策を防ぐために、君主は、しばしば貧しき人びとの境遇に思いを馳せるとともに、農民とマニュファクチュア経営者の身になり、その上で、こう思わなければならない。「自分の腕だけが資本である市民階級に生まれていたなら、君主になにを望むだろうか?」すると、良識は、「お前の義務はそれを実行に移すことだ」と彼に教えるだろう。ヨーロッパ諸国の大部分には、農地に縛りつけられた農民が貴族の農奴になっている州がある。これは、あらゆる境遇のなかでもっとも不幸で、もっとも人間性に反する境遇である。だれも自分の同胞の奴隷になるために生まれてきたのではない。この点はたしかである。このような悪弊を嫌悪することは正しい。この野蛮な習慣をなくすには、そのことを望みさえすればよい、と思われている。しかし、そうはならない。こうした習慣は土地所有者と小作農たちのあいだでの古い契約に由来しているのである。農業は、農民の労働にしたがって整えられる。この忌まわしい管理を一気に廃止することを望むのであれば、土地経営をまるごと一変させなければならない。部分的に

(6) 正確な課税のために、国土の全域で、土地の所有関係と肥沃度を記した土地台帳を整えることは、ヨーロッパの啓蒙専制君主たちが封建制を是正するために用いた有力な手段であった。

(7) 消費税は、元来はビールやワインなどアルコール飲料にかけられた間接税で、イギリスやオランダがこの税金を徴収していた。

(8) いずれもベルギー北東部の都市。紡績産業が盛んだった。

は、貴族がその収入に蒙る損失を補填しなければならない。

次に、マニュファクチュアと貿易の項目が示される。これもやはり重要である。国が繁栄し続けるためには、貿易収支がその国にとって黒字であることが是が非でも必要である。輸出によって稼ぐ分よりも多くを輸入によって支払うなら、国は必ずや毎年毎年貧しくなっていく。一〇〇デュカート(9)が入った財布を想像してほしい。毎日一デュカートずつ取り、なにも戻さないなら、一〇〇日のちには、財布が空になることをあなたは認めるだろう。以下に、この損失を未然に防ぐ方法がある。自国に持っているすべての原材料を加工させること、手間賃を稼ぐために、外国の原材料を利用すること、そして外国で売り上げを得るために、廉価で仕事をさせることがそれである。貿易については論点が三つある。食料の余剰分については、あなたがたはそれを輸出する。隣国の食料については、それらを売ることで、あなたがたは豊かになる。外国の商品については、あなたがたに需要があれば、それらを輸入する。国家が貿易を規制しなければならないのは、私たちがいま示したばかりの生産物についてである。事物の本性から受け入れるべきはこのことである。イギリス、フランス、オランダ、スペイン、ポルトガルは、両インドに植民地を持ち、商船隊のために、他の諸王国よりも広大な可能性を持っている。自分たちにある利点から利益を得ること、持てる力以上のことは、なにも企てないこと——このことを英知は助言してくれている。

繁栄を持続するために、社会は、食料の豊富さを欠くことのできない要求として持っている。この食料の豊富さを変わることなく維持するために、もっともふさわしい手段について、語ることが残っている。第一の問題は、大地の良き耕作を心がけ、収穫が望めるあらゆる土地を開墾し、そして羊の群れの数を増やして、それだけいっそう多くの牛乳、バター、チーズ、肥料を得ることである。ついで問題となるのは、豊作の年、平年並みの年、不作の年に収穫された異なる種類の小麦が何ボワソー[10]あるかの正確な一覧表を持つことである。そこから消費分を差し引くこと、その結果から、余剰分――その分の輸出を許可しなければならない――がどれくらいあるか、消費に対して不足分がどれくらいあるか、そして必要性から獲得される分がどれくらいあるかを知ることである。公益に専心するあらゆる君主は、不作時の埋め合わせに使い、飢饉に備えるために、十分に食料が供給された倉庫を準備しなければならない。私たちがすでに目のあたりにしてきたように、ドイツでは、一七七一年と一七七二年という天候不順の年に、この非常に有益な予防策を無視したために、ザクセン地方や神聖ローマ帝国の諸邦が不幸な目にあった。人びとは、自分たちの食用に、ナラの木の皮をすりつぶした。この悲惨な食べ物は、彼らの死を早めた。数多くの家族が、手を差し伸べられることなく命を落とした。これは世界的災厄だった。他の家族は、血の気を失い、青ざめて痩せ細り、他の場所に助けを求めて移住した。彼らを見ることは同情心をかき立てた。非情な心の持ち主でさえも、それを感じたことだろう。彼らの行政官たちは、救済策を講じることもできないままだったのだから、自分をこの

(9) 元来はヴェネツィア金貨で、デュカート(ducato)という名称は、ヴェネツィアを支配していた統領(doge)に由来する。一六世紀半ばからゼッキーノ(zecchino)となり、それが中近東やオスマン帝国で流通して、セッカとアラビア語で呼ばれるようになった。同じ頃、ヨーロッパでは、イタリア南部を支配していたスペイン王国で流通した。スペイン語では、ducadoと綴り、ドゥカードと発音される。

(10) フランスの旧容積単位。旧単位で、まちまちだが、だいたい一ボワソーは一二・七リットル。

災厄の傍観者だと責めるべきではなかったのに！

ここで、おそらく同様に興味深い別の項目に移ろう。市民が宗教について同じような意見を持っている国はほとんどない。意見はしばしばまったく異なっている。宗派と呼ばれるような別の意見もある。そこで疑問が浮かぶ。市民は、全員同じように思考しなければならないのか、それとも、各人が各人なりに好きなように考えることを許してもかまわないのか。まず、陰鬱な政治家がいて、彼らは、あなたにこう言う。人間はみな同じ意見を持たなければならない。そうなれば、市民を分裂させるようなものはなにもないことになる、と。神学者はそこにこう付け加える。私のように考えない人はだれでも劫罰に処される。私の君主が劫罰に処された人間どもの王であるのは望ましくない。したがって、劫罰に処された者は、この世で焼かれなければならない。あの世でそれだけいっそう繁栄してもらうためだ、と。それに対してこんな答えがある。社会が同じように考えるということはけっしてない。キリスト教諸国では、大多数は神人同形説を信じている。カトリック教徒にあっては、大多数が偶像崇拝者である。というのも、百姓がラトリア［最高存在への崇敬］と聖母の特別崇敬を区別するすべを持つとは、とうてい、私には納得がいかないからだ。百姓は祈りを捧げる像を、善意で崇敬している。こういうわけで、キリスト教の宗派のどれをとっても、内部に多数の異端が存在することになる。おまけに、各人は、各人にとって本当らしく見えるものを信じている。暴力を使って特定の信仰定式の表明を、貧しい不幸な人間に強制することはできるかもしれない。しかし、彼らは、内心ではそれに対する同意を拒んでいるのだ。だから、迫害者はなにも得ることはなかったのである。しかし、社会の起源に遡れば、君主が市民の思考様式にいかなる権利も持たなかったことは、まったく明白になる。人間が同胞である人間に向かって、次のように言ったと想像するには、狂気に陥る必要があるのではないか？　われわれの上にあなたを持ち上げたのは、われわれが奴隷であることを好むからだ。あなたの好き勝手にわれわれの考えを導く力を、われわれはあなたに授けている、と？　反対に、彼らはこう言ってきた。あなたを必要とするのは、われわれが従おうと望む法律を維持するためであり、われわれを賢明に統治してほしいからであり、われわれを防衛するためである。しかも、われわれは、われわれの自由を尊重するようにあなたに要求している。それが下された判決だ。上訴なしの判決だ。そして、この寛容は、寛容が確立された社会にとって、非常に有益でありさえする。寛容は国家の幸福をもたらすからである。あらゆる信仰が自由になるやいなや、すべての人間は平和になる。反対に、迫害は、もっとも血なまぐさく、もっとも長く、もっとも破壊的な内戦を引き起こしてきた。迫害が引き寄せるどんなに小さな悪でも、迫害された者を移住させる。フランスには、人口で被害を受けた州がいくつかあり、それらの州はナント勅令廃止[11]の後遺症にいまだに悩んでいる。

おおむね、君侯が果たすべき義務は以上である。君侯が義務を踏み外さないようにするには、自分はもっ

(11)　ルイ一四世は、国内をカトリック信仰で統一するために、一五九八年にアンリ四世が発したナント勅令（宗教寛容令）を一六八五年に廃止し、プロテスタント信仰を禁じた。ドラゴナードと呼ばれる竜騎兵を動員した強制改宗を嫌って、二〇万人ものユグノー教徒が改宗を拒否して国外に亡命した。新教国のプロイヤン王国では、経済活動を活発にするために、歴代国王は、宗教寛容令を使って、亡命者を積極的に受け入れたが、フリードリヒの場合は、兵士の数がつねに不足していたために、亡命者の受け入れにことのほか熱心だったと言われる。

とも身分の低い臣民として人間なのだということを再三再四、思い起さなければならない。君侯が第一の裁判官であり、第一の将軍であり、第一の財政専門家であり、社会の宰相であるのは、彼が代表しているためではなく、彼がその義務を果たしているためである。彼は国家第一の下僕にすぎない[12]。彼の行動は、あたかも、彼の行政を、いつなんどきでも市民に説明しなければならないかのごとくに、廉潔、賢明、完全な無私無欲でなければならない。したがって、彼が民の懐にあるかねや課税収益を奢侈や饗宴や放蕩で食いつぶすなら、彼は罪ありである。法律の守り手である良風美俗を見張り、国の教育を完成し、悪い見本で、教育をゆがめてはならない。完全一体のものとして良風美俗を保持することは、もっとも重要な目標のひとつである。君主は、有徳な行動をした市民に栄誉を与え、報い、放埓な行動が恥ずかしさをもたらさないほどに堕落した人間に対しては、軽蔑を表わすことで、良風美俗の保持におおいに貢献できる。君侯は、どんな不名誉な行動にもはっきりと反対し、矯正できない人びとに栄誉を与えることを拒しなければならない。彼は、興味をなくしてはならない魅力的な対象でもある。彼がなおざりにされるようなら、良風美俗にとって取り返しのつかない害がもたらされるに違いない。なにも功績がないのに、大きな富を所有している人間に君侯があまりに栄誉を与えすぎるときがそれである。不適切に浪費された栄誉は、考慮されるには財があることで十分だという俗っぽい偏見のなかに公衆を打ち固めてしまうことになる。そのときから、利益と貪欲は、それらを抑制する歯止めをふりほどいてしまうのである。

この論考の最初のところで確立した諸原理にしたがって、君主の義務について、持たなければならない正確な観念と君主政体を良質で有益なものにすることができるただひとつのやり方について持たなければならない正確な考えとは以上のようなものである。万が一、君侯が異なる行動をとるなら、それは、諸制度とそこから派生する義務について君主がした省察の不十分さのせいである。彼らは、重量も重要性も定かならぬ重荷を背負ってしまったわけである。彼らには知識がないから、道に迷ってしまったということである。というのも現代においては、無知は、悪意よりも多くの誤りを犯させるからである。この君主象の素描は、おそらく検閲官にとってはストア派の原型と映るだろう。彼らが想像してきた賢者の理想像はけっして存在してこなかったが、マルクス・アウレリウスのみがそれにもっとも近づいたのである。この非力な論考がマルクス・アウレリウスのような人間を幾人かでも形成することができれば、と切に願う次第である。期待できるもっともすばらしい褒賞とはこれであろう。そして、同時に、その褒賞は、人類の財産となるに違いない。とはいえ、これに付け加えて言っておかなければならないのは、われわれが描いてきた苦労の多い人生を生き抜く君侯がまったき完成に到達することはないということである。なぜなら、可能なかぎり最良の意志を持ってしても、国事行政のために雇う人間を選ぶ場合に、彼は間違えることがありうるからである。いんちきな光のもとでものごとを彼に見せることができるからである。君侯には知ることができないような形で不正行為が隠されるために、命令が正確に実行されないことが起こりうるからである。頑固で妥協しない役人が、管理運営のなかに、過大な厳格さと傲慢を入れ込むかもしれないからである。最後に、広い国においては、君侯はどこにでも姿を現わしているわけにはいかないからである。だから、これがこの世にあるも

(12) フリードリヒがもっとも好んだ表現で、『反マキアヴェッリ論』第一章から現われる。

のの定めであり、定めであり続けるだろう。人びとの幸せが求める完全さの度合いに到達することはけっしてないということであり、統治体ということになると、他のすべてのものごとと同様、欠点がもっとも少ないことで満足しなければならない。

解説

プロイセンの啓蒙専制君主による新しい『君主論』
——『反マキアヴェッリ論』に寄せて

大津真作

『反マキアヴェッリ論』はけっして偽善ではなく、文学だった。彼は人間的な精神を、理詰めの明澄さを愛した。彼の本性が魔性に道具として拘束されていたからこそそうしたものを愛したのだ。だから彼はヴォルテールを、啓蒙主義とあらゆる反英雄主義的文明の父を愛したのである。……七年間の戦争を彼は反語的に弱さの英雄主義と呼んだ。

トーマス・マン

(一) 自由奔放な王太子時代

自由思想家《リーブル・パンスール》。大胆に哲学的で文士、徹頭徹尾ヒューマンな『反マキアヴェッリ論』の著者。柔弱でかなり淫蕩な若き哲学者。

トーマス・マン

いわくつきの書

プロイセン王国の王太子フリードリヒが執筆したマキアヴェッリの『君主論』に反駁する書（以下『反マキアヴェッリ論』と略す）は、いわくつきの作品となった。フリードリヒが『反マキアヴェッリ論』の原稿の全面的な校閲をヴォルテールに頼んだ結果、原稿には、ヴォルテールによる訂正と削除の大鉈が振るわれ、章によっては、フリードリヒがもっとも主張したかった部分まで削除され、置き換えられてしまったこと、商魂においても人後に落ちないこの文人が出版にかかわったために、出版業者とのあいだでおきまりのトラブルが起き、別の出版業者がヴォルテールの望み通りの『反マキアヴェッリ論』を出版してしまったこと、そのうえ、本書の印刷直前にフリードリヒ自身がプロイセン王国の国王に即位し、著作の流布にフリードリヒが難色を示したことなどがその原因と考えられる。

しかし、一八三四年にハンブルクで出版された『反マキアヴェッリ論、あるいはマキアヴェッリの『君主論』を批判的に検討す』の序文で言われているように、本書ほど原本の『君主論』より「大きな成功を勝ち得た政治著作はない」。新興プロイセンの好戦的専制君主の政治的、軍事的見解も盛り込まれていたのである。全欧で興味を引く著作となったことは間違いないところである。

若きフリードリヒ

一八歳のみぎりに、「私は深い失望にとらわれています。王は私が彼の息子であることをすっかりお忘れになり、人間のなかでも最低の屑として私をお扱いになります」という書付を残して、折りにふれ、ステッキで打ち据えるなど激しい虐待を繰り返す父王フリードリヒ・ヴィルヘルム一世のもとから、フリードリヒは国外逃亡を企てる。彼は、父王と一緒にアンスバッハへ旅行しているあいだに、フランスを経て、彼が恋していたアン王女（一七〇九―一七五九）を頼ってイギリスへ向かおうとした。しかし、彼の行動は監視されていたために、捕らえられた王子は、危うく父王から絞め殺されそうになり、ステッキで顔を何度も打擲《ちょうちゃく》されたために、鼻から血がほとばしるほどだった。王侯としての尊厳を守るために、フリードリヒは顔を傷つけることだけはやめてくれと父王に懇願したという。

この逃亡事件では、「兵士王」との異名をとった厳格なプロテスタントの父王から、フリードリヒは、国家犯罪者と見なされ、尋常ならざる懲罰を受けた。フランスやイギリスの文化に対する憧れを共有していた親友ヘルマン・フォン・カッテ（一七〇四―一七三〇）は、逃亡計画を打ち明けられたとき、王子を諫止せず、ともにプロイセンから脱出しようとしたとして、王子の命乞いにもかかわらず、斬首刑に処された。その処刑シーンは、王子の目の前で首を刎ねられたうえに、王子が閉じ込められている牢獄の格子窓にその首が押し付けられるという実にサディスチックで、凄惨なものであった(1)。

フリードリヒに下った刑罰は、ベルリン近郊のキュストリン城塞への軟禁であった。それから二年と経たぬうちに、王子は、父王から政略結婚を強いられた。ラインスベルクに自分好みの城館を建ててもらうことを条件に、彼は結婚を受け入れた。フリードリヒは二一歳で、相手は、ブラウンシュヴァイク家の名門の王女であったが、もとより会ったこともない相手であった。

しかし、「不幸な一件」[2]が起こり、フリードリヒは、この結婚直前からぷっつりと女性関係を断ったようなのである。したがって、フリードリヒの結婚生活は名ばかりであった。彼は、ラインスベルクに「真理の友」と称するサロンを開き、友人をそこへ招き、お互いに意見を自由に述べあう場とした。また、多彩な趣味を持っていた青年フリードリヒは、ベルリンからゲストを居城に招いて音楽会を開き、みずからはフルートを演奏したり、城外に点在する湖で、船遊びに興じたり、ときには、近くの山へ写生旅行を行なったりした。もちろん、その一方で、彼は、広大な図書館を備えたラインスベルク城の書斎で、読書と思索と著述にふける習慣を欠かさなかった。彼の書斎の壁にかけられていたのは、もっとも尊敬していたヴォルテールの肖像画であった。

フリードリヒがヴォルテールの著作を読み、感激して最初に彼に出した手紙は、一七三六年八月八日の日付を持っている。その頃、ヴォルテールはすでに名前を変えて、一八年経ち、劇作や詩作においては、人気作家となり、また、イギリスの新哲学を紹介する啓蒙の旗手としても、世に知られていた。そのようなヴォルテールに、彼は、かなり強引な初めての手紙を書き、締めくくりに「随分遠くから、随分長いあいだ尊敬してきた人物にいつか会いたいものです」と真情を吐露している。その後、ヴォルテールとの文通は、フリードリヒがみずからの『反マキアヴェッリ論』を送り、校閲を願うほどにまで、親密さを増す。

(二)　フリードリヒ二世とプロイセンの興隆

小国の急速な軍事大国化

平和で、思索的な生活が数年続いたあと、運命は急変した。マキアヴェッリ反駁を書物として公刊する直前の一七四〇年五月末に、五二歳で、父王が他界したのである。プロイセン王位の正統継承者であった王子は、父王の逝去を受けて、急遽プロイセン王国の玉座に登ることになった。彼は、妻のいるラインスベルク城には、一年に一度、彼女の誕生日にだけ戻るというきわめて多忙な毎日を送ることになった。国家第一の

(1)　Lord Dover, *The Life of Frederic The Second, King of Prussia*, New-York, 1832, Vol. I., p. 63–69. フリードリヒを不義の子と思い込んでいた父王は、彼の廃嫡すら考えていたという。しかし、フリードリヒの伝記を書くために、史料を漁っていたトーマス・マンの『フリードリヒと大同盟』(青木順三訳、『トーマス・マン全集』、新潮社、第X巻所収)によれば、フリードリヒは、一六歳の時から、なん人もの女性と関係を結び、さる年上の男爵夫人との艶聞に至っては、私生児をもうけたと疑われたり、ポツダム教会の合唱指揮者の娘との悲恋は、娘の公開笞刑と終生感化院入りを招いたとある。彼が遊興人であったとすると、父王に目に余る乱行をいさめられたとも考えられる。

(2)　トーマス・マン、前掲、六四ページ。

下僕として、全身全霊をプロイセン国家に捧げるフリードリヒ後半生の始まりである。

玉座に坐ると、フリードリヒ二世は、内政の面で、矢継ぎ早に、拷問・検閲の緩和や父王によって一七一三年に禁止されていた新聞発行の自由の承認や宗教寛容令の布告などの啓蒙主義的改革を進めた。また、彼は、絹織物などのマニュファクチュアを養成し、輸出入を厳しい管理下において国内産業、とくに農業を保護し、発展させた。

しかし、これらの啓蒙主義的施策は、ひとつの共通した目的から発していた。それは、宗教寛容政策を見ればわかる。彼は、兵士を募るために、迫害されていたプロテスタントを積極的に受け入れた。それと同時に、プロテスタントの「天敵」であるはずのイエズス会士たちをも国内に受け入れ、初等教育の教師として採用した。フリードリヒ二世は、国家に忠誠を尽くす兵士をいち早く大量に育て上げたかったから、宗旨の違いなど、はなから問題にしなかったのである。フリードリヒの好んだ言葉「国家第一の下僕」とは、国民は国家に奉仕しなければならないことだけを意味した。要するに、彼の啓蒙主義的施策は、すべて「兵士王」とあだ名をつけられた父王の政策を引き継いだもので、軍事力の急速な整備がその目的にあった。

しかも、規律の取れた少数精鋭の軍隊を作り上げるために、彼は、「兵士の勝手な振る舞いと規律のなさに制動をかけるような兵舎」（『反マキアヴェッリ論』第三章）に兵士を住まわせ、修道僧のような禁欲的共同生活を送らせることによって、兵士に軍隊的規律を叩き込んだ。規律の取れたこの精鋭部隊にしてはじめて、フリードリヒの常套戦法が編み出された。(3) それは、敵の前線の平行隊列に対して、斜隊形で挑み、なおかつ最前列へ控置部隊を回りこませて、敵の弱点を突くという機動力に富んだ大胆な戦法であった。彼の戦法の基本は徹頭徹尾攻撃精神にある。だから、彼は、完全なだまし討ち戦術をも採用し、敵を戦闘に引き込むことを重視し、近接一斉射撃と銃剣突撃で敵を撃破することを兵士に求めた。

いずれにせよ、彼は、来るべきシュレージェン「奪回」戦争から始まる一連の征服事業に、『君主論』で説かれたような事前の備えを行なったかのごとくである。世人は父とは異なって、平和を愛好する啓蒙主義的な君主が誕生したと喜んでいたのだが……。

こうしてプロイセン王国は、小国にもかかわらず、計九万人の兵力を備えるに至った。では、なぜこれほどまでに、軍事力の増強にフリードリヒ二世はこだわったのだろうか？　その謎を解く鍵は、プロイセン王国の「王政のアキレス腱」[4]とも言える領土の「地理的断片状態」[5]を解消しようという王国の本能的衝動にあった。それがただちにフリードリヒ二世のシュレージェン、ザクセンへの侵略行動に帰結したのである。その先には、明らかにドイツ南西部に点在する領土との統合が目標としてあった。また、ポーランド王位への介入にも見られるように、いずれにせよ、ポンメルン地方を含む東方への領土拡大が常に変わらざるブランデンブルク王家の目標となっていた。

（3）「それはフリードリヒの発見になるあの有名な八種の斜めの戦闘態勢」（トーマス・マン、前掲、五九ページ）であった。

（4）Brendan Simms, *Europe. The struggle for Supremacy 1453 to Present*, Penguin Books, 2013, p. 96.

（5）*Histoire de mon temps*, in *Œuvres de Frédéric le Grand*, tome 2, 1746, p. 53.

力量に優る運命の力

フリードリヒのプロイセン王国をめぐって千載一遇の好機が訪れたのはこのときである。『君主論』が説いていたように、君主が成功するには、力量《ヴィルトゥ》だけでは不十分で、それには、天運《フォルトゥナ》が加わらなければならない。

フリードリヒの即位後、五ヶ月して、神聖ローマ帝国皇帝カール六世が亡くなった。皇帝位をめぐって、男系が絶えたオーストリア王家で、かねてからのプラグマーティッシェ・ザンクツィオーンにもとづいて、フリードリヒより五歳年下のマリア・テレジアの即位があった。しかし、この文書は、即位したばかりのフリードリヒによって簡単に無視された。「人は見かけによらぬ[6]」である。彼は、マキアヴェッリに登場する君主の典型、すなわちキツネとライオンの資質を備えていたうえに、狼のような攻撃性を羊の皮で装っていたように思われる。『反マキアヴェッリ論』を書いて、マキアヴェッリを完膚なきまでに叩きのめしたフリードリヒが「国王になった途端に」、そのマキアヴェッリ断罪をあっさり引っ込め、「マキアヴェッリの政治原理に従った[7]」というわけである。

この変節ぶりを解き難い謎と考える必要はない。フリードリヒは、王太子時代に『反マキアヴェッリ論』という自分なりの近代の『君主論』を書いたと考えればいい。そこには、新しい君主の概念が見いだされるが、それは、ひとことで言えば、国家のために奉仕する国家理性の体現者としての君主像である。

周囲を大国に囲まれたプロイセン王国の国王に即位したと同時に、フリードリヒ二世は、現にいまある手持ちの資源で、プロイセンの厳しい現実と立ち向かわざるを得なかった。彼は、安全確保のために、プロイセンを強国の地位に急速に引きあげなければならなかった。そのために、彼は、『反マキアヴェッリ論』では、萌芽的な概念だった予防戦争を含むあらゆる手段をとろうとしたのである。それが変身と映るのは、当然とも言える。しかし、専制君主制国家において王位を継承するということは、国家とフリードリヒ自身とがひとつになることである。このことは、フリードリヒが『反マキアヴェッリ論』の執筆過程で思い描いていたことを実行に移す可能性と正当性のすべてを手に入れたことを意味する。もはや彼を引きとめるものはなにひとつなくなった。あとは、運命という名の天運である。そして、天運はみずからの手でその前髪を掴まなければならない。彼にはすでに専制君主としての明確な自覚があったということであろう。

この頃のオーストリアは、かつての植民地帝国スペインの縁戚としての栄光は潰えかけており、スペイン

（6） J.Eyssen, Die Expansionskriege Friedrichs II. und die Selbstbehauptung Preußens, *Friedrich der Grosse, Herrscher zwischen Tradition und Fortschritt*, Beltelsmann Lexikothek Verlag, 1985, S.78.

（7） Ira O.Wade, *The Intellectual Development of Voltaire*, Princeton University Press, 1969, p.325–326. トーマス・マンの筆致は印象的である。「今や王になった彼は、だれにも思いも及ばぬような行動に出るのである。彼の即位の日は、それ以後『欺かれた人々の日』と呼ばれた。……陽気な弟のフォン・ラインスベルクが無邪気に昔のなれなれしい調子で話しかけると、『君、今は私が王なのだ』という言葉で返ってくる。つまりドイツ語で言えば『茶番はもう終わりだ』ということ」（五三ページ）になり、まさしく君子は豹変したようである。

継承戦争（一七〇一―一四）、オスマン帝国との二次にわたる戦争（一七一五―一八、一七三六―三九）、ポーランド継承戦争（一七三三―三五）と、相次ぐ戦争で国力は疲弊し、とくにオスマン帝国とのマリア・テレジア即位直前の戦争では、東部ヨーロッパのセルヴィアなどの領土を大幅に失って、凋落ぶりは誰の目にも明らかであった。即位したばかりの君主は、女性で、しかも、プロイセンは、女系相続を認めていなかった。まさにオーストリアは、軍事的、外交的には、苦境に置かれていたと言っていい。

オーストリアのこの苦境と混乱に加えて、同盟国イギリスは、スペインとの植民地戦争で疲弊し、プロイセンの潜在的な敵国であったロシアも、一一月に女帝が死去し、跡目争いが激化していた。千載一遇の好機である。フリードリヒは、女帝の継承の正統性に異を唱え、弱っているオーストリアに宣戦布告なしに奇襲攻撃をかけた。隣接するシュレージェン地方の豊かな富と人口をなにがなんでも、手に入れようとするフリードリヒのがむしゃらな姿勢が見える。そのためには手段を選ばない、というよりも、小国が大国との戦争に勝つには、宣戦布告なき先制攻撃しかないということである。

プロイセンを小国と侮っていたオーストリア側には、ろくに備えもなかったこともあって、進軍開始からわずか一〇日後の一七四〇年一二月二六日にフリードリヒはシュレージェン「奪回」に成功した。[8] 以後、八年間にわたって続くオーストリア継承戦争の幕開けである。

オーストリア継承戦争では、フリードリヒのプロイセンは、大国フランス王国と同盟し、オーストリアと戦うことになる。最初のうち、オーストリアを支援したのは英国だけであった。自国の利益のみを追求するフリードリヒは、フランスには面従腹背で、二年後には、継承戦争の火付け人であったのに、シュレージェンが確保されたことで、オーストリアとブレスラウでそそくさと和平してしまう。しかし、この和平は、フリードリヒの猜疑心によってたちまち破れる。予防戦争という観念に取り憑かれたフリードリヒは、オーストリアによるシュレージェン奪回の企図を察して、一七四四年盛夏、豊かな農業地帯であったザクセン地方へ八万の大軍を率いて、突如宣戦布告なき侵略行動に打って出る。結局、フリードリヒは、一七四五年六月にザクセン＝オーストリア連合軍に勝利し、シュレージェン確保に成功する。またもや彼は、マリア・テレジアの夫フランツ公のドイツ皇帝位を承認するのと引き換えに、ドレスデンで講和を結び、戦線を離脱してしまう。

まさにこれは、間一髪の離れ業というべきで、翌年には継承戦争に北方の大国ロシアが介入してくるのである。天運は、ここでも彼の国家利益優先主義のおかげで、彼に微笑んだのである。

フランス愛好と無神論者たち

フリードリヒは、七年戦争までの僅かな期間の平和を利用して、一七四六年には、フランスの数学者で物

（8）　クラウゼヴィッツは、この奇襲を「相手がまったく予期していなかった」点で「戦史上稀有な例」としている。『戦争論』（邦訳、篠田秀雄訳、岩波文庫）、第三篇、第九章参照。フリードリヒは巧みに奇襲攻撃の意図を秘匿したということである。なお、クラウゼヴィッツはフリードリヒをナポレオンと肩を並べる「有能な将帥」に数え入れている。

理学者のモーペルチュイをプロイセン王立アカデミーの終身院長に任命するとともに、ハーフェル河に臨むポツダム郊外にフランス語でサン＝スーシ（無憂宮）と名づけられた平屋建ての瀟洒な宮殿を完成させ、念願の「円卓」サロンをこの宮殿に開いた。一七五〇年には、このサロンに、厚い敬愛の念を持っていたヴォルテールを招くことになる。しかし、ヴォルテールがたちまちモーペルチュイと悶着を起こしたのは、言うまでもない。

驚くべきことにサン＝スーシは、瀆神者と無神論者の巣窟だった。モーペルチュイも、名うてのリベルタンで、無神論者と言われていた。彼もフリードリヒに可愛がられていた。フリードリヒは両者の調停に奔走したが、彼がモーペルチュイの肩を持っていたことは事実である。これがきっかけでヴォルテールはサン＝スーシを去る。

少し前に、フリードリヒは、『人間機械論』で生理学的唯物論を主張したために、フランス教会からは極め付きの無神論者と非難された、エピキュリアンの医者ラ・メトリを宮廷に招き、王室朗読係としている。そのせいで、ラ・メトリは別名「国王付き無神論者」と呼ばれた。フリードリヒ二世が彼を招く直接のきっかけとなったのは、ラ・メトリが一七四六年に『医師マキアヴェッリの政治論または医師たちに開かれた運命への道』などというパロディーまがいの医者向けの『君主論』を書いて、フランスから追放されたからである。

検事の家柄に生まれながら仕事を放擲し、フリードリヒに似て、あらゆるたぐいの無分別をしでかし、遊蕩の限りを尽くしてトルコにまで逃げたこともあるリベルタンのダルジャンス侯爵も、サン＝スーシに寄寓していた。軍隊に入ったが、怪我をして、兵役不適格と宣告されて、オランダに流れてきて、当地で瀆神きわまりない中傷文を書き散らしては、その日暮らしをしていたところを、たまたまその出来栄えに、いたく惚れ込んだフリードリヒが彼と親友になってしまったのである。

世人は、こうしたフリードリヒのフランス愛好ぶりを見て、彼はまるでドイツ人ではないようだと評したが、これは、実は大変な誤解であった。フリードリヒは、父王が嫌ったフランスの反宗教思想や無神論や自由思想、ベール流の宗教懐疑論あるいはラ・メトリの唯物論的生理学から、情念を制御できると信じられてきたキリスト教倫理には、もはや近代的な世俗人の情念と欲望を規制する力がないことを学びとっていたのである。これは新しい近代的君主論の確立に大いに役立つ視点となった。

それでは、マキアヴェッリにあっては、重要な役割を担っていた宗教的情念に変わる強力な規制力とはなんであろうか?彼が発見した支配のバネは、ピエール・ベールが『続彗星雑考』で示唆し、マンデヴィルがイギリスで広めていたものと同じで、人間の自己愛であった。この人間本性を利用して、プロイセン市民に服従と勤勉さを注入するために、彼は、いわば宗教的情念に代わって、国家理性を支配の要に据えるという近代的な統治術に到達したのである。

フリードリヒ自身も、当時のヨーロッパ諸国の支配者には、及びもつかないほど深遠な考察を、おのが魂のなかで、プロテスタンティズムの中心教義である救霊予定説と神の先行的・恣意的決定をめぐって繰り広げ、大きな精神的苦悩とニヒリズムを乗り越えるべく、国家理性に全身全霊を捧げる禁欲的労働としての政治・外交・軍事に打ちこむという、典型的にドイツ的な政治家としての道を眼前に発見していたのである。

その意味では、フリードリヒのこのフランス愛もまた、みずからが支配するプロイセン国家に奉仕する要素を学びとるという功利的目標を含んでいた。

フランス好きの外見に騙されてはいけない、と見ていた外交官の証言を借りよう。一七四八年にベルリンに駐在していたイギリス大使は、「国王は、フランス風に渦巻き模様で飾り立てているが、心はドイツ人である」と本国に報告書を送っている。[9] 同じ評価を歴史家グスタフ・フライタークも下している。彼は言う。

「すべてのフランス的な傾向にもかかわらず、本性上の素質は、その志向性においても十分にドイツ的である」。[10]

彼は、まぎれもなく、典型的なドイツ人だった。しかも、宗教を信じていないどころか、「宗教を軽蔑」し、臣下に自由な言論を許す一風変わった専制君主の「一変種」[11]だった。それでいて、本人は、際立って禁欲的な生活を送っていたというわけである。

大義なき戦争

一七四八年のアーヘン和約でオーストリア継承戦争は終結するが、フリードリヒにとっては、この和平がシュレージェン領有の国際的確定を意味したことは言うまでもない。ところが、フリードリヒはいたるところに諜報網を張っていたために、フランスとの同盟関係にひびが入ったことをやがて知ったのである。彼の防衛本能に再び火がついた。

「世界中どこを探しても、道徳的支えがひとつもない」[12] 七年戦争は、またもやフリードリヒ自身が種を撒いたも同然の戦争であった。彼は、自身が仕掛けたオーストリア継承戦争後八年して、ルイ一五世のフランスとの同盟関係を見限って、一七五六年一月にウェストミンスターで、叔父の君臨するイギリスと内密に盟約を結んだ。ところが、これが裏目に出る。情勢を察知したオーストリアのハプスブルク家は、この年の五月に、永年の敵対を乗り越えて、フランスのブルボン家と同盟関係を結ぶのである。すでに、オーストリア継承戦争末期に、オーストリアとロシアは同盟関係に入っていたから、これでプロイセンは、三方を大国の敵に囲まれてしまったことになる。予期せぬ事態である。フリードリヒは不安に駆られ、安全保障のための行動をとった。彼は、中立国ザクセン王国に六万の軍勢とともに侵入した。

こうして七年戦争の火ぶたが切られたが、今度はオーストリア継承戦争の時とは逆に、フリードリヒを支持した国家は、ハノーファー家のジョージ二世が統治する英国ただ一国だけだった。とはいえ、その支持は、あやふやなものだったから、大陸では、初めてたった一国で、周囲の大国に戦争を仕掛けたことになる。大戦争が小国によって引き起こされる時代の幕開けである。

七年戦争では、彼は、一〇月初旬のロボジッツの戦いまでは勝利をなんとかもぎとったが、ザクセン確保

（9） M.Greiffenhagen, Friedrich der Große, Preußen und wir, *op.cit.,* S.14.

（10） *Op.cit.,* S.16.

（11） トーマス・マン、前掲、六二ページ。

（12） トーマス・マン、前掲、八四ページ。

のために、翌年には、長駆プラーハにまで、侵略の矛先を向けた。結局、これが虎の尾を踏んだ結果となる。プロイセン軍三万は、六月中旬に、オーストリア軍五万とのあいだで繰り広げられたコリンの会戦に敗北し、ザクセンへ逃げ帰ることになる。ここに来て、フランス軍が西からプロイセンを目指して進軍を開始し、フリードリヒ二世は窮地に立たされるが、戦史に残るロスバッハの戦い（一一月五日）で、五方からの大軍の弱点を二万五〇〇〇の寡兵で突き、自軍の戦死者はわずか五〇〇、それに対してフランス同盟軍の戦死者・負傷者は五〇〇〇、捕虜は五〇〇〇という信じられないような大勝利を収めた。同じ戦法で、今度は、八万の大軍を三万の兵力で打ち破るという大勝利をロイテンの戦い（一二月五日）で収め、一時的にオーストリアを抑えこむことに彼は成功する。しかし、戦争開始二年後の一七五八年一〇月一三日（マリア・テレジアの誕生日）にホホキルヒの戦いでオーストリア軍に敗れたのを皮切りに、翌年の八月一二日に、クーナースドルフの戦いで、オーストリア・ロシア連合軍の攻撃により、五万三〇〇〇のドイツ兵のうち二万近くを失い、一万人が捕虜になるという大敗北を喫した。ベルリンは、無防備状態となり、プロイセン王国は壊滅の危機を迎えた。おまけにフリードリヒは、病の床に臥せってしまい、隠し持っていた毒薬で自殺することを真剣に考えるようになった。このときばかりは、彼は、弱気になり、こんな手紙を書いている。

「私はとりわけ病の再発と不運に疲労困憊して、何千回となく自分に死を望み、苦痛に運命づけられた、消耗した身体に住むことに、実際、嫌気がさしている[13]」。

大国ロシアに挑んで大敗北を喫し、みずからは、オスマン帝国に逃げこむという惨めな大敗北を喫した軍事冒険主義者の『カール一二世の軍事的才能と性格』を病床で執筆しながら、フリードリヒは、今度ばかりは、戦争による人間の犠牲は極力避けなければならないとする厭戦気分に陥っていた。フリードリヒは、大国ロシア深く攻めこむという条理に反した戦争を強行したカール一二世を批判して次のように言う。

「王は、ロシアへの行軍で、ポーランドとスウェーデンからの一切の救援を奪われた。彼がロシア領内に深く入れば入るほど、彼は彼の王国から切り離された。……どこから糧食を得ることができただろうか？　新兵はどのような道を通って彼に合流することができただろうか。……わが英雄が勇気に匹敵する節度を持っていたら、彼の成功に限度を設けるすべを心得ていたなら、和平提案がツアーから出されたときに、彼の欲望の悪い意志を押さえつけただろうに。……しかしこの君主の情熱には、修正を受け入れる可能性はなかった」。

いま一切の補給を絶たれて、困窮しているのは、スウェーデン人に代わって、フリードリヒ自身だった。なんといってもカール一二世の軍事的冒険は、ポーランドからウクライナに及ぶ桁外れに大規模な遠征だったから、プロイセン周辺での戦いに明け暮れていたフリードリヒの戦いとは比較すべくもない。病床に臥せった彼の後悔の念は、カール自身のそれを遥かに上回るほどだったことは容易に想像がつく。

ところが、ピット内閣退陣で、英国からのプロイセン支援も危うくなり、まさに四面楚歌に陥っていたフ

（13）　J. Eyssen, *op.cit.*, S.89.

リードリヒに、三度運命の女神は微笑んだのである。『カール一二世の軍事的才能と性格』での反省も、この幸運を前にまたもや投げ捨てられた。北方の大国ロシアの女帝エリザベタが一七六一年に死去し、ロマノフ王朝が一時絶えたために、代わって帝位についたのが、深くフリードリヒを尊崇するドイツ系の皇帝ピョートル三世（一七二八─一七六二）であった。早速彼は、オーストリアとの同盟を破棄し、フリードリヒと同盟を五月に結んだことによって、オーストリアは戦意を喪失、勢いを盛り返したフリードリヒは、シュレージェンとザクセンの再度の奪回に成功する。

しかも、さらにもう一度、フリードリヒに運命の女神は微笑むのである。よくよく彼は天運に恵まれていたと言わなければならない。薄氷を踏む思いとはこのことである。再度の奪回に成功した直後の一七六二年六月に、ロシアにクーデターが起こり、ピョートルは廃位され、代わって妻にあたるエカチェリーナが帝位に就いたのである。フランスの啓蒙主義に深く影響を受けていたエカチェリーナは、直ちにプロイセンとの同盟を破棄したが、時すでに遅し。カナダに続いて、インドでも、イギリスに決定的敗北を喫していたフランスが和平に踏み切り、それに続いてオーストリアもプロイセンとのあいだで一七六三年二月に和議を結んだ。巷間「ブランデンブルク王家の奇蹟」と呼ばれるものがこれである。

たしかに、フリードリヒ二世はあまりにも良き運命に恵まれていたかに見える。しかし、一九世紀ロシアの思想家アレクサンドル・ゲルツェンは、「運命は想像するほど盲目的であるわけではない。しばしば運命は、事件に先行した、凡俗にはわからない強力で正確な措置の結果である。それはまた、もっと個別的には、個人の性格と振舞いの質的結果でもある」と、エカチェリーナ二世の覚書を編集公刊したときに、その序文で述べているが、この運命観はフリードリヒ二世の生涯にもよく当てはまるように思われる。未来を予測して、万全の手を打つことは、マキアヴェッリ以来のゆるがせにできない為政者の格率であった。

もちろん、結果的にはフリードリヒの軍事冒険主義のつけは大きかった。兵員を一八万人失い、市民の犠牲は、三三万人にのぼった。当時のプロイセンの人口は五〇〇万人台だから、一割の国民が犠牲になったということである。とはいえ多大の犠牲を払いながらも、フリードリヒは、念願の領土を手に入れ、神聖ローマ帝国に伍す強国の仲間入りを果たした。それは、選帝侯時代からのホーエンツォレルン家の野望でもあった。やがてフリードリヒのプロイセンは、エカチェリーナとマリア・テレジアが計画したポーランド分割に参加し、漁夫の利を得ることになる。

しかし、フリードリヒ個人は、戦争遂行による極度の神経緊張が続いたために、精神的に一種の専制君主病とでも言うべき神経病を患ってしまっていた。なにしろ、イギリスからの援助を打ち切られたときには、荒廃した国土に規律を失い、食料を求めて餓狼のごとくさまよい、略奪を繰り返す兵士を抱えて、フリードリヒは、眼前にぽっかりとプロイセン消滅の深淵が口を開くのを見たのである。マリア・テレジアから和平の申し出があり、ただちにそれを受け入れたのも、反ホーヘンツォレルン同盟の緩やかな崩壊という僥倖に助けられてのことだった。

たしかに、フリードリヒは戦争の虚しさを痛感していた。しかしながら、プロイセンの軍事冒険主義の方は、予防戦という一種のドイツ的強迫観念に起因していたから、国家主義とニヒリズム――ともにフリードリヒ二世の気質――に陥りやすいドイツ的精神風土とともに、第一次世界大戦、そしてヒトラーの第三帝国

へと受け継がれるのである。(14)

(三) 国家理性にもとづく近代的統治論

『反マキアヴェッリ論』とヴォルテール

マキアヴェッリに対する批判の書である本書の運命が皮肉なものになったのは、以上のようなプロイセンをめぐる国際情勢の変転がもたらしたものであった。とはいえ、最初のうちは、匿名で出されていたにもかかわらず、本書の人気の方は、実に凄まじく、一八四八年にプロイセンで刊行された正式の全集に収められるまでの一〇〇年間に、主としてアムステルダム版を中心として、『反マキアヴェッリ論』は五〇版を優に重ね、おまけに各国語訳（英語、イタリア語、ラテン語、ドイツ語、トルコ語）(15)もおびただしく出された。おそらく各国の君主は、本書について、講義くらいは受けたのではなかろうか。それくらい、飛ぶように売れている。

しかし、研究者たちからすると、『反マキアヴェッリ論』の構想は、唐突であったとの印象は免れないようである。(16)「突然フリードリヒがマキアヴェッリの『君主論』についての論考を考えている」とヴォルテールに告げたのは、一七三九年三月二二日の手紙においてである。

フリードリヒが「私は、マキアヴェッリの『君主論』に関する著作を熟考しています。すべては私の頭のなかで思い巡らせていることですが、この混沌から抜け出る糸口を見つけるには、神のような存在の助けが必要でしょう」と書いているところから見ると、彼は『反マキアヴェッリ論』執筆にあたって、暗にヴォルテールの援助を求めていたようである。四月一五日にヴォルテールは、彼の構想に賛成するという返事を送る。五月一六日付の手紙では、『反マキアヴェッリ論』のためのノートを作るのに忙しいとフリードリヒは打ち明ける一方で、三ヶ月後には、論考を送れるだろうと書いている。しかし、六月に入ると、フリードリヒは、少し弱気を見せ、マキアヴェッリに反論するには、読まなければならない本が沢山あると漏らしている。それに対して、ヴォルテールは読むと良い本を教示している。

予定の三ヶ月が経って、八月二〇日に、フリードリヒは、シャトレ夫人に「私は、いま人間性の敵であり、君主の中傷者である人物に反駁することに取り組んでいます」と書き送っている。九月にはヴォルテールがマキアヴェッリの著作を購入し、添削の準備を整える。一〇月一〇日には、『反マキアヴェッリ論』は、『君主論』の章ごとに批判を加えた形式の論考であることを、フリードリヒはヴォルテールに打ち明けている。一〇月二七日のシャトレ夫人宛の手紙では、フリードリヒは二週間で『反マキアヴェッリ論』を仕

（14） K.Otmar Freiherr von Aletin, Nachruhm und Nachleben Friedrichs II. in Geschichte und Bildender Kunst, *op.cit.,* S.227.

（15） 日本語訳は、英語版からの重訳で、長瀬鳳輔訳で『君主經國策批判』と題して興亡史論刊行會から一九一九年に刊行されている。第一次世界大戦末期である。また、七年戦争史などは、石原莞爾が序文を書いた版を含めて翻訳が戦前に複数出ている。日中戦争や第二次世界大戦のさなかである。

（16） Ira O.Wade, *op.cit.*, p. 319.

上げるつもりだと心づもりを明らかにし、このときには、序文をヴォルテールに送っている。その後、一一月六日には、点検し終わった『反マキアヴェッリ論』の第二〇章を含む五章を送り、それらの訂正をヴォルテールに依頼している。一二月四日にもフリードリヒは、はじめの一一章を送り、「それらの推定上の父親になっていただきたい」と訂正を依頼している。ヴォルテールは、ブリュッセルで原稿を受け取り、結局、一七章を見たことになる彼は、年の暮れの二八日に、本にしようとフリードリヒに持ちかける。ヴォルテールの序文にあるように、「マキアヴェッリの毒は、あまりにも周知のことであったが、その解毒剤も周知のものにならなければならない」として、マキアヴェッリの『君主論』とフリードリヒの『反マキアヴェッリ論』とを対比する形で書物を作ることをヴォルテールは示唆している。本の体裁としては大規模な変更で、結果的には、この対比版は、『君主論』の仏訳版の注記を含むものとなり、ややフリードリヒの批判的記述が背景に退いている感がある。また、ヴォルテールはフリードリヒに、『反マキアヴェッリ論』への序文を書いてやってもいいと示唆する。書物の売れ行きまで考えたヴォルテールの商才を示しているが、これがのちに書籍商ヤン・ファン・デューレンとの悶着の原因を作る。シャトレ夫人もフリードリヒの原稿を興味深く読んだという。

翌年の一月六日には、さらに五章の原稿をヴォルテールに送り、「そのうちに最後の四章を送る」と彼に告げている。二月三日になると、フリードリヒは、「偉大な君主たちすべてについてあまりにも自由に書きすぎたので、『反マキアヴェッリ論』を私の名前で出版することを許してはもらえないだろう」と考えているから、著作は匿名で出版して欲しいとヴォルテールに要求している。フリードリヒは、一月一〇日には、最後の四章ができないと苦吟している様子をヴォルテールに知らせる。一月二六日にヴォルテールは二三章を受け取るが、まだ二二章と二四章がなかった。二月にはいって、三日には全章が揃った。彼は、『反マキアヴェッリ論』が現在のヨーロッパの君主に触れているので、さしさわりがあるといけないから、もう一度ヴォルテールに名前を出さないように注意を喚起している。やはり、フリードリヒの考察がプロイセンの現実から出発していることがはっきりと分かる。しかし、哲学者ヴォルテールには、その点での慎重さは欠けていた。王位継承者との立場の違いである。二月二三日にフリードリヒに対して、「文章が長すぎる」と文章を大幅に削ることを示唆する。ヴォルテールには、対比版が念頭にあるために、彼は、『君主論』に直接関係のない記述を削ったり、かと思えば、章冒頭に置かれた『君主論』の文章を削ったりして、かなりの大改訂を加える。ヴォルテールがフランスに対する批判めいた文言を一切削除しようと決めていたことも指摘しておかなければならない。三月一〇日にヴォルテールは、出版の際に、ウセーの『君主論』仏訳との対比版にすることをほのめかす。しかし、実際にフリードリヒが参照したのは、ウセー版をさらに改訂した一六九六年のアンリ・デボルド版であったことから、内容に若干の齟齬が生じた。

ところで、フリードリヒは、ヴォルテールの思惑から出てきた大幅改訂の提案に取り組んでいたのだが、そのうちに父王の病が深刻な状態になり、『反マキアヴェッリ論』どころではなくなった。三月二三日の手紙では、『反マキアヴェッリ論』の改訂作業が進んでいないことをヴォルテールに打ち明けている。四月二六日になると、ついにフリードリヒは、『反マキアヴェッリ論』の出版について、全面的にヴォルテールに任せたと書く。父王の逝去の一ヶ月前である。ヴォルテールにとっては願ってもない申し出であった。彼は、早速持ち前の文才を発揮して、余分な文章をばさばさと削り、出来上がった原稿を五月に、ハーグの海千山千の書籍商人ヤン・ファン・デューレンのもとを持ち込む。その折も折、父王がなくなり、フリードリヒ二世が誕生したのである（五月三一日）。

当座は、著作のことなどにかかずらっている余裕はなかった。しかし、六月五日には、ヴォルテールが第二一章の宗教論争にかかわる饒舌を削って、いまや出版されるばかりになっていると伝えて来るに及んで、フリードリヒ二世は心配になってきた。事態が落ち着いて来て、よくよく考えてみると、どうも、いくら匿名だからと言って、だれが書いたか、推測がつくような形で『反マキアヴェッリ論』を出版することは、一国の王として危険だとフリードリヒは思うようになった。ましてや同盟国フランスを揶揄するような文章も混じっているのである。七月五日になって、フリードリヒは、印刷が終わったという手紙をヴォルテールから受け取り、翌々日に出版の差し止めを強く求める手紙を送る。このことは、統治の現実を覆い隠すために、『反マキアヴェッリ論』を一種の隠れ蓑として構想したのではないことを証拠立てている[17]。つまり、彼は本音で『反マキアヴェッリ論』を書いたということである。若気の至りを修正しようとフリードリヒは焦ったが、相手が悪すぎた。最初のうちヴォルテールは、フリードリヒの指示を受け入れて、ファン・デューレンの原稿の数章にこっそりと手を入れ、原稿を使い物にならなくした。

ところが、八月五日になると、フリードリヒは、王位継承者としての「憂鬱な儀式」（八月二日付）に心が萎えたのか、再びヴォルテールに出版を一任するという手紙を送り、さらに三日後には、憐れな人間が犯した「大罪」を罰するには、本書が必要なので、出版にとりかかってほしい、とヴォルテールに依頼している。初版が出て、一〇月にフリードリヒは本を入手、ヴォルテールの加筆修正で、自分の作品ではなくなっていることを発見し、愕然とする。とくに彼は、第一五章と第一六章が自分の文章とは違うということに気づいた。しかし、『反マキアヴェッリ論』のなかで、第一五章と第一六章こそ、紛れもなく、フリードリヒ自身の当代の『君主論』であった。つまり、自慢の二章だったのである。だから、彼は、これを一冬かけて、訂正しようと思いはしたが、いかんせん、先制攻撃の日は目前に迫っていた。フリードリヒは、訂正を諦めた。

憂鬱な状態にあったフリードリヒ二世から出版を任されたのをいいことに、ヴォルテールは、九月末に市場に出回って売れ行きが良かったデューレンの第二版（『マキアヴェッリの『君主論』を批判的に検討す。歴史的・政治的注解を付す』）に対抗して、『反マキアヴェッリ、マキアヴェッリに関する批判の試み』を同じハーグのポピーという書籍商から出版してしまう。のちに、ヴォルテールは、これこそ真正な『反マキアヴェッリ論』であると主張する。

このヴォルテール版の序文で、真正の版ではないと批判されたデューレンは、すぐに第三版を出版し、ヴォルテール自身が同意した真正版である証拠に、ヴォルテールからの出版依頼の手紙を付録としてそれに付けた。

これらの版をすべてフリードリヒが入手したのは、先程も指摘したとおり、恐らく一〇月下旬であろう。

---

(17) ガルニエ版解説、XXXIページ。

親密な友人アルガロッティ伯爵（一七一二―六四）に宛てた一〇月二八日付の手紙は次のように言う。

「親愛なるアルガロッティへ。私は、『マキアヴェッリ論』には、貴殿がご指摘になったような誤りがいくつか含まれていることを、率直に認めます。それには、無数の事柄を付け加えたり、削除したりして、いまよりはるかによい書物に仕上げることが可能であると衷心から思ってさえいます。しかし、皇帝の死去は、非常に不適切な校訂者に私を仕立てあげました。これは私の本にとっては致命的な時期です。そして、私個人にとっては、おそらく名誉な時期です。本が分厚いことが貴殿に気に入ったことを欣快とします。大勢の凡俗な書き手から賛辞や叱責を浴びることよりも、私はひとりの分別ある明敏な人物の賛成投票を重視します。……あなたはまったく安全に本を保管することができます。というのも、私はきょう本書を二〇部受け取っているからです。……私はベルリンへは上りません。皇帝の死去というようなささいなことは、大きな動きを要求してはいません。すべては見越していましたし、準備はすべて整っていました。ですから、私は、私の頭のなかで、ずい分昔から思い巡らしてきた計画を実行することのみが問題なのです」。

ここで言われている死去した皇帝とは、カール六世神聖ローマ帝国皇帝のことで、その死去は、一〇月二〇日のことだった。そして、もちろん「ずい分昔から思い巡らしてきた計画」とは、シュレージェン奪回作戦であり、すべてを見通していた彼は、戦争準備をし終えていたということである。

ことここに及んで、フリードリヒは、『反マキアヴェッリ論』から手を引かざるを得なくなり、一〇月二六日に、ヴォルテールに「皇帝は死んだ」と伝え、「この死が私の平和的な思考のすべてを妨げ」いるから、『反マキアヴェッリ論』の出版事業のすべてを任せるという手紙を彼に書き送った。こうしてわれわれは、一八四七年にドイツで出版されたフリードリヒ全集に収録された『反マキアヴェッリ論』を含めて、少なくとも、三つの異なる『反マキアヴェッリ論』を持つことになったのである。

ただし、これには、フリードリヒ全集に起こされた直筆編集版を加えなければならない。とはいえ、残念なことに、直筆版には、第一章と第二章、第四章から第一〇章までと、第一六章が欠りている。

一八世紀のマキアヴェリスト

フリードリヒは、即位したのちにこれまでの倫理規範を投げ捨て、マキアヴェリストに変身したのではなく、思想と実践においてすでにマキアヴェリストであったと評価してかまわない[18]。変化があったとすれば、むしろ、徹底した禁欲主義への転換である。すべてを国家に捧げる国家第一の下僕として、極めて厳しい禁欲をみずからに強いた点では、いわばリベルタン的思考と放埒無比な無軌道ぶりに終止符を打ったわけだから、むしろ彼は、人倫と道徳主義のドイツ市民的な道に戻ったということである。つまり、ジャン・ジャック・ルソーを引用して、トーマス・マンが語ることによれば、「彼の本性には人を愚弄するようなところが

(18) オーストリアのゼッケンドルフ伯爵は、王太子の「最大の欠点は、ねこかぶりと嘘つきなところです。ですから彼に心を許すにはよほど用心してかからなければなりません」とウィーンの宮廷に報告した。トーマス・マン、前掲、五四ページ。

あったが、これはジャン・ジャック・ルソーが『彼は哲学者として考え、王として行動する』という言葉で公式化した二元論的本質[19]」の矛盾を一身に体現したということなのである。この視点から、『反マキアヴェッリ論』を読むとき、フリードリヒは、『君主論』を、近代が始まったばかりの時代の国家論・戦争論として読み直し、その教訓を批判的に摂取し、みずからの時代に適用しようとしていたということがわかる。

マキアヴェッリが生きた時代のイタリアは、一七世紀末までのドイツのように、君侯相乱れて宗教的利害や領土的利害をめぐって離合集散を繰り返すとともに、イタリア半島の特殊事情として、宗教で武装した法王国家が半島で戦争を引き起こしていたばかりでなく、法王国家が存在していたがゆえに、スペイン、フランス、オーストリア、ドイツからの頻繁な侵入と支配を蒙っていた。まさに、イタリアは、フリードリヒが『反マキアヴェッリ論』の第二四章で言うとおりの状況だったのである。

「イタリアの君主たちの際限ない野心、残忍さ、これこそが彼らを人類の恐怖にしたのだ。彼らが互いに対して犯した不実と裏切りこそが彼らの政務を無残なものとしたのである。一四世紀末から一五世紀初頭までのイタリア史を読みたまえ。その歴史は、残虐行為、叛乱、暴力、滅ぼし合うための同盟関係、簒奪、暗殺、要するに膨大な数の犯罪がひとまとめとなったものにほかならない。それを考えるだけで、そしてその絵を見れば、恐怖と嫌悪が生じてくる」(二五〇ページ)。

この状況から出発したマキアヴェッリの原理を、もしそのまま現在の大陸に適用すれば、国家と人民の破滅を招くであろう。なぜなら「人身に対するなんの安全も存在せず、強者の権利が地上で唯一の正義となる」からである。フリードリヒはこう結論づける。

「犯罪者がこのように溢れかえってしまえば、ほどなくしてこの大陸は言い知れぬ悲しき孤独に陥ってしまうに違いない。かくして、イタリアの君主たちの不正と野蛮ゆえに、彼らは自分たちの国家を失ったのである。それは、マキアヴェッリの誤った原理がそれに無分別に付き従う人びとを確実に死に至らしめるのと同様である」(二五一ページ)。

ここから、フリードリヒが近代的君主の徳の規範を導き出したことは間違いないところである。君主のマキアヴェッリ的「不正と野蛮」で、現今のヨーロッパで領土と臣民の安全の確保は望めないということである。

君主像の転換

さらに、フリードリヒは、理性的思考にもとづいて、マキアヴェッリの古い君主像に革新をもたらそうとしている。第一四章では、マキアヴェッリが君主の趣味として狩りを推奨しているのに対して、フリードリヒはこれを嘲笑する。ヨーロッパは、もはやマキアヴェッリ的貴族が領地を狩猟で荒らしまわるイタリアで

(19) トーマス・マン、前掲、一〇〇ページ。

はないのである。君主は、狩猟の暇があるなら、むしろ、哲学や道徳や政治や外交について、あるいは統治の安全について、思索に思索を重ねなければならない。フリードリヒは言う。

「彼が思索すればするだけ、彼の行動はいっそう美しく有益になるだろう。……そのうえ、狩はあらゆる気晴らしのうちで、君主にもっともふさわしくないものである。……君主というものは、本来、いっそう多くの知識を獲得し、さまざまな観念の組み合わせができるようになるために、自分を教化するという仕事にのみ携わらなければならない。君主たちの職業は、良く、しかも正しく考えることである。……しかし、人間は、染みついた習慣に大変左右され、かつその仕事は、彼らの考え方に限りなく影響するので、人を残酷で粗暴にすることしかできない獣を同伴者とするより、穏やかさを与える良識の人びとを同伴者とするほうが好ましいということは、自然なように思える。というのも、みずからの精神を思索の高みにまで押し上げた人びとは、みずからの理性を感覚の支配に屈服させた人びとにくらべて、いかに多くの利点を持たないでいることができようか、と考えるからである」(一五四―一五五ページ)。

まさにフリードリヒは、啓蒙の時代にふさわしく、「感覚の支配」を斥けて、理性を強調しているのだ。国家「理性」という政治用語が適用可能な時代が訪れているということである。

もうひとつの重要な君主像の転換は、君主の義務にかかわっている。フリードリヒは、同じ一四章で「君主の第一の義務は正義の執行であるということを、私はすでに述べた。私はここで、第二の義務、そして第一の義務のすぐあとに続く義務は、国家の保全と防衛である、と付け加える」と述べている。つまり、軍隊を統率するには、正義を守らなければならない時代に入ったということをフリードリヒは明確に認識しているのである。国家内部と軍隊においては、正義と公正さがどうしても必要となってきた。傭兵重視の時代ではなく、国民のなかでも選抜された貴族の子弟を将校として戦争指導に当たらせ、大半は農民から徴募した歩兵からなる部隊に忠誠心を吹き込むためには、この二つの徳目をどうしても君主が守らねばならない時代が訪れたのである。

臣民の第一の下僕

このことの延長線上に例のフリードリヒの好んだ言葉「君主は臣民の第一の下僕にすぎない」が現われる。臣民の幸福を考えない君主は、君主たるに値しないというのである。この君主の道徳は、臣民のそれではない。ここのところに、ディドロの批判はともかく、フリードリヒが単純な軍国主義的専制君主ではなかったことがうかがわれる。つまり、君主は、人民を奴隷的に支配して、国家のために彼らを使役しようというのではないということである。近代の君主は、その価値基準の筆頭に臣民の安寧と繁栄を置かなければならない。それが支配の秘密である。

現代風に言えば、下僕とは公務員のことであるから、少なくともフリードリヒの意識では、臣民の安寧と繁栄のために、臣民に仕えるということであったろう。そして、この第一章に置かれた言葉が「中心点であり」、フリードリヒの「全考察は、この点の周囲をめぐることになる」。ただし、この「君主は臣民の第一の下僕にすぎない」は、マックス・ヴェーバーも賛嘆した紀元前四世紀、古代インドの『君主論』と呼ばれるカウティリヤの『実利論』を参照すれば、彼の狙いとするところがどこにあったかがわかる。『実利論』は言う。

「王杖（権力）をまったく用いぬ場合は、魚の法則を生じさせる。即ち、王杖を執る者が存在しないときには、強者が弱者を食らうのである。王杖に保護されれば、弱者も力を得る[20]」。

一般に王国においては、弱者である臣民は多数者である。彼らの力を借りて、家臣とくに地方貴族であるプロイセン独特のユンカーの権力への野心を防ごうというのである。そのためには、君主は、臣民を強い存在に変えなければならない。ところで、君主の王杖は、実はそのためにこそ存在するのだ。君主が臣民を防衛すれば、臣民は強くなり、彼らは君主の藩屏となる。

小国の論理

しかし、フリードリヒがカウティリヤ的政治学を採用したということは、新しい意味合いを持っているように思われる。相続にもとづく正統な専制君主対臣下一般という構図が彼のなかではすでに前提となっているとすれば、彼の政治論では、「強者」がもはや、宗教勢力を含めた国内のなんらかの勢力ではなかったことを示唆しているのではないだろうか。

とすれば、ここでいう強者はだれだろうか？　それはオーストリア、スペイン、フランス、ロシアだったのではなかろうか。まがりなりにも、ユンカーすなわち貴族を軍組織に組み入れ、宗教的には、ユダヤ教徒にまで商業の自由を認めることを通じて、国内に一元的専制支配を実現していた小国プロイセンにとっては、外敵こそ支配の王杖を脅かす最大の危険要素だった。ましてや、王家の相続をめぐって異を唱えたフリードリヒにしてみれば、それなりに正統性と縁戚関係を持った古いカトリック諸王朝とロシア帝国こそ、つねに挑戦者たる小国プロイセンの変わらざる主敵であった。

要するに、フリードリヒの『反マキアヴェッリ論』は、小王国が大国の既成秩序に挑戦する際に有効となる政治論の要素を含んでいたということである。この点は、のちに第一次世界大戦で立証された。彼の数次にわたる戦争での勝利と敗北は、「第一次世界大戦の過程では有害な役割を演じた[21]」のである。あるいはヒトラーの第三帝国においても、後発帝国主義国として、世界分割に挑戦しようとした際に、大いに利用される要素を、フリードリヒの政治論は持っていたと言えよう[22]。

(20)　上村勝彦訳『実利論』、岩波文庫、(上)、32—33ページ。

(21)　K.O.Freiherr von Aretin, *op.cit.*, S.227.

(22)　*Ibid.*, S.228.

フリードリヒとユダヤ教

フリードリヒは、本書の序文では、神学者たちが「信仰の基礎を掘り崩す」スピノザ主義と戦うように、マキアヴェッリと政治学の分野で戦うと宣言している。ところが、フリードリヒは、著作においては、プロイセン王国のキリスト教正統教義にもとづいた信仰を持っているようには見えないのである。

その証拠は彼の情念論にある。彼は、本書の第六章で、まず、「情念をもたない人間など存在しない」として、その情念が「穏当なものである」なら、「それらはすべて社会の幸福に寄与するだろう」とし、肝心なのは、情念の「制動装置」だとしている。つまり、人間の情念こそが悪徳を作り出す根源だという宗教独特の把握を彼はとらないのである。『反マキアヴェッリ論』が政治学の書物であるかぎりは、この人間観は政治学の礎石ともいうべき重要性を持つ。

ところで、情念のなかでもっとも社会に害をなすのは、社会を統治する君主の度外れな野心である。フリードリヒにとって、情念の効果は、身分や社会的地位によって決定的に異なるのである。為政者の野心を満足させることは、「個人の情念」を満足させることより難しい。だから、野心を抱いて失敗した例を成功した例と並べて示すべきだというのである。

この指摘に続いて、マキアヴェッリの例が批判の対象となる。「マキアヴェッリは、モーセ、キュロス、ロムルス、テセウス、そしてヒエロンという例を君主たちに対して示している」が、これには、ムハンマドやウィリアム・ペンやパラグアイのイエズス会宣教師たちを加えなければならない、とフリードリヒは、皮肉交じりに言う。ここに付け加えられたリストは、イスラムという異教の宗祖であったり、ペンのようなプロテスタンティズム異端であったり、カトリックであったりする。これは、マキアヴェッリの模範とすべき政治指導者のリストに対する揶揄であり、批判である。しかしながら、この揶揄と批判には、特徴がある。すなわち、モーセを除いては、みな正統プロテスタントにとって、是とすべき人物ではないのである。

ところがフリードリヒは、旧約聖書のヒーローであるモーセを貶《けな》し、その価値を押し下げる。この点は、国教であるルター派信条にも、ましてや、カルヴァン派の信条ならなおさらのこと、牢固たる聖書主義にも違背しかねない瀆神的言辞である。フリードリヒは、これらの神話的人物と比べて、モーセを「ロムルス、キュロス、テセウスときわめて軽率に並置した」とマキアヴェッリを非難する。フリードリヒは、モーセは、「神感を受けていなかった」とするなら、彼はただの「大極悪人、偽善者、……神を利用していた詐欺師」にすぎない。たとえ、「神感を受けていた」としても、彼の性格は「愚鈍」であり、彼には文明的な知識はなく、基本的に、彼は、無知蒙昧であるとフリードリヒは考えている。反ユダヤ主義すれすれである。彼はこうこき下ろす。

「そもそもモーセは大変稚拙だったので、ユダヤ人を導くのに、六週間で非常に容易に通れたはずの道に四〇年もかかった。彼は、エジプト人たちの知識をほとんど利用しなかった。……みずからは目が見えない、神聖なる全能の神の道具としてしか、彼をみなしえない。ユダヤ人たちの先導者は、ローマ帝国の建国者やペルシア帝国の大王やギリシアの英雄たちよりも、はるかに劣っていた」（七三―七四ページ）。

彼は、たしかに神学者のスピノザ批判で、この「信仰の基礎を掘り崩した」無神論者の「思弁の誤謬」は一掃されていると言っているものの、しかし、このモーセ批判を見ると、フリードリヒには、明らかに『三詐欺師論』[23]の影響が見られる点で、むしろフリードリヒは、さほど忠実な信仰心を持っていなかったのではないかと推測される。この場合の三詐欺師とはマキアヴェッリ、ホッブズ、スピノザではなく、モーセ、ムハンマド、キリストの三詐欺師であり、いずれも宗教を創始した人物である。つまり、これは明らかに、無神論者どころか反宗教的瀆神者の言辞とも解釈されるのである。

また、このモーセ批判に関連して、フリードリヒは、反ユダヤ主義の信奉者ではなかったかとも言われる。このモーセ批判に、例えば第一四章で展開される古代の族長批判を付け加えてみよう。

「族長たちは狩をしてきた。それは事実である。さらに、彼らは自分たちの姉妹と結婚したこと、複婚制が彼らの時代の習慣であったことも私は認める。しかし、これらの善良な族長たち、わが親愛なる父祖たちは、彼らが生きた野蛮な時代の名残を大いにとどめていた。彼らはとても粗野で、非常な無知であった。彼らは怠惰な人間であり、時間の使い方を知らなかったので、彼らにはつねに長すぎるように思えた暇をつぶすために、退屈紛れに狩に出かけた。彼らは、獣を追跡しながら、森の中で時間を無駄に過ごした。彼らには、その時間を分別ある人びとともに過ごすという能力も精神もなかったのである」（一五二ページ）。

これだけ揃えば、フリードリヒは、反ユダヤ主義と見られても仕方がない。しかし、それは、早計に過ぎる。ユダヤ教に対する現実的姿勢には、フリードリヒのむしろ宗教無差別論に近い無神論的傾向が看取されるとともに、ユダヤ人の経済力を高く評価していた父祖たちと同じく、宗教統一という、ヘンリー八世的、あるいは、ルイ大王的企図を国家の宗教政策から取り除く傾向さえ見られるのである。つまり、彼はホッブズ的リヴァイアサン国家を志向していなかったということである。

もっとも、ブランデンブルク王家には、伝統的にユダヤ人の経済力を高く評価する傾向があった。一七世紀半ばには、王家は、ユダヤ人の武器・貨幣鋳造商人であるイスラエル・アロンに貴族の位を授けたり、カトリックのオーストリアから追放された五〇の裕福なユダヤ人家族を受け入れたりしている。しかも、ユダヤ人の経済活動の無制限な自由をプロイセンにおいては認めたのである。無論彼らの経済力が国の発展に貢献すると考えられていたからである。その証拠にプロイセンは、ヨーロッパのユダヤ人にとっては伝統的な、高い身柄保証金を支払わせている。その後、一八世紀になると、ユダヤ人保護法のもとで、身分保証を買い取ったユダヤ人たちは、自分たちの共同体をあちこちに作り、ベルリンにはシナゴーグを建設し、信仰の自由を獲得した。フリードリヒの父王のもとで、ユダヤ人は一時的に一般の職業につくことを禁じられ、差別的待遇を受けたが、フリードリヒの即位以後は、ユダヤ人の取り扱いは改善され、のちには、ユダヤ教最大の啓蒙主義者、モーゼス・メンデルスゾーンがフリードリヒのロスバッハでの戦勝記念に、ベルリンのシナゴーグで祈りを捧げ、さらには、ユダヤ人解放を実現した国王としてフリードリヒに感謝の意を表する

---

(23) 『三詐欺師論』、『啓蒙の地下文書 1』所収、三井吉俊訳、法政大学出版局。

までになった。まさに、ユダヤ人との「共生」政策が採られたフリードリヒのベルリンで、メンデルスゾーンは、同時代人として「経験をともにした」[24]のである。

フリードリヒの生理学的唯物論

一方で、ユダヤ教・キリスト教の神感者をこっぴどくこき下ろしながら、他方で、古代ギリシア・ローマの異教の英雄を賛美し、そうかと思えば、ユダヤ人解放を実現するフリードリヒは、無神論的傾向を早くから持っていたといえる。先に引用した第六章の情念論に続いて、第一五章でフリードリヒは、さらに立ち入って情念の本質を検討するが、しかし、次のようなくだりは、今度は、明らかに、生理学的唯物論そのものである。

彼は、まず、宗教的にはつねに悪の根源とされる人間の情念が人間の理性までも支配しているとは考えない。つまり、人間本性はそもそも悪ではない、と考えている。利害を最高基準としているマキアヴェッリの間違いは、人間の情念が利益という社会的概念に「屈しなければならない」との前提を立てることに起因する。なぜなら、情念は身体器官そのものの働きであり、人間にはこの身体器官の働きを、思いのままに動かす力は備わっていないというのである。この見解はほとんどスピノザ主義である。

「人間が自分たちの情念を手に入れたり、捨て去ったりできるなどと想定することは、世界についての認識にひどく反している。人間のからだのメカニズムは、そんな風にはできていない。われわれの陽気さ、悲しさ、優しさ、怒り、愛情、無関心、節度、不摂生――ひとことで言えば、すべてのわれわれの情念は、われわれの肉体のある組織の配列、いくつかのわずかな繊維質と膜の多少なりとも繊細な構造、われわれの血液の濃さあるいは流れやすさ、血液の循環の容易さあるいは難しさ、心臓の力、胆汁の性質、胃の大きさなどに依存している。さて、こうしたわれわれの肉体の諸部分は、われわれの利害という法則に従うほど十分に従順だろうか？　そして、それらには、そんなことがまったくできないと想定する方が理にかなっているのではないか？」（一六三ページ）

フリードリヒは、早くからオランダの医学的達成を知っていたようである。この身体観は、医学的唯物論そのもので、身体の独立性を主張している。身体器官はある種独立した存在で、そこから生まれる情念は、身体器官自身によってコントロールされているのである。そして、情念そのものも、宗教の言うように、特段悪の根源とはいえず、情念は、音楽や芸術のように、良い働きもするのである。これは明らかにプロテスタンティズムの情念論ではない。

---

(24)　A.Borries, Die Rolle der Juden und ihre Existenzbedingungen unter Friedrich II., *op.cit.*, S.163.

フリードリヒはプロテスタント正統派か？

この点では、第一五章冒頭に置かれている画家と歴史家の比較が秀逸である。まず、彼は、画家をとりあげる。画家は、言うまでもなく芸術家であり、カルヴァンに言わせれば、いたずらに人間の情欲をかきたてたる点で、敬虔な信仰とは相容れがたいばかりではない。それは、異教の「美の女神の手に操られたその絵筆で手直しを行ない、年齢による欠陥を埋め合わせ、実物の醜さを和らげる」。つまり、醜い現実を覆い隠そうとするのが絵画なのである。これはプロテスタンティズムがもっとも嫌う虚飾であり、神に遺棄された人間を美化する瀆神的行為である。

ところが、ここでは、明らかに、フリードリヒは、人間の作為を許容し、人間が作り出した美をも肯定している。そのうえ、彼は、文学や歴史においても、わざとらしい潤色を認め、修辞の効用を評価し、カトリックの大物であるボシュエやフレシエなどを褒めたたえる。フリードリヒの考えでは、人類を栄えあらしめようと意図している点で、こうした雄弁家たちの潤色行為は、害はないし、認めてもよいと考えているのである。この見解ほど、プロテスタンティズムから遠く離れた、むしろ反宗教的な議論はないくらいである。宗教無差別論であり、ほとんど無神論である。そこには、キリスト教の宗派性も見られない。カトリックであれ、プロテスタントであれ、人類にとって利益になるものなら、多少の誇張が混じっていても構わないとすら考えているのである。

宗教的狂信

それに対して、フリードリヒが嫌うのは、むしろ相手の悪いところばかりを描こうとし、ときには客観的な歴史的事実さえ、ねじまげようとするキリスト教の狂信的宗派主義なのである。「歴史家の第一の義務とは事実を正確に語ること」であるのに、宗派主義に毒されたカトリックの歴史家も、プロテスタントの歴史家も、平気で事実をねじまげ、それをもとに相手の宗派を攻撃する。これは情念が悪く働いた例である。フリードリヒは言う。

「神父様とほとんど変わらないほど節度をわきまえず、賢くもないプロテスタントの幾人かの著述家たちは、怠慢なことに、真実から出てくる公平な証言よりも、自分たちの情念が示唆する嘘の方を選んでいる」（二六一ページ）。

みずからが属しているはずの宗派をこれほど平然と批判するフリードリヒは、明らかに宗教的基準で物事をとらえてもいなければ、考えてもいない。むしろ、歴史は、芸術と異なって、事実を尊重し、情念を抑えるべきであるから、宗派精神を捨てなければならないと考えている。

偶然すなわち情念は無知の言い換え

ではここで、情念を抑える働きをするものはなにか？　それは、もちろん先に見たように情念を産み出す身体では明らかにない。それは、もちろん「理性と正義」と「良識」を宿している精神である。彼は、身体とは別に、独立したものとして精神を考える。そして、この精神の原理こそ理性であり、この理性が身体器官を代表する情念と手に手を取って、人間を導くのである。

ここで、必然と偶然という問題を論じる第二五章を参照しなければならない。フリードリヒの考えでは、理性は必然であり、情念は偶然である。そして、前者は、「神の摂理」であり、後者は「人間の自由」である。特徴的なのは、ここでフリードリヒが、どちらとも態度を決めかねているように見えることである。つまり、彼は徹底した理性主義者でもないかわりに、人間が自由だと原理的に考えているわけでもないということである。その証拠に彼は次のように言う。

「理性と情念は、目に見えない鎖のようなものである。摂理の永遠の英知が決定したさまざまな出来事は、この世に起こるべくして起こる。だから、摂理の手は、その出来事が生起するように、そして、各個人が使命を果たすように、これらの理性と情念という鎖を用いて、人類を導くのである」（二五九ページ）。

このフリードリヒの理性と情念の混合一体論とでも称すべき概念は、彼が理性と情念の価値を二つながら認めることによって、折衷主義の哲学にはまり込んでいると捉えるなら、おそらくそれは間違いであろう。むしろ彼は、相対主義の立場を採用していると言える。つまり、理性と情念は、どちらも決定的な力を持たないと考えているのだ。両者は、ともに絶対的必然の神的摂理が現世で用いる道具である。

神の摂理が人間の理性と情念を道具として使う以上、神の摂理は、絶対のものではなく、使用する道具によって、規定され、限定されてしまう。したがって、フリードリヒの『反マキアヴェッリ論』におけるもっとも根本的な哲学的信念は、相対主義的な人間主義であると見ていい。彼は、神の権力も人間を道具とすることで、限定されてしまっていると考えている。だから、彼の神は、絶対的信仰の対象にはならない。

そこで、彼は、「哲学者の理性を極限にまで追いつめ」さえしてきた運命か、偶然か、という問題は、単なる言葉にすぎないという。

「運命と偶然は、詩人たちの頭脳から生まれた意味のない言葉である。それらの言葉は、恐らくは、その起源を深い無知に負っているにちがいない。無知ゆえに、人びとは原因が知られていない結果に対して、曖昧な名前を与えたのである」(二六〇ページ)。

しかも、このことには、人間の不安感を鎮めるという役割があった。

「打ち明けて言えば、いかなる現実性もない名称で満足するとき、人はもっとも安価な代償でその苦労を免れる」(二六一ページ)。

だから、無知な状態にある人間は、物事の原因がわからず、不安であるから、せめて、名称にすぎないものを原因に指定してそれで満足するというわけである。

問題はこのような言葉の詐術的効用にこだわることではない。この点が、国家指導者としての自覚を持つ啓蒙君主フリードリヒのもっとも実践的な政治哲学である。

この相対的な世界にも、フリードリヒにとってもっとも確固たる価値はある。それは、世界には完璧なものはなにひとつない以上、君主と臣民のあいだに寛容な関係を築くことである。こうして、実践的な場において、形而上学的なスコラ議論を乗り越えるフリードリヒの締めくくりの言葉は、実に味わい深いものであり、もし王子の時代にヒュームやカントに先駆けて、このような思考に到達していたとすれば、おそらくフリードリヒや、恐るべし、である。


「しかし、われわれが稀有な才能を多く求めるこの君主とは、いったいだれだろうか？　それは人間でしかないし、その本性にしたがえば、彼らにはその義務の全部を果たすことができないというのはその通りだろう。……君主が完璧さへたどり着くために払った努力に、臣民が満足することは正しいことである。他のなにものにもまして、……欠点が心の資質と善良な意図を対抗錘《おもり》として持っている時には、君主たちの欠点に我慢することは正しいことである。われわれが絶えず思い出さなければならないのは、世界には完全なものなどなにもないということであり、過ちと弱さはすべての人間の共有物だということである。もっとも幸せな国は、君主と臣民の互いへの寛容が、かの好ましい芳しさを社会へと放つ国である。それがないと、人生は、重荷を背負って歩まなければならなくなり、世界は、悦びの劇場である代わりに、辛苦の谷へと変わってしまう」（二六九ページ）。

このように、フリードリヒは、お互いに欠点持った人間同士が相手の過ちや罪を許しながら、平和に暮らしていく社会が理想社会だと見ているのである。そうすれば、「世界は喜びの劇場」になるというのである。これは、宗教が規範となるような社会ではない。道徳的善が悪徳を正義の刃で裁くぎすぎすした社会でもない。これは、ピエール・ベールが持ち出した「有徳な無神論者の世界」でもない。むしろ過誤と弱さから成り立つ、ある意味では、「不完全な」社会であり、そこには当然絶対的な神の正義もない。もはや無神論とさえ呼び得るような境地に彼は到達しているのであるが、ここでわれわれは、無神論を許すプロイセンの精神風土に論及せざるを得ない。

プロイセンにおける無神論の特質

フリードリヒは、先にも見たように、明らかに無神論的傾向を持ち、古代ローマのストア派的理性主義をも、その理想主義的傾向には違和感を抱きつつも、高く評価する。とはいえ、プロテスタンティズムを国教とする国では、彼のような世界観は、果たして許されるのであろうか？　許されたのである。それがプロイセン国家の特徴だった。

われわれは、プロイセン国家が言わば宗教改革の発祥の地だったことを忘れてはいけない。ブランデンブルク選帝侯は、早くからプロテスタンティズムを採用し、新ドイツ語版聖書の購入と所有を許した。その後、一五三九年にヨアヒム二世は、ルター派の改革宗教を東方地域の国定宗教とし、一年後にはベルリンで、ルター派を国教とした。以後、ルター派の信仰が根づいて、フリードリヒ二世まで、二〇〇年以上の歳月が経っているのである。のちにも触れるが、プロテスタンティズムは、地上に神の兆候は、一切現われないとする教義を持っている点で、合理主義と共存し得るうえに、二世紀もたって、すでにプロテスタンティズムは、一般道徳化しているのである。この点を重視するなら、われわれは、フリードリヒの無神論について語り得る。「フリードリヒの無神論は、理論としてではなく、近代性の生活感覚のようなものとしてある」(25)と評価されるほど、無神論は、プロイセン王国の生活のなかに溶け込んでいたのである。

おまけに、プロテスタンティズムは、この国では、啓蒙主義と手を携えていた。奇妙な無神論の統一戦線といっていい。地上に神が現われないばかりか、神の恣意が認められている信仰がプロテスタンティズムであってみれば、現世に科学万能の啓蒙主義が満面開花してもなんら不思議ではない。どのような事件が起ころうとも、いちいち、神を参照することはない。要は地上を幸福な世界に少しでも近づけるように努力すれば、それで人間としての義務は果たした、というわけである。われわれ過ちを犯しやすい人間に、神の正義を守る義務など、神が押し付けようはずもないのだから。宗教的義務の一切から解放された世界が無神論でないはずがない。その意味で、フリードリヒの治世の全期間は、宗教と政治とがまことに奇妙な均衡状態にあったと言えるだろう。おそらく稀有なプロイセンの環境であった。

君主倫理の核心

宗教と君主の関係をめぐっては、『反マキアヴェッリ論』では、君主たるもの、信仰を持っていなくとも、信仰を持っているふりをしなければならない、とマキアヴェッリが説くのに対してだけ、フリードリヒは、激しく反発している。マキアヴェッリによる君主の偽善的態度の勧めは、ティトゥス・リウィウス以来の、君主による宗教倫理の政治的利用という伝統的主題にもとづくものである。しかし、彼は、この優れてマキアヴェッリ的な問題提起を別の領域へずらしている。というのも、彼は、信用こそ君主の最高の武器であるという信念を持っているからである。彼は言う。

「君主の側からすれば、狡猾であることと世間をだますこととは非常に悪い政治学なのだ。一度でもだまそうものなら、すべての君主に、彼らへの信頼を失わせるからである。」(一九三―一九四ページ)。

しかしながら、このフリードリヒの慎重さをもっぱら倫理学的側面からのみとらえてはならない。時代の変化をも、考慮に入れておかなければならない。信用は簡単に破られ、裏切りが生じやすい状況にフリードリヒの時代と環境がなってしまっていたということである。それは、貨幣という非常に便利な籠絡手段が発

(25) M.Greiffenhagen, *op.cit.*, S.16.

達してきたことによる。以前の裏切りの担保は、領土の約束であった。しかし、これは、あまりにも物質的なものでありすぎて、実際に持ち運びはできない。つまり、君侯であっても裏切りにくいということである。

しかるに、貨幣こそは、簡単に人間関係を崩してしまう最強の篭絡手段である。こうして、裏切りが容易になった時代にあっては、敵国の情報を得るために、こうした手段が多用されることになった。

フリードリヒは、本書の最後の章でも、敵国の情報を買収などの不正な手段を弄してでも得ることがどれほど重要であるかを次のように力説している。

「外国の宮廷に君主が派遣する使節は、赴任地の国王の振舞いを監視する特権を付与されたスパイである。……これらのスパイの買収と術策に対してこそ、君主は十分に警戒しなければならない。……とはいえ、彼らが常日頃危険であるとしたら、外交交渉の重要度が増しているときには、彼らの危険は無限大になる。そして、このときこそ、ダナイスたちの甕《かめ》から零れ落ちる数滴が使節の徳の厳しさを緩めることがまったくないかどうかを深く知るために、彼らの振舞いを君主がいくら厳格に調査しても調査しすぎるということはないだろう。……それゆえ、一般規則はこうである。君主たるもの、この上なく卓越した精神の持ち主を選び取り、こういう人物を難しい交渉ごとに使わなければならない。また、巧みに敵地に入りこむために、奸智に長け、柔軟であるだけでなく、心のなかの秘め事を相手の両目に読み取るために、そして、仕草やごく僅かな振る舞いによって他人の秘められた意図を判断するために十分なほど繊細な眼力を持つ人間が必要である」（二七一ページ以下）。

フリードリヒの『反マキアヴェッリ論』のなかで、敵の裏切りを事前に察知するには手段を選ばない、と実にマキアヴェリズムそっくりの議論を展開している個所が、情報戦争で中心的役割を演じるスパイの役割を論じたくだりだったとは、『反マキアヴェッリ論』がなみの戦略論ではなく、マキアヴェッリの『君主論』同様、実践にも耐えうる書物であったことを物語っている。

信仰の強要は君主の政治学ではない

この点から、あらためて、マキアヴェッリが勧めている信仰者を装うのが怜悧とする説を検討してみよう。貨幣が信用の裏打ちをする近代にあっては、人は簡単にかねで転ぶようになってきた。しかも宗教改革が生じたのである。信仰が個人の内奥深く隠されてしまった。

こうして、羊の皮をかぶった不信仰者が増えてきた時代においては、もはや宗教で人民大衆を抑えこむことも不可能な時代に入ってしまったと言っていい。宗教改革以降、聖職者の現世的な地位低下は、甚だしいものがある。もはや、ティトゥス・リウィウス以来の宗教的瞞着の政策は、ほぼ効力を失ったと考えなければならない。祭式の強要は無意味で、宗教で残るものは、その化身《アバター》たる権威への服従を核とする社会倫理観のみである。

そもそも、不信仰者が増えてきた最大の原因はなにか？　それは、プロテスタンティズム、つまり、ドイツで始まった宗教改革に原因がある。ルターも、カルヴァンも、ローマ法王を頂点とする既成の教会ヒエラルキーとそれを支えるカトリック教義を否定しようとするあまり、人間がキリスト者であることの外面的しるし（寄付、告解、贖宥状、終油の秘蹟など）をすべて否定し、神による人間の救済は神のみの意志によることとしたせいで、真の信仰者と偽の信仰者とを区別することが外面上はできなくなり、ために不信仰者が大手を振ってまかり通る事態となったということである。しかも、そのうえに、人間を現世に遺棄してしまった神は二度と再び地上に再臨することはないのである。不信仰者を罰する手だても、機会も、神から訪れることはない。

およそ信仰において、外面的信仰行為の価値を否定し、内面の信仰のみを重視するとすれば、キリスト者がもっとも警戒する「羊の皮をかぶった狼」(26)すなわち偽信者と真の信仰者とを区別することができなくなる。口先だけの信者でも堂々とキリスト者を名乗ることができる。だから、そもそも両者を区別できない社会ができあがってしまったのである。

かつまた、人間の原罪による悪徳が支配する現世に神の救済意志は現われないとし、自然現象、社会現象の一切を神の配慮から切り離したプロテスタンティズムの科学主義的信仰は、内面重視の超心理学主義ゆえに、無神論者と信仰者の区別すら外面的にはつかなくなってしまう危険性をはらんでいた。その点で典型的議論を展開したのが、ピエール・ベールである。彼の言う有徳な無神論者から成り立つ社会というイデアル・ティプスもまた、その理論的根拠をここに求めるべきなのである。もはやこのような社会では、市民が信仰者であるかどうかを問うことさえ無意味である。だからこそ、もはやプロイセンでは、信仰は問われさえしない。問おうにも、区別の標章がないからだ。

フリードリヒの宗教寛容政策もここから出てくる。彼にあっては、外面には現れない、無力な宗教倫理に代わって、国家主導の倫理がプロイセン臣民の規範となるのである。そしてそれは、社会的規範であるかぎり、臣民にみずからの義務を果たすように求める法として外面化されている。そうした臣民の第一の下僕がフリードリヒ自身、つまり政治支配者なのである。支配の循環の輪はこうして閉じられる。

したがって、フリードリヒにおいて際立つのはむしろ、不信仰な君主でも、臣民に対して誠実であれば問題ないとしている点である。もはや、マキアヴェッリのように、わざわざ信仰している姿を人民に見せる必要はなくなったのである。彼は、第一八章末尾で言う。

「私としては、思弁の誤りが心情の頽廃を続いて引き起こさないときには、ある程度、それに対しては寛容であるべきだと思う。また不信仰ではあるが、誠実であり、臣民を幸せにする君主の場合も、そうである。極悪かつ意地悪なキリスト教正統派よりも、こうした君主の方が臣民には好まれるのである」（一九六ページ）。

これはなにを意味するのだろうか？　フリードリヒは、「思弁の誤り」という言葉で、あらゆるたぐいの哲学的思考を想起しているのであろう。たとえ理論において間違っていたり、信心から逸れていたりしても、それが悪事に走る動機になったり、あるいは悪事の弁明に使われたりしなければ、許されるということ

(26)「偽預言者を警戒しなさい。彼らは羊の皮を身にまとってあなたがたのところに来るが、その内側は貪欲な狼である。あなたがたは、その実で彼らを見分ける。茨からぶどうが、あざみからいちじくが採れるだろうか。……このように、あなたがたはその実で彼らを見分ける」（『マタイによる福音書』、第七章、第一五―二〇節）。

である。これは君主といえども間違うことはあるという戒めでもある。要は、それが法を犯す実践的な悪に転化しなければいいという寛容な発想である。

同じ寛容さは、不信仰に対しても適用される。君主は、信仰を持っていなくてもいいというのである。むしろ、彼が「誠実であり、臣民を幸せにする」なら、それでいいというのである。したがって、君主はなにもわざわざ信仰者を装わなくてもいいのであり、むしろ信用第一とすれば、わざわざ敬神者ぶる必要はないということである。君主にとって一番大事なのは、対外的に信用され、臣民から愛されることである。これこそがフリードリヒの新『君主論』の真骨頂であり、君主の行動規範なのである。マキアヴェッリ最大の支配の秘密であった宗教装置の利用という切り札が近代のフリードリヒ的『君主論』からは、消え去った。

信頼と裏切り

最後に問題となるのは、マキアヴェッリの『君主論』がさんざ批判された原因のひとつであるチェーザレ・ボルジアをフリードリヒがどのように評価しているかである。

フリードリヒのチェーザレ断罪は、あらゆる方向に及んでいる。しかしながら、フリードリヒの判断基準は、君主の自己利益であり、人倫や宗教や道徳は判断基準となってはいない。つまり、マキアヴェッリの近代的判断基準そのものを採用して、マキアヴェッリの武器をマキアヴェッリ自身に向けているということである。フリードリヒ自身が『反マキアヴェッリ論』でもっとも優れた部分と自慢した文章が以下にある。

「人びとの善意につけ込み、悪意を隠し、下劣な術策を用い、裏切り、誓いを破り、暗殺すること――これが、この悪辣な博士が怜悧と呼ぶものである。私は、信仰について語っているわけでも、道徳について語っているわけでも一切なく、単に利害について語っているのである。私にとっては、彼をやり込めるのには、そのことだけで足りるように思われる。……あなたがたが誓いを覆すなら、なにによって、あなたがたは臣民に義務を課し、民衆にあなたがたの支配を尊重するように望めばよいのだろうか？　あなたがたが善意を根絶やしにするなら、どのようにしてあなたがたは、だれに対するものであれ、信頼を有し、人と交わす約束を確かなものにできるというのか？　……あなたがたには、犯罪のなかで抜きん出る利点しか残されていないし、あなたがたと同じくらい人でなしの怪物に対して、その犯罪のなかで抜きんでる道を教えたという栄誉しか残されていないことを恐れよ。……君主だけが犯罪を独占するなどということは永遠にない」（八四ページ以下）。

ここがフリードリヒによる「古臭くなった」マキアヴェリズムへの批判の核心であり、刷新されたマキアヴェリズムの基本的観念である。つまり、人間の信頼こそが最大の自己利益を産み出すという思想である。この思想は、プロテスタンティズムによる宗教倫理の個人化の時代にあって、君主に対する最大の戒めとなる。自分が信頼を裏切れば、たちまち他人から裏切られるという客観的な倫理法則である。

近代社会では、人間は、人間を裏切る自由を手に入れた。為政者は、多数者である平民にまで、人を裏切らないようにするための質草をいちいち要求したり、与えたりすることはできない。つまり、約束を守らせる保証は、信頼しかないということになる。したがって、避けなければならないのは、次のような事態である。

「裏切りの見本を示してみよ。そうすれば、つねにあなたがたを模倣する裏切り者が現れるだろう」（同箇所）。

臣民が、生活に関わる分野において、ある範囲内ではあるが、行動の自由を手に入れた近代社会では、臣民への裏切りは、臣民の裏切り、つまり叛乱の呼び水になりかねない。他国民に対しても同じことが言える。

肝心なことは、「君主だけが犯罪を独占するわけでは決してなかろう」というフリードリヒの時代認識である。近代社会では、猫も杓子も人を裏切る権利を手に入れたということである。ホッブズの人間観のイデアル・ティプスを思い起こすだけでよい。我欲に狂った狼は他の狼を裏切るのであるが、人間がみなそんな狼だというのである。君主だけが唯一絶対の狼存在ではないということである。こういう時代にあっては、支配者の裏切りが早晩臣民の裏切りを招くことが支配の前提になるから、君主はいずれにせよ、法治国家を志向せざるを得ない。近代社会では、裏切る自由が広範囲に認められているだけに、かえって信頼を基礎に置く倫理的な法体系が求められるのである。それゆえ、近代の君主は正義を尊重しなければならないし、臣民の財産保全を第一の任務としなければならない。

「正義を君主の主要な目的にしなければいけないし、君主が他のあらゆる利益よりも選好しなければならないものは、彼が統治する臣民の財産である、と言ってしまえばよかったのだ。となると、君主が増大させなければならないのは、あるいは、臣民に欠けている場合に、君主が彼らに与えなければならないのは、臣民の幸福と至福である。……君主は、彼が支配下に置く臣民の絶対的な主人ではなく、彼自身臣民の第一の下僕にすぎないと思われる。そして、臣民が君主の名誉であるのだから、君主は、臣民の至福の手段でなければならない」（三二一ページ以下）。

つまり、フリードリヒは、第一章からすでに、近代的な統治の秘密を、近代初期のマキアヴェッリの政治思想と比較しながら展開していたということである。そしてその根幹には、君主と臣民を含む全国家構成員間の信頼関係の構築と諸国民間での信頼関係の順守という思想が置かれている。

しかも、この信頼の体系を精神的に支える感情は、「祖国への愛」（第一三章）であり、体系の中心を占める君主の最大の意志とは、国家の善への奉仕であるとされる。この国家の善とは、『臣民の幸福』の言い換えにほかならない。こうして緊密な国家体系は閉じられる。国家理性の完成である。

㈣　戦争論

国家理性と国家防衛

マキアヴェッリも含めて、古代ローマ以来の支配の鉄則は、分割して支配せよであった。君主は、「自分たちの利益のためには、大臣たちの分裂が必要だと信じていた」のである。しかし、この支配戦略は、逆効果を産み出す時代に入った。「というのも、これらの大臣たちは、君主の利益にも貢献しなければならないのに、そうせずに、互いに傷つけ合うことしか視野になく、国益にもっともかなう意見や提案を邪魔し、私的な論争をするなかで君主の利益と臣民の安寧とを混同することがあるからである」。それゆえ、とフリードリヒは言う。

「もはや全構成員の、親密で切り離せない結びつき以外に、君主の力に寄与するものはないし、それを築き上げることが賢明な君主の目的でなければならない」（二二〇ページ）。

つまり、フリードリヒの統治概念のなかには、平等な多数の臣民からなる国家という近代的な国家観が明確に見て取れるということである。そうである以上、臣民を一つにまとめるのは、国家理性という共通概念となる。理性であって、宗教でも、恐怖にもとづく物神崇拝でもない。

「したがって、都市と国への忠誠を保証するのに、もはや城塞は必要とされない」（二二一ページ）。

つまり、マキアヴェッリの『君主論』の時代までは、明らかに統治者は、権力の象徴として、国内向けにも、強固で、壮大な城塞を築く必要があったが、当代では、城塞は、「敵から身を守るための、また、国家の平安をより長く保証するための城塞」となったということである。もはや、国内に敵はいない以上、当該国家を包囲する周辺国家こそが警戒すべき対象となる。

正義の戦争

こうして、フリードリヒは、ヨーロッパという狭い地域で行なわれる戦争の特質である防御戦を正当化する必要に迫られたのである。彼は、『反マキアヴェッリ論』の最終章で次のように言う。

「あらゆる戦争のなかで、もっとも正しい戦争は防衛戦である。とはいえ、この戦争は、敵の敵対行為による攻撃に耐えるために、君主たちが正当な手段をとらざるを得ないとき、また、君王たちが暴力によって暴力を押し返すしかない事態にあるときに限って行なわれる」（二七八ページ）。

そして、この防衛戦でもっとも威力を発揮するのは、軍事的には、強固な要塞である。それは、本来の戦争の意味を失わせるほど、侵略者に対して、犠牲を強いるものとなる。第一次世界大戦が間近に迫っているかのごとくである。

近代的戦争概念としての予防戦争

しかしながら、完璧を期すフリードリヒは、もう一つの戦争を正義と主張する。それは予防戦である。

フリードリヒの主張する予防戦は、少し異なっていて、それは、小国の連合体が軍事大国に対して、先制的に行なう、まさに防衛的な意味合いをも持つ戦争である。

予防戦争の概念は、宣戦布告なき奇襲の概念と表裏一体をなす。見ようによっては、卑怯な先制攻撃である。しかし、これをフリードリヒは、『君主論』最後の章で、次のように正当化する。

「怜悧が要求するのは、最大の悪よりも小さな必要悪を選ぶことであり、あてにならない陣営を除いて、もっとも信頼できる陣営に付くことである。だから、オリーブの枝か、月桂樹の枝かを選ぶ自由があるときには、攻撃的戦争に従事することの方が、宣戦を布告しても完全な隷属と破滅を多少遅らせるだけにすぎなくなるような絶望的な段階まで待機することよりも望ましい。このような事態は、君主にとってはいやなものであるにもかかわらず、彼の敵との取り決めが彼の手を縛り、彼から力を失わせる前に、みずからの武力を使用することよりもましなことをしようとしてもできるものではない」(二八〇ページ)。

しかも、マキアヴェッリの『君主論』とは異なって、予防戦は、小国が独力で、大国を相手にする戦略ではなく、小国間の同盟が前提となっている。その意味では、予防戦は、小国プロイセンが戦争を正義とするもう一つの戦争概念にほかならない。実践的にはこの予防戦の概念が小国[27]プロイセンの領土拡張政策を根拠づける戦略論となった。

しかし、戦争概念において、ひとたびこの予防戦争の正当性を主張するなら、いかなる種類の戦争をも正当化できることになる。とくに、小国の場合には、宣戦布告なき戦争もこの概念によって正当化されることになる。そうすると、いかなる小国でも、戦争という惨害をもたらす舞台に登場できる資格を手にすることになるから、これ以後、戦争は、可能性としては、常に世界戦争の危険性を含むものとなる。第一次世界大戦、第二次世界大戦と、歴史はそのとおりに進んだ。現代に至るまで、ほとんどの戦争は、小国意識・被害者意識に由来する侵略性・好戦性の肥大化、弱小国の武力抵抗あるいは個人的テロを出発点として生じている。

戦争の不幸

以上、二つの正義の戦争を含めて、まだ、戦争を仕掛けたことがなかったフリードリヒにとって、つねに戦争はひとつの不幸である。「戦争は不幸をおびただしく産み、その帰趨はほぼ覚束ないものである。また、その結果は国にとってひどく破滅的である」とフリードリヒは、君主らしからぬ反戦思想を口にする。この戦争観は明らかに過去の諸戦争の研究の結果である。ところで、こうした戦争の不幸について、一般に君主が鈍感なのは、君主の周囲の環境がそうさせるのである。ここには、フリードリヒの経験論的卓見が現われている。

「もし、諸王と諸帝王が実際に民衆の悲惨な光景を見ていたなら、それに無感動ではいられないであろうと

(27) クラウゼヴィッツは、フリードリヒ自身に「一小国家の元首にすぎない」との自覚があったことを、「このすぐれた将帥の感嘆に値する一面」と称賛し、この自覚を彼の軍事才覚のうちで最高の資質としている。『戦争論』、第三篇、第一章参照。

いうことを私は確信している。けれども、彼らは、その境遇ゆえに、もろもろの悪から切り離されているので、これらの悪を実際に想像するだけの想像力に恵まれてはいない。だから、ひとりの君主が抱く野心の炎は、戦争が臣民に対して持つ致命的な諸結果のすべてを、当の臣民へ押し付けるということを彼の眼下に晒さなければならないだろう。致命的な諸結果とは、人民に税金が重くのしかかることであり、戦争への動員が国からすべての若者を奪い去ることであり、伝染病が軍隊のなかに蔓延して、多くの人間が困窮して死にそうになることである。それは、また、殺人的な攻城戦や、なおいっそう残酷な会戦が行なわれることであり、数人の戦闘員が失われることで、生き残るための唯一の手段を奪われてしまう負傷兵が出てくることであり、危険と対峙し、みずからの血と糧と食物を君主に売っていた者たちを敵の武器が奪い去ったために、孤児が出現することである」(二八二―二八三ページ)。

だからこそ君主は、「野心の炎」を燃やして、「残虐非道な」戦争を仕掛けてはならず、ましてや「不正な戦争」を行なってはならないのである。防衛戦がここでは問題にされていないことは明白である。「したがって、確かなことは、世界の裁定者はいくら慎重であっても、慎重でありすぎるということはないし、みずからの歩みにたいして注意深くありすぎるということもないし、臣民の命を、大切にしても、大切にしすぎるということはない、ということである」。

なぜなら、臣民は、決して君主の奴隷と見なさるべきではなく、「みずからの同輩と見なければならないし、ある意味では、みずからの主人と見なければならない」からである。再びフリードリヒは、みずからを「臣民の第一の下僕」と見なして、『反マキアヴェッリ論』の締めくくりの言葉としている。

この言葉と彼ののちの実際行動とが整合していることは、彼が臣民の幸福と国家の安定とを同一視していることから、すでに明らかである。

ただし、シュレージェン戦争を電撃的に行ない、宣戦布告なきザクセン戦争を予防的に敢行し、七年戦争の口火を切り、大陸ではほぼ独力で、オーストリア、フランス、ロシアという三大国を相手に戦争を繰り広げることによって、臣民の命ばかりか、何度も自身までもが生命の危機にさらされた、文字通り好戦的な「軍人王」フリードリヒ二世の歴史的事蹟と「臣民の命を、大切にしても、大切にしすぎるということはない」というフリードリヒの格率との実際的整合性はもとより取れようはずもないし、この矛盾を前にしては、いささか、慄然たる思いに駆られる。その意味では、彼は、小国なるがゆえに、自国の国家理性のみを信じる国粋主義的ドイツの伝統の創建者なのである。

㈤　政体論

共和主義と専制主義の歴史法則

最後に指摘すべき点は、フリードリヒの政体論とそれを支える歴史法則観である。

フリードリヒは、マキアヴェッリの『君主論』と対峙して、この書物の共和主義的性格を見抜いていた。そして彼は、マキアヴェッリの共和主義的意図の分析に名を借りて、みずからの歴史法則観を第九章で展開する。

彼はまず、自由こそ人間存在と分かちがたく結びついている感情であると捉える。

「自由を欲する感情ほど、われわれの存在と分かちがたい感情はない。……というのも、われわれは生まれたときには、鎖につながれていないので、束縛されることなく生きることを求めるとともに、自分自身にだけ頼ろうとするので、けっして他人の気まぐれに服することを望まないからである」(一〇七ページ)。

そしてこの独立自存の精神から共和主義的と呼ばれる統治形態が生まれた。

「この精神こそが、賢明な諸法律をよりどころにして、市民の自由を抑圧しうる一切のものに対して、市民の自由を支えるのである。そして、この精神こそが、共和制の構成員のあいだに一種の平等を打ち立てる。その結果、共和制では、彼らは大いに自然状態に近づく」(同箇所)。

つまり、フリードリヒにとっても、マキアヴェッリ同様、共和主義政体は、人間の自由を実現している点で、人間の「自然状態に近い」政体だというのである。だから、こうした政体は、みずから進んで奴隷状態に復帰することはない。いわゆる自発的奴隷制などあり得ないということである。

「かつて自由であったのに、自発的奴隷制に服した諸国民を一切知らない」(一〇八ページ)。

しかしながら、フリードリヒにとって共和制には、根本的な欠陥がある。それは、自由を個人に認めることによって、必然的にもたらされる無政府状態を解決する力が共和制には備わっていないのである。いい意味でも、悪い意味でも、共和主義の土壌からは、再び有能な個人が育ってきて、必ず独裁制に移行するか、あるいは権力に混乱と空白が生まれ、そこから戦乱が生じる。

だからこそ、「共和制は、そのほとんどすべてが暴政の深淵から自由の頂点に登りつめ」るものの、「ほとんどすべてがこの自由から奴隷制へと再び転落」するということになるのである。

ここからフリードリヒは、かなりペシミスティックな歴史法則を導き出す。

「人間が生まれ、しばらく生き、そして、病か加齢かで死ぬように、共和制もまた形成され、数世紀に渡って繁栄すると、ついには一人の市民の大胆な企てによって、あるいは敵国の武力によって滅びる。すべてにはその期限がある。すべての帝国、そして最大の君主国でさえ、存続するのは一時である。そして、この世界には変化と破壊の法則に従っていないようなものは、ひとつもない。専制は自由に致命傷を与え、遅かれ早かれ共和制の命運を終わらせる。ある共和制はその体質の力によって他の共和制より、もっと長く持ちこたえる。そうした共和制は、自分で左右できる限りにおいて、みずからの破滅の運命的瞬間を先送りにし、みずからの運命を延長するために、英知が教えるあらゆる手段を活用する。しかし、結局は、自然の永遠不変の法則に屈しなければならない。そして、諸事件の連鎖が共和制の消滅を導きいれるときに、共和制は滅びなければならない」(二一〇ページ)。

こうして、この世は、「真の地獄に変わってしまう」。共和政体の次に現れる政体は、共和政体ではもちろんなく、プラトン的な「形而上学的」君主制でもない。それは最悪の専制であり、暴政である。

フリードリヒは、「現実に存在している」のは専制主義であると断言する。この言葉は、痛烈なマキアヴェッリ批判である。国家を人間の身体になぞらえ、「共和制もまた形成され、数世紀に渡って繁栄すると、ついには……滅びる」というのは、マキアヴェッリの歴史観のもじりであるが、マキアヴェッリと異なるところは、共和政体が究極の理想政体ではないということである。歴史法則によれば、フリードリヒにとって究極の理想政体は、専制君主制である。

しかしながら、まさにこの地点で、フリードリヒは、利害心を抑制するのに道徳観をもちだすのである。彼によれば、利害心を抑制するのは徳であるが、しかし、この徳は理性と一体のものである。しかも、人間は、全知全能の理性を天から授かっているのではない。獣からわれわれ区別する「わずかな理性」を持っているにすぎない。この限界内で最大限の努力をすることこそ、人間の使命である。彼の設定する目標は、「無限に善良な存在」であり、この究極のイデアに人間は接近しなければならないというのである。フリードリヒを尊敬していたカントは、どうやら『反マキアヴェッリ論』を熟読していたらしい。理性の限界性を自覚していたフリードリヒの「良心の内なる証言」（第八章）という表現を、彼はフリードリヒから借りてきているからだ。しかし、フリードリヒの理性のペシミズムの方は、理性の限界性という、いわばカント的観念に行き当たり、徳のオプティミスムと入れ替わるのである。それは、無神論の響きさえ持つ。

「たとえ地上に正義など存在せず、天には神が存在しなくとも、それならなおのこと、人間たちは、よりいっそう有徳でなければならないはずだ。というのも、徳のみが人びとを結びつけるのであって、徳こそが彼らの生存のために絶対的に必要であり、犯罪は彼らを不幸にしかせず、自滅させるものでしかないからである」（二〇四ページ）。

カントをもじって言えば、単なる人間理性の限界内での政治学というのが、おそらく『反マキアヴェッリ論』の政治学の本質を突いた表現となろう。というのも、人間の根源的自由に由来する歴史法則として、専制君主制を正当化したのち、君主の義務は、「天には神が存在しなくとも」、人間理性すなわち啓蒙的理性を最大限働かせつつ、この此岸にある不完全な君主制を、君主と臣民がお互いの欠点を許し合って暮らす寛容な和合状態にまで高めることにあると定義づけているからである。

こうして、フリードリヒは、『反マキアヴェッリ論』を、文字通り完璧な「啓蒙専制君主」の擁護論として仕上げることに成功した。人間界を統べる歴史法則と専制君主たる自己との循環図式の完成である。そして、ここで仕上げられた啓蒙専制君主の自己正当化的政治学は、その完璧性ゆえに、ドイツ史を一貫して拘束する呪縛となるのである。

㈥　あまりにもドイツ的なフリードリヒの呪縛――まとめに代えて

秘かなる本能が彼の行動を導き、彼の生活を規定した。彼のなかにあったこのような秘かなる本能、悪魔的なもの《デモーニッシュ》の要素が超個人的性質を持っていたということ、つまり運命の衝迫であり、歴史の精神であったということ、これはいかにもドイツなればこそ考えられることである。

トーマス・マン

人間理性の限界内に収まっていたプロイセンの専制君主制がみずからの社会的・自然的限界を取り払ってしまったとき、理性と情念の融合という啓蒙の悲劇的弁証法によって、取り返しのつかない惨禍を人類史上に刻印する主役を一度ならず演じてしまうのも、フリードリヒの呪縛のなせる業だった[28]。

この呪縛がいかに強力であり、いかにドイツの国民性を宿命的に規定していたかは、第一次世界大戦の勃発とともに、当代一流のドイツ知識人がみな第一次世界大戦でのドイツの立場を支持したことによく示されている。とくにマックス・ヴェーバーは、積極的で、ドイツの戦争目的を「人間と諸民族の隷属化のもっとも恐るべき体制」としてのツァーリズム・ロシアに対する「防衛戦争」と規定し、しかもすでに権力国家であり、「大国」であるドイツには、それにふさわしい崇高な目的を達成する「歴史的責務」があるとしたのである[29]。

そのうえ、ヴェーバーにとっては、ドイツには他国の領土をわがものにする行為も許されるという。なぜなら、ドイツ人が「子孫へのはなむけとして贈らなければならないのは、平和や人間の幸福ではなく、われわれの国民的特質を守りぬき、一層発展させるための永遠の戦い」であり、「地球上でどれほどの権力的支配圏を勝ち取って彼らに残してやれるか[30]」であるからだ。ここには、のちのナチズムにつながる要素が見て取れる。

この理由づけのうち、小市民的ドイツ人を代表する作家トーマス・マンにとっては、ツァーという大敵に挑む勇気のみが正当な戦争理由であった。彼には、ヴェーバーのような強国意識はない。むしろ弱小の新興国との意識がある。彼は、第一世界大戦開戦直後に、「運命と謎にみち世界中の憎まれ者になっているドイツに対する無限の共感」（兄ハインリヒに宛てた国家総動員令のかかったのちの八月七日の手紙）を覚えて、「自分が従軍できないのを恥ずかしく思う」と友人に手紙を送り、文筆の仕事を「武器をとっての思想勤務」などと称して文筆で戦争に協力した。しかし、彼にとっては、あくまで、小国ドイツ意識から出発して、弱者の勇気が問題になっている。

ここで、ぜひとも付け加えなければならないのは、彼らドイツの知識人たちが第一次世界大戦の口火を実質上切ったドイツを擁護する場合に、フリードリヒ二世の軍事観と外交姿勢を参照軸としている点である。これが、フリードリヒが「呪いの輪」であり、呪縛であるという理由である。

たとえば、マンは、「第一次世界大戦の成立史を『フリードリヒの歴史の反復あるいは回帰』と見なしていた(31)」から、今時のドイツの戦争が正義の戦争であるか、不正義の戦争であるかを解明し、戦争参加を支持

---

(28) たとえば、国家社会主義ドイツ労働者党の宣伝ポスターは、フリードリヒ二世を中心寄りに描き、その縁戚のマクシミリアン・フォン・バーデン・ルーデンドルフ王子（第一次世界大戦終戦時の首相）とアドルフ・ヒトラーを右へ順に並べて、フリードリヒ二世を、あとの二者のいわば父祖に当たる人物として表現している（K.Otmar Freiherr von Aletin, *op.cit., S.227.*）。

(29) 以下の末吉孝州の啓発的な一書参照。『第一次世界大戦とドイツ精神』、太陽出版、一九九〇、一八六ページ。

(30) 末吉孝州、前掲、一九一ページ。

する「フリードリヒと大同盟」を『デア・ノイエ・メルクール』誌の一九一五年一月号、二月号に連載したときに、冒頭から、明らかに『反マキアヴェッリ論』最終章におけるフリードリヒの戦争論を参照しているのである。

フリードリヒが予防戦の正義を唱えつつ、大胆な電撃作戦を展開したことがマンの逡巡を引き出している。シュレージェン奪取の戦争は、明らかに防衛戦争ではない。マンは、フリードリヒの電撃作戦が予防戦の範疇にもはいり得ないほどの「度肝を抜く(32)」図々しい侵略行動であることを認めざるをえない。しかし、である。オーストリアが敗北した結果、フリードリヒに屈して条約を結び、シュレージェン割譲を認めたことは、フリードリヒの不正を正義に変えたのである、と。これは、「不正から正義を生み出す作業」であるから、二度と再びオーストリアは、シュレージェン奪回戦争など試みるべきではなかったというのである。(33)このマンの理屈がまったく成り立たないことは火を見るよりも明らかであるが、しかしながら、力がすべてを決定する歴史世界においては、不正が正義を生み出すのが過去、現在、未来における法則であり、運命であると見なすマンやヴェーバーなどドイツ知識人たちは、不正が正義を生み出した以上、今度はこの正義に従うべし、というまぎれもない強盗の開き直りの論理をすら承認してしまったのである。これこそ「きわめてリアリスティックで醒めており、ペシミスティックで、さらに当然ながらマキアヴェリスティックでさえあり、こうした考え方は、マックス・ヴェーバーやトレルチなどにも共通している(34)」考え方である。しかし、一旦、この論理が認められると、シュレージェン以後に行なわれたフリードリヒの戦争行為は、すべて正義を守るための予防戦として位置づけられることになる。

こうして、マンは、四面楚歌の状態でまたもやフリードリヒが戦争の引き金を引いた七年戦争におけるザクセン侵略について自問自答することに導かれる。ザクセンは、表向きは中立国なのに、裏切るかもしれないことを口実に攻めこむなどとは、暴挙である。(35) 配下の将軍たちは全員、全身全霊をもってフリードリヒの乱心を諫めた。(36) その理由は、味方が皆無だからである。弟ヴィルヘルム公も「ヨーロッパの最強国すべて、それにヨーロッパの世論がわれわれに敵対しているのですぞ！しかも正義は、ああ正義はわが方にはないのです」と切々と訴えた。同盟国と頼むイギリスも「フリードリヒがある種の破滅をみずから惹起したりすれば、(37) イギリスとしては彼を救うことができないと絶えず警告していた」。しかし、フリードリヒにとっては、ザクセン侵攻は、ザクセンの裏切りを未然に防ぐための予防戦である。予防戦は、『反マキアヴェッリ論』で明らかなごとく、フリードリヒにとっては、正義の戦争である。

そして、マンは自問する。この恐るべき戦争は侵略戦争である。しかし、プロイセンは包囲されていたし、ごく近い将来破滅するところだった。だからこれは防衛戦争である。だが、しかし、これはフリードリ

(31) トーマス・マン、前掲、五二ページ。
(32) トーマス・マン、前掲、五五ページ。
(33) トーマス・マン、前掲、五七ページ。
(34) 末吉孝州、前掲、一一六ページ。
(35) 明らかに第一次世界大戦におけるベルギーの立場が念頭にある。
(36) ルイ一五世にいたっては、「あの男は気が狂っている。彼は狂人だ」と評したという。
(37) トーマス・マン、前掲、八四ページ。七年戦争の唯一の同盟国だったイギリスは、フリードリヒ二世を、なにをやらかすかわからない危険人物で、途方も無い軍事冒険主義者だと明らかに見なしていたのである。

ヒが先に手を出したのだから、侵略戦争である。しかし、それでもやはりこれは、防衛戦争だった。一対五の戦いであり、もっとも困難な「絶対的な防衛戦争はどうしても攻撃の形態をとらざるを得ない[38]」からである。

結局、マンは、表面的には解決のつかない問答を、小国の論理で決着をつける。「若い上昇中の強国は、心理的に見ればつねに攻撃を加える側にある[39]」。これは卓見ともいうべき的確な戦争観である。これをマンは「ドイツの歴史的悲劇」と考えたのである。この思考こそ、ヴェーバーとは異なって、ドイツ市民に戦争への協力を積極的に要求する理由となり得るのである。

このような小国ゆえの「ドイツの歴史的悲劇」を、なぜドイツ市民が一般に共有することになるのだろうか?ここで、マンは、再びフリードリヒを引き合いに出す。フリードリヒは、「英雄的弱さ[40]」を唱えた。弱いのはプロイセン君主だけではなく、プロイセン臣民も君主に比べれば、つねに弱い存在である。その弱い臣民でさえ、君主のごとく、「雄々しく英雄主義」を自分なりに発揮しなければならないのである。マンにあっては、第一次世界大戦にも同じ論理が通用すると言い募る。第一次世界大戦は、「世界でもっとも悪評高い警察国家を粉砕しようとする」小国プロイセンの肯定的意図である以上、いわば大悪党ゴリアテのロシアに挑む正義の少年ダビデのように、個々の市民はその「弱さの英雄主義」を発揮して、知恵と勇気で、大敵に挑み、これを打ち破らなければならないのである。

とはいえ、マンによれば、これは「悲劇」であり、ドイツの「宿命」であって、ドイツの幸せではなく、したがってドイツ人の幸せでもない。それが証拠に、晩年のフリードリヒは、紛うことなき「孤独死」であった。マンはフリードリヒの晩年をこう描く。

「恐ろしい辛苦と、極端な浮沈の波と、絶えざる緊張のうちに、この『もっとも愛らしい人の児』は急速に老いていった。歯は欠け頭は片側が真白になり、背は曲り、身体は痛風に苦しみ、萎縮した。その上彼は下痢に苦しんでいた。これはまさに呪われたものの苦悩であった」。

「全世界に憎悪と反感をつくり出し、全世界を欺いた悪魔」、「性的要素を欠いた陰険なる妖怪」としてのフリードリヒと、フランス的文明や啓蒙主義的な市民道徳や理性を信奉するフリードリヒとの闘争・確執である彼の人生は、「イロニー、極端な懐疑主義、根本において虚無的な宿命論的業績主義、陰鬱で悪意ある自立的態度」を生み出した。こうした病に取り憑かれたフリードリヒの仕事一筋の人生は「焼けただれ、荒れ果て、災に満ちて、だれをも愛さず、だれからも愛されず、晩年は冷たく陰気でいとわしいものであり、生き物の温かみを幾分なりとも感じるため、ペットの猟犬を自分のベッドに寝かせる」有様であった。フリードリヒは「犠牲者で、不正を働かねばならず、思想に反抗して実人生を生きなければならなかった」。フリードリヒが晩年飼っていた犬の最後の一匹が死んだときには、「彼は何日も泣いた」とトーマス・マンは書き記している[41]。

(38) トーマス・マン、前掲、九六ページ。
(39) トーマス・マン、同。
(40) トーマス・マン、前掲、一〇〇ページ。原文（Thomas Mann, *Reden und Aufsätze*, in *Gesammelt Werke in Zölf Bänden*, S.135）は「英雄的弱さ」（"heroische Schwachheiten"）で、この言葉を使ったのはフリードリヒである。
(41) トーマス・マン、前掲、一〇〇ページ。

悪戦苦闘する「犠牲者」フリードリヒを観察して、トーマス・マンは、実にみごとな性格分析を行なっている。すなわち、宗教的狂信を嫌ったフリードリヒは、別の狂信すなわち「労働のファナティズム」（Arbeitsfanatismus）に陥っていたというのである。「彼の生活ぶりは変わっていた。それは同時代の君主たちのいかなる習慣とも著しい対照を見せていた。夏は、彼は三時に起床した。しかし三時といえば、神の恩寵によって生まれ、したがって人生をすこしばかり楽しむべく生まれた者なら就寝する時間だ。髪を整えるまもなく、彼は早速、政治の仕事にとりかかる。……彼は仕事をすべてひとり占めにして、自分の家臣たちには決して与えなかった。彼は自分自身の大蔵大臣で、農業大臣であり、建築顧問官兼鉱業顧問官兼侍従長等々のあらゆるものであった[42]」。なにからなにまで部下任せにできず、戦争を含めてあらゆることに率先垂範をもって臨んだということである。

ところが、宗教的狂信と違って、この「労働への狂信」は、自己の内面のみにかかわり、外面的態度としては、むしろ、あらゆる苦難に耐え忍ぶ克己的禁欲主義として現われるから、人間学的には単に「風変わりな仕事人間」くらいにしか見られず、市民社会においては無害であると考えられるのである。無害どころか、人間の模範とすらその禁欲主義は評価できるのである。典型的ドイツ人とはこれではないだろうか。

しかし、この風変わりなドイツ人は、第一次世界大戦後、両極分解を起こし、マンの普通の人間性との妥協とマックス・ヴェーバーの狂信的禁欲主義へと分岐していく。ヴェルサイユ条約における「ドイツの屈辱」を「天の恵み」とすらマックス・ヴェーバーは評価し、それに雄々しく「耐える」ことを、死の直前の彼はドイツ国民に求めている。耐えて「ドイツの第三の青春の再建[43]」を果たさなければならない。まさしく、ヒトラーによる「第三」帝国の創設こそ「ドイツの青春の再建」ではないだろうか？　第一次世界大戦敗北後のドイツが取り戻すべきは、小市民的な平和なくらしではなく、またもや強力な軍事力を備えた覇権国家なのである。第一次世界大戦敗北後は、「ドイツの第三の青春の再建」をめざすこのヴェーバーの予言的テーゼは、ナチズムによるドイツ人の「国民的特質」の維持と純化、「権力的支配圏」の無限拡大に帰結した。そうなるのも、第一次世界大戦の敗北の原因をヴェーバーは、まったく道義的なところに求めていないからである。

そもそもマックス・ヴェーバーは、第一次世界大戦に負けたのは軍事力で劣っていたからだと主張している。国内での戦争に向けた合理主義の徹底の点で、ドイツ政府に敗戦の責任は免れないが、第一次世界大戦にかかわって道義的責任はない。つまり、もっと砲弾と軍艦と航空機があれば、戦いに勝利できていたのに、という考え方である。彼は、戦後、平和主義者に転向した少なからぬ知識人を嘲って、彼らは、まるで「戦争の神が数のより多い強大な歩兵大隊の側についていないかのように(44)」戦争責任を問うが、それこそ失笑を買う軟弱な人間の駄弁である。戦争の勝ち負けは絶対に神の正義とは無関係である、とやはり合理主義的主張を繰り返した。

しかしながら、戦争は兵力の多寡が決定するということの格率は、実は、フリードリヒの言葉なのである。

---

(42)　トーマス・マン、前掲、六一―六二ページ。
(43)　末吉孝州、前掲、二七五ページ。
(44)　末吉孝州、前掲、二五五ページ。

マックス・ヴェーバーもまた、フリードリヒの呪縛に抗い得なかった。それは、マックス・ヴェーバーが徹底した「此岸性」重視の思想、すなわち理性の「相対主義」の現実的功利主義の立場に立っていたことに起因するが、この理性の相対主義もまた、すでに述べたように、フリードリヒ由来の思想である。

ちなみに付け加えれば、ヴェーバーは、敗戦の結果を「男性的で厳格な態度の人間」として耐えなければならないとしているのであるが、この点でもみごとに彼は、「性的要素を欠いた陰険なる妖怪」と悪罵を投げつけられたフリードリヒの伝統に連なっているのである。

これに対して、トーマス・マンは、「フリードリヒと大同盟」という論考でフリードリヒの労働への狂信をシニカルに描き出したことにも現われているように、敗戦後、現世享楽的オプティミスムへと呪縛を乗り越えていこうとする。しかし、彼にはもうひとつの難題があった。「弱さの英雄主義」または「英雄的弱さ」である。これこそが、第二次世界大戦に向けた国家総動員体制を可能にしたドグマである。やはり、ドイツは、どの国家にも見出されるヴェーバーの強者の論理だけではなく、マンの弱者の論理を共に備えていたがゆえに、あのような惨劇をまたもやもたらす国になったのである。その意味で、小国特有の弱い英雄主義を前提として、強力な指導者のリーダーシップと生活のあらゆる側面で統合された国民からなる近代国家を作り上げた政治学・戦争論の歴史的原典として『反マキアヴェッリ論』は繰り返し読まれるべきであろう。

補録解題

ヴォルテールの『習俗試論』より

『反マキアヴェッリ論』のより一層の理解のために、フリードリヒの啓蒙主義思想の師であるヴォルテールがマキアヴェッリの『君主論』の時代をどう見ていたかを、『習俗試論』から三章を訳出して、紹介しておいた。

サヴォナローラを扱った章は、マキアヴェッリの時代がまだ啓蒙されておらず、宗教的無知蒙昧がまかり通っていた時代であることを暴いている。

カトリック・ヒエラルキー最上位に君臨する聖職者でありながら、世俗に稀代の悪党と言われる息子のチェーザレ・ボルジアを持ち、ゆくゆくは彼を法王位に就けることまで計画していた、『君主論』の鏡のようなローマ法王アレクサンデル六世とその残虐非道をもって鳴る息子チェーザレの事蹟を扱った二章は、さながら、権謀術数の渦巻くイタリアの地獄篇を描き出している。その仕掛け人は法王父子だったのだが、その法王も毒殺の毒をおそらくそれとは知らずに飲んで、苦しみに悶えて死ぬという憂き目を見る。これらの反倫理的行動のすべてに対して、ヴォルテールは歴史家の分を越えて道徳的な怒りを爆発させている。果たしてどちらが瀆神的であろうか？　答えに窮する。しかしながら、ヴォルテールは最後には、怒りを鎮めて、歴史家として次のように書いている。

「チェーザレ・ボルジアは武器を手にしたまま殺された。彼の死にざまは立派であり、私たちはこの歴史の流れのなかに、正統君主たちと徳高き人物たちが死刑執行人の手にかかって滅ぶ姿を目にしているのだ」（三一八ページ）。

いかにも、ヴォルテールらしい妥協的な締めくくりの言葉である。もちろん、フリードリヒのチェーザレ・ボルジア評価は、徹頭徹尾、否定的である。

フリードリヒによるヴォルテール讃

ヴォルテールは、一七五〇年から約三年弱、プロイセンの宮廷に暮らした後、フリードリヒとの数々の軋轢から、一七五三年三月にプロイセンを去る。二人の関係がもっともこじれたのは、フリードリヒの命を受けた軍事顧問官フライタークによってヴォルテールがフランクフルトで身柄を拘束され、軟禁状態に置かれたときであった。結局、ヴォルテールがかつて国王から与えられ、返還を求められていた詩集や勲章などを引き渡すことで、ヴォルテールは晴れて自由の身となった。両者はヴォルテールが一七七八年五月三〇日に死去するまで、その後、四半世紀にわたって二度と会うことはなかった。なお、ヴォルテールとフリードリヒとの個人的な関係については、本書『反マキアヴェッリ論』の解題にくわえ、ハンス＝ヨアヒム・シェートリヒの著書『ヴォルテール、ただいま参上！』（松永美穂訳、新潮社）、およびその「あとがき」にも描かれている。

これだけ関係がこじれたにもかかわらず、決別後の翌一七五四年にはヴォルテールの方から再びフリードリヒに手紙を書き送っている。世事に長けたヴォルテールのことだから、一国の君主の不興を買い続けることが得策ではないと思ったのだろう。だが、その後の手紙のやりとりからは、以前のように親密とは言えないまでも、たんなる建前や儀礼とも言えない、それなりに良好な関係が読みとれる。両者の手紙のやり取りは、ヴォルテールの死の二ヶ月前まで続いた。

ここに翻訳した追悼演説は、そのヴォルテールの死から半年後にベルリンの諸科学・美文学王立アカデミーで読み上げられた。冒頭部分は、古代ギリシア・ローマにおける文芸の勃興からはじまり、ルネサンスにおける文芸の復興へと進み、ヴォルテールの生涯と膨大な著作を振り返っている。若きヴォルテールは「祖国で耐え忍んだひどい仕打ちと恥辱に怒り、イギリスに隠遁した」（三二六ページ）とフリードリヒは述べているが、この哲学者がプロイセンを離れた理由については七年戦争のせいにしており、当然ながら自身との間にあった諍いについては口をつぐんでいる。そもそも七年戦争勃発は一七五六年なので、ヴォルテールが一七五三年にプロイセンを離れた直接の理由にはならないように思われる。

その後、個々の分野における古今の偉人、叙事詩においてはウェルギリウス、悲劇においてはラシーヌなどとヴォルテールを比較し、歴史やその他の彼の著作の功績に言及し、才能の幅広さという点で彼と比肩しうるのはキケロのみと讃えている。最後に、宗教的迷信の批判者としてのヴォルテールを強調して、本講演を締めくくっている。フリードリヒによれば、ヴォルテールは、エピクロスやホッブズといった無神論者の議論を裏書きしたわけではなく、「一連の訴訟の記録者に彼自身がとどまることで満足し」（三四六ページ）ているのだ、と念を押している。無神論者および無神論者と非難されている人々とは一定の距離を取りつつ、宗教的迷信を攻撃する路線は、この当時、多くの啓蒙思想家に採用されていたが、啓蒙専制君主たるフリードリヒにとっても有益なものであった。

なお、フリードリヒは、同じベルリン王立アカデミーにおいて、国王の朗読係であったラ・メトリや、アカデミー会長のモーペルチュイをはじめ、宮廷で食卓を囲んだかつての友人たちのためにも追悼講演を行っているが、ヴォルテールのそれは他と比べても分量が多く、この点でもフリードリヒとヴォルテールとのつながりの深さを感じさせる。

（壽里　竜）

フリードリヒによる諸論考

国家にとって学問芸術が有用であることを論ず

本論考は、本文冒頭にもあるとおり、ベルリン王立アカデミーで行われた講演録であり、当日はスウェーデン元王妃にしてフリードリヒの実妹、ルイーゼ・ウルリケも列席した。フリードリヒに劣らず、ルイーゼは夫でスウェーデン国王のアドルフよりも学問・芸術に深い造詣を持ち、嫁ぎ先のスウェーデンでもドロットニングホルム宮殿を中心に、啓蒙主義の実践に務めた。現在では世界遺産にも指定されているこの宮殿において、この時期に学者による講演が活発に行われ、図書館や劇場も増設されたという。よって、本講演の狙いの一つは、「上からの啓蒙」の実践者であり、自身の良き理解者でもある妹へのオマージュであった。

もう一つの狙いは、これもまた本文冒頭に示されているとおり、ルソーの『学問芸術論』(一七五〇)への反駁である。『学問芸術論』は、もともとディジョンのアカデミーが一七四九年に募集した論題「学問と芸術の復興は習俗の純化に寄与したか、それとも腐敗させることに寄与したか」にルソーが応募し、受賞した作品である。ルソーはこの受賞、およびこの受賞作の出版によって思想家として鮮烈なデビューをしただけでなく、「反文明の思想家」として脚光を浴びることになる。

フリードリヒは、文明と学問・芸術の擁護者というだけでなく、野蛮の地にみずからの政治的な権力を用いて積極的に学問・芸術を涵養していこうとする専制君主でもあったという点で、二重にルソーの主張に対して反駁する必要を感じていた。ルソーの方でもそれを理解していたことは、『告白』第一二巻における次の記述からも明らかである。「こうして私は、プロイセン王の帳簿に、赤インクで記入されていることは確実であった。それに私があえて彼の主義としていたものを、じじつ彼が自分の主義としていたと仮定すれば、私の著作とその著者とはそれだけで、彼の不興をこうむるほかなかった。なぜならば、邪悪な人間と暴君たちは、私を知りもせず、ただ私の著作を読んだだけで、つねに私をこのうえなく激しく憎悪したからである」（『ルソー全集　第二巻』『告白（下）』白水社、二二〇―二二一ページ）。

この点に関連して、ルソーとフリードリヒとの間には、後者が直接には預かり知らぬところでもう一つ別の因縁があった。『社会契約論』と『エミール』によってパリとジュネーヴ両方の当局から追われる身となったルソーをかくまったのは、スコットランドの哲学者・歴史家デイヴィッド・ヒュームであった。一七六五年末にはじめて対面した両者は意気投合し、ヒュームがルソーをイギリスへとつれて帰ったものの、わずか数ヶ月で友情関係は破綻した。

実は、両者の決裂を決定的にしたのが、ヒュームの友人で文筆家のホレス・ウォルポール――英国初の首相ロバート・ウォルポールの息子――の書いた、フリードリヒからルソーに宛てた「偽書簡」であった。この中で、フリードリヒ（のふりをしたウォルポール）はルソーに対して「君が時には常識を持っていることを、君の敵たちに示してやるがよい」と茶化している。しかも「私は君を迫害することをやめてあげよう。君が、迫害されているという身の光栄を自慢にするのをやめるときに」とさえ言っている（山崎正一・串田孫一『悪魔と裏切り者――ルソーとヒューム』ちくま学芸文庫、三五ページ）。ルソーは当初、この偽書簡の作者がヴォルテールないしはダランベールだと思っていた。その作者がヒュームの親しい友人であることを知ったルソーは、ヒュームが自分を笑い者にするためにロンドンにおびき寄せたのだと確信するにいたったのである。

さて、本論考の内容は、タイトルから想像される通り、学問と芸術が国家にとっていかに有用であるかを語るものである。本論考の写しがダランベールとヴォルテールに送付されたことからも分かるように、中世における宗教による無知と迷信、近代におけるベーコン、デカルト、ニュートンによる知の普及と確立を強調する論調は、有名な『百科全書』序文に通ずるものがある。だが、戦争における軍事的知識の有用性を強調するあたりは——戦争が人間の起こしている災厄であるという自覚がまったくない点も含めて——フリードリヒ独自の視点と言える。ただし、悪例によって堕落しやすいのは都市である、という記述は、実はルソーにも通じる発想であると言えるだろう。また、『エミール』（一七六二）はドイツ啓蒙の一環であった教育改革にも影響を及ぼしており、『社会契約説』（一七六二）や『ポーランド統治論』（一七七一年執筆）などを繙けばルソーも教育こそ国家の要と考えている。ルソーとフリードリヒの目指す教育の姿は大きく異なっていただろうが、教育への強い関心という点でも、両者に重なり合う側面があったことを見落としてはならない。

（壽里　竜）

自己愛を道徳の原理として検討することを試みる

「恥ずかしいことではあるが、人心と習俗の改革に関することで、われわれは奇妙な冷却の時代にいる」（三八六ページ）。道徳や哲学が何の役に立つというのか、退屈な代物だ、と皆が公然と口にする。時代の診断をこのように下したフリードリヒにとって、徳は社会的紐帯を維持し社会の平和を実現するための最重要事項であった。そこで彼は、為政者として、当時の社会で徳を実現するには何をどうすべきかと問う。その具体的な方策の一つに、学校における道徳教育の改革が挙げられる。曰く「道徳の勉強を他のあらゆる知識に優先させなければならない。……幸せになるためには、美徳が不可欠であるということを学ぶ教理問答書を作ることは、この目的へのささやかな一歩ではないだろうか」（三八七ページ）。では傾聴に値する教えはこれまでなかったのか。そもそもこれまで徳はどのように語られてきたのか。そこでフリードリヒは思想史へと目を転ずるが、もはやこれまでの倫理学説は今日有効に機能しないと言う。確かに、功績ある人間たちを育てたのは哲学者の諸流派であったろう、キリスト教の内部から純粋で聖性に満ちた魂が生じたこともあったろう。しかし、哲学者や神学者の相次ぐ堕落、人間の心にある悪意のために、徳への動機づけがうまくいかなくなってしまった。人間存在についての理解が誤っていたのではないか、と彼は言う。

人間は感覚の支配下にあり、概して理性的というより感覚的な生き物であるから、「人びとを有徳にするには、より一般的で、単純なひとつの原理を用いなければならない……。その実に強力なバネとは自己愛である。自己愛は、われわれの美徳と悪徳の枯れることのない源泉であり、あらゆる人間の行動の陰に隠された原理なのである」（三七六ページ）。そして優れた哲学者の手にかかれば、悪徳へも至らせうるこの自己愛を、公共の善や幸福の源泉に変えることもできる。為政者もそれに習い、情念を情念に対抗させて自己愛を操り、人びとを善へと導いてゆかねばならない。これが本論考において中心となるフリードリヒの主張である。

以下、道徳原理として提示された「自己愛」概念について、思想史を振り返ることを以って解題とする。かつての西欧は、「利害関心」を「自己愛」と密接に関連する問題含みの概念として議論を繰り返してきた。否定的にしか捉えられてこなかった「利害関心」概念が、その意義を転じ始めるのが、一七―一八世紀においてである。現代における肯定的な「利害関心」概念が完成するのは、この時期の西欧においてなのである。

「利害関心」は、神への愛と対立し逆行する、地上的なものへの執着として理解されていた。「自己愛」の発露としての「利害関心」という概念がヨーロッパ諸国に普及し、とりわけフランスにおいては一七世紀の哲学や神学さらには国家論における中心概念となっていた。そして、本質的に地上的な原理を表すに至った「利害関心」を人間の本性と行動原理に据えたホッブズは、その意味で実に象徴的であり、多くの批判を招くこととなる。神学者や哲学者たちが私心のない道徳行為の存在を主張しようとすれば、「関心」の否定、「無関心」すなわち「無私」を説くようになるのは当然であった。

しかし地上的な生そのものを肯定するとき、宗教および神学はその権威を失墜させてゆく。フリードリヒが言うには、信仰とその至福とは、各人がその内面に探し求めるべきものであり、それを感じる人びとの考え方にもとづいている。ところで「趣味は議論できない」。「趣味」「好み」とは人の内面によるものであり、そうしたものを判断するための規則など存在しない。それゆえ、外観から他者の幸福や信仰を判断することは誤った推論になる。このように、宗教の失墜とは信仰の内面化であり、それは信仰の趣味化ともいうべき事態であった。それに伴い、「利害関心」につきまとっていた負の意味合いが中和され、人間のドラマを駆動させる原理としての「利害関心」が析出されることで、「面白み」が述語として確立されたのだった。

フリードリヒも言及しているラ・ロシュフーコーは、自己愛は善行の源となる場合もあるのだという旨の箴言をすでに残している。それから一世紀を経たフリードリヒの時代には、「自己愛」は「関心」とともに、人間の行為を外的に制御するための概念ツールとなった（「かつて野蛮で有害であったこの自己愛を、有用で賞讃に価するものにするためには、私はなにを求め、なにを避けなければならないのだろうか？」）。人は歳を重ねるにつれ「己への愛」が際限なき「自己愛」となり、自己の「利害関心」に執着し他人に厳しくなる。これを矯正し徳を実現するにはどうすればよいのか。フリードリヒは言う。学者たちも神学者たちも、空疎で興味本位の研究や、わけのわからない教義の説明に拘ってばかりいてはいけない。役に立ち、単純明晰、かつ聴衆にもわかりやすい演説、つまり「面白い」演説によって聞き手の感覚を刺激し「関心」をかき立てなければならない。それによって、約束を守ることは、他人のためではなく、まさに自分の「利益」となることが理解され、徳が実現されるだろう。彼がこう言うとき、徳は、それ自体で内在的に価値がある（ストア派や義務論者の考え方）のではなく、あくまで自己利益という目的の手段として、道具的に価値があることが前提されていることを見逃してはならないだろう。

（草野善太）

教育に関する手紙

「教育に関する手紙」は一七六九年一二月、文部大臣に相当する行政官およびビュルラマキに宛てて書かれた書簡である。このなかでフリードリヒは、若者を将来プロイセンに繁栄と栄誉をもたらしてくれる者へと育てるための教育について論じている。

古典古代に行われた教育方法に好意的な見解を持つフリードリヒは、現下において、貴族の子弟たちに与えられている教育に懸念を示す。彼によると貴族の子弟は成長に応じた三つの段階で「染色」を施されるが、そのいずれもが好ましいものではないという。

まず、子供時代は、両親の盲目的な愛情によって、子供にとって本当に必要な矯正の機会が奪われる。次に、貴族の子弟は、一〇歳か一二歳になると、アカデミーに入学し、教育を授けられることになるが、そこでは記憶力を駆使する丸暗記に大切な時間が注がれ、判断力を養う機会が与えられない。その後、大学に進んだとしても自動的に優れた学識を手に入れられるわけではない。大学は、かつてより幾分ましになったとはいえ、依然、教授陣の私利私欲と怠慢によって、若者たちがより一層の知識を身につける機会を奪う場となっている。具体的にいうと、大学には、学生自身に作文させ、それを訂正し、なんども書き直させるという「骨身を惜しまない教育」が欠けている。

大学を卒業後、進むべき道の一つとして考えられるのは軍隊である。本来であれば、貴族の子弟は、軍隊で厳しい訓練を通して道徳を身につける機会を得るはずであるが、貧しい家柄はともかく、名家の子弟がそこに預けられることはない。彼らは大学を卒業するや、経済界、法曹界に進むか、あるいは領地の相続人に任命されるかして、独立し、親元から離れていく。こうして、真の意味での教育を受ける最後の機会も逸することになる。

フリードリヒが言うには、このような厳しさを欠いた「軟弱な」教育は、若者たちを堕落させ、破滅の淵へと陥らせる。そうした事態を避けるためにも、良き父親、良き母親は「子供たちの良俗を養い、その判断力を早めに成熟させること」を心得るべきだという。

また、貴族の子弟に対する教育は、貴族階級に特有な「生まれ」に依存するのではなく、彼らが優れた人物へと成長するために、学校で教育を与えることが肝要であるとフリードリヒは説く。この考え方は、彼の「人間はその欲するところのものとなる」という「確信」にも、端的に示されている。

若者の教育法に続けて、フリードリヒは女性の教育についても触れる。彼によると、貴族は子女たちに家族の「良き手本」となるよう、子供の頃から良俗を教え込まなければならないが、しかし、いまやそれが実践される場はなく、彼らは自分の手で娘たちを女優のように育てている。その結果彼女らは、鏡の前で自分の魅力を磨き上げることには熱中するが、敬意と尊敬を手に入れようとつとめることはない。それを避けるためにも、貴族は自分の娘たちに、さまざまな仕事に携わるようにさせ、彼女らの判断力と理性を涵養することが必要である。実際、徳と才能を身につけた偉大な女王が存在することを考えれば、女性に男性的でたくましい教育を授けることは重要なことである。また社会の再生産という点においても、そのような教育を授けられた女性たちが男性とともに後裔を育てていくことは必要なことである、とフリードリヒは主張する。

最後にフリードリヒは、父権の濫用について言及する。『反マキアヴェッリ論』の解説「プロイセンの啓蒙専制君主による新『君主論』――『反マキアヴェッリ論』に寄せて」でも触れられているように、彼自身、青年期に、父王フリードリヒ・ヴィルヘルム一世のもとから逃亡を企てたことで、捕縛後、王から凄まじく残虐な懲罰を受け、その後、むりやりに政略結婚を強いられた。しかしこのようにして始まった結婚生活が上手くいくはずもなく、父権によって強いられた夫婦関係がいかに不毛であるかを、彼は身をもって体験することになる。だから、本論考の末尾で、フリードリヒが「私が望んでいるのは、二人の性格と二人の年齢にある種の不一致があるときには、父権を手中に収めている人がそれを濫用して、自分の子供たちを無理に結婚させるようなことはしないでもらいたい、ということであり、父権を持つ人が気まぐれで相手を選んでもいいが、生涯にわたって子供たちの幸不幸を決する婚約については、子供たちに相談ぐらいはしてもらいたいということです」と語っているのは、恐らく経験に由来する彼自身の本心であろう。父権の濫用を論じるに当たって、結婚にいたる過程とその後のある意味で不幸な結婚生活で、彼自身が味わった苦い経験が彼の念頭になかったとは考えられない。フリードリヒが「教育論」のなかで過度な父権を抑えるように助言したことは、教育において、両親の子供に対する「暴力」を廃するとともに、子供に優れた判断力と理性を養ってやれば、濫用されるような父権など持ち出すまでもないと訴えているようである。

（北田了介）

若い貴族のための道徳論

この対話形式の道徳論は、ベルリンの青年貴族に向けて書かれたものであるが、より正確には、道徳的カテキズム（教理問答）である。問いに答えるのは、フリードリヒが理想とする若き貴族であり、それが読み手たちに模範となる解答を与えている。

内容は、親、とくに父親に対する服従と祖国への奉仕のみならず、自身が親になったときのための子どもの教育、市民として、軍人としての正しい振る舞いを求めるものである。究極的には、厳しい自己規律と、物質的な富や世間の評価ではない心の満足こそを徳のある生き方の基準としなければならない、とフリードリヒは説く。その論調はまるでストア派の哲学者のようであるが、実際、こうした道徳論の中にリプシウスの新ストア主義の流れを読みとることができる（リプシウスについては本書『反マキアヴェッリ論』へのヴォルテールの序文を参照）。

一見すると、たんなる若者に向けたお説教のようにも見えるが、読み手が軍人でもあるという点に特色がある。近代ヨーロッパにおいて君主が兵士の行動をどのように律するかということはつねに重要な問題であった。これは、たんに平民・貧民から徴集された一兵卒だけでなく、それらを統括する貴族についても同様である。そこには、本論考の中で指摘されているように「市民法と異なる名誉の法」の存在があった。彼ら軍人は名誉をもっとも重んじるが、そのせいで些細なことで決闘をしたり、乱れた異性関係に陥ったりすることがしばしばあったし、軍人の間ではそれらが大目に見られていた。ちなみに英語でギャラントリ（フランス語にも相当する言葉はあるが）といえば、武勇という意味に加え、男性の女性に対する慇懃な振る舞い、ひいては情事という意味までである。貴族の世界では、名誉すなわち「沽券に関わる問題《ポワン・ドヌール》」がカバーする範囲は非常に広く、とりわけ「文民《シヴィル》」に対立するものとしての「軍事的《ミリテール》」領域では独特の行動規範が横行していたのである。とくに決闘は、ドイツのみならず、フランスやイギリスでも支配者を悩ませた問題であった。ドイツにおいて、このような行動規範が上流階級でかなりの影響力を持っていたことは、たとえば一九世紀末に学生だったマックス・ヴェーバーが複数回、決闘をしたことにも表れている。

また、それなりの立場の軍人も、つねに主君に従順というわけではなく、また高潔というわけでもなかった。このことは、プロイセンを去ったヴォルテールの身柄をフランクフルトで拘束したフライタークとその秘書官のドルンが、フリードリヒからの再三の保釈命令に背いてまで、勾留費用という名目でヴォルテールからいくばくかのお金を巻き上げようとしたことにも表れている。

こうした状況に対して、フリードリヒは嫉妬心なき競争心を奨励し、「おのが情念に身を委ねる人間はだれであれ敗北者」（四二二ページ）であると説く。いわば、若い貴族たちの名誉心に訴えかけることで、彼らに真っ当な振る舞いを求めているのである。だが、名誉心に訴えるには、他人の評価から完全に切り離された自己規律だけでは限界があり、周囲の評価基準そのものを変えなければならない。そのため、最後の方になると、フリードリヒはくりかえし「貴紳」（オネットム、オネットジャン）の義務を強調するようになる。主として一七世紀以降フランスで重視されるようになった、「宮廷人」とも訳されるこの理想像なら、武人と文人との懸隔を架橋し、暴走しがちな若き貴族・軍人たちの手綱を引き締めるのに有効だと考えたのであろう。軍事規律の重要性を説く見解は、『教育に関する手紙』（本書所収）や『政治遺訓』（一七五二年、一七六八年）などにも見られる。

また、彼が道徳論について語る際に、祖国への奉仕や親への感謝の念などを説きながら、宗教的な信仰について全く言及していない点は、読み手が軍人であることに加え、書き手がフリードリヒであることの表れとも言えるだろう。

（壽里　竜）

思考で誤りに陥っても罪にはならないことを論ず

本論文は、一七三八年四月刊行のヴォルテール『ニュートン哲学要綱』を読了したフリードリヒが、感想を対話的論説にまとめてヴォルテールに送付したものである。

そもそも、ヴォルテール『ニュートン哲学要綱』は、ニュートン科学の普及に貢献した書物と言われる。ニュートンの『プリンキピア』は、叙述的な説明が乏しく、かつ数式が多かったため、その理解と普及には時間がかかった。ヴォルテール『ニュートン哲学要綱』は、ニュートンの考えを叙述的に解説し、ニュートンの考えを世界・人間・社会のメカニズム解明に役立てようというニュートン主義——ニュートン本来の理論とは区別される——を啓蒙思想家に広める一つのきっかけを作った。

その応答としてのフリードリヒによる本論説は、デカルトがスコラ主義に取って代わり、そしてそのデカルトがニュートン主義に取って代わられるという、世界の説明原理の移り変わりに言及している。それぞれの時代にはそれぞれ自分たちの考えが無謬であると思われたのであるが、のちの時代になるとそれが誤謬であることが判明することがあるというのである。

ここから、フリードリヒは、人間の真理探求の営みには限界があり、人は完全に無謬ということはありえないことが指摘される。また、人間に自由意志はあるのかという自由意志論争についても、人間が自由か神に操られているのかは人間にはわからないという立場をとる。すなわち、人間理性の能力には限りがあることをここでフリードリヒは指摘しているのである。人間理性への懐疑は、カルヴァンにおいても、ピエール・ベールにおいても見られるものであるが、カルヴァンやベールの人間理性への懐疑が、理性を低めることにより信仰の絶対性を強調するものであるとするならば、フリードリヒの人間理性への懐疑はそのような方向を取らない。

むしろ、誰もが誤謬に陥ることから、お互いを許容する寛容が必要となるというのである。ここで、エルンスト・トレルチの指摘する一八世紀の思潮傾向が想起される。宗教改革以降のヨーロッパは、カトリックとプロテスタントをはじめ、諸宗派がそれぞれ自己の絶対的正しさを主張し、争い合う時代であった。それは、戦争の原因ともなった。

キリスト教会の分裂そのものは中世にもあったけれども、一七世紀まではまだ、世俗社会における神の代理・教会の統一そのものは、断念されていなかった。カトリック的なキリスト教は、中世において、「神の代理人」として、ヨーロッパ世界全体において、人間と神を媒介する存在でありえた。宗教改革により、プロテスタントは、教会を聖書の唯一の権威的解釈者とする立場を取らなくなったが、聖書の記述に基づき、法王は予言された「反キリスト者」であり、それに対抗する超自然的な統一的団体（教会）の設立を目標とした。こうしたプロテスタントの立場は、この世の事柄よりも超世俗的事柄の重視において、中世との継続性がある。一八世紀になり、この統一の理想は断念され、自由な信仰共同体の精神をプロテスタンティズムは特色とするようになった。すなわち、キリスト教世界における一つの真理の徹底による統一から、より個別の信仰の尊重を重視する傾向が一八世紀には存在した。ただ、宗教的理由からの禁書処分はヨーロッパにおいては一八世紀においてもよく見られたことであるし、まだまだ寛容とは程遠い時代でもあった。ヴォルテールがその寛容を賞賛したイギリスにおいてさえ、神への冒瀆は刑罰の対象であった。それに対して、啓蒙思想家の多くは寛容を主張した。フリードリヒによる、人間は無謬ではいられず、誤謬に陥るからこそ寛容が重要だとの考えは、この啓蒙主義の思潮に適合したものである。

（野原慎司）

統治体の諸形態と君主の義務

一七七七年に執筆された本論文は、内外の研究者によって、小品ながらも、「フリードリヒ二世の最も理論的な作品」とも「フリードリヒの啓蒙絶対主義の理論的到達点とも言うべき作品」とも称されてきた。実際、六〇代の半ばに達したフリードリヒは自身の理想的君主像を円熟した筆致で描写しており、取り扱われるテーマは多岐にわたるが、この解題では、それらを登場する順に、①君主権の起源、②君主制の優位、③君主の義務の具体例――軍事・財政・宗教、と大別したうえで、検討していきたい。

①君主権の起源

本論考の冒頭では、長きにわたって人類が置かれていた獣同様の自然状態が、古代エジプトなどを例に、仮説としてではなく、あくまでも歴史的事実として物語られる。それでは、なぜ人類は、団体を形成するのか？　フリードリヒの説明はこうである。人々が、近隣の遊牧民族の暴力と略奪に対抗するために結集すると、相互に所有物を尊重し合うべきであるという考えを抱くようになる。この感情は「祖国への愛」へと転じ、法律が生まれ、各人は社会を守るために駆けつけることが義務となる。もっとも、法律が維持され一般利益が確保されるためには、恒常的に監視者が欠かせない。したがって、人民は為政者を選出して、その統治に服する、というのである。後半部においてであるが、フリードリヒは断言している。「社会の起源に遡れば、君主が市民の思考様式にいかなる権利も持たなかったことは、まったく明白になる。……あなた［君主］を必要とするのは、われわれが従おうと望む法律を維持するためであり、われわれを賢明に統治してほしいからであり、われわれを防衛するためである」（四六八―四六九ページ）。先王たちが君主の任務をもっぱら宗教的に基礎づけていたのに対し、フリードリヒ二世にあっては、世俗的な法秩序の維持だけが君主による統治に正統性を付与する。したがって、「為政者は国家第一の下僕」にほかならない。生涯を通じて彼が己に課したこの格率は、野蛮から文明への発展という歴史的文脈によって正当化されるのである。

②君主制の優位

続いて、フリードリヒは、古代ローマなどの歴史的事例を引証しつつ、統治体の優劣を、君主制・貴族制・民主制・共和制のあいだで比較する。たとえば、君主制に比して、統合調整機能を果たす機関を欠く貴族制は、いわば「改革の永久革命」とでも言うべき欠点を抱えていることが指摘される。すなわち、各大臣が「だれも全般的な計画にもとづいて仕事をせず」、しかも、新しく就任する大臣が、功名心から「自分の番とばかりに、性急に前任者の取り決めを覆そう」とする結果、彼らが行なう「事柄自体はよい」としても、「変更と変化」が続き、「そこから混乱と無秩序と失政のあらゆる悪弊が生まれる」というのである。

こうしたいくつかの検討を通じて、フリードリヒは君主制の優位を裏付けていく。もっとも、君主制が他の統治体に優るのは、あくまでも君主がみずからの義務を果たす限りにおいてである。では、その義務の中身とはいかなるものか？　本論考の白眉と言っていい部分なので、やや長いが引用しておく。

「君主は国家を代表する。彼と臣民は、たったひとつの身体を形成する。和合が君主と臣民を結合する限りでしか、身体は幸せではありえない。君主が統治する社会に対するは、頭が身体に対すると同じである。君主は、共同体の全体のために、調査し、思索し、行動する。それは、受け取って当然の利益を共同体に手に入れさせるためである。君主政体が共和政体に勝ることを望むなら、君主に判決は下っている。君主は、活発で、清廉でなければならないし、命じられた職責を遂行するためにすべての力を結集しなければならない。これこそ私が君主の義務について抱いている考えである」（四五八―四五九ページ）。

ここにおいて、個人を出発点に据える社会契約説は、一身に苛烈なまでの義務を背負う君主を媒介に、有機体的国家観に結合されるのである。

③君主の義務の具体例――軍事・財政・宗教

本論考の後半では、とりわけ軍事・財政・宗教の三領域における君主の義務が具体的に考察される。第一に、指揮官の英雄的な勇敢さで勝利の帰結が左右されていた時代は過去のものとなり、君主には、大砲技術の革新に適切に対応することが求められる。とはいえ、軍事を含むあらゆる政策を絵に描いた餅としないためには、第二に、君主は必要な財源の確保に努めなければならない。その際、フリードリヒは、平等な課税を実現するために正確な土地台帳を作成し、国勢を把握する重要性を力説する。ここには、住民を漏らさず人口管理の対象としようとする、この啓蒙専制君主の強い意志を看取できよう。さらに、地方振興策の実施、貿易を通じた国富の増大、食糧危機への備えを怠らないことなども、君主の義務には不可欠なものである。第三に、フリードリヒは、一六八五年のナント勅令廃止がフランスにもたらした悪影響に触れ、君主が迫害を行うことの愚かさと、宗教的寛容の重要性を訴えている。

以上のように、国民の幸福のために君主が果たすべき数々の義務を説く本論考の末尾でフリードリヒが求めるのは、どれだけ君主が義務を果たそうとも、君主は過ちを犯しうるし、それゆえに「統治体ということになると、他のすべてのものごとと同様、欠点がもっとも少ないことで満足しなければならない」（四七二ページ）という事実を冷静に認識することにほかならない。君主の義務の核心である国民の幸福が完全なものとはならないことに気づきつつ、にもかかわらず、その実現の可能性に信を置き、みずからの職務を倦むことなく実行すること。かくも過重な政治責任を引き受けることが、君主には期待されるというのである——実際、フリードリヒ自身、本論考を記した後も、一七八六年に没するまで持病がもたらす肉体的苦痛に耐えながら、生涯にわたってみずからに課した君主の義務を全力で実践したのだった。

（阪本尚文）

フリードリヒ年譜

	プロイセン王国とヨーロッパ	フリードリヒの著作活動とその周辺
1618－1648	30年戦争	
1640－1688	ブランデンブルク選帝侯フリードリヒ・ヴィルヘルムの治世。	
1648	ウェストファリア（ヴェストファーレン）条約でプロイセン王国の基礎を築く。	
1685	フランス，ルイ14世，ナント勅令廃止，強制改宗始まる。ポツダム勅令でユグノー教徒受け入れ。国内でマニュファクチュア興隆。	
1688	フリードリヒ３世，選帝侯を継ぐ。イギリス名誉革命。	
1694・11・21		ヴォルテール誕生。
1697	フリードリヒ３世，フリードリヒ・アウグスト１世として1733年までポーランド王となる。	
1700	フリードリヒ３世，のちにベルリン科学アカデミーとなる学者協会をライプニッツらの協力で創設。	
1700－1721	北方戦争。ロシア側に付き，スウェーデンのカール12世と戦う。	
1701－1714	スペイン継承戦争。ルイ14世と戦う。	
1701－1713	フリードリヒ３世がプロイセン王フリードリヒ１世となる。	
1702－1714	スチュアート朝最後のイングランド王としてアン女王の治世。	
1708・12・16		ヴォルテールの代父シャトーヌフ師死去。
1709	プロイセン人の北米大量移民始まる。	
1711－1740	ハプスブルク家カール６世神聖ローマ帝国皇帝。	
1712・１・24	フリードリヒ誕生。父はフリードリヒ・ヴィルヘルム王子で，母はゾフィー・ドロテア・フォン・ハノーファー。	
1713	プラグマーティッシェ・ザンクツィオーンで，神聖ローマ帝国で女帝が可能に。	
1714	ゲオルク・フォン・ハノーファー選帝侯，ジョージ１世としてイングランド王となる。	
1715・９・１	ルイ14世死去。フランス摂政時代（1723年まで）。	

1717・5・16		ヴォルテール，バスティーユ投獄(11ヶ月)。
1718・11・18		ヴォルテール，『オイディプス』上演大成功。
1726・4・17		ヴォルテール，決闘を企てバスティーユへ拘禁。
1726・5・5		ヴォルテール，イギリスに渡る。パリへ秘かに戻るも，再びイギリスへ。
1727・4		ニュートン死去（3月31日）後，ウェストミンスターで葬儀。
1728・3		ヴォルテール，英国女王に『アンリアード』を捧げる。
1728・10		ヴォルテール，フランス帰還。
1730・8・5	フリードリヒの逃亡未遂事件。親友カッテの処刑。フリードリヒはキュストリンに幽閉。	
1730・12・11		ヴォルテール，『ブルトゥス』大当たりをとる。
1731・3－7		ヴォルテール，『カール12世の歴史』
1732	フリードリヒ，エリザベート・クリスティーネ・フォン・ブランシュヴァイク＝バヴェルンと婚約。	
1733・6		ヴォルテール，シャトレ夫人に匿われる。
1733・6・12	フリードリヒ結婚。	
1733・7		ヴォルテール，『英国書簡』
1733－1735	ポーランド継承戦争。	
1736	フリードリヒとエリザベートはラインスベルク城で生活。	
1736・8・8		ヴォルテールへの最初の手紙。
1737・1－2		ヴォルテール，『ニュートン哲学要綱』。
1738・6・17		ヴォルテールに「ヨーロッパの政体の現況に関する考察」を送付。英国での匿名出版を考えるも，のちに断念。
1738・9・30		**「思考で誤りに陥っても罪にはならないことを論ず」**
1739		**『反マキアヴェッリ論』を著す。**
1739・11・24		『ルイ14世の世紀』最初の数章執筆，マキアヴェッリを評価。
1740・5・31	フリードリヒ，父王の死去とともにプ	『反マキアヴェッリ論』の修正を

	ロイセン王位を継ぐ。	企図。クリスティアンヴォルフ，『哲学者王と王哲学者』をフリードリヒ２世に捧げる。
1740・7		ヴォルテール，ベルギーに滞在。フリードリヒから『反マキアヴェッリ論』の出版停止を依頼される。ヴォルテール，ハーグの出版業者と交渉開始。
1740夏		『反マキアヴェッリ論』，ヴォルテールの添削。
1740・9		オランダの出版業者ヤン・ファン・デューレンによる『反マキアヴェッリ論』初版刊行。フリードリヒの許可なし。ヨーロッパに反響を巻き起こす。
1740・9・11	フリードリヒ，リエージュ司教＝公国へ最後通牒，国境へ兵を進める。	ヴォルテール，ライン河上でフリードリヒと初めて相まみえる。
1740・10・20	神聖ローマ帝国皇帝カール６世死去。プラグマーティッシェ・ザンクツィオーンにもとづき，マリア・テレジア，女帝となる。	
1740・10・28		カール６世死去に伴い『反マキアヴェッリ論』の修正を企図していることをアルガロッティ伯爵へ告白。
1740・12・16	フリードリヒの電撃的なシュレージェン侵攻で，オーストリア継承戦争（1748年まで）開始。	
1741・4・10	モルヴィッツの戦いでフリードリヒはオーストリアに勝利。	
1742・1・24	カール・アルベルト，カール７世としてドイツ皇帝（1745年まで）に選出。	
1742・6・11	オーストリア，ブレスラウでプロイセンと和議。シュレージェンを手放す。	
1743・9－10		ヴォルテール，外交使節を務める間にフリードリヒからの招聘の要請を受けるも，シャトレ夫人に反対され断念。
1744－1745	第２次シュレージェン戦争。イギリスと同盟したオーストリア＝ザクセン軍と戦う。	
1745・11・23－25	ヘンネルスドルフの戦いでザクセン軍を破り，ゲルリッツを落とす。	
1745・12・12－17	ケッセルスドルフの戦いで勝利，ドレスデンを落とす。	
1745・12・25	ドレスデンの和議。戦後，フリードリヒは持久戦の不利を解消するために財	

	政の強化を急ぐ。	
1746	オーストリアとロシアとの同盟密約が成立。オーストリアはフランスに接近。	シュレージェン戦争史執筆，回想録『わが時代の歴史』としてのちに公刊。
1746・4・25		ヴォルテールはフランス・アカデミー会員に選出される。
1747	フリードリヒの設計になるサン＝スーシ宮，ポツダムに完成。	サン＝スーシ宮にて第1回円卓談話会開催。
1748	アーヘン（エクス・ラ・シャペル）の和約で，オースリア継承戦争終結し，シュレージェンのプロイセン領有が確定。	
1748・10		シャトレ夫人，サン＝ランベールのもとへ走る。
1749・1		シャトレ夫人妊娠。
1749・9・10		シャトレ夫人,娘の死とともに死去。
1750		ジャン＝ジャック・ルソー『学問芸術論』
1750・6・10		ヴォルテール，フリードリヒの宮殿に招待。
1750・6・28		ヴォルテールはベルリンへ出発。
1750・7・21		ヴォルテールはポツダムにあるフリードリヒの居城に到着。
1750・11・16		フリードリヒはヴォルテールの「ヒルシェル事件」で激怒し，ヴォルテールとの面会を拒絶。
1751		『ルイ14世の世紀』出版。
1751・9・2		フリードリヒはヴォルテールに「オレンジを搾るときには，皮を棄てなければならない」と忠告する。
1751・11・11		フリードリヒの宮廷にいたラ・メトリ死去に伴い，「王付き無神論者」の席が空く。
1752		「財政は人身の神経ごときもの」と財政の強化を主眼にしたフリドリヒの『政治的遺言』。
1752・9		プロイセン・アカデミー選挙をめぐって，ヴォルテールとモーペルチュイが対立。
1752・12・24		ヴォルテールのパンフレットをフリードリヒはベルリンの通りで焚書処分。ヴォルテール，ベルリンを去ることを決意。
1753・3・26		ヴォルテールはフリードリヒの宮殿を去る。

1753・12		フリードリヒはヴォルテールの『世界史』を秘密出版。
1754/55－1763	英仏植民地戦争	
1754・12・12		ヴォルテール，ジュネーヴ到着。のちデリースに住まう。
1755・2・10		モンテスキュー死去。
1755・11・24	リスボン大地震	
1756		ヴォルテールの『習俗試論』出版
1756・1	プロイセン，英国とのあいだにウェストミンスター同盟協約成立。ジョージ1世のシュレージェン領土問題への不介入を勝ち取る。フランスとの同盟の終了。	
1756・5	オーストリア・フランスの同盟成立。同時に英仏7年戦争開始。	
1756・8・29	プロイセン軍，ザクセンへ進駐。プロイセンは，オーストリア，ザクセン，ロシア同盟軍と単独で戦うことになる。7年戦争開始。	
1757初頭	プロイセンはザクセンを返還し，和議を図るも，オーストリアは戦争継続。	
1757・6・18	フリードリヒはプラーハまで進軍，包囲するも，補給が尽き，コリンの戦いで敗北し，撤退。	
1757・9	プロイセン軍，ロシア軍に東部戦線で敗北。	
1757・10	オーストリア軍ベルリン侵入，フランス軍ライプツィヒ侵攻。	
1757・11・5	ライプツィヒから退却するフランス軍を追い，ロースバッハの戦いで，フランス軍主力部隊を撃破。罠を用いた巧みな機動戦で約2倍の敵軍に勝利。	
1757・12・5	プロイセン軍，ロイテンの戦いでオーストリア軍を撃破。	
1758・4	英国ピット首相はプロイセンと新協約を締結し，援助を強化。	
1758・8・24	フリードリヒ，ツォルンドルフの戦いでロシア軍を大敗北に追い込むも，追撃の余裕なし。	
1758・10・13	フリードリヒ，ホホキルヒの戦いでオーストリア軍に敗れる。	
1758・10・14		フリードリヒの姉死去。
1759・8・12	クーナースドルフの戦いで，同盟を強化したオーストリア・ロシア連合軍に敗北，フリードリヒは死を覚悟。	

1759秋	フリードリヒはリュウマチを罹病。	病床で「人間の命を極力節約しなければならない」とする「カール12世の軍事的才能と性格」を執筆，みずからの戒めとする。
1760・8	フリードリヒは，リーグニッツの戦いで部分的な勝利。	
1760・11・3	フリードリヒは，トルガウの戦いで部分的な勝利。	
1761・10	ピット内閣退陣。和平の気運盛り上がる。英国はプロイセンへの援助中止。フリードリヒ四面楚歌。	カラス冤罪事件起こる。
1762・1・5	ロシア女帝エリザヴェータ死去に伴い，フリードリヒに心酔するドイツ出身のピョートル3世即位。ただちにオーストリアとの同盟破棄。	
1762・1		シルヴァン事件起こる。
1762・5	ピョートル3世，フリードリヒとのあいだに攻守同盟締結。オーストリアは戦意喪失。フリードリヒは，シュレージェンとザクセンのみの奪還を企図。	
1762・6	オルロフと組んだエカチェリーナのクーデターで，ピョートル3世は廃位され，エカチェリーナ，女帝となり，プロイセンを不倶戴天の敵と見なす。ロシア軍は東部戦線から離脱し，フリードリヒは，ザクセンを回復。	
1762・11・3	英仏のあいだでフォンテーヌブロー協約成立。	
1763・2・15	フーベルストゥスベルク城で，オーストリアとプロイセンのあいだで和議成立。プロイセンのザクセン，シュレージェン領有確定。7年戦争終結。プロイセンの疲弊甚だしく，兵員18万，市民の犠牲33万人と言われる。	
1763・12		『7年戦争史』執筆終了。
1765・3・9		ヴォルテールの活躍でカラス復権。
1765・8・18	神聖ローマ帝国皇帝フランツ1世死去。ヨーゼフ2世とマリア・テレジアの共同統治開始。	ディドロ『百科全書』最後の巻の編集終了。
1766・8		ラ・バール事件起こる。ヴォルテール，スイス亡命。
1767		フリードリヒの編集で『ベールの歴史批評辞典抜粋』，第2巻刊行。
1767・3		ヴォルテール，シルヴァン事件で活躍
1768		『政治的遺言』公刊。

1768－1774	露土戦争。	
1769	ポツダムに新宮殿完成。	
1769・12・18		**「教育に関する手紙」**
1770・1・11		**「自尊心を道徳の原理として検討することを試みる」**
1770・3		ディドロの盟友無神論者ドルバック男爵の反専制的書物『偏見論』に対する駁論「『偏見論』を検討す」を著す。ディドロの反フリードリヒの姿勢固まり，「暴君に反駁する未刊の数頁」を書きつける。
1770・3・29		**「若い貴族のための道徳論」**
1770・5・17，24		「『偏見論』を検討す」をダランベール，続いてヴォルテールに送る。
1772・1・27		**「国家にとって学問芸術が有用であることを論ず」**
1772・8・5	プロイセン，オーストリア，ロシアによる第1回ポーランド分割。プロイセンは西プロイセンを領有。	
1773・2－3		ヴォルテール，のちの死につながる尿閉症を患う。
1774・5・10	フランス，ルイ15世死去。ルイ16世即位。	
1775		「世上に伝わる歴史著作は真理の幾分かを虚偽に混交して編集されたものなり」で始まる『わが時代の歴史』公刊。
1776		ディドロ，反フリードリヒの「君主の政治原理」を著す。
1777・7		**「統治体の諸形態と君主の義務」**
1778－1779	オーストリアとのあいだでバイエルン継承戦争。	
1778・2・10		ヴォルテール，パリ帰還。
1778・5・30		ヴォルテール死去。
1778・11・27		**フリードリヒによる「ヴォルテール讃」**
1779・5・13	テッシェン和議でプロイセンに対して，アンスバッハとバイロイト領有を認めてバイエルン継承戦争終結。	
1780		『ベールの歴史批評辞典抜粋』増補新版刊行。
1780・11・29	マリア・テレジア死去。	
1781・1		「ドイツ文学について」をダランベールへ送る。
1784・7・31		ディドロ死去。

1785	ドイツ君侯同盟設立。また，米合衆国とのあいだに友好通商条約を締結。	
1786・8・17	フリードリヒ，サン・スーシ宮で死去。ポツダムの軍営教会に葬られる。現在では，彼の棺はヘッヒンゲンのホーエンツォレルン城に安置されている。	

＊ゴチックは本訳書に訳出したフリードリヒの著作を示す。

あとがき

本訳書は、一八世紀フランスの経済、政治、社会、文化に影響を与えた社会思想関連の書物をフランス語で読んでいく小さな研究会に参加する研究者の共同作業によって成立した。研究会が発足したのは、二〇一二年の初めからである。研究会は、京都大学学術出版会の『近代社会思想コレクション』の企画編集をやっておられた田中秀夫先生のお世話で、京都大学経済学部研究棟の共同研究室をお借りして、当時、甲南大学文学部に勤めていた大津が京都大学大学院経済研究科で博士論文を用意していた野原慎司氏と語り合って、若い研究者とともに、フランス語テキストを輪読する形で始まった。最初に、シモン＝ニコラ＝アンリ・ランゲの『パンと小麦について』を読み、その後、シェイエスを読んだのち、フリードリヒの『反マキアヴェッリ論』を読んだ。

『反マキアヴェッリ論』は、フランス語を母語としない人が書いたフランス語である点で、かなり翻訳には苦労した。そのうえ、ヴォルテールの手が入らない状態を復元したテキストを用いたので、訳文がいささか冗長になった。しかし、解説にも記しておいたが、フリードリヒの教養と思考力には並外れたものがあり、その論理を正確にたどることが訳者に求められる必須能力となったことは、とくに記しておきたい。われわれの努力が至らなかったことを恐れる。

この翻訳が完成したのち、現在では、ネッケルの『穀物立法と穀物取引について』を読んでいる。なお、研究会は関西大学経済学部の一室をお借りして、一ヵ月一度のペースで行なわれている。関心のある研究者の参加を願う次第である（esperanza.otsu1@gmail.com）。

研究会のメンバーには、留学や就職などの関係で入れ替わりがあった。したがって、本訳書の訳業に携わったのは、小生以外に次の七名の方々である。校正や解説執筆をも含めて、それぞれが本訳書の成立に十分な寄与をされたことは言うまでもない。ここにお名前を記して感謝する次第である。

川合清隆甲南大学文学部名誉教授、壽里竜関西大学経済学部教授、野原慎司東京大学大学院経済学研究科講師、北田了介関西大学経済学部非常勤講師、上野大樹青山学院大学非常勤講師、阪本尚文福島大学行政政策学類准教授、草野善太京都大学大学院文学研究科修士課程。

最後に、本書の出版に関して、京都大学学術出版会の鈴木哲也理事と編集部の國方栄二ご尽力いただいた。とくに國方氏には、訂正の多い校正作業で、ご迷惑をおかけした。また、鈴木氏にも追い込みではお世話になった。記して感謝申し上げる次第である。

二〇一六年　初夏

大津真作（訳者代表）

事項索引
（『反マキアヴェッリ論』を中心に）

ヤ

ラ

マ

タ

ナ

ハ

カ

サ

人名索引
（架空の人物を含む）

上野　大樹（うえの　ひろき）
青山学院大学非常勤講師。
主な著訳書
「アダム・スミスと政治哲学の革命――「ユートピア的資本主義」論の現代的再構成」、『人文学報』第107号、2015年。「モンテスキューと野蛮化する共和国像――共和主義的「文明」理解の盛衰をめぐって」、田中秀夫編『野蛮と啓蒙――経済思想史からの接近』（京都大学学術出版会、2014）。

北田　了介（きただ　りょうすけ）
関西大学経済学部非常勤講師。
『経済思想史講義ノート』（共著、萌書房、2016）。

阪本　尚文（さかもと　なおふみ）
福島大学行政政策学類准教授。
主な著訳書
「丸山眞男と八月革命（１）――東京女子大学丸山眞男文庫所蔵資料を活用して」、『行政社会論集』第28巻第１号、2015年。

草野　善太（くさの　ぜんた）
京都大学大学院文学研究科修士課程。
研究テーマ：古典功利主義における統治と美学。

訳者紹介

大津　真作（おおつ　しんさく）

甲南大学名誉教授。

専門はヨーロッパ社会思想史。

主な著訳書

『啓蒙主義の辺境への旅』（世界思想社、1986）、『倫理の大転換』（行路社、2012）、『思考の自由とはなにか』（晃洋書房、2012）、『異端思想の500年』（京都大学学術出版会、2016）など。

レーナル『両インド史　東インド篇』上巻（法政大学出版局、2009）、レーナル『両インド史　東インド篇』下巻（法政大学出版局、2011）、ランゲ『市民法理論』（京都大学学術出版会、2013）、レーナル『両インド史　西インド篇』上巻（法政大学出版局、2015）など。

川合　清隆（かわい　きよたか）

甲南大学名誉教授。専門は社会思想史。

主な著訳書

『ルソーの啓蒙哲学——自然・社会・神』（名古屋大学出版会、2002）、『ルソーとジュネーヴ共和国——人民主権論の成立』（名古屋大学出版会、2007）など。マブリ『市民の権利と義務』（京都大学学術出版会、2014）。

壽里　竜（すさと　りゅう）

関西大学経済学部教授。

主な著訳書

Hume's Sceptical Enlightenment, Edinburgh University Press, 2015.

野原　慎司（のはら　しんじ）［第一三章］

東京大学大学院経済学研究科講師。

主な著訳書

『アダム・スミスの近代性の根源』（京都大学学術出版会、2013）。

反《はん》マキアヴェッリ論《ろん》　近代社会思想コレクション17

平成28（2016）年8月10日　初版第一刷発行

著　者　フリードリヒ二世
監訳者　大《おお》津《つ》真《しん》作《さく》
発行者　末原達郎
発行所　京都大学学術出版会
京都市左京区吉田近衛町69
京都大学吉田南構内（606-8315）
電話　075（761）6182
FAX　075（761）6190
http://www.kyoto-up.or.jp/
印刷・製本　亜細亜印刷株式会社

ISBN978-4-8140-0041-8
Printed in Japan
定価はカバーに表示してあります

近代社会思想コレクション刊行書目

（既刊書）

01　ホッブズ　『市民論』
02　J・メーザー　『郷土愛の夢』
03　F・ハチスン　『道徳哲学序説』
04　D・ヒューム　『政治論集』
05　J・S・ミル　『功利主義論集』
06　W・トンプソン　『富の分配の諸原理1』
07　W・トンプソン　『富の分配の諸原理2』
08　ホッブズ　『人間論』
09　シモン・ランゲ　『市民法理論』
10　サン－ピエール　『永久平和論1』
11　サン－ピエール　『永久平和論2』
12　マブリ　『市民の権利と義務』
13　ホッブズ　『物体論』
14　ムロン　『商業についての政治的試論』
15　ロビンズ　『経済学の本質と意義』
16　ケイムズ　『道徳と自然宗教の原理』
17　フリードリヒ二世　『反マキアヴェッリ論』